2022
湖南 100 强企业发展报告

THE DEVELOPMENT REPORT ON TOP 100 ENTERPRISES OF HUNAN

湖南省企业和工业经济联合会 编

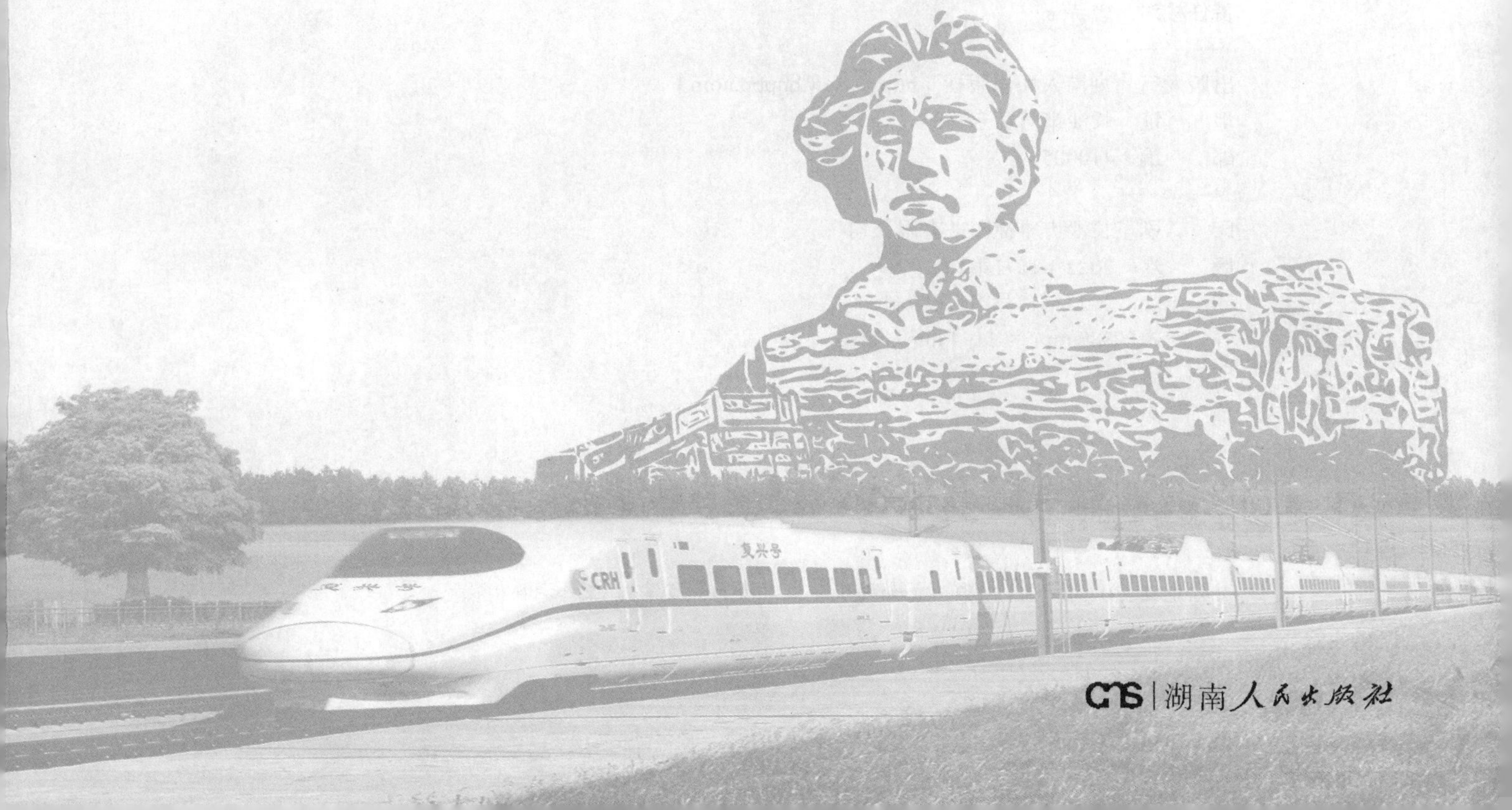

湖南人民出版社

本作品中文简体版权由湖南人民出版社所有。
未经许可，不得翻印。

图书在版编目（CIP）数据

2022湖南100强企业发展报告 / 湖南省企业和工业经济联合会编. —长沙：湖南人民出版社，2022.12
ISBN 978-7-5561-3124-2

I.①2… Ⅱ.①湖… Ⅲ.①企业发展—研究报告—湖南—2022 Ⅳ.①F279.276.4

中国版本图书馆CIP数据核字（2022）第239279号

2022 HUNAN 100 QIANG QIYE FAZHAN BAOGAO

2022湖南100强企业发展报告

编　　者	湖南省企业和工业经济联合会
责任编辑	唐　艳
装帧设计	见所创意设计工作室
责任校对	曾诗玉

出版发行	湖南人民出版社［http://www.hnppp.com］
地　　址	长沙市营盘东路3号
邮　　编	410005
印　　刷	长沙市雅捷印务有限公司
版　　次	2022年12月第1版
印　　次	2022年12月第1次印刷
开　　本	889 mm × 1194 mm　1/16
印　　张	19.5
插　　页	10
字　　数	520千字
书　　号	ISBN 978-7-5561-3124-2
定　　价	108.00元

营销电话：0731-82221529　（如发现印装质量问题请与出版社调换）

2022 湖南 100 强企业发展报告

主　　编：武吉海

副 主 编：杨月华

《2022 湖南 100 强企业发展报告》编辑部

主　　任： 袁　凌

副 主 任： 熊正德　尹向东　龙　漪

成　　员： 黄永忠　朱晓燕　黄　沙　向　璐

目　录

湖南经济走势

特载文稿 … 1
　　政府工作报告——2022年1月17日在湖南省第十三届人民代表大会第五次会议上 … 1
　　2022湖南100强企业发展评点 … 15

第一章　2021年湖南经济发展概况及2022年展望 … 22
　　第一节　2021年湖南经济发展总体情况 … 22
　　第二节　2021年湖南经济发展特点 … 26
　　第三节　现阶段湖南经济高质量发展面临的机遇与挑战 … 30
　　第四节　2022年湖南经济高质量发展建议 … 35

百强综合分析

第二章　2022湖南企业100强分析报告 … 40
　　第一节　2022湖南企业100强特征分析 … 40
　　第二节　2022湖南企业100强利税分析 … 61
　　第三节　湖南大企业高质量发展面临的机遇与挑战 … 70
　　第四节　促进湖南大企业高质量发展的对策与建议 … 75

第三章　2022湖南制造业企业100强分析报告 … 80
　　第一节　2022湖南制造业企业100强特征分析 … 80
　　第二节　2022湖南制造业企业100强利税分析 … 89
　　第三节　2022湖南制造业企业100强创新投入分析 … 95
　　第四节　湖南制造业高质量发展面临的机遇与挑战 … 101
　　第五节　新形势下促进湖南制造业大企业高质量发展的对策与建议 … 104

第四章　2022 湖南服务业企业 50 强分析报告 ··· 108
第一节　2022 湖南服务业企业 50 强特征分析 ··· 109
第二节　2022 湖南服务业企业 50 强利税分析 ··· 120
第三节　湖南服务业大企业高质量发展面临的挑战与机遇 ··· 129
第四节　促进湖南服务业大企业高质量发展的对策与建议 ··· 134

第五章　2022 湖南企业 100 强横向对比分析报告 ··· 138
第一节　2022 中国企业 500 强三大榜单中的湖南特点 ··· 138
第二节　2022 中国企业 500 强中十大经济强省上榜企业对比分析 ··· 144
第三节　2022 湖南企业 100 强与中国企业 500 强对比分析 ··· 147
第四节　2022 湖南企业 100 强与《财富》世界 500 强企业对比分析 ··· 151

中外企业数据

第六章　湖南企业数据 ··· 155
第一节　2022 湖南企业 100 强数据 ··· 155
第二节　2022 湖南企业 100 强主要经济技术指标前 50 数据 ··· 159
第三节　2022 湖南制造业企业 100 强数据 ··· 198
第四节　2022 湖南服务业企业 50 强数据 ··· 202
第五节　2022 湖南企业 200 家数据 ··· 204

第七章　中国 500 强企业及《财富》世界 500 强企业数据 ··· 212
第一节　2022 中国企业 500 强数据 ··· 212
第二节　2022 中国制造业企业 500 强数据 ··· 233
第三节　2022 中国服务业企业 500 强数据 ··· 257
第四节　2022《财富》世界 500 强企业数据 ··· 281

湖南省企业和工业经济联合会简介 ··· 303

后　记 ··· 305

企业风采 ··· 307

湖南经济走势

 特载文稿

政府工作报告
——2022年1月17日在湖南省第十三届人民代表大会第五次会议上

毛伟明

各位代表：

现在，我代表省人民政府，向大会作政府工作报告，请予审议，并请各位政协委员提出意见。

一、2021年工作回顾

2021年是党和国家历史上具有里程碑意义的一年。全省上下坚持以习近平新时代中国特色社会主义思想为指导，认真贯彻习近平总书记对湖南重要讲话重要指示批示精神，贯彻落实党中央、国务院决策部署，在中共湖南省委坚强领导下，立足新发展阶段，贯彻新发展理念，融入新发展格局，坚持稳中求进工作总基调，沉着应对复杂形势和世纪疫情，全面落实"三高四新"战略定位和使命任务，统筹疫情防控和经济社会发展，扎实做好"六稳""六保"工作，圆满完成了年初确定的主要目标任务，在"十四五"开局之年迈好了第一步、见到了新气象。

——发展态势保持平稳。实现地区生产总值4.6万亿元，增长7.7%，两年平均增长5.7%，高于全国平均水平0.6个百分点。粮食总产达614.9亿斤，居近十年高位。投资增长8%，消费增长14.4%，进出口增长22.6%，其中出口增长27.5%。存贷款余额分别达6.3万亿元、5.6万亿元，分别增长8.6%、13%，存贷比提高到88.8%。城镇调查失业率稳定在5.5%以内。居民消费价格涨幅控制在1%以内。

——发展动能持续增进。全员劳动生产率增长15%。规模以上高技术制造业增加值增长21%。100

亿元以上项目开工19个，三一智联重卡、三安半导体、中联智慧产业城等重大项目进展顺利。全社会研发经费投入增长12%，新入选两院院士5人，获国家科学技术奖15项。高新技术企业突破万家，高新技术产业增加值占地区生产总值比重提高0.8个百分点。新增上市企业15家，新增全国专精特新"小巨人"企业162家，总数居全国第7位、中部第1位。净增"四上"企业880家，三一重工、华菱集团有望进入世界500强。

——发展质量不断提高。数字经济增长17%，规模以上电子信息制造业增加值、软件和信息技术服务业营业收入分别增长23.2%、44%。地方一般公共预算收入、地方税收分别增长8%、9.1%。非税占比30.9%，下降0.7个百分点，为近五年来最好水平。39个工业大类行业全部盈利，规模以上工业、服务业利润总额分别增长10%、25%。城乡居民收入分别达44866元、18295元，分别增长7.6%、10.3%。人均地区生产总值突破1万美元、达10675美元。万元地区生产总值能耗下降3.8%。

——发展环境气象更新。现代化综合交通运输体系加快形成，高铁总里程突破2000公里、达2240公里，高速公路总里程突破7000公里、达7083公里，普通国省干线公路3.2万公里，全省高速公路基本成网，高速铁路基本成环，张吉怀高铁开通运营铺就了湘西地区奔向共同富裕的康庄大道。营商环境大幅改善，"一件事一次办"改革经验在全国推广，19项工作受到国务院真抓实干督查激励，在全国工商联组织的"万家民营企业评营商环境"活动中，综合得分居全国第8位、中部第1位。平稳健康的经济环境、和谐稳定的社会环境、风清气正的政治环境，在三湘大地蔚然成势。

主要做了八个方面的工作：

一是立足全局统筹发展和安全。我们难中求成、稳中求进，既没有使风险"失控"，又没有使发展"失速"，实现了防风险、保稳定、促发展的有机统一。全力打赢两轮散发疫情歼灭战。做好常态化疫情防控，坚持从快从严从实从细，抓好重点地区、重点场所、重点人群防控，推动疫苗接种应接尽接；针对部分市县输入性疫情，及时采取有力措施，要求已发生病例的地区"零外溢"、没有病例的地区"零输入"、医疗机构"零院感"，果断以最快速度、最短时间、最小代价，取得了最好的结果。全力推动经济稳定恢复。出台支持张家界增信心补短板和促进全省消费领域企业发展的战疫"双十条"。全省限额以上批发零售、住宿餐饮业单位零售额增长14.5%，接待游客人次、旅游总收入分别增长9%、10%。落实助企纾困增效政策，新增减税降费240亿元，金融减费让利44.5亿元，普惠小微企业贷款余额增长22%。市场主体日均净增1569家，总数达546.1万家。全力确保社会安全稳定。强化重要节点调度、重点领域防控、专项整治攻坚，生产安全事故起数、死亡人数分别下降5.7%、4.5%，实现了重特大事故零发生的目标。以"保民生、保安全、保重点"为目标，加大外电、外煤输入力度，加强电力需求侧管理，平稳度过了冬夏电力高峰。强化债务风险管控，有效整治"一非三贷"金融乱象，守住了不发生区域性金融风险的底线。有效应对了多轮强降雨和局部阶段性干旱，化解了大批信访突出问题，社会治安保持稳定，人民群众的获得感、幸福感、安全感持续增强。

二是综合施策推进"三个高地"建设。细化路径、实化举措，推动"三个高地"建设取得实质性进展。坚持顶层设计与分层衔接相结合，实施科技创新"七大计划"、先进制造业"八大工程"、改革开放"九大行动"，出台财源建设、金融支持、"小巨人"企业培育、职业教育发展等政策措施。坚持战略目标与战术落地相结合，抓紧抓实企业、产业、产业链、产业生态，落实一链一名省领导、一链一行对接融资机制，支持链主企业垂直延伸、横向整合，发布产融合作制造业企业"白名单"，提升工程机械、轨道交通装备、中小航空发动机等世界级产业集群优势，壮大电子信息、新材料、新能源与节能等国家级产业集群规模，布局车联网、人工智能等未来产业。坚持重点突破与面上推进相结合，"十大产业项目"完成投资327亿元，华菱涟钢薄板深加工、意华交通装备产业园等项目部分投产。"十大技术攻关项目"形成了一批工程样机和新产品，实现大型掘进机主轴承、8英寸离子注入机等国产化替代，突破量子点激光器、碳化硅芯片、6英寸分子束外延装备等重大技术。坚持平台建设与人才招引相结合，抢占产业、技术、人才、平台制高点，谋深谋实岳麓山实验室、岳麓山工业创新中心、岳麓山大学科技城、马栏山视频文创产业园发展，新获批国家耐盐碱水稻技术创新中心等4个国家级创新平台，引进高层次人才216名、创新团队19个，落户院士专家工作站8家。有效发明专利增长25.1%。坚持深化改革与扩大开放相结合，突出"两端、两有、两带动、一环境"，推出28大项、165小项重点改革任务，国企改革三年行动任务总体完成85%，财税改革整体处于全国"第一方阵"，低空空域管理改革、长沙数字人民币改革试点走在全国前列。自贸试验区改革试点任务实施率92.6%，首创改革事项13个。中欧班列全年开行数量突破1000列，居全国第5位。成功举办第二届中非经贸博览会、中国民营企业500强峰会、世界计算大会、北斗规模应用国际峰会、长沙国际工程机械展览会、湘台经贸文化交流合作会，全省实际引进内外资分别增长29.1%、72.3%，各方投资者看好湖南、拥抱湖南。

三是高处着手不断夯实发展基础。着眼打基础、利长远，提升全省发展力、竞争力、持续力。高标准完善基础设施。坚持省领导联系重点项目制度，分3批集中开工10亿元以上项目289个，"十大基础设施项目"完成年度投资计划，常益长高铁、长沙机场改扩建等项目进展顺利，湘江永州至衡阳三级航道改扩建、呼北高速湖南段、宁电入湘等工程建设加快，韶山至井冈山铁路开通运营，永州电厂建成投用，雅中—江西特高压直流工程湖南段、南昌—长沙特高压交流工程竣工投产。高起点创建"五好"园区。聚焦"三生融合""三态协同"，出台落实"1+3"政策体系和"20条"政策举措，完善"以亩产论英雄"评价激励机制，园区技工贸总收入达5.89万亿元、增长14.5%，园区规模工业增加值占全省的比重达69.1%，省级以上园区亩均税收增长12.2%，企业上缴税金增长12.5%。邵阳、永州经开区成功晋升国家级园区。高水平优化营商环境。深化"放管服"改革，深入开展优化营商环境攻坚行动，推进营商环境评价市县全覆盖，推动审批服务"四减"、政务服务"好差评"、证明事项告知承诺制，落实民营经济"一榜一奖一中心，一册一办一平台"工作，企业开办时间平均压缩至1.5个工作日以内。

四是多措并举促进区域协调发展。落实国家区域协调发展战略，推进"一核两副三带四区"协调联动。强化"核"的引领。长株潭都市圈建设列入国家"十四五"规划，"十同"重点任务有力落实，三十大标志性工程完成年度投资计划的112%，长株潭国家自主创新示范区加快建设，绿心中央公园布局一批绿色增值项目，三市经济总量占全省的比重达41.8%。加强"块"的协同。岳阳、衡阳两个省域副中心城市加快建设，洞庭湖生态经济区绿色发展水平稳步提升，湘南湘西承接产业转移示范区引进"三类500强"项目134个。增强"城"的带动。县城基础设施补短板、强弱项工作深入推进，城乡客运一体化走在全国前列。15个国省示范县城产业平台公共配套设施建设加快，新增10个省级特色产业小镇。住房保障力度加大，房地产市场保持平稳，全省城镇化率提高1个百分点。促进"域"的协作。加强省际交流，深化与央企战略合作，深度参与泛珠三角、长江中游等区域合作，加快融入粤港澳大湾区，湘赣边合作示范区建设上升为国家战略，湘赣边、湘鄂渝黔革命老区整体纳入重点革命老区范围。

五是接续奋斗实施乡村振兴战略。全力做好巩固拓展脱贫攻坚成果与乡村振兴有效衔接，守住了不发生规模性返贫的底线。巩固脱贫成果。保持主要帮扶政策总体稳定，写好易地扶贫搬迁后半篇文章，做实防止返贫监测帮扶，消除返贫致贫风险8.8万户22.3万人。发展现代农业。大力实施"六大强农"行动，新增一批国家农业现代化示范区、现代农业产业园和农业产业强镇。农业十大优势特色产业不断壮大，生猪产能持续恢复，农产品加工业营业收入增长7%。深化农村改革。农村宅基地制度改革全国试点有序推进，供销社改革成效明显。推进乡村建设。统筹村庄清洁行动、农村污染治理、"空心房"整治等工作，创造农村"厕所革命"全国经验，持续推进移风易俗，打造301个省级美丽乡村和100个特色精品乡村。湖南农业基础地位不断巩固，呈现出"山乡巨变"的时代画卷。

六是力度空前推进绿色低碳循环发展。全面落实河湖林长制，污染防治攻坚战工作连续两年获评国家优秀。坚持政出必行。常抓不懈整改长江经济带生态环境警示片和中央环保督察反馈问题，抓实"十年禁渔"，出台洞庭湖保护条例，健全自然资源督察执法和审计协作联动机制。推进碳达峰碳中和行动。实施重点攻坚。聚焦"一江一湖三山四水"主战场，突出治水、治气、治土，完成2693项"夏季攻势"任务。生态环境各项约束性指标好于或达到国家考核标准，147个国考断面水质优良率达97.3%、提高4个百分点，全省空气质量优良天数比率达91%。强化示范带动。完成湘江流域和洞庭湖生态保护修复工程试点，建成国家级绿色矿山65座，打造10条省级示范生态廊道，森林覆盖率达59.97%。新建投产垃圾焚烧厂14座，生活垃圾无害化日处理能力达4.3万吨。坚决守住红线。科学编制国土空间生态修复规划，严格实施"三线一单"生态环境分区管控；强化对重点行业、重点区域的生态环境准入约束，坚决遏制"两高"项目盲目发展。搬迁改造沿江化工企业38家，严肃查处环境违法案件2793件，启动生态损害赔偿989件。我们以实际行动"守护好一江碧水"，擦亮了美丽湖南的生态品牌。

七是用心用情用力保障改善民生。始终把实现好、维护好、发展好最广大人民根本利益作为一切工作的出发点和落脚点，全力解决群众急难愁盼问题。增投入。完成十大重点民生实事，全省民生支出占比保持在70%以上，并压减盘活省直部门资金78亿元用于社会民生事业。减负担。部分常用药品和医用耗材降价明显，更多药品进入医保报销范围。义务教育"双减"工作初见成效，101所"芙蓉学校"全部投入使用，增加公办幼儿园学位13.5万个。提标准。退休人员养老金、城乡低保、残疾人"两项补贴"、特困人员救助供养标准，以及城乡居民大病保险和医疗救助保障水平稳步提高，被征地农民社会保障成效显著。扩范围。稳定和扩大就业，城镇新增就业75.3万人，新增农村劳动力转移就业44.4万人。推进基本养老保险全民参保，工伤保险全面实行省级统筹。虽然事有大小，但凡老百姓关心的事，我们都将不遗余力地做。

八是真抓实干提高政府治理效能。从党的百年奋斗重大成就和历史经验中汲取力量，实现对党负责、为民尽责和依法履责的有机结合。坚持党建引领。推动党史学习教育走深走实，落实领导领学和主题党课常态化制度，在党史学习教育中强作风、提能力、办实事。坚持机制创新。健全抓落实工作机制,全面完成"十四五"规划纲要和78个专项规划编制,做到了早规划、早实施、早见效。坚持依法行政。深入推进法治政府建设,出台法治湖南建设规划和法治政府建设实施方案,全面推进行政复议改革。坚持督查问效。持续开展真抓实干督查激励。自觉接受人大法律监督、工作监督和政协民主监督及社会监督,提请省人大常委会审议地方性法规议案14件,办理省人大代表建议1514件、省政协提案665件。强化审计监督,配合做好国家统计督察。坚持廉洁从政。深入推进政府系统党风廉政建设,坚决整治形式主义、官僚主义,把忠诚、为民、务实、清廉、高效的理念贯穿政府工作全领域、各方面。

我们大力推动各项事业发展。推出"湖湘潮百年颂""百年大党风华正茂"等系列专题专栏,新增9个全国爱国主义教育示范基地,新时代文明实践中心建设在全省铺开。圆满举行辛丑年祭祀炎帝陵典礼,4项考古发现入选国家"百年百大考古发现",矮寨·十八洞·德夯大峡谷景区成为5A级景区,参加东京奥运会、陕西全运会取得优异成绩。档案史志、外事侨务、港澳台事务、民族宗教、机关事务、参事文史、地震气象等工作取得新进展,老龄、慈善、工会、青少年、妇女儿童、残疾人、红十字等事业取得新成效。

我们全力推动国防动员和后备力量建设创新发展,全面深化民兵调整改革,创新发展兵役征集、国防教育、人民防空、军事设施保护,扎实做好退役军人服务保障工作,维护军人军属合法权益。

各位代表!

过去一年,我们开局就加速、起步就起势,始终牢记习近平总书记嘱托,狠抓创造性落实,努力保持向上向好势头,力求开局精彩、全程出彩;我们全面发力、精准施策,以日保月、以月保季、以季保年,力求以一域之光为全局添彩;我们众志成城、群策群力,画最大同心圆、求最大公约数、聚最大向心力,战疫情、抗洪涝、稳煤电、夺丰收、庆华诞,向党和人民交出了满意答卷。这是以习近平同志为核心的党中央坚强领导的结果,是中共湖南省委带领全省人民团结奋斗的结果,是各级人大、政协以及监察、司法机关监督支持与社会各界大力帮助的结果。在此,我代表省人民政府,向全省各族人民,向各民主党派、工商联、无党派人士、各人民团体,向驻湘人民解放军指战员、武警部队官兵、政法干警、民兵预备役人员、消防救援人员,向中央驻湘单位,向关心支持湖南改革发展的海内外各界人士,表示诚挚的感谢!

各位代表!

看似寻常最奇崛,成如容易却艰辛。回望过去一年,我们深刻体会到,党的领导是前提,必须始终在思想上政治上行动上同以习近平同志为核心的党中央保持高度一致,确保中央大政方针在湖南落地生根、开花结果。维护核心是根本,必须坚定捍卫"两个确立"、坚决做到"两个维护",坚定不移沿着习近平总书记指引的方向前进。实事求是是基础,必须坚持以人民为中心,尊重市场规律,坚持实践标准,实现有效市场和有为政府更好结合。改革开放是关键,必须以改革增动力,以开放添活力,提高利用两个市场、两种资源的能力和水平,推动质量变革、效率变革、动力变革。

我们也清醒地看到,当前我省经济社会发展还面临一些困难挑战和短板弱项:一是疫情形势依然严峻。统筹常态化疫情防控和经济社会发展面临挑战。二是有效需求仍有不足。投资拉动经济增长的效应有待增强,居民消费意愿降低,住宿餐饮、批发零售、文化旅游等服务消费恢复向好的基础还不稳固。三是保供稳价还有短板。能源供应紧张,大宗商品价格、部分生产要素成本持续上涨,部分行业

"缺芯"问题较为凸显。四是财政收支压力增大。市县财政增收放缓，刚性支出增长较快，基层财政紧张程度加大。五是政府建设还需加强。一些干部破解难题本领不强，一些地方改革创新力度不大，党风廉政建设还存在薄弱环节。对这些问题，我们要勇于面对，迎难而上，尽心竭力加以解决。

二、关于 2022 年工作

今年将召开党的二十大，做好全年工作意义重大。

我们要看到，在世纪疫情冲击下，外部环境更趋复杂和不确定，我国经济发展面临多年未见的需求收缩、供给冲击、预期转弱三重压力，但长期向好的基本面没有改变，并依然保持强大的韧性，这为我省稳住经济基本盘创造了基础和条件。我们要坚定必胜信心，既要紧跟时代步伐、顺势而为，更要积极主动作为、逆风前行，以时不我待的紧迫感、舍我其谁的使命感，过险滩、闯难关，奋力在新时代新征程上赢得更大胜利荣光。

今年工作的总体要求是：以习近平新时代中国特色社会主义思想为指导，全面贯彻党的十九大和十九届历次全会、中央经济工作会议精神，深入落实习近平总书记对湖南重要讲话重要指示批示精神，弘扬伟大建党精神，全面落实省第十二次党代会部署要求，坚持稳中求进工作总基调，完整、准确、全面贯彻新发展理念，服务和融入新发展格局，全面深化改革开放，坚持创新驱动发展，推动高质量发展，全面落实"三高四新"战略定位和使命任务，坚持以供给侧结构性改革为主线，统筹疫情防控和经济社会发展，统筹发展和安全，继续做好"六稳""六保"工作，持续改善民生，保持经济运行在合理区间，保持社会大局稳定，迎接好党的二十大胜利召开。

今年主要预期目标是：地区生产总值增长 6.5% 以上，规模工业增加值增长 7.2%，固定资产投资增长 7.5%，地方一般公共预算收入增长 6%，居民消费价格涨幅 3% 左右。城镇新增就业 70 万人，城镇调查失业率控制在 5.5% 以内，居民收入增长与经济增长基本同步。粮食产量 600 亿斤以上。生态环境质量持续改善。

完成全年预期目标，我们要坚持"稳"字当头，稳中求进，促进经济平稳健康运行；保持"进"的态势，持续推进转型升级、提质增效，实现高质量的发展；把握"高"的要求，更高水平、更大力度落实"三高四新"战略定位和使命任务；实现"新"的作为，全面激发创新创造创业活力，奋力推进现代化新湖南建设，努力走在中部崛起前列。

今年要重点抓好以下工作：

(一) 持续推动经济稳定增长

发展是最大的民生。要始终坚持以经济建设为中心，力争地区生产总值突破 5 万亿元，不断巩固向上向好势头。

积极扩大有效投资。聚焦完善"五张网"，适度超前开展基础设施投资，重点抓好十大基础设施项目，即长赣高铁、常益长高铁、平伍益高速、耒宜高速扩容、长沙机场改扩建、犬木塘水库、洞庭湖区重点垸堤防加固工程、重大能源工程、高标准农田建设、国家医学中心。聚焦产业发展，深入开展产业项目建设年活动，重点抓好十大产业项目，即中联泵送智能装备基地、三一智联装备基地、中石化巴陵己内酰胺、邵阳特种玻璃、三安半导体二期、邦盛储能电池材料、湘钢提质增效、中车时代功率半导体核心元器件、长远锂电池正极材料、正威铜基新材料。聚焦民生领域，大力实施"一老一小"、医疗和公共卫生等重大项目。完善社会资本参与政策，支持和引导资本规范健康发展。

促进消费持续恢复。巩固提升传统消费，扶持一批老字号领军企业创新发展，促进湘菜、湘茶、湘酒、湘瓷、湘绣品牌化发展。培育消费新业态、新场景，推动新型消费，发展共享消费、定制消费、体验消费和"智能+"服务消费等新模式。加强县域商业体系建设，推动农村消费梯次升级，促进农村耐用消费品更新换代。支持长沙建设国际消费中心城市，打造一批"夜间经济"地标和商旅文融合"打卡地"。推进知名电商总部入湘，规范发展直播电商、社区电商、乡村电商。加大消费者权益保护力度。

畅通产业链供应链循环。全面实施"链长制"，分行业编制产业链全景图和现状图，推进工程机械、轨道交通、航空动力、电子信息、新材料等重点领域全球配置资源。"一业一策"助推冶金、石化等行业稳定增长，促进产业链大中小企业融通发展，推动上下游企业共同延链补链强链。

激发市场主体发展活力。开展"纾困增效"专项行动，推行"免申即享"，落实新的组合式减税降费政策，积极促进中小企业融资增量、扩面、降本，有效治理拖欠中小微企业账款。扎实推进民营经济"六个一"工作，实施市场主体倍增工程和企业上市"金芙蓉"跃升行动，持续推动个转企、小升规、规改股、股上市。完善社会信用体系，激发和保护企业家精神。用好市县营商环境评价成果，深入推进全过程公开监管、全周期提升服务，推行"首违不罚"等柔性执法，持续打造市场化法治化国际化营商环境。

就今年而言，稳住就是胜利。我们要加强要素保障，做好保供稳价和市场预期管理，让经济发展韧性更强、动力更足、潜力更大。

（二）全力培塑高质量发展新优势

以打造"三个高地"集聚创新要素，加快建设现代化经济体系，不断增强创新力和竞争力，着力抢占发展制高点。

提升制造业核心竞争力。创建国家制造业高质量发展试验区，实施产业发展"万千百"工程，升级建设"3+3+2"产业集群，做大产业、做强企业、做实项目、做优生态。培优育强22个优势产业链，支持领航企业、链主企业整合产业链资源，带动零部件、原材料企业链式发展。实施"新增规模以上工业企业"行动，打造一批领航企业、专精特新"小巨人"企业、制造业单项冠军企业，净增1000家以上规模工业企业、1000家以上高新技术企业。推进产业基础再造，编制工业"六基"攻关目录清单。支持制造业优势企业拓展全生命周期增值服务，为上下游企业提供研发设计、创业孵化等服务，打造一批集战略咨询、研发设计、成果转化、引才引智、商贸会展于一体的综合性公共服务平台。加大装备首台套、新材料及关键核心零部件首批次、软件首版次应用推广和政府支持力度。

提升创新引领力。加快创新型省份建设，构建以长株潭国家自主创新示范区为引领、以郴州国家可持续发展议程创新示范区和创新型城市、创新型县市、"科创中国"试点城市为依托的区域创新体系。加快"三区两山两中心"等平台建设，高标准建设岳麓山实验室，推动在湘国家重点实验室和工程技术中心优化提质，推进省级重点实验室结构优化，加强产业研究院、中试基地建设，争取国家战略科技力量在我省布局。加快"卡脖子"技术攻关揭榜挂帅，强化基础研究和应用基础研究，力争在种业、计算、装备制造、北斗应用、生命健康等领域取得一批原创性科技成果，重点抓好十大技术攻关项目，即新一代轨道交通高效驱动系统技术、高弹性低轨卫星网系统设计、深海风电输变电核心技术、镉低积累水稻育种及栽培关键技术、新一代光子晶体光纤陀螺、多用途轻型运输飞机关键技术、航空发动机异形构件精密铸造技术、高性能GPU芯片、大尺寸超高清显示屏技术、超高清视频算法。加快优化科技创新生态，加强与"大院大所大企"合作，支持创新型领军企业组建创新联合体，畅通源头创新、成果转化、市场应用链条。推动科技与金融深度融合发展。强化知识产权保护。

提升数字驱动力。力争数字经济增长15%以上。推进产业数字化，支持企业"上云用数赋智"，培育数字化转型标杆企业，打造产业发展、政务服务、社会治理等重点领域十大数字化应用场景。推进数字产业化，大力发展新一代信息技术，加快培育"大智移云"战略性新兴产业，壮大先进计算、北斗应用、超高清视频、智能网联汽车等优势产业，布局光电信息、量子信息、人工智能等未来产业。完善数字基础设施，优化算力算法和大数据中心布局，升级改造国家超算长沙中心，加快推进国家级互联网骨干直联点建设，推进国家区块链创新应用试点，打造全国先进绿色算力枢纽。加快5G网络和IPv6规模化部署，新建5G基站2.5万个。

提升"五好"园区支撑力。力争全省千亿园区达到16家，技工贸总收入突破6.5万亿元。落实"1+3"政策体系，深化园区"放管服"改革。优化园区布局，依法依规调区扩区，推动创新创业平台资源向园区集中。创新园区发展体制机制，建设产城、产教、产金、产研融合的产业综合体，促进形态、业态、质态协同。突出绿色发展和亩均效益导向，完善园区评价激励机制，促进园区争先进位、提档升级。

人才是第一资源，得人才者，得竞争力、得创新力。要深入实施"芙蓉人才行动计划"，健全落实管理、评价、激励制度，加快构建以增加知识价值为导向的收入分配机制，以期许之心育才、以宽容之心用才、以开放之心引才，匠心打造高品质人才生态，让各类人才各得其所、各展其才、圆梦三湘。

（三）全面深化改革开放

以供给侧结构性改革为主线，推动改革开放在重点领域、关键环节取得重大突破。

深化重点领域改革。争取长株潭要素市场化配置国家综合改革试点，深化供应链金融、科创金融、绿色金融、普惠金融改革创新，扩大科技企业知识价值信贷试点范围。加快湖南金融中心和湘江基金小镇建设。全面完成国企改革三年行动目标任务，深化混合所有制改革，加快国有经济布局优化和结构调整。推动预算改革，推进财政领域五大专项整治。深入开展财源建设工程，更好支持基层政府保基本民生、保工资、保运转。有序推进教育医疗、养老托幼、社会保障、社会救助改革，深化收入分配制度改革。推进重点领域统计调查改革。全面完成低空空域管理改革任务。

提升开放平台能级。加快探索建立自贸试验区联动创新区，形成一批湖南特色制度创新成果。加快建设中非经贸深度合作先行区，完善对非经贸合作长效机制，打造永不落幕的中非经贸博览会。加快海关特殊监管区提质升级，打造中西部跨境电商集散中心，推动外贸新业态新模式实现新突破。加快建设海峡两岸（湖南）产业合作区，推动湘台产业链供应链深度融合。加快五大国际物流通道和货运集结中心建设，重点构建RCEP国家区域航空中转枢纽，支持怀化、永州、邵阳融入西部陆海新通道，提升中欧班列货值和效益，拓展江海联运接力航线，推动湘粤非铁海联运通道提质上量。

高水平引进来走出去。全面对接 RCEP 经贸新规则，实施新版外资准入负面清单和鼓励外商投资产业目录。深耕重点国别，抱团发展重点产业、重点项目。扩大重要装备、关键零部件以及优质消费品进口。开展百强外贸企业招引工程，瞄准"三类 500 强"企业、专精特新"小巨人"企业和隐形冠军企业，精准开展产业链招商、专业招商和以商招商。推动外经合作创新发展，创新办好"京洽周""沪洽周"等经贸活动。深入推进"迎老乡回故乡建家乡"，吸引湘商总部、产业、资本和人才回归。

改革开放愈进愈难、愈进愈险，而又不进则退、非进不可。我们要大胆试、大胆闯，善作善成，行稳致远。

（四）加快推进农业农村现代化

深入实施"六大强农"行动，坚持不懈推进农业强、农村美、农民富，促进乡村振兴取得新进展。

严守耕地红线和粮食安全底线。落实耕地保护建设硬措施，推动建立"田长制"，编制耕地保护专项规划，加强耕地用途管制。扎实推进高标准农田建设，坚决遏制耕地"非农化"、防止"非粮化"。全面落实粮食安全党政同责要求，切实保障农资供应和价格稳定，确保粮食播种面积稳定在 7135 万亩以上、产量 600 亿斤以上。

促进农业高质高效发展。抓好农业现代化示范区和现代农业产业园建设，深入实施优质湘米、粮油、湘猪、菜果茶工程，打造农业优势特色千亿产业。加快推进种业创新和智慧农机产业发展，做大做强农业省级区域公用品牌，支持供粤港澳大湾区"菜篮子""米袋子""果盘子"优势片建设。强化农产品质量安全监管。推动农村一二三产业融合，大力发展休闲农业，打造乡村旅游精品线路。加强农资农技农艺服务，完善农产品冷链物流体系。加大农业新型经营主体培育力度，提升农业组织化水平。

巩固拓展脱贫攻坚成果。健全防止返贫致贫动态监测和帮扶机制，加强农村低收入人口常态化帮扶，突出抓好脱贫人口稳岗就业，守住不发生规模性返贫的底线。持续推动"三保障"和饮水安全问题动态清零，强化易地扶贫搬迁后续扶持，让脱贫群众生活更上一层楼。发挥好驻村帮扶和对口帮扶作用，抓好乡村振兴重点帮扶和示范创建，广泛动员社会力量参与乡村振兴。

实施乡村建设行动。推进村庄规划编制。大力开展农村人居环境整治，统筹推进生活污水治理、生活垃圾处理，创建一批美丽乡村。持续推进农村危房改造，强化农村供水保障，加快农村电气化步伐。加强和改进乡村治理，推进数字乡村建设。丰富乡村文化产品供给，持续推动移风易俗，大力倡导健康向上之风。

全面深化农村综合改革。健全"三农"投入优先保障和稳定增长机制，落实提高土地出让收入用于农业农村比例政策。深入推进新一轮现代农业综合改革试点，扎实推进第二轮土地承包到期后再延长 30 年试点，有序开展农村宅基地制度改革试点，巩固农村集体产权制度改革成果。深化粮食收储、供销合作、集体林权等改革。大力发展新型农村集体经济，加快推进全省农村产权交易市场建设，鼓励金融机构增加涉农信贷投放。

稳经济，必须稳住农业基本盘。我们要着眼国家战略需要，以更硬的措施、更强的执行力，确保稳产保供，确保农业农村稳定发展。

（五）扎实推动区域协调发展

促进"一核两副三带四区"优势互补、融合发展，增强区域发展整体实力。

对接融入国家区域重大战略。落实新时代推动中部地区高质量发展的意见，密切长株潭与武汉、南昌都市圈的深度联接，积极参与长江经济带上中下游协作发展。深入实施对接粤港澳大湾区方案，深化泛珠三角区域合作，推动实施一批跨区域重大项目。提升湘赣边区域合作示范区建设水平。

激发区域发展活力。深入实施主体功能区战略，建立全省国土空间信息平台和规划"一张图"。实施强省会战略，引领带动长株潭都市圈发展，高标准建设长株潭绿心中央公园等标志性工程，创新长沙火车站与高铁城际多式联运，实现高效率的"零换乘"，打造"轨道上的长株潭"。加快建设湘江西岸科创走廊和东岸先进制造业走廊。加快岳阳、衡阳省域副中心城市建设步伐。深入推进沿京广、沪昆、渝长厦通道的三大经济带建设。推动洞庭湖建设秀美富饶的大湖经济区，大力发展绿色品牌农业、滨水产业、港口经济。增强湘南、湘西地区综合承载能力，推动湘南建设中西部地区内陆开放合作示范区、大湘西建设脱贫地区高质量发展先行区，促进张吉怀高铁沿线文旅融合发展。因地制宜推动革命老区、民族地区、欠发达地区振兴发展，支持湘鄂渝黔革命老区跨省区域合作。做好对口支援新疆、西藏工作。

推进以人为核心的新型城镇化。引导常住人口向中心城市、城市群和城镇转移，支持新型城镇化示范县建设。着力提升城镇品质，大力发展绿色建筑、装配式建筑、超低能耗建筑，建设一批具有湖湘特色的海绵城市、韧性城市、宜居城市。大力实施城市更新行动，加快城市燃气等管网改造升级，加强无障碍环境建设和改造，加力解决重点区域停车难问题，完善社区养老服务设施。推进保障性住房建设，着力解决外来务工人员、新就业大学生等新市民住房、子女上学等问题，促进房地产业健康发展和良性循环。

大力发展县域经济。深化扩权强县改革，提档升级县域产业园区，鼓励有条件的县市发展总部经济。积极开展县城基础设施补短板、强弱项工作，促进特色小镇健康发展，分批次推进高品质通航小镇建设。持续推进省与市县财政事权和支出责任划分改革，加大均衡性转移支付、新增债券等财力下沉力度，激励县域培育优质财源、促进税收增长。

等闲识得东风面，万紫千红才是春。我们要着力解决发展不平衡不充分问题，深入挖掘区域发展潜力，形成扬长避短、竞相发展的生动局面。

（六）深入推进生态文明建设

落实绿色成为普遍形态要求，彰显绿色生态之美、绿色产业之美、绿色文化之美、绿色制度之美。

促进绿色低碳循环发展。出台全省碳达峰行动方案和"双碳"工作实施意见，加快推进能源、用地、产业、交通运输结构调整。构建资源循环利用体系，推进清洁生产，推行绿色制造，坚决遏制"两高"项目盲目发展，推进能源低碳绿色转型和重点领域节能降碳。加快建设岳阳长江经济带绿色发展示范区，支持湘西自治州打造全国生态文明样板州。推进生活垃圾分类管理利用和快递包装绿色转型，治理塑料污染，建设绿色机关、绿色家庭、绿色社区，倡导绿色出行。

深入打好污染防治攻坚战。持续开展"夏季攻势"，扎实抓好中央交办问题整改。推进重污染天气消除、臭氧污染防治、柴油货车污染治理、大气面源和噪声污染治理。抓好长江保护修复、黑臭水体治理和洞庭湖总磷控制与削减，大力整治水质不达标断面，强化饮用水水源地保护。加强农业面源污染治理和农用地土壤污染防治。严格危险废物管控和化学品环境管理，深入推进医疗废物收集处理，强化地下水污染防治和垃圾填埋场污染治理。深入推进乡镇污水处理设施建设，实现全省建制镇污水处理设施基本覆盖。

抓好生态系统保护修复。加强"一江一湖三山四水"重要生态功能区保护，推进山水林田湖草沙系统保护修复。科学开展国土绿化行动，加快构建以国家公园为主体、自然保护区为基础、各类自然公园为补充的自然保护地体系。加强生态廊道建设，推动天然林和湿地生态系统有效恢复，加强生态脆弱区治理。加快推进"锰三角"、锡矿山等重点区域矿山、废弃矿山和尾矿库治理，推进矿山绿色发展。落实长江流域"十年禁渔"，加强"旗舰"物种、特有物种保护，推进遗传资源保护管理。全面强化生物安全。

提升生态环境治理现代化水平。强化国土空间规划和用途管控，科学划定"三条控制线"，合理确定开发强度，推动生产、生活、生态空间深度融合、相生相长。推动出台环境保护地方标准，完善落实生态环境补偿和资源有偿使用等制度，探索健全生态产品价值实现机制。做实河湖林长制，落实生态环境保护工作责任规定和生态损害赔偿制度，压实生态环境治理各方责任。推进生态环境监测、执法、督察、应急能力建设，不断提高环境风险应急防范水平。

人不负青山，青山定不负人。我们要保持历史耐心和战略定力，谋在长远，干在当下，让绿水青山造福人民、泽被后世。

（七）繁荣文化事业和文化产业

推进文化铸魂、文化赋能、文化惠民，加快文化强省建设。

弘扬社会主义核心价值观。加强和改进新时代思想政治工作，拓展新时代文明实践中心建设，全域全员全程全面开展文明创建。擦亮"雷锋家乡学雷锋"活动品牌，弘扬劳模精神、工匠精神。加强家庭家教家风建设，提升社会道德素养。培育积极健康的网络文化，营造安靖网络空间。广泛开展全民阅读活动，建设"书香湖南"。打造湖湘新型智库。

提升公共文化服务效能。全面繁荣新闻出版、广播影视、文学艺术、哲学社会科学事业，不断推出反映时代新气象、讴歌人民新创造的精品力作。大力推动公共文化服务体系高质量发展，创新实施数字农家书屋、智慧广电乡村工程、"欢乐潇湘"等文化惠民项目。统筹推进省市县媒体深度融合发展。加快推进长征国家文化公园湖南段建设，改扩建省科技创新馆。加强文物古籍保护、研究、利用，强化重要文化和自然遗产、非物质文化遗产系统性保护，支持省博物馆争创世界一流博物馆。

推进文旅融合高质量发展。巩固提升广电、出版传统优势，大力推进马栏山视频文创产业园建设，努力打造具有中国特色、全国领先、全球影响力的媒体融合新地标。大力实施全域旅游战略，打造一批精品景区景点、旅游线路，建设一批文旅产业千亿市、百亿县、亿元镇，促进"文旅+"产业融合发展，培育新型文化业态和文化消费模式。办好全省旅游发展大会，让湖南旅游唱响全国、走向世界。

文化自信是更基本、更深沉、更持久的力量。我们要弘扬湖湘文化优秀传统，赓续红色血脉，从中汲取砥砺奋进的精神力量。

（八）着力保障和改善民生

加强普惠性、基础性、兜底性民生建设，在高质量发展中促进共同富裕。

强化就业优先导向。发挥劳动密集型企业、中小微企业、民营企业就业主渠道作用。抓好高校毕业生、退役军人、农民工等群体就业，推进脱贫人口稳岗就业，帮扶残疾人、零就业家庭成员等困难人员就业。打造"创响三湘"品牌，支持外出务工人员返乡创业，发展多渠道灵活就业和新就业形态。大力提升就业服务质量，广泛开展职业技能培训，培育特色劳务品牌。落实保障农民工工资支付长效机制，构建和谐劳动关系。

办好人民满意教育。推进学前教育优质普惠、义务教育优质均衡和城乡一体化发展，增加公办义务教育学位，推进乡镇标准化寄宿制学校建设，促进县域普通高中发展提升。扩大优质高等教育资源供给，推进高校新一轮"双一流"建设和职业教育产教融合。规范发展民办教育。落实"双减"政策，规范校外培训。深化新时代教育评价改革，加强和改进德育、体育、美育、劳动教育，关爱师生心理健康。加强师德师风建设。

深化健康湖南建设。改革完善疾病预防控制体系。发展城市医联体和县域医共体，加快国家区域医疗中心建设，建成一批达到三级医院水平的县级医院。积极建设国家中医药综合改革示范区，做精"湘医"、做强"湘药"。扩大药品、高值医用耗材集中带量采购范围，深化医保支付方式改革。规范发展社会办医，加快发展大健康产业。依法实施三孩生育政策及配套支持措施，健全计划生育特殊家庭全方位帮扶保障制度。深入推进爱国卫生运动。推进长沙奥体中心建设，完善体育公园、潇湘健身步道等全民健身场地设施。全力备战亚运会，办好省运会、省残运会。

健全社会保障体系。推进基本养老保险全国统筹，提高城乡居民医保财政补助标准，推进失业保险省级统筹。健全重特大疾病医疗保险和救助制度，落实医疗保障待遇清单制度，优化跨省异地就医直接结算服务。强化低收入家庭救助帮扶，加强特困人员救助供养，提高困难群众最低生活保障水平。完善社区居家养老服务网络，着力构建老年友好型社会。保障妇女儿童合法权益，关爱保护困境儿童、农村留守儿童。发挥第三次分配作用，发展慈善事业。

抓好重点民生实事。坚持一件事、一个方案、一套班子、一抓到底，竭尽全力办好十大民生实事：① 增加公办义务教育学位；②职业教育楚怡行动；③特殊群体健康保障；④城乡低保和残疾人"两项补贴"提标；⑤老年人服务保障；⑥城镇老旧小区改造；⑦中小学安防设施建设；⑧农村饮用水水源地突出环境问题整治；⑨农村"三路"建设；⑩农村水源保障及灌溉能力提升。

民生无小事，枝叶总关情。我们要心系千家万户，情牵百姓忧乐，让发展更有温度、民生更有质感。

（九）不断提升安全发展水平

牢固树立总体国家安全观，统筹发展和安全两件大事，为高质量发展、高品质生活提供有力支撑。

精准做好常态化疫情防控。坚决贯彻"外防输入、内防反弹"总策略、"动态清零"总方针，保持联防联控机制常态化运行，持续推进疫苗接种，加强重点单位、重点场所、重点人群、重大活动精准防控。完善多点触发监测预警机制，动态调整应急预案，提高应急处置能力。

积极防范化解重大风险。防范化解地方政府债务风险，加快平台公司市场化转型，坚决遏制新增地方政府隐性债务。强化专项债券全生命周期管理。常态化开展"一非三贷"整治。健全食品药品监管责任体系，坚决守住食品药品安全底线。加快自然灾害防治重点工程建设，有效应对气象、地质、森林火灾等自然灾害。

维护社会稳定和安全。扎实做好新一轮县域警务工作，推行"互联网+基层治理"，加快构建立体化智能化社会治安防控体系。持续推进严打暴恐专项行动，常态化开展扫黑除恶斗争，坚决防范和打击各类违法犯罪。巩固提升安全生产专项整治，强力开展"打非治违"，排查整治老旧管道、非煤矿山、道路交通、建筑施工、农村危房、消防等重点领域隐患，突出抓好煤矿、烟花爆竹、危险化学品、文旅等重点行业领域安全监管，坚决杜绝重特大事故。

加强和创新社会治理。健全城乡基层治理体系，推进市域社会治理现代化和市县乡村社会治理创新。坚持和发展新时代"枫桥经验"，畅通信访渠道，健全社会矛盾多元化解机制。促进民族团结、宗教和谐。支持工会、共青团、妇联、红十字会等群团组织和社会组织更好发挥作用。

促一方发展，保一方平安，是我们的政治责任。我们要下好先手棋，打好主动仗，守护好万家灯火。

全力支持国防和军队现代化建设。坚决贯彻习近平强军思想，统筹经济发展与国防建设，深化国防动员体制改革和兵役制度改革，巩固民兵调整改革成果。加强全民国防教育，推进湖南革命军事馆建设。健全退役军人工作体系和保障制度，深入开展"双拥"共建，巩固和发展军政军民团结大好局面。

三、全面加强政府自身建设

打铁必须自身硬。要坚持党的全面领导，坚定捍卫"两个确立"，坚决做到"两个维护"，努力在新的赶考之路上，答好时代之卷。

加强政府系统党的建设。坚持以习近平新时代中国特色社会主义思想为根本遵循，深刻学习领会"十个明确"，自觉用党的创新理论最新成果指导实践、推动发展。弘扬伟大建党精神，持续深化以党史为重点的"四史"教育。始终把党的政治建设贯穿政府工作各领域、全过程，不断提高政治判断力、政治领悟力、政治执行力。

推进法治政府建设。落实法治政府建设实施方案，加强重点和新兴领域政府立法。进一步规范依法行政，全面实行政府权责清单制度，健全重大行政决策机制。发挥政府法律顾问作用。严格规范公正文明执法。全面实施"八五"普法规划，增强全民法治观念。依法接受同级人大及其常委会监督，自觉接受人民政协民主监督，主动接受社会和舆论监督。强化审计监督、统计监督。

提高政府效能。加快数字政府建设，深化"放管服"改革，打造"一件事一次办"升级版，推动更多事项"一网通办""全省通办""跨省通办"，提升监管规范化法治化精细化水平。深化工程建设项目审批制度改革。全面推行政务服务"好差评"和行政效能电子监察"红黄牌"制度，办好"12345"热线。

改进工作作风。贯彻落实中央八项规定及其实施细则精神的实施意见，力戒形式主义、官僚主义，以钉钉子精神抓部署、抓落实、抓督查。扎实推进清廉湖南建设，落实党风廉政建设"一岗双责"，加强公共资源交易等重点领域的大数据应用、智能化监管。落实好过紧日子的要求，坚持勤俭办一切事业，严控一般性支出，保障好重点支出，坚决不搞政绩工程、形象工程。

增强工作本领。加强经济知识、科技知识、历史知识的学习，敬畏历史、敬畏文化、敬畏生态，强化专业精神、提升专业素养。切实关心基层干部，完善干部担当作为激励保护机制，真正为基层松绑减负，让干部轻装上阵、勇担重任。

　　各位代表！站在现代化新湖南建设的历史起点，承担"三高四新"战略定位和使命任务，面对勤劳智慧、勇毅奋进的湖湘儿女，唯有不懈奋斗，方能不负重托。让我们紧密团结在以习近平同志为核心的党中央周围，在中共湖南省委坚强领导下，牢记嘱托、不负使命，干在实处、走在前列，以实际行动迎接党的二十大胜利召开！

2022 湖南 100 强企业发展评点

湖南大学 袁 凌

2021 年是"十四五"规划的开局之年。湖南省全面落实习近平总书记考察湖南重要讲话精神，以"三高四新"战略定位和使命任务为科学指引，在湖南推进供给侧结构性改革，抵御经济下行压力，统筹疫情常态化防控和经济社会发展方面取得了显著的成绩。从湖南省企业和工业经济联合会发布的 2022 湖南 100 强企业数据来看，100 强企业作为湖南省经济建设的支撑力量，在众多方面交出了令人满意的答卷：企业入围门槛持续提高，资产与营业收入规模进一步增长等。尽管国内经济逐步从新冠肺炎疫情的影响中恢复，但常态化疫情防控及海外疫情的不确定性使得 100 强企业出现了整体发展受阻，地区、行业发展结构性不平衡等问题。总体来看，100 强企业在"十四五"规划开局之年为湖南省经济整体运行维持稳中向好、稳步发展的良好态势做出了突出贡献。

一、2022 湖南 100 强企业发展的总体情况

从 100 强企业榜单变化来看：一是新企业发展势头强劲，15 家企业崭露头角。2022 湖南企业 100 强榜单中有 15 家新进企业，其中 6 家是国有企业，9 家是民营企业。15 家新进企业在榜单前 30 位中占据 1 席。二是老企业发展平稳，整体排名变化较大。2022 湖南企业 100 强榜单中前三席仍为湖南钢铁集团有限公司（原湖南华菱钢铁集团有限责任公司）、中国建筑第五工程局有限公司和三一集团有限公司占据，湖南中烟工业有限责任公司位次由湖南建工控股集团有限公司替代，退居榜单第 6 位。此外，85 家老企业中，位次取得进步的有 25 家，位次保持不变的有 9 家，位次后退的有 51 家。三是行业分布广泛，各行各业百花齐放。2022 湖南企业 100 强分布于 14 个行业门类、32 个行业大类，其中，制造业企业 46 家，建筑业企业 14 家，批发和零售业企业 12 家，其他行业门类企业 28 家。

从 100 强企业整体发展态势来看：一是 100 强企业总体规模继续扩大。2022 湖南企业 100 强的资产总额为 47795.82 亿元，相比上年增长 11.07%，资产增长速度有所放缓。由此可见，面对常态化疫情防控的压力及海外疫情的不确定性，湖南大企业需要进一步发现机遇，释放发展潜能。二是 100 强企业盈利水平维持稳定，资产利用效率有待提高。100 强企业的净利润总额为 1196.42 亿元（实报 100 家企业数据），同比上年增长 2.89%，盈利状况与上年基本持平，保持稳定态势。从企业盈利来看，其中盈利企业 91 家，利润总额为 1253.67 亿元，与上年相比，盈利企业利润总额增加 32.89 亿元，增幅为 2.69%；从企业亏损来看，亏损企业 9 家，亏损总额 57.25 亿元，亏损企业亏损总额比上年减少 0.74 亿元，减幅为 1.28%；净利润在 10 亿元以上的盈利大户共 28 家，同比上年增加 1 家；从整体资产利用水平来看，100 强企业的整体资产利润率为 2.50%，同比上年小幅下降 0.88 个百分点。三是 100 强企业行业优势明显。将 100 强企业分行业按营业收入排名，制造业，建筑业，批发和零售业，电力、热力、燃气及水的生产和供应业排名靠前，这 4 个门类合计的营业收入总额 21528.52 亿元，相对营业收入总规模占比 85.31%，行业集聚效应仍十分明显。四是 100 强企业创新意识逐渐扩散，研发投入有所增加。100 强企业中填报研发费用的企业有 79 家，比上年度增加 6 家，合计研发费用为 510.47 亿元，平均研

发费用 6.46 亿元，平均研发费用比上年度增加 1.24 亿元；在填报了研发费用占营业收入比率的 79 家企业中，只有 31 家企业达到省政府提出的 3%的基本要求，占填报企业数的 39.24%；与上年相比，研发费用减少 30%以上的企业有 1 家。五是 100 强企业的经济影响继续扩大。从营业收入来看，100 强企业营业收入总额达到 25237.70 亿元，同比上年增长 18.29%，占全省地区生产总值的比重为 54.79%。从纳税状况来看，100 强企业纳税总额为 1802.97 亿元（实报 96 家企业数据），相比上年的 1614.18 亿元（实报 93 家企业数据），增加 188.79 亿元，增幅为 11.70%，占 2021 年湖南省税收收入总额 4599.20 亿元的 39.20%。

从 100 强企业与其他省份对比来看：湖南 100 强企业与中部地区部分省份和东部发达省份在规模方面仍有较大的差距。2022 湖南企业 100 强中的湖南钢铁集团有限公司、中联重科股份有限公司、蓝思科技股份有限公司 3 家企业上榜 2022 年《财富》中国 500 强，位次分别为第 77 位、第 200 位、第 277 位，较上年都有所提升。湖南钢铁集团有限公司成为首家上榜 2022 年《财富》世界 500 强的湖南企业，实现了湘企在世界舞台上的突破。它们是湖南企业中的佼佼者，为带动全省经济增长、引领省内产业链发展做出了巨大贡献。但是，从 2022 年《财富》中国 500 强企业的省份分布来看，湖南省的排名相对落后，只有 3 家企业入围。与邻近的中部地区省份相比，湖南不敌安徽 12 家、河南 11 家、湖北 9 家、江西 5 家。此外，根据中国企业联合会、中国企业家协会（简称中国企联）发布的 2022 中国企业 500 强榜单，湖南省有 6 家企业入围，分别是湖南钢铁集团有限公司，2021 年营业收入 2197.06 亿元，居第 120 位；三一集团有限公司，营业收入 1545.60 亿元，居第 170 位；湖南建工控股集团有限公司，营业收入 1213.38 亿元，居第 210 位；大汉控股集团有限公司，营业收入 675.32 亿元，居第 333 位；中联重科股份有限公司，营业收入 671.31 亿元，居第 335 位；湖南博长控股集团有限公司，营业收入 621.58 亿元，居第 360 位。与同为中部地区的其他省份相比，湖南省不敌湖北 13 家、河南 11 家、安徽 9 家、江西 8 家。这些数据说明，湖南企业入围数量不多且规模有不小的差距，仍需进一步推动优势产业快速发展并优化产业结构布局。

二、2022 湖南 100 强企业发展面临的问题与挑战

在过去的 2021 年中，面对新冠肺炎疫情的考验以及错综复杂的国内外形势变化，湖南 100 强企业整体稳步向好，对湖南经济保持平稳、稳中有进、稳中向好的良好势头发挥了重要的作用。但是其发展中存在的问题与面临的挑战也不容忽视，需要企业、政府与社会共同关注。

（一）经济下行压力大，高质量持续发展大势未变

受国际环境更趋复杂严峻和国内疫情冲击明显的超预期影响，经济新的下行压力进一步加大。面对如此复杂的局面，湖南省认真贯彻党中央、国务院的决策部署，有力统筹疫情防控和经济社会发展，加大宏观政策调节力度，努力克服疫情冲击，企业高质量持续发展有待进一步推进。第一，100 强企业之间盈利能力差距较大。2022 湖南企业 100 强中，有 28 家企业的净利润在 10 亿元以上，相比上年增加 1 家，利润总额达 1026.40 亿元，这 28 家超级盈利大户占 100 强中 91 家盈利企业利润总额的 81.89%。第二，100 强企业整体的资产利用效率有待提升。从平均资产利润率数据来看，100 强企业整体的资产盈利能力有所下降。从收入利润率来看，100 强企业的收入利润率的分布情况不太乐观，只有 39 家企

业的收入利润率超过平均水平。第三，老企业经营效率有待提高，资产利用效率需进一步提升。85家老企业中位次后退的企业有51家，较上年增加4家。除此之外，85家老企业（实报75家企业数据）的平均收入利润率、平均资产利润率与上年相比分别下降了1.14和1.90个百分点。第四，100强企业国际化经营面临困难，海外收入减少。受疫情影响，100强企业共创造海外收入973.52亿元（实报35家企业数据），与上年相比减少2.44%。100强企业的国际化经营受疫情冲击的影响很大，进一步印证了国家以国内大循环为主体、国内国际双循环并重的新发展格局的必要性。

（二）区域与行业发展差距显著，产业布局有待进一步优化

虽然2022湖南100强企业整体发展趋势稳中向好，对全省经济发展的促进作用进一步提升，但在地区及产业发展过程中不平衡不协调的问题仍然存在。从区域分布结构来看，100强企业中有78%的企业集中在省会长沙，长株潭凭借地理位置、交通条件、经济基础和政策支持等优势，持续保持着营业收入占100强整体营业收入90%以上的佳绩。湖南省其余各市、各区域发展相对滞后的问题则显得尤为突出。一方面，伴随着政府加大对长株潭一体化进程的推进及扶持力度，长株潭地区的规模效应进一步突出，同其他区域相比，其在信息资源、人才等方面具备更大优势；另一方面，反映出省内整体经济发展不协调、不全面，区域合作机制不健全，合作内容的广度和深度还有待进一步提高。从产业分布结构来看，2022湖南100强企业中传统制造业和服务业仍占主导地位。具体来说，100强企业中制造业、建筑业、批发和零售业企业分别有46家、14家和12家，共占100强企业数量的72%，三大产业的营业收入总额为19653.50亿元，占比77.87%。三大主导产业在2021年仍占100强企业营业收入的主要部分，具备充足的发展优势，对其他非主导型产业的利润空间挤压仍十分明显。从行业分布结构来看，2022湖南100强企业中通信设备、计算机及其他电子设备制造业企业数量和资产占比，信息传输、计算机服务和软件业等新兴产业资产和营业收入占比均不超过5%。2022中国企业500强中，通信和通信设备、计算机相关产品、电子和电子元器件三大行业营业收入占比约为6.45%，但考虑2022中国企业500强入围门槛为446.25亿元，2022湖南100强企业在这三大产业中仅蓝思科技集团达到这一标准，由此可知湖南新兴产业同中国前沿水平相比仍存在较大差距。因此，持续推动新兴产业发展，发挥其对全面发展格局形成的推动作用，任重而道远。

（三）民营企业面临发展瓶颈，企业经营水平仍需提高

在经济发展新时代，要实现经济强起来的目标，就必须进一步促进国有经济与民营经济相辅相成、相得益彰，推动各种所有制经济取长补短、相互促进、共同发展。从发展数量来看，民营企业有47家，数量上与国有企业相差不大，但民营企业规模优势仍不突出，呈现多而不优的发展状况。从发展质量上看，47家民营企业收入占100强企业营业收入的35.65%，资产总额占比为17.99%，净利润占比为36.01，纳税额占比为13.69%，与国有企业相比仍然存在较大差距。

（四）研发投入水平有待提升，企业对创新的重视程度参差不齐

近年来，省委、省政府把创新摆在现代化建设的核心位置，高度重视加大全社会研发经费投入工作，先后出台《湖南省"十四五"加大全社会研发经费投入行动计划》等文件，实施企业、高校科研院所研发财政奖补政策，充分激发各类创新主体研发投入积极性，推动全省研发经费投入大幅提升。从研发投入来看，2022年湖南100强企业中，有79家填报了研发费用，合计研发费用为510.47亿元，平均研发费用为 6.46 亿元。但是只有 31 家企业的研发投入占营业收入的比率达到了省政府提出的 3%的基本要求，占填报企业数的 39.24%，仍有超六成的企业研发投入占比在 3%以下。相对国际上评判创新能力的企业研发投入占营业收入 5%的要求，能够达标的企业寥寥无几，这说明 100 强企业对创新的重视程度有待进一步提升，其发展潜能有待进一步激发。

三、2022 湖南 100 强企业发展的对策建议

2022 年，我们将继续向着第二个百年奋斗目标迈出坚实一步，在"十四五"规划的指引下，湖南将继续向着构建新发展格局、实现高质量发展努力。2020 年 9 月 16 日至 18 日，习近平总书记在湖南省视察时强调，要落实党中央决策部署，坚持以供给侧结构性改革为主线，扎实做好"六稳"工作，全面落实"六保"任务；有序推进产业结构优化升级，加快发展优势产业，着力筑牢产业基础，推动产业链现代化；着力打造国家重要先进制造业、具有核心竞争力的科技创新、内陆地区改革开放的高地，更加重视催生高质量发展的新动能新优势；在推动中部地区崛起和长江经济带发展中彰显新担当，奋力谱写新时代坚持和发展中国特色社会主义的湖南新篇章。以湖南 100 强企业为代表的湘企应在"三高四新"战略定位和使命任务的指引下，在推动高质量发展上闯出新路子，在构建新发展格局中展现新作为，在推动中部地区崛起和长江经济带发展中彰显新担当。

（一）推动数字化建设，打造先进制造业高地

湖南 100 强企业中，制造业入围企业的数量虽有所波动，但基本都维持在 50%左右的水平。从总体来看，制造业的发展水平直接决定了湖南省的综合竞争力。湖南应以先进制造业为主攻方向，打造国家重要先进制造业高地，推动先进制造业、新一代信息技术深度融合，加快构建现代化产业体系，加快产业数字化、智能化转型，着力打造更多支柱产业及先导产业，从制造大省阔步迈向制造强省。

第一，加快数字化、智能化转型变革，推动制造业由中高速增长转向高质量发展。数字化技术发展引发全球性深刻产业变革，新冠肺炎疫情推动产业链深度重构、供应链加速重组，湖南将迎来新一轮产业布局和新兴产业崛起的重大转机。政府应全面进一步支持制造业企业在制造业各业务环节的数字化进程，开展中小型企业数字化赋能专项行动，推广一批适合中小型企业需求的数字化产品和服务。政府组织数字化转型服务商，为中小型企业提供低成本、高效率、实用性强的数字化解决方案。鼓励和支持湖南 100 强企业中的大型企业立足自身优势，依托产业链上下游共享自身数字化资源，帮助中小型企业数字化转型。

第二，培育智能制造新模式新业态。湖南 100 强企业应当围绕新兴技术领域，加快前瞻性布局，面向行业需求，在通用设计中兼顾专业需求，打造可用性强的智能制造解决方案。通过加快生产制造全过程数字化改造，推动智能制造单位、智能产线、智能车间建设，实现全要素、全环节智能管控。

第三，稳定重点先进制造业产业链建设，加强集群建设为先进制造业发展赋能增效。湖南未来应当引导企业参与国家产业基础再造和制造业高质量发展，提升制造业竞争力。湖南 100 强企业应当根据自身实际情况，持续推动制造业新兴优势产业链建设，锻造优势产业链长板，补齐战略性产业链短板，推进制造业领域产业链配套发展，构建先进制造业集群，建设配套产业园，提升传统制造业产业，培育未来制造业产业，以提升产业链现代化水平。充分发挥湖南 100 强企业中的制造业大型企业的带动作用，

完善中小型企业产业园平台，加大园区招商力度，吸引更多关联企业落户进驻，建成先进制造业产业集群；做大做强智能产业园，使中小型企业焕发新的生机。

（二）依靠核心技术攻关，打造科技创新高地

对于企业而言，创新是企业发展的不竭动力，是催生经济增长新动能、提升经济增长质量的根本战略。全省应当着力推进关键核心技术攻关、创新生态优化、科技成果转化等"七大计划"，坚持创新引领，打造具有核心竞争力的科技创新高地。

第一，加强战略科技力量建设，打造高能级创新平台。习近平总书记指出，世界科技强国竞争，比拼的是国家战略科技力量。湖南未来应当积极对标国家实验室，以高标准、严要求优化提升各类技术创新平台，发挥优势，增强企业自主创新能力，加快重大科技基础设施建设，完善创新奖励机制，鼓励大型企业带动中小型企业进行创新转型，加大对中小型企业的研发补助，提高产品的技术含量和竞争力。

第二，推进关键核心技术攻关，加快产业创新能力提升，实现高水平自立自强。湖南应以需求为导向，引导企业大力加强基础建设和应用研究，通过创新成果转化，实现关键技术突破和产业基础再造；围绕新一代信息技术、新材料等战略性产业链，重点突破为国家战略和三大世界级产业集群服务的技术、材料短板，攻克"卡脖子"技术及产品。在产业层面应坚持科技创新赋能产业发展，在重点产业领域组织实施一批科技专项，开发推广新经济、新产业、新业态、新产品。在企业层面应坚持企业创新主体地位，实施创新型企业增量提质行动，培育壮大科技型企业。

第三，突出人才第一资源，广聚英才蓄积创新支持力，打造高素质创新人才队伍。创新引领关键在人才。政府应当充分发挥湖南科教资源优势，推进与"大院大所大学大企"合作，全面扩大创新人才自主供给。完善奖励机制，鼓励企业积极与高校、科研机构合作，实现产学研协同发展，将创新成果孵化落地；加大领军人才和专业技能人才培育力度，提高高级技工及专业人才的待遇，依托发展平台，为各类人才提供更好的发展环境。湖南100强企业要发挥带头作用，为湖南经济高质量发展领跑，做创新转型发展先锋。

（三）立足新发展格局，打造内陆改革开放高地

打造内陆改革开放高地是内陆地区在世界百年未有之大变局背景下，实现中华民族伟大复兴，以改革开放解决发展不平衡不充分问题，助力构建新发展格局、协调区域发展和高水平开放，建设社会主义现代化国家的重大战略部署。湖南100强企业应在这一背景下抓住机遇，积极担当改革开放道路上的开拓者。

第一，政府应持续优化营商环境。一方面，湖南100强企业面临着资产流动性问题，共有54家企业的资产负债率超过60%，意味着企业面临着举债经营的风险，这将直接影响企业的风险应对能力；另一方面，民营企业作为国民经济的重要组成部分，虽然在100强企业中占据47席，但仍面临着准入门槛高、融资难等问题，营商环境优化亟待推进。为此，应采取更多助企纾困政策，积极充当银行与企业之间的对接人，进一步推动减税降费。推动商业银行实行差异化定价策略，降低民营企业信贷综合成本，大力推广"信易贷"等途径，推动民营企业"首贷户"数量持续增加。打造民营企业融资服务平台，加快建设金融机构信息和产品数据库等，更好匹配民营企业融资需求。持续优化市场准入，加快推进政务服务标准化规范化便利化，实施企业开办"四减""四零"，切实降低市场准营门槛。

第二，对内，政府应在保证海外业务产业链供应链畅通的基础上进一步扩大内需。政府应全力保证企业产业链与供应链畅通，通过减免市场主体费用、落实税收优惠政策，减轻市场主体的负担，加大对受疫情影响较大的行业企业支持力度，用足用好金融工具支持产业链供应链的融资，为企业发展增加动力。对于依赖海外业务的企业，政府要鼓励其主动挖掘国内市场的需求，开拓国内市场；对于严重依赖进口核心技术的企业，政府要进一步引导企业寻找其他替代解决方案，提升研发和创新协同能力。

第三，对外，以自贸试验区为重点打造创新高地。从政府角度出发，一方面，应开展产贸融合、重点外贸企业招引行动，建立健全覆盖大中小型外贸企业的综合服务机制，推动外贸企业破零倍增、提质增效。另一方面，高标准建设自贸试验区，加快建设中非经贸深度合作先行区，依托100强外贸企业招引工程，支持优势产业、优势企业、优势产品高水平"走出去"。100强企业一方面可以依托中非经贸博览会成果落地，深入推进中非经贸深度合作先行区建设，海外业务龙头企业依托长株潭地区辐射作用，引导其他企业进一步扩大非洲市场；另一方面积极对接融入"一带一路"建设，抓住湖南区位优势，发挥湖南在中部地区的枢纽作用，在《区域全面经济伙伴关系协定》（RCEP）正式生效机遇期，开发东盟国家市场，拓展日韩、欧美、拉美等其他新兴市场，推动优势产能"走出去"，大力发展跨境电商、市场采购等外贸新业态。

（四）转型升级产业结构，推进产业协调发展

根据湖南省统计局发布的相关数据，全省三次产业结构由2020年的10.2∶38.1∶51.7演变为2021年的9.4∶39.3∶51.3，服务业主导优势仍非常明显。但是2022湖南100强企业当中，传统行业企业比重仍然较大，高技术制造业企业、现代服务业企业比重较低且增速缓慢，战略性新兴产业布局速度有待提高，亟须转型升级，促进产业协调发展。

第一，政府加快促进三大产业的融合化发展。深化现代服务业与先进制造业、现代农业融合及现代服务业内部相互融合。湖南100强企业要发挥自身的能动性，采用产学研用相结合的协同创新，将外部资源纳入制造业服务创新中来，推动三大产业内不同企业的融合发展，共同进步。

第二，企业要善于抓住政策机遇，充分发挥企业的自我约束和关联主体的管理作用，创新"互联网+"、平台经济、分享经济等模式。优化企业治理机制，探索开展基于生态化和平台化的多边协同治理，形成"共同参与、共同担责、共同分享、发展共赢"的局面。

第三，企业需要统一思想、统筹规划，并建立与企业数字化成熟度相匹配的推进机制。要建立明确的战略发展目标，系统、全面地整合企业各方面的要素，使其协调发展。企业要构建数据驱动的企业文化，提高管理层对数据驱动增长的认识和决心，从而自上而下推动数字化转型。

第四，企业要尤为注意建立多层次、多形式、多渠道的人才培养培训机制。提升服务业人力资源水平和创新能力。实施更加积极开放的人才政策，完善移民、签证等制度，引进复合型、领军型的国际高端人才。通过校企合作、在职培训等途径，培养精通传统服务业和通信、信息、互联网技术领域的专业人才。

（五）优化产业区域布局，促进区域经济平衡发展

2021年湖南省整体经济发展水平虽然取得了很大的成绩，但是仍然存在不少问题。其中，区域经济发展不平衡就是一个突出的问题。2021年，长株潭地区生产总值达19239.3亿元，而湘南地区生产总值为8871.5亿元，大湘西地区生产总值为7477.5亿元，洞庭湖地区生产总值为10476.4亿元，均同长株潭地区差距较大。此外，从100强企业在各地区的分布来看，湘南地区、大湘西地区以及洞庭湖地区缺乏能够引领区域经济增长的龙头企业，三大区域内传统产业所占的比重较高，相对长株潭地区发展相对缓慢。

第一，政府应该统筹长株潭中心区、都市圈规划，实现规划空间、规划时限、规划目标和规划内容全方位对接。明确城市功能定位，实现长株潭都市圈公共服务实现均等化、基础设施互联互通；支持湘江新区、长沙临空经济区、国家级开发区、综合保税区等各类平台大胆创新，引领推动区域高质量发展。提升长株潭地区的辐射力和引领力，进一步带动周边地区发展。

第二，因地制宜发展各区域的优势产业。各区域的发展重点要根据自身的区位特点、资源特点、地理条件、文化传统等来权衡考虑，大力发展特色产业，打造本地区的大型企业。大湘西地区大力发展特色产业，应强调生态优先；湘南地区开放发展，应加强与粤港澳大湾区、北部湾、东盟等区域合作；洞庭湖地区侧重绿色发展，应发挥临江临湖滨水优势，加快恢复良好的洞庭湖生态环境。

第三，湖南100强企业要充分利用自身优势带动区域快速发展。企业要充分利用已有的政策支持，推动名优产品互认工作，抓住产业链重构机遇，加大核心技术研发力度，提高创新能力，打造更强的创造力和更高附加值的供应链、产业链。

（六）做大做强头部企业，提高湖南企业在全国的地位

头部企业是湖南省实现高质量发展的动力源泉。只有全省深入贯彻习近平新时代中国特色社会主义思想，紧盯前沿，集群发展，不断推动头部企业快速发展，不断做大做强、做精做专，带动全省的经济发展，才能提升全省产业的竞争力，发挥其对产业高质量发展的核心引擎功能和辐射带动作用，才能为湖南企业高质量发展做出贡献，提高湖南企业在全国的地位，为全省高质量发展注入强劲动力。

第一，政府应加大政策扶持力度，创造良好的发展环境，引导头部企业带动产业发展。一方面，政府应进一步深化国资国企改革，引导增量国有资本向重点优势产业集聚，做强做优做大100强企业中的国有资本和国有企业。另一方面，依托产业链"链长制"，支持头部企业、链主企业整合产业链资源，依托"新增规模以上工业企业"行动，打造一批领航企业、专精特新"小巨人"企业，进一步扩军头部企业。

第二，头部企业应当不断提升自身研发创新能力、市场主导能力。在提升研发创新能力方面，头部企业可以通过增资扩产提质增效，扩大产能，提高产品技术含量，稳固、扩大市场占有率；通过联合产业链上下游，开展终端及相应配套产品的研发和产业化，提升产业链引领带动作用。在巩固市场主导能力方面，头部企业可以带动上下游企业拓展国内外市场，拓展线上线下销售渠道，提高自身市场主导能力。

第三，借鉴发展经验，携手其他中部省份助力头部企业发展。中部地区是新时代发展的重要力量，步入新时代，湖南应借鉴其他中部省份的发展经验，落实新时代推动中部地区高质量发展的意见。如安徽已连续两年实现100强企业中民营企业入围数超过国有企业，在民营企业发展方面湖南可借鉴安徽的发展经验，助力民营企业发展。湖北省科技强省走在中部地区前列，湖南可借鉴湖北高校院所科创平台建设经验，推动企业与高校院所共建高水平新型研发机构，实现创新驱动发展。此外，还应进一步加强与中部各省合作，依托交通动脉协作与其他中部省份建设一批产业集群和特色园区，如长株潭与武汉、南昌都市圈的深度联接，湘赣边区域合作示范区建设等，凝聚中部地区头部企业力量，形成发展合力。

第一章
2021年湖南经济发展概况及2022年展望

2021年是党和国家历史上具有里程碑意义的一年。全省上下坚持以习近平新时代中国特色社会主义思想为指导，认真贯彻习近平总书记对湖南重要讲话重要指示批示精神，贯彻落实党中央、国务院决策部署，立足新发展阶段，贯彻新发展理念，融入新发展格局，坚持稳中求进工作总基调，沉着应对复杂形势和世纪疫情，全面落实"三高四新"战略定位和使命任务，统筹疫情防控和经济社会发展，扎实做好"六稳""六保"工作，呈现稳中有进、稳中提质的良好态势，在"十四五"开局之年迈好了第一步，见到了新气象。

第一节 2021年湖南经济发展总体情况

2021年，全省地区生产总值46063.1亿元，增长7.7%（较2020年同期，下同）；两年平均增长5.7%（以2019年为基期，2020年和2021年平均增速，下同），高于全国平均水平0.6个百分点。其中，第一产业增加值4322.9亿元，增长9.3%；第二产业增加值18126.1亿元，增长6.9%；第三产业增加值23614.1亿元，增长7.9%。按常住人口计算，人均地区生产总值69440元，增长7.8%。三次产业结构为9.4∶39.3∶51.3。第一、二、三产业增加值对经济增长的贡献率分别为12.4%、34.6%和53.0%。

一、供给端保持稳定增长

（一）农业综合生产能力增强

农业经济保持平稳增长。全年农林牧渔业总产值7662.4亿元，增长10.4%。其中，农业产值3532.9亿元，增长3.6%；林业产值455.8亿元，增长9.5%；牧业产值2542.5亿元，增长20.6%；渔业产值570.8亿元，增长4.3%。端稳端牢中国粮、做优做香湖南饭，全省农业综合生产能力和农产品的知名度、竞争力不断增强。

粮食生产保持稳定。全年粮食种植面积4758.4千公顷，比上年增加3.6千公顷，增长0.1%。其中，夏粮面积113.9千公顷，增加7.6千公顷，增长7.1%；早稻面积1219.6千公顷，减少6.1千公顷，下降0.5%；秋粮面积3424.9千公顷，增加2.2千公顷，增长0.1%。水稻面积、产量分别居全国第1位、第2位。全年粮食产量3074.4万吨，比上年增加59.2万吨，增产2.0%，居近十年高位。其中，夏粮产量45.2万吨，增加2.0万吨，增产4.7%；早稻产量743.8万吨，增加25.1万吨，增产3.5%；秋粮产量2285.4万吨，增加32.1万吨，增产1.4%。

经济作物增产增收。全年棉花种植面积60.2千公顷，比上年增长1.2%；糖料种植面积7.5千公顷，下降0.8%；油料种植面积1479.8千公顷，增长1.8%；蔬菜及食用菌种植面积1391.5千公顷，增长2.7%。棉花产量8.0万吨，增产8.1%；油料产量263.0万吨，增产0.9%；烤烟产量18.4万吨，增产0.4%；茶叶产量25.9万吨，增产3.4%；蔬菜及食用菌产量4268.9万吨，增产3.9%。油菜面积、产量分别居全国第1位、第3位，油茶面积和产量稳居全国第1位，蔬菜、茶叶、淡水产品、柑橘、中药材等产量居全国前列。

肉类禽蛋产量稳定。全年猪、牛、羊、禽肉类总产量559.7万吨，比上年增长23.7%。生猪出栏居全国第2位。猪肉产量443.1万吨，增长31.2%；牛肉产量21.3万吨，增长3.9%；羊肉产量17.5万吨，增长8.7%；禽肉产量77.8万吨，下降0.5%；禽蛋产量117.9万吨，下降0.8%；牛奶产量5.7万吨，增长1.8%；水产品产量266.1万吨，增长2.8%。

现代农业发展步伐加快。全省建设了优质湘猪、早中熟柑橘、"五彩湘茶"、"湘九味"中药材、"洞庭香米"、"早熟油菜"等6个国家级产业集群，国家级现代农业产业园达到8个，国家级产业强镇达到61个。建立了岳麓山种业创新中心和湖南省南繁科研育种园，第三代杂交稻双季亩产突破1600公斤，再次刷新纪录。农产品加工业产值达到1.99万亿元，居全国第7位，是湖南省三大万亿产业之一。

（二）工业运行稳中有升

工业经济保持"前高后稳"运行态势。全年规模以上工业增加值比上年增长8.4%，两年平均增长6.6%，高于全国0.5个百分点，居全国第14位、中部第4位、十个经济大省第5位。从运行趋势看，自1—2月规模工业增长19.1%高开起步后，月度增速持续回落，8月份仅增长1.8%。省委、省政府高度重视稳工业增长、保企业主体，10月份部署开展"纾困增效"专项行动，全省掀起帮扶热潮，有力遏制了工业经济下滑趋势。四季度规模工业增加值增速迅速企稳回升，10月、11月、12月分别增长6.5%、6.3%、8.2%，反超全国平均水平。分区域看，全年长株潭地区规模以上工业增加值增长9.0%，湘南地区规模以上工业增加值增长9.6%，大湘西地区规模以上工业增加值增长9.9%，洞庭湖地区规模以上工业增加值增长8.1%。

主要工业产品产量保持增长。大米1908.1万吨，比上年增长6.2%；饲料2038.3万吨，增长17.6%；原油加工量808.9万吨，下降7.9%；水泥10454.8万吨，下降5.0%；钢材2979.7万吨，增长8.3%；十种有色金属233.2万吨，增长10.1%；混凝土机械3.7万台，下降6.8%；汽车67.3万辆，增长4.9%；发电量1658.6亿千瓦时，增长10.1%。

企业经营状况整体较好。全省规模以上工业企业实现营业收入42763.29亿元，同比增长14.9%，两年平均增长9.6%；实现利润总额2060.02亿元，增长10.7%，两年平均增长9.7%。全省规模以上工业39个大类行业中，有31个行业实现利润总额同比增长，行业增长面为79.5%，其中有20个行业利润总额增速超过两位数。原材料制造业利润总额快速增长，对规模以上工业利润总额增长贡献率达74.8%，拉动规模工业利润总额增长8.0个百分点。利润总额居前五位的大类行业中，非金属矿物制品业236.9亿元，增长7.1%；专用设备制造业182.5亿元，下降21.7%；化学原料和化学制品制造业173.8亿元，增长20.6%；计算机、通信和其他电子设备制造业161.7亿元，增长3.7%；农副食品加工业113.4亿元，增长0.2%。

国有控股企业和小型企业利润增速较快。全省规模工业国有控股企业营业收入8608.59亿元，同比增长21.5%；实现利润总额391.84亿元，同比增长17.4%，对规模工业利润总额增长的贡献率达29.0%，拉动规模工业利润增长3.1个百分点。全省规模工业小型企业实现利润总额1008.79亿元，增长16.6%，对规模工业利润总额增长的贡献率达72.0%，拉动规模工业利润增长7.7个百分点。

企业经营成本压力持续加大。全省规模以上工业营业成本35350.44亿元，同比增长16.4%，比营业收入增速高1.5个百分点；每百元营业收入中的成本为82.67元，同比增长1.07元，增速1.3%。全省规模以上工业39个大类行业中，有21个行业营业成本增速高于营业收入增速。营业收入利润率为4.82%。

（三）服务业延续恢复态势

全年批发和零售业增加值4563.0亿元，比上年增长9.4%；交通运输、仓储和邮政业增加值1652.4亿元，增长8.0%；住宿和餐饮业增加值913.5亿元，增长13.3%；金融业增加值2288.0亿元，增长4.5%；房地产业增加值2945.4亿元，增长2.4%；信息传输、软件和信息技术服务业增加值1000.7亿元，增长15.7%；租赁和商务服务业增加值1414.5亿元，增长7.7%。受益于行业经营状况普遍性改善，服务业企业盈利能力增强。全年规模以上服务业企业营业收入增长17.6%，利润总额增长41.7%。

全年客货运输换算周转量3608.3亿吨公里，比上年增长10.6%。货物周转量2915.9亿吨公里，增长11.3%。其中，铁路周转量986.9亿吨公里，增长15.2%；公路周转量1461.2亿吨公里，增长8.2%。旅客周转量1013.3亿人公里，增长3.4%。其中，铁路周转量660.6亿人公里，增长8.7%；公路周转量195.4亿人公里，下降13.1%；民航周转量155.7亿人公里，增长6.9%。

全年邮政行业业务总量295.8亿元，比上年增长27.9%；电信业务总量629.0亿元，增长30.8%。年末固定电话用户568.3万户，下降4.1%；移动电话用户6942.3万户，增长3.3%。年末互联网宽带用户2323.0万户，增长9.9%。

二、需求端总体持续改善

（一）投资增长势头较好

投资增速较快。全年固定资产投资（不含农户）比上年增长8.0%，高于全国平均水平3.1个百分点；两年平均增长7.8%，呈较快增长态势。其中，一、二、三产业投资分别增长10.1%、14.0%和4.3%。分经济类型看，国有投资下降5.1%，非国有投资增长12.9%。民间投资增长9.6%，增速比全部投资快1.6个百分点，比上年全年加快6.6个百分点，拉动全部投资增长5.9个百分点。分投资方向看，民生工程投资下降3.8%，生态环境投资增长3.9%，基础设施投资增长3.6%，高技术产业投资增长15.6%，工业技改投资增长17.5%。分区域看，长株潭地区投资增长7.3%，湘南地区投资增长

7.5%，大湘西地区投资增长 6.2%，洞庭湖地区投资增长 9.5%。

房地产开发投资平稳增长。全年房地产开发投资 5427.8 亿元，比上年增长 11.2%。其中，住宅投资 4164.6 亿元，增长 15.2%。商品房销售增速回落。商品房销售面积 9188.8 万平方米，下降 2.6%。其中，住宅销售面积 8316.7 万平方米，下降 2.2%。商品房销售额 6040.5 亿元，增长 1.6%。其中，住宅销售额 5390.4 亿元，增长 3.2%。年末商品房待售面积 1146.3 万平方米，比上年末减少 187.5 万平方米，下降 14.1%。

重点项目建设加快。全年 310 个省重点建设项目完成投资 5876 亿元，为年计划的 141.95%。"十大基础设施项目"完成年度投资计划，常益长高铁、长沙机场改扩建等项目进展顺利，湘江永州至衡阳三级航道改扩建、呼北高速湖南段、宁电入湘等工程建设加快，韶山至井冈山铁路开通运营，永州电厂建成投用，雅中—江西特高压直流工程湖南段、南昌—长沙特高压交流工程竣工投产。"十大产业项目"完成年投资计划的 160.46%，快于全省平均水平。三一智联重卡、中联智慧产业城、蓝思消费电子产业集聚区项目、己内酰胺、马栏山视频文创产业园等项目加快推进，意华交通装备产业园已建成投产。

（二）消费持续改善

全年社会消费品零售总额 18596.9 亿元，比上年增长 14.4%；两年平均增长 5.6%，高于全国平均水平 1.7 个百分点。其中，限额以上批发零售、住宿餐饮业单位实现零售额 6535.03 亿元，增长 14.5%。分经营地看，城镇消费品零售额 16082.3 亿元，增长 14.5%；乡村消费品零售额 2514.6 亿元，增长 13.6%。分消费类型看，商品零售额 16326.0 亿元，增长 13.6%；餐饮收入额 2270.8 亿元，增长 20.6%。全年限额以上法人批发和零售业商品零售额 5799.2 亿元，比上年增长 14.0%。分商品类别看，粮油、食品类零售额增长 23.9%，化妆品类增长 16.8%，家用电器和音像器材类增长 10.4%，中西药品类增长 9.4%，通信器材类下降 6.0%，石油及制品类增长 19.0%，汽车类增长 10.2%。绿色智能商品中，可穿戴智能设备零售额增长 18.5%，智能手机增长 17.6%，新能源汽车增长 61.9%。全年实物商品网上零售额 1755.2 亿元，比上年增长 12.1%，占社会消费品零售总额的比重为 9.4%。

（三）进出口较快增长

全年进出口总额 5988.6 亿元，比上年增长 22.6%。其中，出口 4212.7 亿元，增长 27.5%；进口 1775.8 亿元，增长 12.3%。分贸易方式看，一般贸易出口 3570.1 亿元，增长 35.8%；加工贸易出口 399.2 亿元，下降 23.3%。出口额居前五位的商品中，电子元件 237.3 亿元，增长 38.2%；钢材 226.4 亿元，增长 245.1%；服装及衣着附件 197.5 亿元，增长 12.7%；鞋靴 188.3 亿元，增长 51.7%；电工器材 170.2 亿元，增长 52.7%。分产销国别（地区）看，出口美国 727.0 亿元，增长 59.1%；出口香港 519.1 亿元，下降 9.1%；出口欧盟 477.5 亿元，增长 33.7%；出口东盟 713.0 亿元，增长 20.7%。

全年实际使用外商直接投资 24.1 亿美元，比上年增长 72.3%。其中，第一产业 0.3 亿美元，增长 883.0%；第二产业 3.7 亿美元，下降 13.8%；第三产业 20.2 亿美元，增长 108.6%。新引进世界 500 强企业 6 家。实际到位境内省外资金 11280.3 亿元，增长 29.1%。其中，第一产业 651.8 亿元，下降 5.3%；第二产业 5357.2 亿元，增长 31.4%；第三产业 5271.4 亿元，增长 32.7%。合同签约 2 亿元（外资 3000 万美元）以上重大项目 1035 个。

第二节 2021年湖南经济发展特点

一、制造业砥砺前行

围绕打造国家重要先进制造业高地，坚持规划引领、明晰发展路径，打造工程机械、轨道交通装备、中小航空发动机及航空航天装备等三个世界级产业集群，建设电子信息、新材料、新能源与节能等三个国家级产业集群，大力提升传统产业、培育未来产业，构建"3+3+2"的现代产业体系。全省出台了深化新一代信息技术与制造业融合发展、支持先进制造业供应链配套发展、加快"五好"园区建设等一批高含金量的政策。紧紧抓住22条优势新兴产业链，由省级领导任链长，龙头企业担任链主，领航链条企业补链强链，加强产业项目建设，推动产业呈集群化发展。

制造业比重持续提升。制造业增加值占地区生产总值比重达到27.7%，较2020年提高0.8个百分点，高于全国平均水平0.3个百分点，居全国第10位。工业税收达到1645.92亿元，增长9.6%，占全省税收比重达36.5%。至2021年12月末，规模以上工业企业亏损面7.2%，低于全国9.3个百分点，为31个省市区最低。

产业链供应链更加稳固。聚焦关键领域和工业"五基"（基础零部件、基础材料、基础工艺、基础技术、基础软件），深入开展关键核心技术突破行动，突破了495项关键核心技术和产品。继长沙工程机械、株洲轨道交通装备在国家先进制造业集群竞赛中胜出，株洲中小航空发动机、长沙新一代自主安全计算系统在新一轮初赛中胜出，4个集群进入国家队，居全国第4位、中西部第1位。

结构更加优化。高技术制造业增加值增长21.0%，占规模以上工业的比重为13.0%，比上年提高1.3个百分点。装备制造业增加值增长13.7%，占规模以上工业的比重为31.7%，拉动规模工业增长4.2个百分点。计算机、通信制造业增加值增长26.3%。省级及以上产业园区工业增加值增长10.1%，占规模以上工业的比重为69.8%，比上年提高0.7个百分点。六大高耗能行业增加值增长4.8%，占规模以上工业的比重为30.2%。民营企业增加值增长8.6%，占规模以上工业的比重为70.6%。

新产业新产品较快增长。移动通信基站设备增长3.0倍，新能源汽车增长1.1倍，集成电路增长65.3%，锂离子电池增长53.9%，工业机器人增长45.5%，电子计算机整机增长44.6%。

二、创新驱动跑出加速度

围绕打造具有核心竞争力的科技创新高地，加快科技自立自强步伐，以创新引领发展的第一动力，坚决打好关键核心技术攻坚战，抢占技术制高点，重点实施"十大技术攻关项目"，组织动员优势科研力量，大力攻关颠覆性前沿技术、产业关键技术和应用基础技术，着力打通"卡链处""断链点"，保障产业链安全稳定，为培育壮大"3+3+2"产业集群、加快打造国家重要先进制造业高地提供了有力的科技支撑。

全省高新技术产业增加值迈上万亿元台阶。全社会研发投入突破1000亿元以上，跻身全国前十。签订技术合同17721项，技术合同成交金额1261.3亿元。研发投入强度提升到2.2%以上。高新技术企业数突破10000家；评价入库11401家科技型中小企业，同比增长54.7%。专利授权量98936件，增长25.7%。其中，发明专利授权量16564件，增长43.6%。

组织实施"十大技术攻关项目"，按照全链条科研创新体系设计，聚焦先进传感器件、高端液压元器件、数字孪生技术等前沿技术，组织优势科研力量开展产学研攻关，形成了一批工程样机和新产品，实现大型掘进机主轴承、8英寸离子注入机等国产化替代，突破量子点激光器、碳化硅芯片、6英寸分子束外延装备等重大技术。双季杂交水稻再创新纪录，平均亩产突破1600公斤；"海牛Ⅱ号"在南海超2000米深水成功下钻231米，刷新世界深海海底钻机钻探深度。

深入实施"芙蓉人才行动计划"，形成了从大学生、博士后、湖湘青年英才、科技领军人才到院士的科技人才梯次培养体系。2021年新增两院院士5名，在湘两院院士增至81人，其中，农业领域院士8名，居全国第二。实施湖湘高层次人才聚集工程，大力引才聚才。引进创新团队19个，8家院士专家工作站在湘落户，引进支持高层次人才26人、团队6个。24人入选国家自然科学基金"杰青""优青"资助名单，创历史新高。

培育建设以岳麓山实验室为代表的一批前瞻引领、学科交叉、综合集成的重大创新平台，夯实科技创新高地的关键支撑。加速推进马栏山视频文创产业园、岳麓山大学科技城建设，确保国家超级计算长沙中心升级。岳麓山种业创新中心实体化建设加速推进，目前已有分子育种、生物智能大数据等2个共性技术中心建成并投入使用，国家耐盐碱水稻技术创新中心等4个国家级平台成功获批；国家第三代半导体技术创新中心（湖南）挂牌落地，新增2家国家文化和科技融合示范基地；国家创新型产业集群试点（培育）名单新增湘潭风能产业等4家，总数增至6家。

三、改革开放站上新起点

围绕打造内陆地区改革开放高地，办好中非经贸博览会和建设中国（湖南）自贸试验区两件大事，着力扩大国内、国际朋友圈，主动融入国家大战略、实现经济双循环。

2021年，全省实现进出口总额5988.6亿元，同比增长22.6%，高于全国水平1.2个百分点。其中，出口4212.7亿元，同比增长27.5%；进口1775.8亿元，同比增长12.3%。从贸易主体看，民营企业继续保持第一大经营主体地位。全省民营企业完成进出口额4647.8亿元，同比增长22.3%，占全省进出口总值的77.6%。从产品结构看，出口产品方面，玩具、箱包同比增长25.8%、30.5%，粮食、肉类（包括杂碎）产品同比下降8.3%、22.3%；进口产品方面，农产品、金属矿及矿砂、粮食同比增长14.3%、45.8%、54.9%。

全省与东盟、欧盟、日本等传统贸易伙伴进出口保持增长，分别实现976.96亿元、618.45亿元、211.36亿元，增长20.57%、15.65%、20.27%。此外，对美国贸易额815.90亿元，增长51.65%；对非贸易额403.91亿元，增长38.52%。中欧班列共计开行1072列，同比增长95.6%，货值29.75亿美元，同比增长33.1%。其中，出口货值27.95亿美元，主要是电子产品、工程装备、汽车整车及零配件等；进口货值1.8亿美元，主要是木材、锑精矿等。

全省实际使用外资金额24.1亿美元，同比增长72.3%；实际到位内资11280.3亿元，同比增长29.1%。全省合同签约163家"三类500强"企业投资项目348个（"三类500强"企业不重复统计），投资总额3896.64亿元。全省合同签约2亿元（外资3000万美元）以上重大项目1035个，总投资额10413.3亿元，引进资金8425.5亿元。

"一带一路"投资合作稳步发展。全年在"一带一路"沿线新增企业21家，新增中方合同投资额3.78亿美元，分别占比35%、46%；对外承包工程项目67个，完成营业额19.83亿美元，分别占比70%、72%。

四、数字经济竞争力和影响力稳步提升

2021年，全省数字经济规模突破1.3万亿元，同比增长17%，连续四年保持两位数增长，成为推动全省经济社会高质量发展的新动能和主引擎。规模以上电子信息制造业增加值、软件和信息技术服务业营业收入分别增长23.2%、44%。移动互联网产业实现营业收入2036亿元，同比增长25.8%。

信息网络基础设施加快建设。推动"双千兆"网络协同发展，长沙获批全国首批"千兆城市"。全省新建5G基站超3万个，累计建成5G基站5.6万个，5G基站数量居全国第九。全省累计建成4G基站23.8万个，居全国第八。推进IPv6规模化部署，省内骨干网、城域网、接入网IPv6改造全面完成，IPv6发展整体指数排名全国第六。全省自然村4G覆盖率97%，光纤通达率85%。

产业数字化提速提质。软件、互联网技术对产业的赋能、赋智、赋值作用进一步凸显，全省各类工业互联网平台超过130个，26个省级工业互联网平台设备接入、知识沉淀、应用开发等支持能力持续增强。2021年底，全省累计实现中小企业"上云"41.07万家、"上平台"18196家，培育工业App数量突破2万个，制造业数字化研发设计工具普及率达78.3%，高于全国平均水平3.9个百分点，实现网络化协同的企业比例为40.3%，位居全国第八、中部第一。

信创产业跻身国内一流。全省信创产业链集聚上下游企业数量近300家，上市企业10家。已经形成融合基础软硬件、终端及安全服务、应用和服务为一体的信创产业生态，突破了IGBT、集成电路成套装备、GPU等"卡脖子"技术及第五代和第六代IGBT芯片技术，产业发展基础产业和发展氛围跻身国内一流。以飞腾、鲲鹏CPU和麒麟操作系统为核心的"两芯一生态"成为国内信创产业的重要技术路线，飞腾CPU、景嘉微GPU、国科微SSD全国市场排名第一，占比分别达80%、90%和65%。

五、市场主体活力迸发

2021年，全省新登记市场主体92.1万户，同比增长17.5%。实有市场主体达到546.12万户，同比增长11.72%。其中企业124.59万户，个体工商户409.87万户，农业专业合作社11.67万户，市场主体总数在全国排名第11位。

大、中、小企业融通发展。三一重工跻身《福布斯》全球500强，湖南钢铁集团有限公司进入《财富》世界500强。净增"四上"企业880家。规模以上工业企业新增较多，2021年新增2200家以上，总数达18577家，居全国第8位、中部第3位。制造业领域新增国家单项冠军8个，累计达到26个，居全国第9位、中部第2位。新增国家级专精特新"小巨人"企业162家，累计到232家，居全国第7位、中部第1位。

到2021年底，全省A股上市公司共132家，居中部第2位、全国第10位。上市公司总市值2.2万

亿元，排名全国第11位、中部第2位。A股上市公司总市值19944.0亿元，增长13.8%。其中A股市值超千亿元上市公司达3家。

"五好"园区持续推进。园区技工贸总收入达5.89万亿元，增长14.5%，省级以上园区亩均税收增长12.2%，企业上缴税金增长12.5%。邵阳、永州经开区成功晋升国家级园区。

营商环境持续优化。大力推进"证照分离"全覆盖改革，扎实推进企业开办标准化规范化试点，落实"一件事一次办"，优化"一网通办"，启动"跨省通办"，探索行政审批"一照通"改革，企业开办时间压缩到1.5个工作日以内。全省商事制度改革连续三年、质量工作连续两年获得国务院真抓实干督查激励。推进"治理涉企收费、减轻企业负担"专项行动，为企业减负近10亿元。

六、金融"活水"服务实体经济力度加大

全省从货币、资本市场实现融资1.16万亿元。2021年12月末，全省金融机构各项存、贷款余额分别达6.29万亿、5.58万亿元，同比增长8.6%、13.0%，贷款增速高出全国1.7个百分点，居中部第二。金融机构提供的服务力度持续加大，实现直接融资5179.54亿元，同比增长10.8%。普惠领域信贷投放大幅增长，全省涉农贷款新增2083.4亿元，同比多增89.4亿元；民营企业贷款新增1536.3亿元，同比多增38.8亿元；普惠口径小微企业贷款新增933.9亿元，同比多增162.2亿元。

供应链金融对制造业加大支持。全省供应链金融融资余额突破5000亿元，同比增长42.6%。全省制造业贷款同比增长13.8%，全年新增制造业贷款440.3亿元，同比多增47.2亿元。科技创新领域中长期贷款快速增长。2021年末，全省科学研究和技术服务业、信息传输软件和信息技术服务业中长期贷款分别增长38.4%和33.8%，增速分别快于各项贷款增速25.4个百分点和20.8个百分点。

首发上市融资金额创新高。全省有15家企业成功实现A股挂牌上市，并重整引进了1家上市公司，全年共新增A股上市公司16家，实现首发上市融资233.25亿元，同比增长96%，创湖南省首发上市融资历史新高；25家次公司完成再融资464.17亿元，为湖南实体经济持续注入源头活水，首发融资及股权再融资双双位居中部第一、全国第七。年末全省境内上市公司132家，全年直接融资总额5193.8亿元，比上年增长11.1%。上市培育力度不断加大。611家企业正式列入省级重点上市后备资源库，较上年新增60家。湖南股权交易所科技创新专板加速扩容，成功设立文化产业专板、先进制造专板，一批专精特新中小企业相继在区域性股权市场实现挂牌融资。

七、民生保障更有力

巩固拓展脱贫攻坚成果与乡村振兴有效衔接。守住不发生规模性返贫的底线，防止返贫监测帮扶，消除返贫致贫风险8.8万户22.3万人。推进乡村建设，打造301个省级美丽乡村和100个特色精品乡村。

聚焦"一江一湖三山四水"主战场，突出治水、治气、治土，完成2693项"夏季攻势"任务。生态环境各项约束性指标好于或达到国家考核标准，147个国考断面水质优良率达97.3%，较上年提高4个百分点，全省空气质量优良天数比率达91%。完成湘江流域和洞庭湖生态保护修复工程试点，建成国家级绿色矿山65座，打造10条省级示范生态廊道，森林覆盖率达59.97%。新建投产垃圾焚烧厂14

座，生活垃圾无害化日处理能力达 4.3 万吨。搬迁改造沿江化工企业 38 家，严肃查处环境违法案件 2793 件，启动生态损害赔偿 989 件。

民生持续改善。全省民生支出占比保持在 70%以上。部分常用药品和医用耗材降价明显，更多药品进入医保报销范围。义务教育"双减"工作初见成效，101 所"芙蓉学校"全部投入使用，增加公办幼儿园学位 13.5 万个。稳定和扩大就业，城镇新增就业 75.3 万人，新增农村劳动力转移就业 44.4 万人。推进基本养老保险全民参保，工伤保险全面实行省级统筹。

第三节　现阶段湖南经济高质量发展面临的机遇与挑战

2022 年，疫情持续叠加地缘政治冲突，俄乌冲突对全球经济、金融、能源、粮食安全产生广泛影响，全球经济复苏减速降档。在需求收缩、供给冲击、预期转弱背景下，稳增长、稳就业和稳物价都面临较大压力。展望全年，预计疫情风险将较过去更加可控，我国经济有望延续平稳恢复的态势，扰动经济恢复的因素有望进一步缓解，宏观政策组合也更加积极，预计中国经济增长整体仍具韧性。

一、从国际看，外部环境复杂严峻

全球疫情形势尚不明朗，仍是当前影响经济稳增长的关键因素。全球疫情防控和经济复苏持续分化，疫苗接种率国家分化严重，低收入国家只有 7.3%的人口接种至少一针，主要集中在非洲地区。世界银行 2022 年 1 月发布的《全球经济展望》强调，出于疫情反复、各国财政支持减少以及供应瓶颈尚未消退，预计 2022 年全球经济增长将放缓至 4.1%，2023 年增速进一步下降到 3.2%，国家之间、行业之间、市场主体之间的经济表现将延续 2020 年下半年以来以分化为典型特征的 K 形走势。其中，2022 年发达经济体的产出和投资有望回归到疫情前的增长态势，新兴市场和发展中经济体的情况却并不乐观，中国经济则很难维持 2021 年上半年因外需强劲恢复而实现的快速增长，预计 2022 年增速将回落至 5.2%。德、日经济增长乏力，主要原因是汽车行业受制于疫情导致的半导体等中间品供给和运输限制而恢复严重滞后，近期产出和销售都大幅下跌，德、日等汽车生产大国产业链断裂。

世界经济并未彻底走出供应链受阻、贸易和投资活动低迷、复苏不稳定的困局。随着疫情持续扩散，全球物流体系遭到的破坏也远超预期。新冠肺炎疫情所导致的生产内向化与经济全球化倒退可能会动摇现行产品内分工体系和链条式的增值范式，进而改变各国政策的导向。中国抗疫取得了重大战略成果，随着世界范围内疫情冲击的常态化，全球供应链体系向区域化方向调整逐步就位，主要出口国的生产贸易秩序趋于恢复，国际市场对中国外贸订单的依赖减弱，进而形成一定的分散和替代，将直接影响中国出口增速的稳定性。

俄乌冲突加剧国际大宗商品供应紧张，推高全球能源和粮食价格。产品供需不平衡，加上各国实行的扩张性财政政策和货币政策，导致各国尤其是发达国家通货膨胀率高涨。2022 年 3 月，国际货币基金组织（IMF）全球初级产品工业原料价格指数较上月上行 12.25 至 201.30，能源价格指数较上月上行 74.62 至 338.33，食用品价格指数较上月上行 8.04 至 154.11，总指数较上月上行 37.28 至 240.67。截至 2022 年 4 月初，布伦特原油期货和美国 WTI 原油期货，与两年前的 2020 年 4 月初价格相比，涨幅分别超过 300% 和 250%。2021 年，欧洲的天然气批发价格上涨了 400% 以上，创下了新纪录。根据联合国粮农组织发布的全球食品价格指数，粮食价格至 2022 年 2 月同比涨幅达 20.7%。经济合作与发展组织（OECD）预测全球通货膨胀率将在 2022 年达到 4.2%，2023 年回到 3% 左右。如果全球供应链紧张状态不能缓和，全球通货膨胀的风险会更高，时间会延续更长。美国消费者价格指数（CPI）2 月同比上涨 7.9%，涨幅创下 1982 年以来的新高；德国 3 月的通胀率飙升至 7.3%，为近年来最高水平，同时德国能源供应严重依赖俄罗斯，至今仍面临衰退和通胀压力；意大利 3 月 CPI 同比上涨 6.7%，涨幅为 1990 年 11 月以来最高。整个欧元区 3 月通胀率升至 7.5%，创下了欧元有记录以来的最大增幅。

美联储货币政策调整可能引发外溢效应。新冠肺炎疫情暴发之后，美欧等发达国家实施了历史性的超宽松货币政策，导致全球流动性泛滥，股价、加密货币、房价等金融市场资产价格创下新高，全球债务也再度创出历史新高，国际金融市场的脆弱性明显增强。当前，美联储正在启动缩减购债计划，议息会议公告显示今年还将实施多次加息。历史经验表明，美联储收紧货币政策可能引发美元回流，抬高美元币值和美国国债利率，从而改变大类资产定价基准，一方面可能触发国际金融市场上前期积累的风险，另一方面可能引发新兴市场经济体资本外流和汇率贬值风险。

美国强化打压他国崛起的政治经济措施，对中国和全球产业链稳定形成较大的负面影响。美国为维护本国利益，利用其国际话语权，对其他国家施压，采取"长臂管辖"、以国内法取代或凌驾于国际法之上等手段，对中国以及其他国家产业和经济发展制造障碍。美国加强本国供应链安全管控，产业链"去中国化"的意图愈发明显，手段更加密集和多样化，形成了日益机制化的工作安排和政策法律体系。在美国施压下，德国、法国、意大利等多个欧洲国家先后宣布将中国 5G 设备排除在采购和合作的对象之外。"去中国化"进一步挤压了我国通过利益共享获得战略性矿产、掌握核心技术和关键零部件的国际空间，放大了芯片、工业软件等国内产业短板的海外供应风险，对我国企业投资发达国家构成了实质性障碍，给 5G、集成电路、油气装备、生物医药、人工智能、数据安全等资本与技术密集型产业和正在培育优势的新兴领域及其市场主体造成了严重困扰。

二、从国内看，尽管面临三重压力，但经济发展长期向好、基础扎实稳固

2021 年 12 月份召开的中央经济工作会议指出，当前我国经济发展面临需求收缩、供给冲击、预期转弱三重压力。

需求收缩。一是居民消费疲弱。2021 年社会消费品零售总额同比增速为 12.5%，两年平均增长 3.9%，明显低于疫情之前的水平。2020 年疫情暴发之后，特别是 2022 年一季度以来国内多地出现疫情反弹，疫情发展不确定性增大，城乡居民可支配收入增速放缓，餐饮、住宿、旅游、交通、家政服务等服务性行业的就业吸纳能力减弱，对中低收入群体就业和工资增长形成制约。疫情的不确定性增加了人们对未来工作生活前景的不确定感，居民储蓄意愿上升，消费倾向下降。数据显示，2022 年 6 月末，我国住户存款规模为 112.8 万亿元，比年初增加 10.3 万亿元，同比多增 2.9 万亿元。企业存款规模 74.9 万亿元，比年初增加 5.3 万亿元，同比多增 3.1 万亿元。二季度央行储户问卷调查显示，个人储蓄意愿处于较高水平。其中，倾向于"更多储蓄"的居民占 58.3%，比上季度上升 3.6 个百分点；倾向于"更多投资"的居民占 17.9%，比上季度下降 3.7 个百分点。二是固定资产投资增长乏力。2021 年

全国固定资产投资（不含农户）同比增长4.9%，两年平均增速仅为3.9%。三大类投资中，基础设施建设投资受制于地方政府债务约束。房地产市场风险仍在暴露，风险发生率有所增加。尽管一些城市已经放松限购限贷政策，但潜在购房者继续持观望态度，房地产市场销售仍然低迷。2022年第一季度房地产开发投资同比增速较低，其中土地购置投资的贡献较大，对固定资本形成和上下游行业带动作用有限。恒大事件加深了金融市场对涉房贷款的担忧，2022年第一季度房地产企业到位资金同比大幅下降。房企债务风险具有较强的扩散传染性，容易对预售购房者、上游供应商、建筑工程企业、金融机构等利益相关主体造成较大负面影响。

供给冲击。一是重要原材料涨价推升中下游企业经营成本。伴随俄乌冲突持续发酵，粮食、能源、矿产品、化肥等多种大宗商品价格持续高位徘徊，驱动国内电力装备、锂电池、轻工、建材等行业生产成本大幅上涨，对中下游行业企业生产经营产生了不利影响。二是半导体关键原料短缺加剧全球芯片危机。俄乌冲突导致稀有气体、钯等半导体关键原料面临断供风险，加剧全球芯片短缺局面，行业缺芯将成为未来几年的常态。由于在高端芯片领域仍然被"卡脖子"，缺芯潮对制造业、消费电子等产业或产生较大影响。三是能源供需紧张。从需求看，近年来由于极端天气影响，居民用电激增，叠加生产端保增长，多地用电负荷创历史新高，部分地区电力供应紧张。从供给看，碳达峰、碳中和目标确立后，国内能源供给结构将发生深刻转型，传统化石能源价格和电力价格面临上行，光伏发电、风力发电等清洁电力受自然条件影响波动较大，大规模并网之后可能对电网稳定性带来挑战。四是就业总量压力与结构性矛盾交织。一方面，就业整体呈弱修复态势。2022年第一季度，全国城镇新增就业人数略低于2021年同期。城镇调查失业率同比大致持平，但青年群体失业率明显偏高，20—24岁大专及以上学历劳动力失业率是整体失业率的4倍以上。另一方面，劳动年龄人口数量减少，劳动力市场供需结构失衡，抬高企业用工成本。2022年有城镇就业需求的新增劳动力达1600万人左右，其中应届高校毕业生1076万人，部分毕业生缓就业。餐饮、旅游等接触型服务行业经济活跃度低迷，劳动需求萎缩，疫情多点反弹导致劳动力跨区域供给产生梗阻。建筑等行业对体力高耗一线岗位提出年龄要求。平台就业的技术化调整加速，生活服务平台、互联网公司等以裁员的方式提升结构化效率，部分从业者面临再求职挑战。

预期转弱。部分市场主体对未来经济前景和市场前景的信心不足，投资意愿不强。一是经济转型阵痛造成预期分化。一些传统行业已告别高速增长期，面临产能过剩、竞争激化、发展空间受限等问题。部分传统行业的市场主体进入新领域存在困难，难以适应新发展阶段和新市场环境。二是市场供求格局调整。供给需求格局的变化，导致一些传统制造业行业的市场趋于饱和，平均利润率下降。一些竞争力不高的企业退出市场或者被大企业兼并收购。大量传统制造业行业的"市场集中度"处于上升趋势。三是实体企业运营成本上升削弱市场主体的预期和信心。用工、用能、环保、原材料、关键零部件、资金等成本因素叠加，导致企业尤其是下游中小微民营企业的基础运营成本明显抬升，压缩了传统行业平均利润率和投资回报率，从而削弱了投资者的预期和信心。四是新旧增长动能接续不畅。我国经济当前处于新旧增长动能转换的阶段。数字经济、新能源汽车、新基建等领域近年来蓬勃发展，成为带动我国经济发展的新增长点，但这些新动能较之房地产、基础设施建设、出口制造业等传统动能的带动量级而言，目前尚难以相提并论。

尽管经济发展面临的不确定性增多，但中国经济长期向好、市场空间广阔、发展韧性强劲、社会大局稳定的优势和有利条件并没有变。2022年上半年，从中央到地方、从项目到资金，多策并举应对三重压力，一系列政策举措靠前发力、形成合力，推动经济企稳回升。一是我国坚持人民至上、生命至上，高效统筹疫情防控和经济社会发展，面对新一轮疫情冲击，坚持外防输入、内防反弹，坚持动态清零，动态调整优化防控措施，避免一刀切和层层加码，疫情防控更加精准科学，为经济企稳回升打下坚实基础。二是国务院印发《扎实稳住经济的一揽子政策措施》，提出六个方面33项措施，加快今年已下达的3.45万亿元专项债券发行使用进度，今年出台的各项留抵退税政策新增退税总额约1.64万亿元，新增国家融资担保基金再担保合作业务规模1万亿元以上，进一步释放政策性、开发性金融工具的政策效能。有关部门和地方迅速出台配套政策，靠前发力、适度加力，扩大有效需求，打通堵点卡点，推动经济加快恢复，提振市场信心。三是加大保供稳价力度，大力抓好农业稳产增产，加强粮食安全保障，加快煤炭优质产能释放，抓紧推动实施一批能源项目，加强能源保供稳价，有效缓解输入性通胀压力，保持市场价格基本稳定。这与美欧等西方国家通胀高企形成鲜明对比，充分体现了我国的制度优势。四是针对疫情冲击带来的就业压力，加强对中小微企业、个体工商户的政策支持，通过稳市场主体稳就业保基本民生。加大失业保险稳岗返还、留工补助、留工培训等政策力度，强化高校毕业生就业创业服务，面向农民工扩大以工代赈，启动就业援助"暖心活动"。坚决兜牢民生底线，大力推进保障性租赁住房建设，依法严厉查处哄抬物价等行为，继续上调基本养老金惠及约2亿人，人民群众基本生活得到保障和改善。五是坚持高水平对外开放，及时出台外贸保稳提质的政策措施，帮扶外贸企业应对困难挑战，助力稳经济稳产业链供应链，外贸进出口保持较快增长。持续改善我国营商环境，落实新版外资准入负面清单，外商直接投资增势强劲。

总体上看，我国经济2022年上半年在较短时间内实现企稳回升，稳住了宏观经济大盘，充分展现了中国经济的强劲韧性和巨大潜力，彰显了中国特色社会主义制度优势。随着高效统筹疫情防控和经济社会发展的成效持续显现，宏观政策效应进一步释放，我国经济有望持续稳定恢复，加快向潜在增长水平回归。

三、从省内看，经济发展有韧性，稳健前行有底气

2022年以来，国内外发展环境更趋复杂严峻，疫情影响超出预期。在省委、省政府的坚强领导下，全省上下坚决贯彻习近平总书记"疫情要防住、经济要稳住、发展要安全"的重要指示精神，高效统筹疫情防控和经济社会发展，全面落实"三高四新"战略定位和使命任务，突出抓好"三大支撑八项重点"，实现了全省经济总体平稳、好于全国、企稳回升、稳中向好，但稳增长、防风险、保民生也面临一些新的压力。上半年GDP增长4.3%，规模工业增加值、固定资产投资、社会消费品零售总额、进出口总额等主要经济指标分别增长7.4%、8.7%、1.5%、25.2%。

展望下半年，宏观政策利好释放，国家出台扎实稳住经济的一揽子政策措施，今年转移支付总规模增长18%，专项债已发行超1.5万亿元，新增2.5万亿元规模减税降费，政策效果正逐步显现。围绕全面加强基础设施建设，国家各部委正抓紧制定分领域的实施方案，并由国家开发银行、农业发展银行设立3000亿元基础设施建设投资基金，用于补充重大项目资本金；金融降准、再贷款再贴现等结构性货

币政策将极大缓解困难行业资金紧张局面。近期国务院常务会议又研究部署了进一步稳外资稳外贸、支持民间投资发展、加大重点工程以工代赈力度等政策，都将为经济企稳回升提供有力支撑。湖南也面临习近平总书记考察湖南所带来的重大历史机遇，以及中央推动中部地区高质量发展、国家级平台落户湖南等特殊政策机遇，全省疫情防控的成果也为发展赢得了主动。同时，湖南拥有的人口总量、市场规模、产业基础、交通区位与科教资源优势，为经济转型升级和高质量发展提供了有利条件。综合来看，全省经济长期向好基本面没有改变，经济持续恢复态势没有改变，发展潜力大、韧性足、空间广的特点也没有改变。下半年，全省经济运行将继续保持稳定回升态势，全年经济增长将高于全国水平。

一是稳中向好态势持续。2022 年以来，为有效应对错综复杂的经济形势，省委、省政府立足保持战略定力，出台了稳经济一揽子政策措施，及时有效引导和提振市场预期和信心，开展"纾困增效"专项行动和万名干部联万企"送政策、解难题、优服务"行动，全力推进"六稳""六保"各项任务扎实见效。经过全省上下毕力同心，经济指标反弹强劲，经济发展稳中向好。5 月底的全国稳住经济大盘会议及时提振市场信心，稳住经济一揽子政策措施效果初步显现。6 月份，中国制造业采购经理指数（PMI）和非制造业商务活动指数双双突破 50% 的荣枯线，经济呈现全面复苏态势。随着生产生活回归正轨，稳投资、促消费、助企业等政策效应显现。下半年，湖南经济增速将逐渐回升，总体呈现前低后高、稳中向好的态势。从工业看，出台促进工业经济平稳增长的 26 条措施、打造国家重要先进制造业高地若干财政支持政策等具体措施，大力实施产业发展"万千百"工程，协调推进十大产业项目，实施"新增规模以上工业企业"行动，聚焦企业、产业发展重点难点堵点痛点问题，将改造提升传统产业、发展壮大新兴产业、谋篇布局未来产业与强链延链补链、领航企业培育、优势企业上市、困难企业帮扶等任务有机结合，工业发展活力和动力将不断增强。从服务业看，出台促进服务业恢复 36 条政策措施，推动服务业转型升级，服务业"稳"的基础和"进"的动能不断提升。从农业看，全省持续深入实施"六大强农"行动，培育发展农业优势特色千亿产业，农业发展后劲显著增强。

二是投资拉动效应放大。2022 年上半年，全省积极扩大有效投资，召开全省基础设施建设暨"三大支撑"工作推进会，集中推出"五大领域"基础设施项目，集中开工重大项目 1428 个，这些项目的落地将成为下半年全省稳投资的"中流砥柱"。召开全球湘商大会，湘商回归投资项目累计到位资金 1632.9 亿元。下半年，中央对于投资的支持力度将加大，全省前期谋划的项目将持续建设、投产，尤其是制造业投资内生动力仍然较强，高技术制造业投资增速较快的趋势有望延续，新能源等投资有望带动制造业投资增速整体保持在较高的景气区间。但也应看到，民间投资信心不足、房地产投资尚未回暖等制约因素仍然存在。综合判断，下半年全省固定资产投资将保持稳步增长，并高于全国平均水平，对稳定经济发挥关键作用。

三是消费回补持续加强。随着疫情防控更加精准有效，全面促进消费政策措施不断见效发力，消费市场将有望持续稳定恢复，稳步回升。2022 年以来，全省为促进消费加快复苏，出台促进消费持续恢复若干措施，鼓励汽车消费，提振餐饮消费，拓展文旅体消费，推动展会消费，点亮夜间消费。成功举办"乐享消费、湘当韵味"消费促进季、双品网购节暨非洲好物网购节等系列活动；开展 2022 湖南文旅消费季活动，推动文旅消费与商贸、餐饮、住宿、农业等方面的深度融合；通过首届全省旅游发展大会"引客入张"活动，出台惠民"礼包"助力文旅消费迅速回暖。下半年，大型商超、酒店、旅游等

第一章　2021年湖南经济发展概况及2022年展望

领域加快复商复市，稳定经济政策效应释放以后，居民就业和收入水平将持续改善。与此同时，从中央到省、市，各级政府都出台了一批促进消费的政策。多重利好因素共同作用下，居民消费能力逐步提升，消费场景不断丰富，消费意愿持续释放，消费回补趋势将持续加强。综合判断，下半年全省消费领域有望在第三季度实现触底反弹，市场消费加快回升。

四是出口仍将维持韧性。外贸环境依然严峻，进出口增长制约较多。在国际贸易环境日趋严峻，全球经济增长放缓导致外需不振，原材料价格、航运费用高企等因素影响下，外贸企业投资意愿更加保守，对于外贸的增长形成明显的制约。随着疫情整体趋于缓解，新兴市场国家生产供给能力可能逐步修复，使得我国对海外新兴经济体的供给替代效应可能有所减弱，部分转移至我国的订单或将有所回流，但回流幅度、节奏受制于供应链黏性等可能不会很大。2022年以来，中央出台了一系列稳外贸、助企纾困政策，畅通供应链和物流。全省着力稳定对外出口，大力开展"稳外贸百日行动"，挖掘企业进出口潜力，推动外贸主体破零倍增；深化RCEP经贸合作、对非经贸合作，出台支持怀化国际陆港建设的实施方案；推动岳阳城陵矶、中欧班列、湘粤非铁海联运等重点口岸通道提质增效；支持跨境电商海外仓、市场采购贸易等新业态发展，加强出口保险业务和信贷支持，加快出口退税进度。综合判断，全年进出口总额有望实现平稳增长。

五是通胀压力整体缓和。能源、农产品、矿产品等国际商品价格持续上涨，美国、欧洲等主要经济体受前期量化宽松政策的影响，通货膨胀明显上升。我国经济韧性强、市场空间大，粮食连年丰收保障了供应。上半年，中央加快构建统一大市场，加强能源、粮食、矿产品等大宗商品保供稳价工作，全省持续做好价格监测预警，着力畅通、疏通产业链、供应链，保障物资供应、运输，有效地稳定了物价。下半年，国内消费需求释放可能带来一定的通胀压力。综合判断，下半年全省CPI继续运行在合理区间，全年控制在3%左右，生产者价格指数（PPI）涨幅有望进一步回落。

六是就业形势总体平稳。2022年5月，省政府出台《稳岗位提技能保就业十六条措施》，减轻就业压力，提高劳动者技能，优化营商环境，增强企业稳定提供就业岗位的能力和重点群体的就业创业能力。开展就业"春风行动"，采取企业缓交、减免社会保险，举办线上线下招聘活动，推广以工代赈增加临时性岗位，加强职业技能培训，鼓励创业带动就业等多种形式促进就业。这些政策措施将综合发力，为全省就业形势继续保持总体平稳态势提供保障。随着投资、消费等领域逐渐回暖，下半年就业岗位有望持续增加。不容忽视的是，在多种因素影响下，部分企业选择招工放缓，房地产、旅游、餐饮等行业招聘需求明显下滑。总体判断，下半年全省就业形势总体平稳，但部分行业和人群的就业压力仍然比较大。

第四节　2022年湖南经济高质量发展建议

2022年是党的二十大召开之年，也是落实湖南省第十二次党代会精神的开局之年。中共湖南省委经济工作会议强调，要以习近平新时代中国特色社会主义思想为指导，全面贯彻党的十九大和十九届历次全会、中央经济工作会议精神，深入落实习近平总书记对湖南重要讲话重要指示批示精神，弘扬伟大建党精神，全面落实湖南省第十二次党代会部署要求，坚持稳中求进工作总基调，完整、准确、全面贯彻新发展理念，服务和融入新发展格局，全面深化改革开放，坚持创新驱动发展，推动高质量发展，全面落实"三高四新"战略定位和使命任务，坚持以供给侧结构性改革为主线，统筹疫情防控和经济社会发展，统筹发展和安全，继续做好"六稳""六保"工作，持续改善民生，保持经济运行在合理区间，保持社会大局稳定，迎接党的二十大胜利召开。

一、坚定信心稳预期

稳住农业生产。 坚决守住耕地保护红线和粮食安全底线，紧盯丰收增产目标，做好灾害防范，稳妥抓好粮食收储各项工作。实施优质湘猪工程，加强生猪跨省调运政策宣传，提升屠宰加工和肉品外销能力，推动冷链物流体系向生猪产能大县布局，确保生猪输出不受影响。深入实施"六大强农"行动，大力发展农产品加工业、农村旅游、智慧智能农机产业，加强种业、农机两大高地建设。

夯实工业"压舱石"。 工业是国民经济的主体和增长引擎，工业稳则经济稳。分级分层实施产业发展"万千百"工程，强化电子、冶金、消费品、储能材料等生产形势好的产业支撑贡献，加快扭转汽车、通用设备等产业的下滑趋势，谋划好大健康、新能源装备等特色产业发展。持续增强产业链供应链韧性，提升产业链供应链的稳定性和竞争力。大力锻造长板，巩固提升优势产业的领先地位，前瞻布局未来产业，掌握产业发展主动权；着力补齐短板，深入实施产业基础再造工程，建立自主可控、安全可靠的生产供应体系，确保在关键时刻"不掉链子"。

促进服务业恢复发展。 落实帮助服务业恢复发展的"36条"政策措施，加大商贸市场主体帮扶力度，推动旅游、餐饮、文娱、住宿、零售业复苏回暖，维护正常经营秩序。办好首届全省旅游发展大会，全面开展"周游三湘""引客入湘""送客入村""十万人游张家界"等旅游消费促进活动。积极培育本土骨干物流企业，大力发展第三方物流、专业化物流和网络货运平台。做强做优文化创意、文化旅游产业，巩固提升广电、出版传统优势，持续做强国有文化企业。

二、扩大有效投资

加快项目建设。 促进"十四五"专项规划任务、省重点项目、中央预算内投资项目落地开工，确保按进度实施。超前科学谋划项目，围绕网络型、产业升级、城市、农业农村、国家安全五大重点领域，谋划储备一批重大基础设施项目。加快推进项目实施进度，推动"四个十大"、全球湘商大会、省级招商引资、湘赣边区域合作签约项目早落地、早开工、早见效，形成更多实物工作量。强化新型基础设施投资和运营，加强5G、工业互联网、物联网、超算中心等新型基础设施项目应用场景、应用生态的开发培育。统筹推动电力、算力、动力基础设施建设，持续推进"一线一园一基地"、长沙国家级互联网骨干直联点、国家超级计算长沙中心和"四大实验室"等重大科技基础设施建设工程，加大力度建设新能源供给消化体系。

多渠道筹集建设资金。 加快财政支出和专项债券发行使用进度，切实提高项目的精准度和发行使用进度，尽快形成实物工作量。积极谋划具有可行性、前瞻性、多种资金来源渠道的项目，大力争取今年中央预算内基建投资支持，会同金融机构开展专项融资计划，对重点项目实行用地专班服务。深化投融资体制改革，积极创新商业模式，通过引进社会资本、使用金融资源、对接服务央企及外资参与项建设与开发，支持符合条件的项目参与基础设施领域不动产投资信托基金（REITs）试点。

三、促进消费持续恢复

稳定大宗消费。开展新能源汽车推广、汽车（包括二手汽车）下乡、家电以旧换新等促销活动。坚持"房住不炒""因城施策、一城一策"，加快建立"人、房、地"联动机制，创新非住宅商品房去库存举措，支持刚性和改善性住房需求，稳住住房消费。

促进新型消费。创新线上线下、多元融合消费促进机制，支持实体商业数字化赋能。加快云购物、云展览、在线办公、在线医疗、直播电商、社区电商等新型消费发展，鼓励发展消费新业态新模式新场景。

拉动餐饮消费。大力发展夜经济、老字号、网红品牌，开展"味道湖南""做好湖南一桌菜"等促销活动，推动以展促销，发放消费券、惠民券，带动吃住行游购娱等要素消费。

激活县域消费。打造一批"一刻钟便民生活圈"，推进步行街高质量发展。用足用好国家县域商业体系建设和农产品供应链冷链物流体系建设两个试点的政策和资金，加快农产品冷链物流、农村寄递物流建设，推动城品下乡、山货进城、电商进村、快递入户。

四、扩大对外开放

加快构建以共建"一带一路"为重点的全方位对外开放新格局，抓好中国（湖南）自贸试验区、中非经贸深度合作先行区、湘江新区建设，推动五大国际物流通道扩大流量，出台支持怀化国际陆港建设的实施意见。加强外贸跨周期调节政策支持，帮助企业优产品、稳订单、拓市场，努力完成全年进出口目标任务。加强对有进出口实绩的外贸企业和代理企业的支持与服务。采取线上线下相结合、以线上为主的方式召开全球湘商大会，办好"沪洽周""京洽会"等活动，面向国内外大力开展产业集群、产业链条、产业生态等精准招商，推进市域、县域湘商回归与返乡创业。筹办好两岸产业合作区（湖南）数字化低碳化发展论坛，进一步推动湘台经贸合作交流。

五、坚持创新驱动发展

通过大力实施创新驱动发展战略，引领和支撑产业转型升级与经济高质量发展。聚焦重点领域和关键环节，推动锻造长板和补齐短板相结合、市场主导与政府引导相结合、安全可控与开放创新相结合，加强工业"五基"领域研发攻关，夯实工业高质量发展基础。聚焦高端芯片、新一代半导体等前沿领域，持续加大研发投入，加强基础研究和应用基础研究，切实解决产业链供应链"卡脖子"难题。

构建技术创新体系。加快培育高水平大学、高端研发机构与高新技术企业等创新主体，引进高端人力资源，增强技术供给能力。统筹布局多类型、多层次的研发创新平台、技术成果转移和孵化平台以及新兴产业培育平台，完善创新政策，营造创新氛围，强化创新服务，切实优化创新生态。加大知识产权保护力度，进一步打通知识产权创造、运用、保护、管理、服务全链条，推动知识产权加速向现实生产力和经济新动能转化。着力完善股权投资、债权融资与资本市场募资服务体系，大力推进科技金融改革，切实强化创投资本支撑。

六、大力培育市场主体

按照"个转企、小升规、规改股、股上市"梯次培育计划，鼓励引导个体工商户向企业转型，大力培育"小升规"企业，扎实推进企业规范化改制，支持企业对接资本市场，促进多种所有制经济共同发展，实现各类市场主体"量"的积累和"质"的跃升。

加大"个转企"支持力度。给予符合条件的"个转企"企业税费优惠政策和专利权、商标权、名称权等权益保护转移便利。

实施新增规模以上工业企业行动。加大培育"四上"企业力度，支持小微企业扩大经营和服务，引导社会融资持续向小微企业倾斜。加快构建从小微企业到"入规"的全过程标准化服务机制，及时跟踪掌握重点企业培育库内小微企业的生产运行情况，推动企业向规模以上迈进。

鼓励和支持企业股份制改造。加大对企业股改工作的指导培训力度，完善规模以上企业股改流程，严格落实企业改制相关优惠政策，加大企业改制税费政策支持力度。

实施企业上市"金芙蓉跃升"计划。进一步加大重点企业培育力度，动态调整省上市后备企业资源库。通过加快构建"企业+中介机构+交易所+政府部门"的孵化培育体系，加大培训指导力度，搭建企业路演推广平台，落实企业上市分阶段奖励政策，营造企业上市优良环境。

促进专精特新发展。出台落实促进中小企业创新发展的意见，开展中小企业技术创新"破零倍增"、中小企业品牌提升行动，进一步培育科技型企业与高新技术企业及专精特新企业。

七、持续优化营商环境

深化"放管服"改革。持续深化"放管服"改革，进一步提升政务服务标准化水平，推动更多事项集成办理，打造"六最"营商环境。加快数字化发展，努力做到"一网通办、一窗受理、一次告知、一次办妥"，实现网上办、一次办、就近办、快捷办、掌上办的目标，提升便利化政务服务能力。

抓好纾困政策落实。落实国家扎实稳住经济的一揽子政策措施和湖南省"1+8"政策体系，深化拓展服务企业行动，系统研究企业共性问题和个性问题，帮助企业最大程度享受退税、减税、降费、减租等政策，降低经营成本，解决实际困难，提振市场信心。

切实强化要素保障。大力推进"宁电入湘"、荆门—长沙特高压交流输变电工程、平江电厂等重点工程建设，加快风电、光伏规模化开发建设，提升稳定供电能力。建立产融合作制造业企业"白名单"制度，筹建省级融资信用服务平台，扩大"信易贷"规模，增加信用贷款、首贷投放。利用国家下调金融机构存款准备金率的机遇，协调金融机构加大对个人消费等领域的信贷支持。积极扩大直接融资规模。积极融入全国统一大市场，强化区域、部门衔接，克服疫情对物流通畅度的不利影响，提高铁路运输比重，降低物流成本，促进交通运输业恢复发展。

八、统筹做好各类风险防控

坚持"外防输入、内防反弹"总策略和"动态清零"总方针不动摇，慎终如始、科学精准防控疫情，抓好重点人员、重要时间节点、重点区域和场所管控，坚决防止疫情规模性反弹。要统筹好疫情防控和经济社会发展,最大限度减少疫情对工农业生产的影响。

抓好政府债务问题专项整改,加快实施平台重组、资产重组、债务重组,深入推进平台公司市场化转型,清理处置闲置国有资产资源资金,加强政府性投资项目决策和立项管理,坚决遏制违规上项目新增地方政府隐性债务。

妥善处置房产风险。按照以时间换空间的总体原则,防范化解房地产行业风险,推动房地产行业实现"软着陆",防止风险短期内爆发扩散冲击宏观经济大盘。加快房地产风险项目资产处置,确保完成"保交楼"任务。把握短期调控政策,合理满足改善型购房者的信贷需求,促进房地产市场稳预期、稳价格、稳投资。

九、加强民生保障

巩固拓展脱贫攻坚成果,扶持已脱贫地区稳定发展,帮助已脱贫人口稳定增收。

大力实施就业优先战略,推进以创新创业、返乡创业为重点的全民创业,实现以创业带动就业。做好企业稳岗、就业培训等工作,加大对劳动密集型企业的支持力度,做好受疫情影响的重点就业群体的转岗培训。做好高校毕业生、退役军人、农民工、城镇困难人员等重点群体就业工作。

加快"一老一小"养老托育设施建设,做好低保对象、残疾人、特困人员、孤儿等弱势群体的救助帮扶。全力保供稳价,加强对大宗商品、生活必需品市场供求和价格走势的监测预警,规范价格行为,维护市场正常秩序。

百强综合分析

第二章
2022 湖南企业 100 强分析报告

2021年是"十四五"规划的开局之年,本报告依托湖南企业100强在2021年所创造的实绩,重点围绕企业经营规模、地区与行业分布、自主创新能力和经营成果五大指标(营业收入、资产总额、净利润、从业人数、纳税总额)进行汇总分析,以总结经验、彰显成绩、寻找差距和探讨对策,以"三高四新"战略定位和使命任务为科学指引,为湖南推进供给侧结构性改革,抵御经济下行压力,抓住"一带一路"的发展机遇,加快企业新旧动能转换和提高自主创新能力等方面提供有价值的引导。

第一节 2022 湖南企业 100 强特征分析

一、2022 湖南企业 100 强基本特征分析

(一)新企业发展势头强劲

相比2021湖南企业100强排行榜,入围2022湖南企业100强排行榜的企业新秀有15家,其中国有企业6家,民营企业9家。15家新进入100强榜单的企业行业分布广泛,其中有各类制造业企业10家,建筑业企业2家,信息传输、计算机服务和软件业企业1家,租赁和商务服务业企业2家。2022湖南企业100强新上榜名单如表2-1所示。

第二章 2022湖南企业100强分析报告

表 2-1　　2022湖南企业100强新上榜企业名单

企业名称	营业收入（亿元）	上榜排名位次
中铁城建集团有限公司	236.45	25
湖南中伟新能源科技有限公司	107.25	53
湖南湘江新区发展集团有限公司	100.02	59
澳优乳业（中国）有限公司	88.73	64
长沙京东翰民贸易有限公司	80.35	67
湖南湘威新材料科技有限公司	75.70	70
湖南裕能新能源电池材料股份有限公司	70.27	72
湖南长远锂科股份有限公司	68.41	76
湖南金弘再生资源集团有限公司	63.16	82
湖南乔口建设有限公司	56.86	86
楚天科技股份有限公司	52.60	90
永兴贵研资源有限公司	51.03	91
水羊集团股份有限公司	50.10	93
际华三五一七橡胶制品有限公司	48.21	94
湖南省国有资产管理集团有限公司	47.70	97

（二）老企业发展平稳

与2022湖南企业100强中的15家新秀企业相比，85家老企业继续占据着100强排行榜的主体位置。值得注意的是，湖南华菱钢铁集团有限责任公司更名为湖南钢铁集团有限公司进行申报，湖南建工集团有限公司以其控股的湖南建工控股集团有限公司进行申报。

1. 优秀老企业稳步前进

与上年度数据相比，在85家老企业中，位次前移的有25家，与上年相比减少1家；位次前进了10位以上的企业有9家，与上年相比增加7家。

湖南马上银科技有限公司在2021湖南企业100强中以42.84亿元的营业收入居第96位。该企业于2020年底起与中国工商银行股份有限公司达成深度合作，构建银商对接的第三方支付系统，成功实现全程线上化交易。在5G技术迅猛发展的新时代，该企业抢抓5G时代国家政策机遇，实现工业互联网平台与金融服务业成功"联姻"，按下助力有色金属产业转型升级的"加速键"，是发展"新基建"的一个缩影。信息化与工业化的结合，正是推动制造业转型升级的关键。因此，该企业以283.05亿元的营业收入在2022湖南企业100强榜单中列第22位，位次前进74位，成为2022湖南企业100强中前进位次最多的持续在榜企业。

湖南邦普循环科技有限公司以111.56亿元的营业收入居于2022湖南企业100强榜单第52位，前进38位，是前进位次第二多的强势企业。另外，长沙市比亚迪汽车有限公司列第21位，前进21位；

湖南省高速公路集团有限公司列第15位，前进19位；长沙中兴智能技术有限公司列第62位，前进18位；金杯电工股份有限公司继在2021湖南企业100强榜单中前进7位后，在2022年榜单中又前进14位；湖南口味王集团有限责任公司列第84位，前进13位；中国铁建重工集团股份有限公司列第48位，前进12位；湖南省轻工盐业集团有限公司列第56位，前进11位。尤其要指出的是，湖南建工控股集团有限公司在2022湖南企业100强榜单中位次又有了提高，成功跻身前五强，标志着企业的核心业务能力进一步增强。以上足以表明，这些企业在全球新冠肺炎疫情的冲击下仍实现了稳步发展。从整体来看，2022湖南企业100强老企业的前进位次比上年度有所提升，提升幅度有所增大。2022湖南企业100强位次前进详情如表2-2所示。

表2-2　　　　　　　　　　2022湖南企业100强位次前进企业名单

企业名称	2021名次	2022名次	前进位次
湖南马上银科技有限公司	96	22	74
湖南邦普循环科技有限公司	90	52	38
长沙市比亚迪汽车有限公司	42	21	21
湖南省高速公路集团有限公司	34	15	19
长沙中兴智能技术有限公司	80	62	18
金杯电工股份有限公司	59	45	14
湖南口味王集团有限责任公司	97	84	13
中国铁建重工集团股份有限公司	60	48	12
湖南省轻工盐业集团有限公司	67	56	11
株洲旗滨集团股份有限公司	51	41	10
安克创新科技股份有限公司	55	46	9
湖南博深实业集团有限公司	39	32	7
湖南粮食集团有限责任公司	41	34	7
湖南省煤业集团有限公司	44	39	5
中国石油化工股份有限公司长岭分公司	17	13	4
山河智能装备股份有限公司	54	50	4
长沙格力暖通制冷设备有限公司	74	71	3
湖南建工控股集团有限公司	6	4	2
大汉控股集团有限公司	11	9	2
长沙银行股份有限公司	18	16	2
中国石油天然气股份有限公司湖南销售分公司	37	35	2
中国能源建设集团湖南火电建设有限公司	83	81	2

续表

企业名称	2021 名次	2022 名次	前进位次
红星实业集团有限公司	100	98	2
国网湖南省电力有限公司	8	7	1
长沙水业集团有限公司	93	92	1

2. 传统老企业形势稳定

2022湖南企业100强与2021湖南企业100强相比,有9家企业位次保持不变。其中,湖南钢铁集团有限公司、中国建筑第五工程局有限公司和三一集团有限公司继续保持前三位不变,说明这些企业在2021年发展相对稳定,经营状况良好。2022湖南企业100强位次没有变化的9家企业如表2-3所示。

表2-3　　　　　　　　　　　　2022湖南企业100强位次没有变化的企业名单

企业名称	2021 名次	2022 名次	前进位次
湖南钢铁集团有限公司	1	1	0
中国建筑第五工程局有限公司	2	2	0
三一集团有限公司	3	3	0
蓝思科技集团	5	5	0
中国石化销售股份有限公司湖南石油分公司	12	12	0
湖南黄金集团有限责任公司	29	29	0
爱尔眼科医院集团股份有限公司	40	40	0
特变电工衡阳变压器有限公司	63	63	0
湖南顺天建设集团有限公司	85	85	0

3. 部分老企业业绩下滑

2022湖南企业100强中,位次后退的有51家,比上年度增加4家;位次后退超过10位的有9家,比上年度减少1家。其中湖南省现代农业产业控股集团有限公司后退19位,长沙中联重科环境产业有限公司和五矿资本股份有限公司后退17位,湖南新长海发展集团有限公司后退14位,道道全粮油股份有限公司和湖南高岭建设集团股份有限公司后退13位,湖南湘科控股集团有限公司后退12位,湖南航天有限责任公司和湖南省沙坪建设有限公司后退11位等,后退企业整体后退位次较上年度有所减少。这些企业位次后退的原因有:从企业自身情况来看,经营业绩提升不大,在激烈的竞争中落后,或经营管理不善,造成营业收入增加幅度相对减少,管理成本相对增加;从宏观环境来看,在新冠肺炎疫情的冲击下,许多企业面临着复工复产的问题,经营状况进一步下滑;从100强企业申请的情况来看,竞争基数扩大,2022湖南企业100强榜单中出现15家新面孔,导致位次发生变化等。需要指出的是,尽管这些企业在当前经济下行压力大的严峻形势下名次有一定后退,但它们依然保持着一定的速度在发展。2022湖南企业100强位次后退企业名单如表2-4所示。

表 2-4　　2022 湖南企业 100 强位次后退企业名单

企业名称	2021 名次	2022 名次	后退位次
湖南省现代农业产业控股集团有限公司	58	77	19
五矿资本股份有限公司	27	44	17
长沙中联重科环境产业有限公司	48	65	17
湖南新长海发展集团有限公司	81	95	14
湖南高岭建设集团股份有限公司	70	83	13
道道全粮油股份有限公司	76	89	13
湖南湘科控股集团有限公司	88	100	12
湖南省沙坪建设有限公司	46	57	11
湖南航天有限责任公司	69	80	11
中华联合财产保险股份有限公司湖南分公司	78	88	10
天元盛世控股集团有限公司	89	99	10
湖南望新建设集团股份有限公司	66	75	9
湖南省茶业集团股份有限公司	65	73	8
湖南对外建设集团有限公司	79	87	8
鹏都农牧股份有限公司	35	42	7
湖南佳惠百货有限责任公司	53	60	7
中国电建集团中南勘测设计研究院有限公司	43	49	6
中车株洲电机有限公司	49	55	6
中国邮政集团有限公司湖南省分公司	52	58	6
岳阳林纸股份有限公司	62	68	6
株洲硬质合金集团有限公司	73	79	6
中车株洲电力机车有限公司	21	26	5
芒果超媒股份有限公司	32	37	5
湖南兰天集团有限公司	38	43	5
大唐华银电力股份有限公司	56	61	5
方正证券股份有限公司	61	66	5
中国航发南方工业有限公司	64	69	5
中车株洲电力机车研究所有限公司	14	18	4
湖南有色金属控股集团有限公司	15	19	4
华融湘江银行股份有限公司	24	28	4

续表

企业名称	2021 名次	2022 名次	后退位次
中石化巴陵石油化工有限公司	26	30	4
中南出版传媒集团股份有限公司	47	51	4
中国联合网络通信有限公司湖南省分公司	50	54	4
湖南永通集团有限公司	28	31	3
中国电信股份有限公司湖南分公司	30	33	3
老百姓大药房连锁股份有限公司	33	36	3
株洲市城市建设发展集团有限公司	71	74	3
湖南中烟工业有限责任公司	4	6	2
唐人神集团股份有限公司	25	27	2
益丰大药房连锁股份有限公司	36	38	2
国药控股湖南有限公司	45	47	2
湖南金荣企业集团有限公司	94	96	2
中国烟草总公司湖南省公司	7	8	1
中联重科股份有限公司	9	10	1
湖南博长控股集团有限公司	10	11	1
步步高投资集团股份有限公司	13	14	1
湖南五江控股集团有限公司	16	17	1
中国水利水电第八工程局有限公司	19	20	1
中国移动通信集团湖南有限公司	22	23	1
湖南省交通水利建设集团有限公司	23	24	1
绝味食品股份有限公司	77	78	1

（三）部分企业无缘入榜

2022 年，有企业因营业收入下降放弃申报，或因营业收入达不到入围门槛而未申报，也有企业申报积极性不高，不愿申报，因此有 15 家企业无缘 2022 湖南企业 100 强榜单。这 15 家企业分别为：佳沃农业开发股份有限公司、望建（集团）有限公司、湖南博瑞医疗健康产业集团有限公司、江南工业集团有限公司、湖南省郴州建设集团有限公司、五矿二十三冶建设集团有限公司、现代投资股份有限公司、五凌电力有限公司、中兵红箭股份有限公司、湖南电广传媒股份有限公司、湖南申湘汽车星沙商务广场有限公司、天泽信息产业股份有限公司、湘电集团有限公司、广发银行股份有限公司长沙分行、圣湘生物科技股份有限公司。其中佳沃农业开发股份有限公司、望建（集团）有限公司、湖南博瑞医疗健康产业集团有限公司、江南工业集团有限公司、湖南省郴州建设集团有限公司等 5 家公司未达到 100 强申报门槛。

二、2022 湖南企业 100 强规模特征分析

(一) 企业总体规模增长趋稳

在全球新冠肺炎疫情的影响下，2022 湖南企业 100 强总体规模仍有所扩大，为"十四五"开启了一个良好的开端。100 强企业在 2021 年的资产总额为 47795.82 亿元，比 2020 年增长 11.07%，资产总额持续增长。由此可以看出，即使面对复杂多变的国内外市场环境，企业依然在抢抓机遇，谋求发展，整体规模不断攀升。2018—2022 湖南企业 100 强资产总额变化趋势如图 2-1 所示。

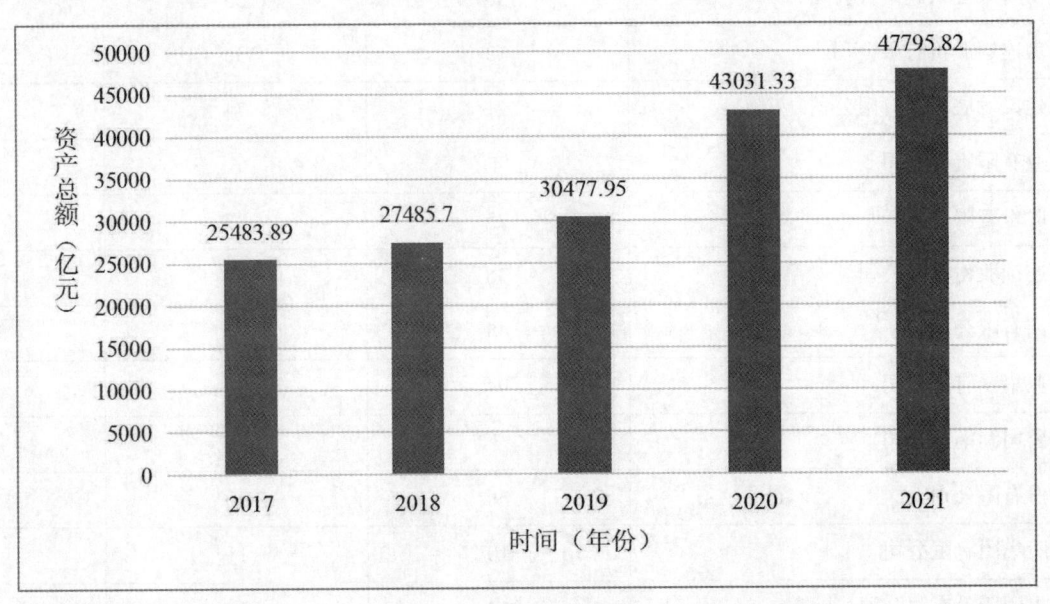

图 2-1　2018—2022 湖南企业 100 强资产总额变化趋势

(二) 入围门槛持续提高

2022 湖南企业 100 强的营业收入入围门槛为 46.08 亿元，较上年度的 40.61 亿上升 5.47 亿元，增幅为 13.47%。2022 湖南企业 100 强入围门槛上升幅度明显，这离不开湖南省坚持落实"三高四新"战略定位和使命任务，积极适应和引领经济发展新常态，以及以 100 强企业为代表的湖南企业的奋勇拼搏。2018—2022 湖南企业 100 强入围门槛变化如图 2-2 所示。

(三) 企业规模差距进一步增大

近年来，湖南企业 100 强的整体规模差距在波动中呈缩小的趋势，但由于行业特征、自身经营等因素的影响，进入榜单的企业依然存在较大的规模差距，2022 湖南企业 100 强规模差距相比上年度有所增大。其中，排名首位的湖南钢铁集团有限公司年营业收入为 2197.06 亿元，而第 100 位湖南湘科控股集团有限公司年营业收入为 46.08 亿元，相当于首位企业的 2.10%。将这个比例与上年度的 2.67% 相比可以看出，末位企业对首位企业的营业收入占比有所下降，说明入围企业的规模差距有所增大。造成这种变化的主要原因是外部经济环境压力、产业结构调整以及企业本身经营策略等。榜首企业湖南钢铁集团有限公司营业收入相较上年度上升 676.85 亿元，升幅为 44.52%；末位企业的营业收入入围门槛为 46.08 亿元，较上年度末位企业的营业收入 40.61 亿元上升 5.47 亿元，增幅为 13.47%。由于榜首企业营业收入升幅远大于末位企业入围门槛的升幅，100 强企业的规模差距有所增大。2018 湖南企业 100 强

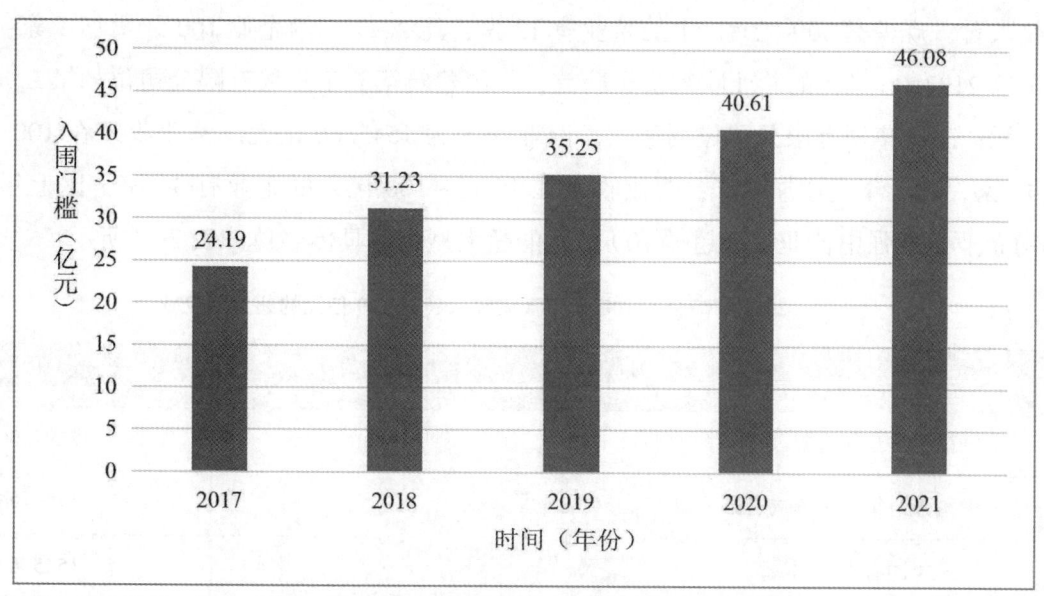

图 2-2　2018—2022 湖南企业 100 强入围门槛变化

中首位企业的营业收入约是末位企业的 42 倍，2019 湖南企业 100 强中首位企业的营业收入约是末位企业的 39 倍，2020 湖南企业 100 强中首位企业的营业收入约是末位企业的 38 倍，2021 湖南企业 100 强中首位企业的营业收入约是末位企业的 37 倍，2022 湖南企业 100 强中首位企业的营业收入约是末位企业的 48 倍。100 强企业规模差距迅速拉大，发展不平衡的状况更加明显，如表 2-5 所示。

表 2-5　　　　　　　　　　2018—2022 湖南企业 100 强规模分布对比

年份	首位企业营业收入 i（亿元）	末位企业营业收入 j（亿元）	i/j
2017	1025.35	24.19	42
2018	1208.85	31.23	39
2019	1330.93	35.25	38
2020	1520.21	40.61	37
2021	2197.06	46.08	48

（四）核心企业驱动经济持续发展

2022 湖南企业 100 强中，按营业收入计算，100 亿元以上的超大型企业有 59 家，与 2021 湖南企业 100 强相比增加 10 家；按资产计算，100 亿元以上的企业有 59 家，与 2021 湖南企业 100 强持平。2022 湖南企业 100 强规模结构状况如表 2-6 所示。

表 2-6　　　　　　　　　　2022 湖南企业 100 强规模结构状况

单位：家

企业规模	超过 500 亿元	100 亿~500 亿元	10 亿~100 亿元	10 亿元以下	实报数
按营业收入计算的企业数	12	47	41	0	100
按资产总额计算的企业数	18	41	38	3	100

从营业收入看，规模在 500 亿元以上的企业有 12 家，比 2021 湖南企业 100 强增加 1 家：湖南钢铁集团有限公司以 2197.06 亿元的营业收入稳居榜首；中国建筑第五工程局有限公司位列第二，营业收入为 1756.96 亿元；三一集团有限公司位列第三，营业收入为 1545.60 亿元。营业收入在 100 亿~500 亿元的企业有 47 家，比上年度增加 9 家；营业收入在 10 亿~100 亿元的企业有 41 家，比上年度减少 10 家。2022 湖南企业 100 强中营业收入超过 100 亿元的超大型企业具体名单如表 2-7 所示。

表 2-7　　　　2022 湖南企业 100 强中营业收入超过 100 亿元的超大型企业

排名	企业名称	营业收入（亿元）
1	湖南钢铁集团有限公司	2197.06
2	中国建筑第五工程局有限公司	1756.96
3	三一集团有限公司	1545.60
4	湖南建工控股集团有限公司	1213.38
5	蓝思科技集团	1093.15
6	湖南中烟工业有限责任公司	1072.68
7	国网湖南省电力有限公司	1029.06
8	中国烟草总公司湖南省公司	936.94
9	大汉控股集团有限公司	675.32
10	中联重科股份有限公司	671.31
11	湖南博长控股集团有限公司	621.58
12	中国石化销售股份有限公司湖南石油分公司	537.41
13	中国石油化工股份有限公司长岭分公司	411.82
14	步步高投资集团股份有限公司	408.68
15	湖南省高速公路集团有限公司	394.90
16	长沙银行股份有限公司	378.76
17	湖南五江控股集团有限公司	369.87
18	中车株洲电力机车研究所有限公司	362.27
19	湖南有色金属控股集团有限公司	337.02
20	中国水利水电第八工程局有限公司	313.24
21	长沙市比亚迪汽车有限公司	288.69
22	湖南马上银科技有限公司	283.05

续表

排名	企业名称	营业收入（亿元）
23	中国移动通信集团湖南有限公司	251.03
24	湖南省交通水利建设集团有限公司	244.77
25	中铁城建集团有限公司	236.45
26	中车株洲电力机车有限公司	235.62
27	唐人神集团股份有限公司	217.42
28	华融湘江银行股份有限公司	214.95
29	湖南黄金集团有限责任公司	201.06
30	中石化巴陵石油化工有限公司	199.74
31	湖南永通集团有限公司	171.60
32	湖南博深实业集团有限公司	169.23
33	中国电信股份有限公司湖南分公司	168.88
34	湖南粮食集团有限责任公司	165.60
35	中国石油天然气股份有限公司湖南销售分公司	161.85
36	老百姓大药房连锁股份有限公司	156.96
37	芒果超媒股份有限公司	153.56
38	益丰大药房连锁股份有限公司	153.26
39	湖南省煤业集团有限公司	152.22
40	爱尔眼科医院集团股份有限公司	150.01
41	株洲旗滨集团股份有限公司	145.73
42	鹏都农牧股份有限公司	143.04
43	湖南兰天集团有限公司	135.26
44	五矿资本股份有限公司	130.31
45	金杯电工股份有限公司	128.32
46	安克创新科技股份有限公司	125.74
47	国药控股湖南有限公司	118.85
48	中国铁建重工集团股份有限公司	117.03

续表

排名	企业名称	营业收入（亿元）
49	中国电建集团中南勘测设计研究院有限公司	116.71
50	山河智能装备股份有限公司	114.08
51	中南出版传媒集团股份有限公司	113.31
52	湖南邦普循环科技有限公司	111.56
53	湖南中伟新能源科技有限公司	107.25
54	中国联合网络通信有限公司湖南省分公司	105.67
55	中车株洲电机有限公司	105.07
56	湖南省轻工盐业集团有限公司	104.20
57	湖南省沙坪建设有限公司	102.91
58	中国邮政集团有限公司湖南省分公司	100.62
59	湖南湘江新区发展集团有限公司	100.02

从资产总额看，规模在 500 亿元以上的企业有 18 家，比上年增加 2 家：长沙银行股份有限公司以 7961.50 亿元的资产规模持续稳居第一；湖南省高速公路集团有限公司替代华融湘江银行股份有限公司位列第二，资产总额为 6362.14 亿元；华融湘江银行股份有限公司位列第三，资产总额为 4259.84 亿元。资产总额前三强企业与上年相比，总体资产规模有所增加，共增加 1777.55 亿元，说明资产更加聚集。资产总额规模在 100 亿~500 亿元的企业有 41 家，比上年度减少 2 家；规模在 10 亿~100 亿元的企业有 38 家，比上年度减少 2 家；规模在 10 亿元以下的企业有 3 家，比上年度增加 2 家。2022 湖南企业 100 强中资产总额超过 100 亿元的超大型企业具体名单如表 2-8 所示。

表 2-8　　　　　2022 湖南企业 100 强中资产总额超过 100 亿元的超大型企业

排名	企业名称	资产总额（亿元）
1	长沙银行股份有限公司	7961.50
2	湖南省高速公路集团有限公司	6362.14
3	华融湘江银行股份有限公司	4259.84
4	三一集团有限公司	2447.37
5	方正证券股份有限公司	1726.13
6	中国建筑第五工程局有限公司	1624.78
7	蓝思科技集团	1490.44

续表

排名	企业名称	资产总额（亿元）
8	五矿资本股份有限公司	1467.99
9	国网湖南省电力有限公司	1397.43
10	湖南钢铁集团有限公司	1372.31
11	株洲市城市建设发展集团有限公司	1317.41
12	中联重科股份有限公司	1220.18
13	湖南建工控股集团有限公司	1003.65
14	湖南湘江新区发展集团有限公司	959.39
15	湖南中烟工业有限责任公司	926.40
16	中车株洲电力机车研究所有限公司	748.83
17	湖南五江控股集团有限公司	657.99
18	中国烟草总公司湖南省公司	538.93
19	中国水利水电第八工程局有限公司	482.64
20	中国移动通信集团湖南有限公司	439.06
21	湖南省交通水利建设集团有限公司	361.50
22	中车株洲电力机车有限公司	341.12
23	中国铁建重工集团股份有限公司	309.39
24	中铁城建集团有限公司	296.01
25	中国电信股份有限公司湖南分公司	292.88
26	芒果超媒股份有限公司	261.11
27	长沙水业集团有限公司	254.11
28	步步高投资集团股份有限公司	251.87
29	大汉控股集团有限公司	242.81
30	中南出版传媒集团股份有限公司	240.62
31	爱尔眼科医院集团股份有限公司	218.49
32	株洲旗滨集团股份有限公司	209.48
33	湖南有色金属控股集团有限公司	206.99

续表

排名	企业名称	资产总额（亿元）
34	大唐华银电力股份有限公司	198.40
35	山河智能装备股份有限公司	192.46
36	长沙市比亚迪汽车有限公司	189.68
37	湖南省轻工盐业集团有限公司	177.10
38	中国航发南方工业有限公司	170.70
39	益丰大药房连锁股份有限公司	170.52
40	老百姓大药房连锁股份有限公司	169.58
41	岳阳林纸股份有限公司	164.53
42	湖南粮食集团有限责任公司	156.11
43	湖南省国有资产管理集团有限公司	154.92
44	中石化巴陵石油化工有限公司	153.25
45	湖南省现代农业产业控股集团有限公司	146.78
46	唐人神集团股份有限公司	145.45
47	湖南省煤业集团有限公司	140.71
48	长沙中联重科环境产业有限公司	138.33
49	湖南航天有限责任公司	137.81
50	鹏都农牧股份有限公司	130.43
51	中国电建集团中南勘测设计研究院有限公司	124.77
52	湖南博长控股集团有限公司	122.07
53	中国联合网络通信有限公司湖南省分公司	121.85
54	湖南中伟新能源科技有限公司	114.88
55	湖南黄金集团有限责任公司	114.68
56	湖南湘科控股集团有限公司	107.36
57	红星实业集团有限公司	103.10
58	湖南邦普循环科技有限公司	101.64
59	湖南新长海发展集团有限公司	100.75

三、2022 湖南企业 100 强地区区域特征分析

2022 湖南企业 100 强与往年一样都相对集中在经济发达地区。从入围企业数量可看出，长沙市作为湖南省政治经济文化中心，入围 100 强的企业数量最多，达到 78 家，营业收入占比 86.26%。2022 湖南企业 100 强的地区分布特征与 2021 湖南企业 100 强相比变化不大，长沙、株洲两市仍然集中了全省大部分的 100 强企业，分别有 78 家、8 家。与上年度相比，岳阳市 100 强企业数由 4 家增长为 5 家，升至第 3 位；郴州市 3 家，居第 4 位；湘潭市则由上年的 4 家下降为 2 家，列第 5 位。2022 湖南企业 100 强的其他 4 家企业分布在 4 个地级市，分别是：娄底市 1 家，怀化市 1 家，衡阳市 1 家，益阳市 1 家。相比于 2021 湖南企业 100 强，常德市无企业进入 2022 湖南企业 100 强榜单，而永州市、湘西自治州、邵阳市和张家界市也均无企业入围。2022 湖南企业 100 强的地区分布结构状况如表 2-9 所示。

表 2-9　　2022 湖南企业 100 强地区分布结构状况

地区	企业个数	营业收入（亿元）	比重（%）	资产总额（亿元）	比重（%）
长沙	78	21766.34	86.26	43734.95	91.51
株洲	8	1279.66	5.07	3093.52	6.47
岳阳	5	792.64	3.14	461.15	0.96
郴州	3	409.78	1.62	45.32	0.09
湘潭	2	117.15	0.46	164.44	0.34
娄底	1	621.58	2.46	122.07	0.26
怀化	1	98.37	0.39	27.51	0.06
衡阳	1	93.04	0.37	90.13	0.19
益阳	1	59.13	0.23	56.72	0.12
全省	100	25237.70	100	47795.82	100

从营业收入看，2022 湖南企业 100 强超过 90% 的收入都来自长株潭地区，这与该地区的经济发达程度相一致。长、株、潭三市占据 100 强企业的 88 席，共实现营业收入 23163.15 亿元，拥有资产 46992.91 亿元，分别占 100 强企业总量的 91.79% 和 98.32%，相比上年度营业收入占比下降 1.03 个百分点，资产总额占比增加 0.26 个百分点。2018—2022 湖南企业 100 强营业收入总额中，经济较发达的长株潭地区所占比重一直保持在 90% 以上，虽有所波动，但波动幅度较小；与上年度相比，长沙市营业收入所占比重下降 0.02 个百分点，株洲市下降 0.52 个百分点，湘潭市下降 0.49 个百分点，岳阳市上升 0.15 个百分点，衡阳市上升 0.04 个百分点，郴州市上升 1.23 个百分点，怀化市下降 0.05 个百分点，娄底市下降 0.15 个百分点，益阳市上升 0.17 个百分点，其余地区基本不变，如表 2-10 所示。

表 2-10　　　　　　　　　　　2018—2022 湖南企业 100 强营业收入在各地域的分布

单位:%

地区	2017	2018	2019	2020	2021
长沙	82.41	83.11	84.67	86.28	86.26
株洲	6.05	6.26	5.06	5.59	5.07
湘潭	1.60	1.46	1.63	0.95	0.46
岳阳	3.47	3.06	4.25	2.99	3.14
衡阳	0.33	0.33	0.25	0.33	0.37
郴州	1.80	1.51	0.79	0.39	1.62
怀化	1.33	0.53	0.47	0.44	0.39
娄底	2.69	3.08	2.69	2.61	2.46
益阳	—	—	0.19	0.20	0.37
常德	0.32	0.66	—	0.21	—
永州	—	—	—	—	—
湘西自治州	—	—	—	—	—
邵阳	—	—	—	—	—
张家界	—	—	—	—	—

湖南企业 100 强营业收入中,长株潭地区所占比例近 5 年总体在 90%以上波动,占绝对优势地位,说明长株潭一体化发展所形成的综合经济中心增强了长株潭地区的整体经济实力,从经济一体化、交通一体化、通信一体化等多方面为企业提供了更加优越的发展环境。2018—2022 湖南企业 100 强长株潭地区营业收入占比的分布趋势如图 2-3 所示。

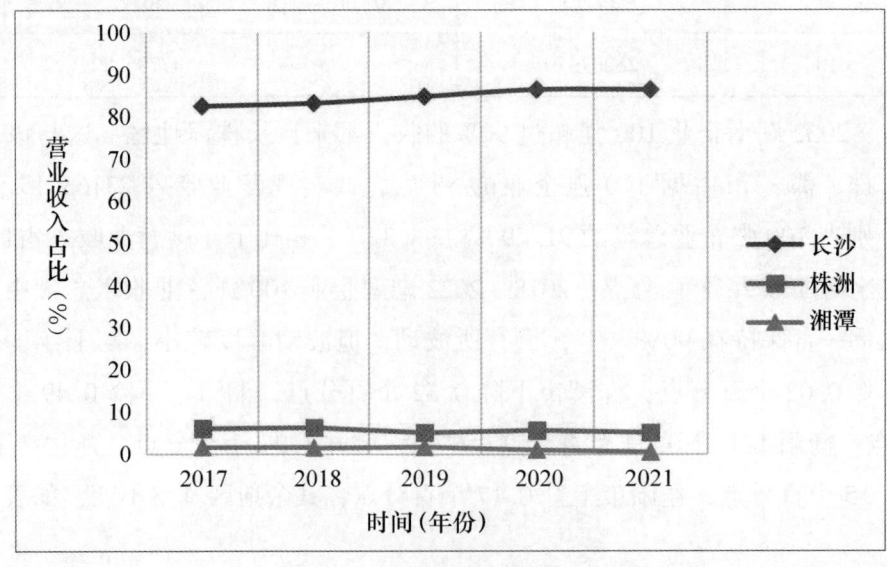

图 2-3　2018—2022 湖南企业 100 强长株潭地区营业收入占比的分布趋势

长株潭地区入围湖南企业 100 强的企业数量近 5 年一直维持在 80 家左右，波动范围较小。从入围数量的变化上看，长株潭地区保持着较为稳定的经济增长，可见长株潭一体化经济政策的实施加强了该地区的经济发展实力和综合竞争力，优化了企业的经营发展环境。2018—2022 湖南企业 100 强在长株潭地区的数量分布趋势如图 2-4 所示。

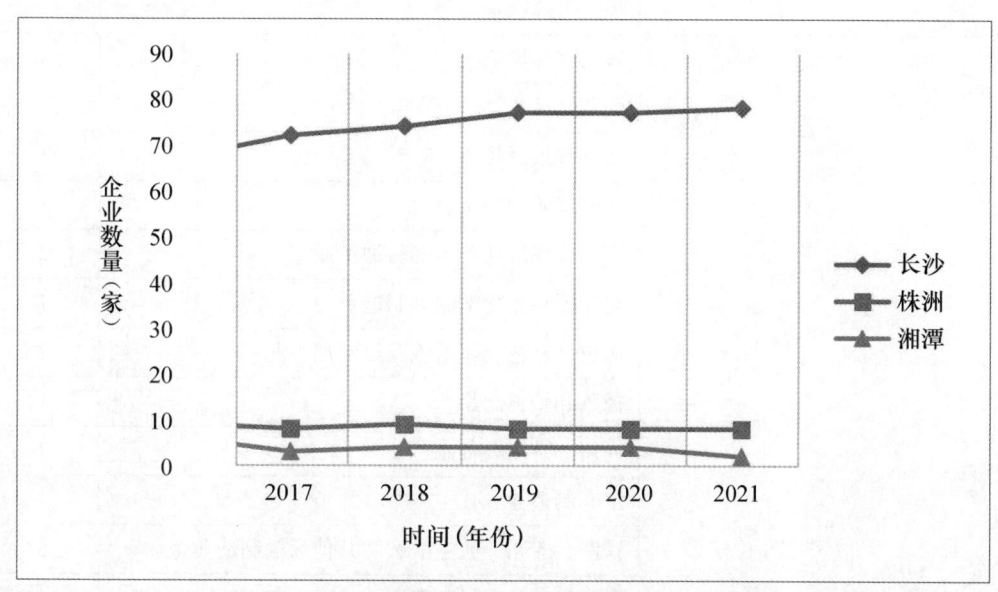

图 2-4　2018—2022 湖南企业 100 强在长株潭地区的数量分布趋势

四、2022 湖南企业 100 强行业特征分析

（一）2022 湖南企业 100 强行业分布总体分析

按行业门类划分，2022 湖南企业 100 强涉及 14 个行业门类，比上年度增加 2 个门类。总体来看，在 14 个行业门类中制造业企业、建筑业企业、批发和零售业企业仍占 100 强席位的大多数，总共 72 家。其中，制造业企业 46 家，比上年度增加 1 家；建筑业企业 14 家，比上年度增加 3 家；批发和零售业企业 12 家，比上年度减少 2 家。其他行业门类企业 28 家。按行业大类划分，2022 湖南企业 100 强分布于 32 个行业大类中，与上年度相比，增加 2 类。其中，房屋建筑、土木建筑及其他建筑业企业 14 家，批发、零售业企业 12 家，黑色、有色金属冶炼及压延加工业和通用、专用设备制造业企业均为 7 家，电力、热力、燃气及水的生产和供应业，铁路、船舶、航空航天和其他运输制造业，电气机械及器材制造业，通信设备、计算机及其他电子设备制造业企业均为 5 家，农副食品加工业、综合服务业企业各 4 家，电信、广播电视和卫星传输服务与其他金融服务业企业各 3 家，这些行业分布的企业数量较多，共 74 家。2022 湖南企业 100 强行业分布状况如表 2-11 所示。

表 2-11　　2022 湖南企业 100 强行业分布状况

行业门类	行业大类	计数	企业总数
农林牧渔业	畜牧业	1	1
采矿业	煤炭采掘及采选业	1	1
制造业	农副食品加工业	4	46
	烟草制品业	2	
	造纸和纸制品业	1	
	非金属矿物制品业	1	
	石油、煤炭及其他燃料加工业	2	
	化学原料和化学制品制造业	1	
	黑色、有色金属冶炼及压延加工业	7	
	橡胶和塑料制品业	1	
	通用、专用设备制造业	7	
	汽车制造业	1	
	铁路、船舶、航空航天和其他运输制造业企业	5	
	电气机械及器材制造业	5	
	通信设备、计算机及其他电子设备制造业	5	
	废弃资源综合利用业	1	
	食品制造业	1	
	酒、饮料和精制茶制造业	2	
电力、热力、燃气及水的生产和供应业	电力、热力、燃气及水的生产和供应业	5	5
建筑业	房屋建筑、土木建筑及其他建筑业	14	14
交通运输、仓储、邮政业	邮政业	1	2
	道路运输业	1	
信息传输、计算机服务和软件业	电信、广播电视和卫星传输服务	3	4
	互联网服务	1	
批发和零售业	批发、零售业	12	12
金融业	银行业	2	5
	其他金融服务业	3	
房地产业	房地产业	2	2
科学研究和技术服务业	专业技术服务业	1	1
文化、体育和娱乐业	广播、电视、电影和音像业	2	2
卫生和社会工作	卫生	1	1
租赁与商务服务	综合服务业	4	4

（二）2022 湖南企业 100 强分行业门类的相对规模分析

从营业收入看，2022 湖南企业 100 强分行业门类的相对规模占比在 5%以上的有 4 个，和上年度持平，它们是：①制造业，营业收入总额 12951.58 亿元，相对规模占比 51.32%；②建筑业，营业收入总额 4651.08 亿元，相对规模占比 18.43%；③批发和零售业，营业收入总额 2050.84 亿元，相对规模占比 8.13%；④电力、热力、燃气及水的生产和供应业，营业收入总额 1875.02 亿元，相对规模占比 7.43%。以上 4 个门类合计的营业收入总额达到 21528.52 亿元，相对营业收入总规模达到 85.31%，同比上年度营业收入总额相对规模占比有所下降。从资产总额看，2021 湖南企业 100 强分行业门类相对规模占比在 5%以上的门类有 5 个，与上年度持平，它们是：①金融业，资产总额 14005.99 亿元，相对规模占比 29.30%；②制造业，资产总额 13048.21 亿元，相对规模占比 27.30%；③交通运输、仓储、邮政业，资产总额 6429.56 亿元，相对规模占比 13.45%；④建筑业，资产总额 4774.69 亿元，相对规模占比 9.99%；⑤租赁与商务服务，资产总额 2925.85 亿元，相对规模占比 6.12%。以上 5 个门类合计的资产总额为 41184.30 亿元，相对资产规模占比 86.16%。值得注意的是，排名靠前的行业门类营业收入和资产总额相比上年度有大幅提升，详细数据如表 2-12 所示。

表 2-12　　　　　　　　　　2022 湖南企业 100 强分行业门类相对规模及占比

行业门类	营业收入（亿元）	占比（%）	资产总额（亿元）	占比（%）
畜牧业	67.34	0.27	146.78	0.31
采矿业	152.22	0.60	140.71	0.29
制造业	12951.58	51.32	13048.21	27.30
电力、热力、燃气及水的生产和供应业	1875.02	7.43	1959.08	4.10
建筑业	4651.08	18.43	4774.69	9.99
交通运输、仓储、邮政业	495.52	1.96	6429.56	13.45
信息传输、计算机服务和软件业	605.93	2.40	855.88	1.79
批发和零售业	2050.84	8.13	1311.17	2.74
金融业	735.26	2.91	14005.99	29.30
房地产业	117.92	0.47	1352.91	2.83
科学研究和技术服务业	116.71	0.46	124.77	0.26
文化、体育和娱乐业	266.87	1.06	501.72	1.05
卫生和社会工作	150.01	0.59	218.49	0.46
租赁与商务服务	1001.39	3.97	2925.85	6.12
总计	25237.70	100	47795.82	100

2021 湖南企业 100 强分布在 32 个行业大类中。从营业收入看，相对规模占比超过 5%的行业大类有 7 个，与上年度持平，它们是：①房屋建筑、土木建筑及其他建筑业，营业收入总额 4651.08 亿元，

相对规模占比18.44%；②黑色、有色金属冶炼及压延加工业，营业收入总额3548.77亿元，相对规模占比14.07%；③通用、专用设备制造业，营业收入总额2635.31亿元，相对规模占比10.44%；④批发、零售业，营业收入总额2050.84亿元，相对规模占比8.13%；⑤烟草制品业，营业收入总额2009.61亿元，相对规模占比7.96%；⑥电力、热力、燃气及水的生产和供应业，营业收入总额1875.02亿元，相对规模占比7.43%；⑦通信设备、计算机及其他电子设备制造业，营业收入总额1450.84亿元，相对规模占比5.75%。以上7个行业大类合计的营业收入总额达到18221.47亿元，相对营业收入总规模占比72.22%，同比上年的营业收入增加18.30%，相对规模占比略有上升。从资产总额看，相对规模占比超过5%的行业大类有5个，比上年度减少1个，它们是：①银行业，资产总额12221.34亿元，相对规模占比25.57%；②道路运输业，资产总额6362.14亿元，相对规模占比13.31%；③房屋建筑、土木建筑及其他建筑业，资产总额4774.69亿元，相对规模占比9.99%；④通用、专用设备制造业，资产总额4514.59亿元，相对规模占比9.45%；⑤综合服务业，资产总额2925.85亿元，相对规模占比6.12%。以上5个行业大类合计的资产总额达到30798.61亿元，相对100强资产总额占比达到64.44%。

从以上分析可以看出，与上年度相比，2022湖南企业100强的行业集聚特征仍非常明显。表2-13展示了2022湖南企业100强分行业大类的相对规模及占比。

表2-13　　　　　　　　2022湖南企业100强分行业大类的相对规模及占比

行业大类	营业收入（亿元）	占比（%）	资产总额（亿元）	占比（%）
畜牧业	67.34	0.27	146.78	0.31
煤炭采掘及采选业	152.22	0.60	140.71	0.29
农副食品加工业	435.25	1.72	420.49	0.88
烟草制品业	2009.61	7.96	1465.33	3.07
造纸和纸制品业	78.38	0.31	164.53	0.34
非金属矿物制品业	145.73	0.58	209.48	0.44
石油、煤炭及其他燃料加工业	611.56	2.42	239.79	0.50
化学原料和化学制品制造业	50.10	0.20	27.45	0.06
黑色、有色金属冶炼及压延加工业	3548.77	14.07	1904.45	3.98
橡胶和塑料制品业	48.21	0.19	15.61	0.03
通用、专用设备制造业	2635.31	10.44	4514.59	9.45
汽车制造业	288.69	1.14	189.68	0.40
铁路、船舶、航空航天和其他运输制造业企业	846.06	3.35	1494.65	3.13
电气机械及器材制造业	515.67	2.04	434.05	0.91
通信设备、计算机及其他电子设备制造业	1450.84	5.75	1777.65	3.72

续表

行业大类	营业收入（亿元）	占比（%）	资产总额（亿元）	占比（%）
废弃资源综合利用业	63.16	0.25	5.17	0.01
食品制造业	65.49	0.26	74.01	0.15
酒、饮料和精制茶制造业	158.78	0.63	111.27	0.23
电力、热力、燃气及水的生产和供应业	1875.02	7.43	1959.08	4.10
房屋建筑、土木建筑及其他建筑业	4651.08	18.44	4774.69	9.99
邮政业	100.62	0.40	67.41	0.14
道路运输业	394.90	1.56	6362.14	13.31
电信、广播电视和卫星传输服务	525.59	2.08	853.80	1.79
互联网服务	80.35	0.32	2.09	0.01
批发、零售业	2050.84	8.13	1311.17	2.74
银行业	593.71	2.35	12221.34	25.57
其他金融服务业	141.55	0.56	1784.65	3.73
房地产业	117.92	0.47	1352.91	2.83
专业技术服务业	116.71	0.46	124.77	0.26
广播、电视、电影和音像业	266.87	1.06	501.72	1.05
卫生	150.01	0.59	218.49	0.46
综合服务业	1001.39	3.97	2925.85	6.12
总计	25237.70	100	47795.82	100

五、2022湖南企业100强所有制性质分布分析

2022湖南企业100强中，国有企业53家，比上年度减少3家；民营企业47家，比上年度增加3家。53家国有企业营业收入合计为16241.71亿元，占100强企业营业收入总额的64.35%；资产总额为39197.31亿元，占100强企业资产总额的82.01%；净利润765.56亿元，占100强企业净利润的63.99%；纳税额合计1556.11亿元，占100强企业纳税总额（实报96家企业数据）的86.31%。由此可见，国有企业在100强企业和湖南省经济发展中具有举足轻重的带动作用。47家民营企业的营业收入总计为8995.99亿元，占100强企业营业收入总额的35.65%；资产总额合计为8598.51亿元，占100强企业资产总额的17.99%；净利润430.86亿元，占100强企业净利润的36.01%；纳税额合计246.86亿元，占100强企业纳税总额的13.69%。根据以上分析可知，民营企业在经济发展中发挥的作用越来越重要，但发展速度缓慢。2022湖南企业100强所有制性质分布状况如表2-14所示。

表 2-14　　2022 湖南企业 100 强所有制性质分布状况

单位：亿元

所有制类别	上榜数（家）	营业收入	净利润	纳税总额	资产总额
国有企业	53	16241.71	765.56	1556.11	39197.31
民营企业	47	8995.99	430.86	246.86	8598.51
总计	100	25237.70	1196.42	1802.97	47795.82

六、2022 湖南企业 100 强创新投入比较分析

2022 湖南企业 100 强中有研发活动并填报研发费用的企业有 79 家，比上年度增加 6 家，合计研发费用为 510.47 亿元，平均研发费用 6.46 亿元，平均研发费用比上年度增加 1.24 亿元。79 家 100 强企业全部填报了研发费用增长率指标。与上年相比，研发费用减少 30% 以上的企业有 1 家，为国网湖南省电力有限公司，其研发费用减少 81.51%；研发费用增长率为 -30%~0 的有 8 家；增长率为 0~30% 的有 34 家；增长率为 30%~60% 的有 16 家；增长率为 60%~90% 的有 7 家。值得注意的是，有 14 家企业的研发费用增长率大于 90%，其中湖南省高速公路集团有限公司研发费用增加了 16492.55%，远远高于第 2 位中国石化销售股份有限公司湖南石油分公司的 2334.69%，成为研发费用增长率最高的企业，充分说明湖南省高速公路集团有限公司对创新的重视程度和创新突破的决心。

79 家 100 强企业全部填报了研发费用占营业收入比率指标。研发费用占营业收入比率达到省政府提出的 3% 的基本要求的企业有 31 家，与上年度相比增加 6 家，企业数量占比达 39.24%。比率超过 10% 的企业数目为 0；比率为 5%~10% 的企业有 7 家，比上年度增加 1 家，这 7 家企业分别是楚天科技股份有限公司、中国铁建重工集团股份有限公司、中车株洲电力机车研究所有限公司、中联重科股份有限公司、安克创新科技股份有限公司、三一集团有限公司、中车株洲电机有限公司；比率为 3%~5% 的企业有 24 家，与上年度相比增加 5 家；比率为 1%~3% 的企业有 17 家，比上年度减少 1 家；比率小于 1% 的企业有 31 家。总体来看，虽然企业的研发投入情况在持续改善，但是还有超六成的企业未达标，如表 2-15 所示。

表 2-15　　2022 湖南企业 100 强研发投入状况分布表

项目	超过 10%	5%~10%	3%~5%	1%~3%	1% 以下	总数
企业数目（家）	0	7	24	17	31	79
企业数目比例（%）	0	8.86	30.38	21.52	39.24	100

第二节 2022 湖南企业 100 强利税分析

一、2022 湖南企业 100 强经济效益状况分析

(一) 盈利水平维持稳定

与 2021 湖南企业 100 强相比，2022 湖南企业 100 强营业收入规模继续扩大，净利润规模维持稳定。2021 湖南企业 100 强的净利润总额为 1162.79 亿元，2022 湖南企业 100 强的净利润总额为 1196.42 亿元（实报 100 家企业数据），同比上年增长 2.89%，与上一年基本持平。其中盈利企业 91 家，利润总额为 1253.67 亿元，与 2021 湖南企业 100 强相比，盈利企业利润总额提升 32.89 亿元，增幅为 2.69%；亏损企业 9 家，亏损总额 57.25 亿元，亏损企业亏损总额比上年减少 0.74 亿元，减幅为 1.28%。2018—2022 湖南企业 100 强净利润及增长率如表 2-16 所示。

表 2-16　　2018—2022 湖南企业 100 强净利润及增长率比较

年份	净利润（亿元）	年增长率（%）
2017	627.44	10.75
2018	725.9	15.69
2019	836.08	15.18
2020	1162.79	39.08
2021	1196.42	2.89

湖南企业 100 强的盈利水平自 2017 年突破连续四年下降的趋势，开始大幅回升以后，2021 年盈利水平保持稳定，亏损总额有所减少，这在一定程度上反映了新冠肺炎疫情对于湖南企业经营的冲击已逐步减弱，也体现了湖南省不断推进经济结构优化、新旧动能转换所带来的初步成效。

(二) 盈利企业数量略有提升

2022 湖南企业 100 强中，有 28 家企业的净利润在 10 亿元以上，相比上年增加 1 家，利润总额达到 1026.40 亿元，占 100 强中 91 家盈利企业利润总额的 81.87%。与 2021 湖南企业 100 强 27 家 10 亿元以上的盈利大户相比，利润总额增长 14.65 亿元，增幅为 1.45%。其余在 2021 年盈利的 63 家企业中，净利润为 5 亿~10 亿元的企业有 15 家，与上年相比增加 1 家；净利润为 1 亿~5 亿元的企业有 40 家，与上年相比增加 2 家；净利润为 1000 万元~1 亿元的企业有 5 家，与上年相比减少 6 家；净利润低于 1000 万元的企业有 3 家，与上年相比增加 2 家。在 2021 年亏损的企业中，中石化巴陵石油化工有限公司（亏损 1.47 亿元）亏损减少，湖南粮食集团有限责任公司（亏损 9.89 亿元）、湖南省现代农业产业控股集团有限公司（亏损 6.13 亿元）、道道全粮油股份有限公司（亏损 1.98 亿元）、湖南湘威新材料科技有限公司（亏损 0.06 亿元）以及长沙京东翰民贸易有限公司（亏损 0.04 亿元）亏损增加，大唐华银电力股份有限公司（亏损 22.84 亿元）、唐人神集团股份有限公司（亏损 11.72 亿元）、中国石油天

然气股份有限公司湖南销售分公司（亏损 3.12 亿元）由盈变亏。与上年相比，亏损企业榜单有所变化，但两家国家控股的老牌国企仍持续亏损，这与国家供给侧改革、产业结构调整的战略实施紧密相关，同时这也更加警醒国企要加快企业经营和制度的革新。

排在利润榜前 28 位的盈利大户有：三一集团有限公司（141.93 亿元），湖南钢铁集团有限公司（131.97 亿元），中国烟草总公司湖南省公司（82.43 亿元），湖南中烟工业有限责任公司（72.95 亿元），长沙银行股份有限公司（65.70 亿元），中联重科股份有限公司（63.86 亿元），株洲旗滨集团股份有限公司（42.21 亿元），中国建筑第五工程局有限公司（34.36 亿元），湖南五江控股集团有限公司（34.30 亿元），五矿资本股份有限公司（34.02 亿元），华融湘江银行股份有限公司（30.75 亿元），中国移动通信集团湖南有限公司（30.10 亿元），蓝思科技集团（23.25 亿元），爱尔眼科医院集团股份有限公司（23.23 亿元），中车株洲电力机车研究所有限公司（21.47 亿元），芒果超媒股份有限公司（21.14 亿元），湖南建工控股集团有限公司（19.04 亿元），方正证券股份有限公司（18.72 亿元），中国铁建重工集团股份有限公司（17.86 亿元），中南出版传媒集团股份有限公司（16.37 亿元），湖南邦普循环科技有限公司（16.36 亿元），大汉控股集团有限公司（13.72 亿元），湖南省高速公路集团有限公司（13.47 亿元），中车株洲电力机车有限公司（12.84 亿元），中国电信股份有限公司湖南分公司（12.32 亿元），湖南裕能新能源电池材料股份有限公司（11.75 亿元），安克创新科技股份有限公司（10.24 亿元），澳优乳业（中国）有限公司（10.02 亿元）。2022 湖南企业 100 强盈利大户与 2021 湖南企业 100 强盈利大户的比较，如表 2-17 所示。

表 2-17 　　　　2022 湖南企业 100 强盈利大户与 2021 湖南企业 100 强盈利大户比较

单位：亿元

2022 湖南企业 100 强盈利大户	净利润	2021 湖南企业 100 强盈利大户	净利润
三一集团有限公司	141.93	三一集团有限公司	187.39
湖南钢铁集团有限公司	131.97	中国烟草总公司湖南省公司	81.99
中国烟草总公司湖南省公司	82.43	湖南华菱钢铁集团有限责任公司	81.31
湖南中烟工业有限责任公司	72.95	湖南中烟工业有限责任公司	77.54
长沙银行股份有限公司	65.70	中联重科股份有限公司	73.55
中联重科股份有限公司	63.86	长沙银行股份有限公司	55.61
株洲旗滨集团股份有限公司	42.21	蓝思科技集团	50.85
中国建筑第五工程局有限公司	34.36	五矿资本股份有限公司	37.52
湖南五江控股集团有限公司	34.30	中国建筑第五工程局有限公司	34.08
五矿资本股份有限公司	34.02	湖南五江控股集团有限公司	33.24
华融湘江银行股份有限公司	30.75	中国移动通信集团湖南有限公司	30.32
中国移动通信集团湖南有限公司	30.10	华融湘江银行股份有限公司	28.69
蓝思科技集团	23.25	圣湘生物科技股份有限公司	26.17

续表

2022湖南企业100强盈利大户	净利润	2021湖南企业100强盈利大户	净利润
爱尔眼科医院集团股份有限公司	23.23	中车株洲电力机车研究所有限公司	25.60
中车株洲电力机车研究所有限公司	21.47	芒果超媒股份有限公司	19.79
芒果超媒股份有限公司	21.14	株洲旗滨集团股份有限公司	18.25
湖南建工控股集团有限公司	19.04	爱尔眼科医院集团股份有限公司	17.24
方正证券股份有限公司	18.72	五凌电力有限公司	16.09
中国铁建重工集团股份有限公司	17.86	中国铁建重工集团股份有限公司	15.68
中南出版传媒集团股份有限公司	16.37	中南出版传媒集团股份有限公司	15.46
湖南邦普循环科技有限公司	16.36	长沙中联重科环境产业有限公司	14.56
大汉控股集团有限公司	13.72	湖南建工集团有限公司	13.92
湖南省高速公路集团有限公司	13.47	大汉控股集团有限公司	12.71
中车株洲电力机车有限公司	12.84	方正证券股份有限公司	11.98
中国电信股份有限公司湖南分公司	12.32	中车株洲电力机车有限公司	11.37
湖南裕能新能源电池材料股份有限公司	11.75	唐人神集团股份有限公司	10.69
安克创新科技股份有限公司	10.24	五矿二十三冶建设集团有限公司	10.14
澳优乳业（中国）有限公司	10.02		

（三）资产利用效率小幅下降，盈利能力差距较大

2022湖南企业100强中，盈利企业91家，亏损企业9家。从收入利润率来看，与上年相比，2022湖南企业100强整体的收入盈利能力有所下降；从资产利润率和资产周转率来看，2022湖南企业100强整体的资产盈利能力有小幅的下降，100强企业的资产利用效率有所降低，经营管理质量有所下降。2022湖南企业100强之间的盈利能力差距仍然较大。

1. 收入盈利能力分析

从收入利润率看，2022湖南企业100强中，没有企业达到50%以上，比上年减少1家；收入利润率为30%~50%的企业数为0，与上年持平；收入利润率为10%~30%的企业有17家，与上年持平；收入利润率为0~10%的企业有74家，比上年增加1家；收入利润率为负的企业有9家，与上年持平。从100强企业的收入利润率分布情况来看，2022湖南企业100强的收入盈利能力较上年略有下降，虽然收入利润率为负的企业同上年持平，但没有收入利润率高于30%的企业，如图2-5所示。2022湖南企业100强的整体收入利润率为4.74%，同比上年下降0.71个百分点，降幅为13.03%。

2022湖南企业100强的平均收入利润率为5.07%，较上年的5.35%有所下降，只有39家企业的收入利润率超过平均水平，株洲旗滨集团股份有限公司以28.97%的收入利润率位居榜首。由此可看出，2022湖南企业100强之间的收入利润率存在较大的差距。2022湖南企业100强收入利润率前10名的企业如表2-18所示。

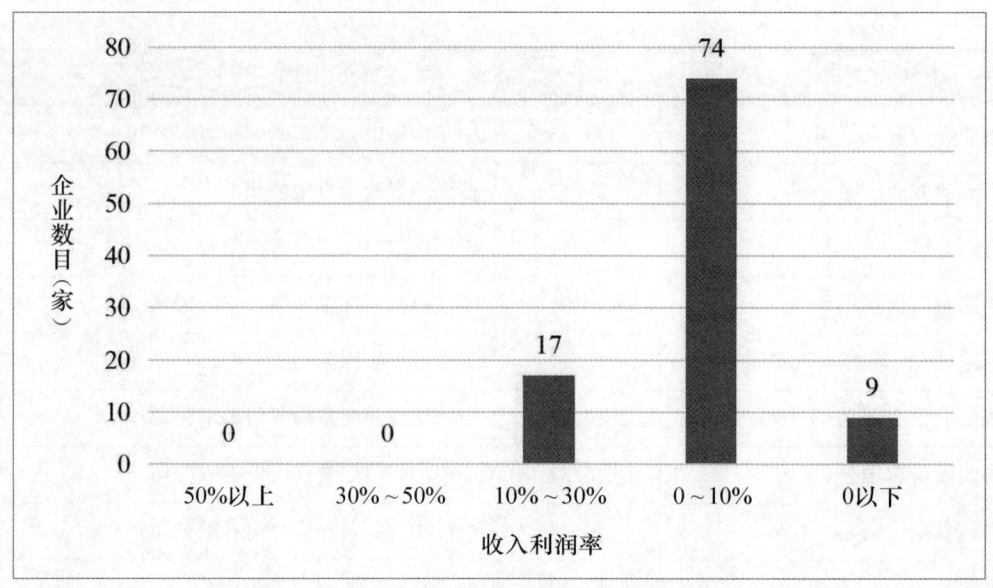

图 2-5　2022 湖南企业 100 强收入利润率分布状况

表 2-18　　　　　　　　　　2022 湖南企业 100 强收入利润率前 10 名

排名	企业名称	利润率（%）
41	株洲旗滨集团股份有限公司	28.97
44	五矿资本股份有限公司	26.11
66	方正证券股份有限公司	21.72
16	长沙银行股份有限公司	17.35
72	湖南裕能新能源电池材料股份有限公司	16.72
40	爱尔眼科医院集团股份有限公司	15.49
48	中国铁建重工集团股份有限公司	15.26
95	湖南新长海发展集团有限公司	14.99
78	绝味食品股份有限公司	14.77
52	湖南邦普循环科技有限公司	14.67

2. 资产盈利能力分析

从资产利润率看，2022 湖南企业 100 强中没有企业的资产利润率在 50% 以上，比上年减少 1 家；资产利润率为 30%~50% 的企业为 0 家，比上年减少 1 家；资产利润率为 10%~30% 的企业有 15 家，比上年减少 2 家；资产利润率为 0~10% 的企业有 76 家，比上年增加 3 家；资产利润率为负的企业有 9 家，比上年增加 1 家。一方面，从 100 强企业的资产利润率分布情况可看出，2022 湖南企业 100 强的资产利润率依然不高，与上年相比，没有出现资产利润率超过 30% 的企业，资产利润率较高的企业减少与资产利润率为负的企业增加同时发生，如图 2-6 所示。另一方面，2022 湖南企业 100 强的整体资产利润率为 2.50%，同比上年下降 0.88 个百分点，减幅为 26.04%。因此，从整体资产利润率数据来看，2022

湖南企业 100 强整体的资产盈利能力小幅下降，资产利用效率有所降低，经营管理质量有所下降。

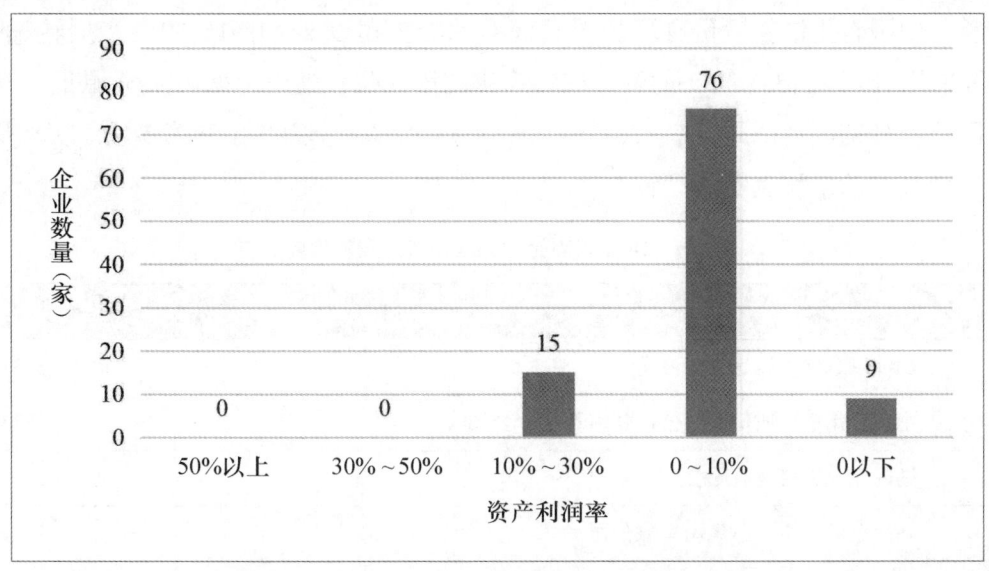

图 2-6 2022 湖南企业 100 强资产利润率分布状况

2022 湖南企业 100 强平均资产利润率为 4.50%，比上年下降 0.98 个百分点；有 40 家企业超过平均资产利润率，比上年减少 11 家；湖南望新建设集团股份有限公司以 25.89% 的资产利润率位居榜首。由此可看出，100 强企业间的资产盈利能力仍存在一定的差距。2022 湖南企业 100 强资产利润率前 10 名的企业如表 2-19 所示。

表 2-19　　　　　　　　　　　　2022 湖南企业 100 强资产利润率前 10 名

排名	企业名称	资产利润率（%）
75	湖南望新建设集团股份有限公司	25.89
41	株洲旗滨集团股份有限公司	20.15
82	湖南金弘再生资源集团有限公司	18.12
62	长沙中兴智能技术有限公司	16.70
52	湖南邦普循环科技有限公司	16.10
86	湖南乔口建设有限公司	15.91
8	中国烟草总公司湖南省公司	15.29
73	湖南省茶业集团股份有限公司	13.93
72	湖南裕能新能源电池材料股份有限公司	13.46
78	绝味食品股份有限公司	13.07

3. 资产周转率

从资产周转率来看（实报 89 家企业数据），2022 湖南企业 100 强平均资产周转率为 224.81%，与 2021 湖南企业 100 强平均资产周转率 117.06% 相比大幅提升。

其中，有 13 家企业的资产周转率超过平均数，同比上年减少 21 家，这反映出 2022 湖南企业 100

强的资产经营效率差距相比上年有所扩大。新进榜企业长沙京东翰民贸易有限公司以 3851.77% 的资产周转率高居榜首，中国石化销售股份有限公司湖南石油分公司以 2373.91% 的资产周转率排在第 2 位，湖南马上银科技有限公司以 1331.36% 的资产周转率排在第 3 位，湖南金弘再生资源集团有限公司和永兴贵研资源有限公司分别以资产周转率 1221.91% 和 1047.87% 居于第 4 位和第 5 位。资产周转率前 5 名的企业较上年有较大变动，如表 2-20 所示。

表 2-20　　　　　　　　　　2022 湖南企业 100 强资产周转率前 5 名

排名	企业名称	资产周转率（%）
67	长沙京东翰民贸易有限公司	3851.77
12	中国石化销售股份有限公司湖南石油分公司	2373.91
22	湖南马上银科技有限公司	1331.36
82	湖南金弘再生资源集团有限公司	1221.91
91	永兴贵研资源有限公司	1047.87

二、2022 湖南企业 100 强纳税状况分析

2022 湖南企业 100 强的纳税总额为 1802.97 亿元（实报 96 家企业数据），相比上年的 1614.18 亿元增加 188.79 亿元，增幅为 11.70%，占 2021 年湖南省税收收入总额 4599.20 亿元的 39.20%，与上年基本持平。100 强企业的纳税额在 2018 年大幅减少，出现负增长，2019 年有所回升，2020—2021 年稳步增长。主要原因是湖南在经济新常态下坚持稳中求进，贯彻新发展理念，坚持以提高发展质量和效益为中心，企业的盈利水平不断提高，纳税总额不断增加。2018—2022 湖南企业 100 强的纳税情况如表 2-21 所示。

表 2-21　　　　　　　　　　2018—2022 湖南企业 100 强的纳税情况

单位：亿元

指标	2017	2018	2019	2020	2021
纳税总额（亿元）	1538.00	1308.87	1565.74	1614.18	1802.97
占全省税收收入比重（%）	43.11	33.20	38.01	39.08	39.20
纳税额增长率（%）	27.67	-14.90	19.63	3.09	11.70

2022 湖南企业 100 强中纳税大户贡献突出，年纳税额在 5 亿元以上的纳税大户有 35 家，相比上年增加 1 家；其纳税总额达到 1672.90 亿元，相比上年增加 174.66 亿元，占 100 强企业年纳税总额的 92.79%，占比较上年略微下降。纳税额居首位的是湖南中烟工业有限责任公司，年纳税额达到 794.70 亿元。第 2 位至第 10 位分别是中国烟草总公司湖南省公司（190.02 亿元）、三一集团有限公司（88.20 亿元）、中国石油化工股份有限公司长岭分公司（87.26 亿元）、湖南钢铁集团有限公司（64.59 亿元）、中联重科股份有限公司（46.05 亿元）、中国建筑第五工程局有限公司（42.86 亿元）、湖南建工控股集团有限公司（34.86 亿元）、长沙银行股份有限公司（34.85 亿元）、中车株洲电力机车研究所有限公司

（27.78亿元）。前10位的纳税大户合计纳税1411.17亿元，占2022湖南企业100强纳税总额的78.27%，占比较上年有小幅上升。2022湖南企业100强纳税额前10名的企业如表2-22所示。

表2-22　　　　　　　　　　　2022湖南企业100强纳税额前10名

排名	企业名称	纳税金额（亿元）
6	湖南中烟工业有限责任公司	794.70
8	中国烟草总公司湖南省公司	190.02
3	三一集团有限公司	88.20
13	中国石油化工股份有限公司长岭分公司	87.26
1	湖南钢铁集团有限公司	64.59
10	中联重科股份有限公司	46.05
2	中国建筑第五工程局有限公司	42.86
4	湖南建工控股集团有限公司	34.86
16	长沙银行股份有限公司	34.85
18	中车株洲电力机车研究所有限公司	27.78

从行业分布看，2022湖南企业100强在32个行业大类中有分布。其中有18个行业的纳税额在5亿元以上，相比上年增加1个行业。烟草制品业以984.72亿元的纳税实绩，位居各行业之首。第2位至第5位的行业大类依次是通用、专用设备制造业（157.91亿元），房屋建筑、土木建筑及其他建筑业（123.87亿元），石油、煤炭及其他燃料加工业（116.34亿元），黑色、有色金属冶炼及压延加工业（84.84亿元）。前5位的纳税额比上年都有所增加。

三、2022湖南企业100强平均经济指标变化趋势

（一）2022湖南企业100强平均营业收入变化趋势

2022湖南企业100强平均营业收入为252.38亿元，相比上年213.35亿元增长18.29%。2018—2022湖南企业100强平均营业收入呈稳定增长趋势，2022湖南企业100强平均营业收入有较大幅度增长，如表2-23和图2-7所示。

表2-23　　　　　　　　　　2018—2022湖南企业100强平均营业收入指标

指标	2017	2018	2019	2020	2021
平均营业收入（亿元）	150.88	155.89	189.58	213.35	252.38
平均营业收入增长率（%）	3.62	3.32	21.61	12.54	18.29

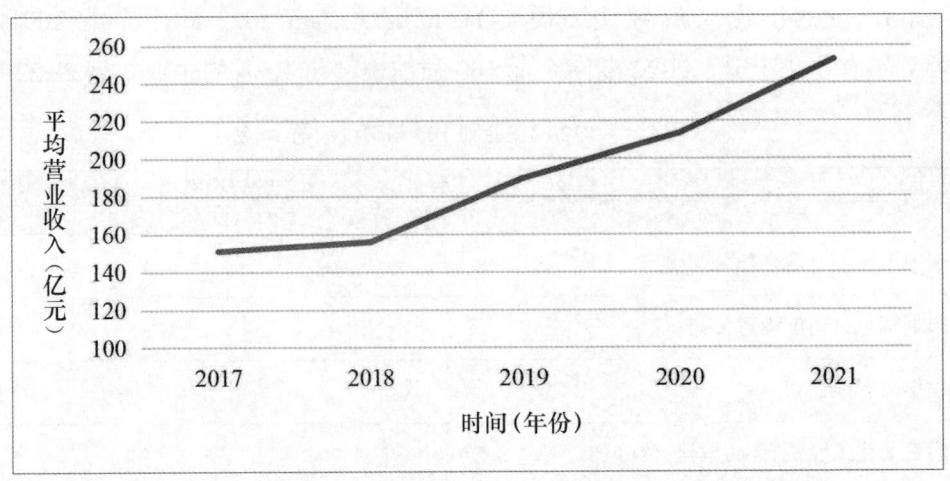

图 2-7 2018—2022 湖南企业 100 强平均营业收入变化趋势图

(二) 2022 湖南企业 100 强平均资产变化趋势

2022 湖南企业 100 强平均资产为 477.96 亿元,较上年 100 强企业平均资产增加 47.65 亿元,湖南 100 强企业的平均资产在 2018 年回升的基础上继续实现了增长,增幅为 11.07%。2018—2022 湖南企业 100 强平均资产变化趋势如表 2-24 和图 2-8 所示。

表 2-24　　　　　　　　　　2018—2022 湖南企业 100 强平均资产指标

指标	2017	2018	2019	2020	2021
平均资产（亿元）	254.84	280.47	307.86	430.31	477.96
平均资产净增长率（%）	-12.17	10.06	9.77	39.77	11.07

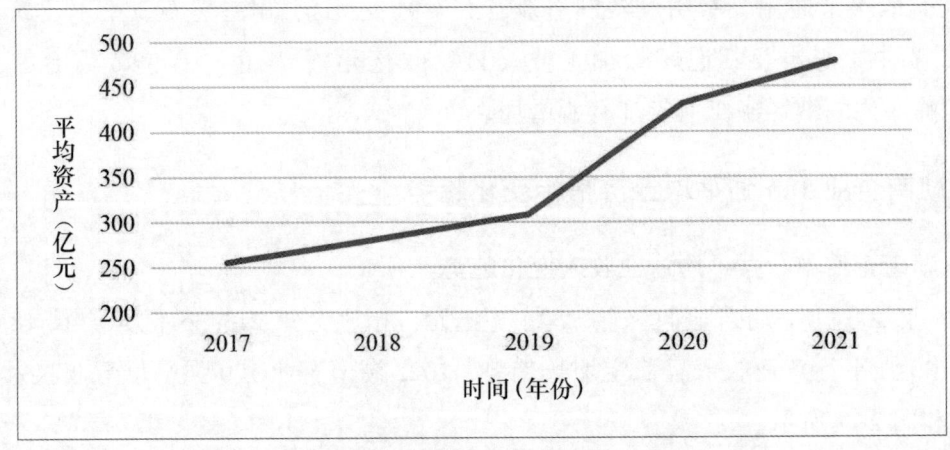

图 2-8 2018—2022 湖南企业 100 强平均资产变化趋势图

(三) 2022 湖南企业 100 强平均利润变化趋势

2022 湖南企业 100 强平均利润为 14.82 亿元,同比上年 14.56 亿元增长 1.79%,基本持平。从平均利润指标来看,湖南企业 100 强的竞争力还有较大的提升潜力,需要努力提高自身的盈利能力,充分发掘市场利润空间,寻找新的利润增长点。2018—2022 湖南企业 100 强平均利润指标如表 2-25 和图 2-9 所示。

表2-25　　　　　　　　　　　2018—2022湖南企业100强平均利润指标

指标	2017	2018	2019	2020	2021
平均利润（亿元）	6.27	7.26	8.36	14.56	14.82
平均利润增长率（%）	10.58	15.79	15.15	74.16	1.79

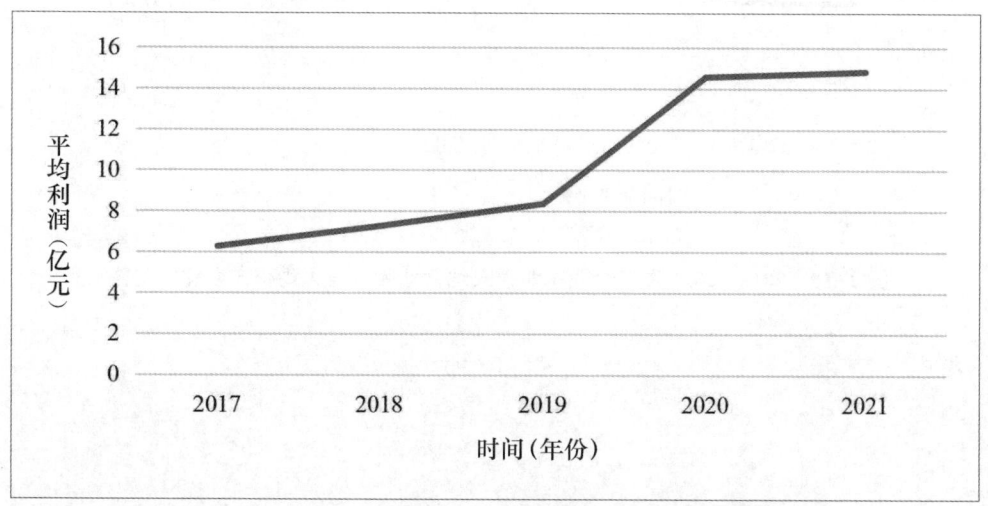

图2-9　2018—2022湖南企业100强平均利润变化趋势图

（四）2022湖南企业100强人均营业收入与资产变化趋势

2022湖南企业100强人均营业收入为244.93万元（实报94家企业数据），相比上年减少7.91万元，人均营业收入净增长率为-3.13%，比上年减少19.79个百分点。从2017年开始，湖南企业100强人均营业收入呈波动变化趋势且波动变化较大，说明湖南企业100强的劳动生产率总体并不稳定。

2022湖南企业100强人均资产为434.16万元（实报86家企业数据），相比上年净增长率为-14.99%，净增长率下降56.56个百分点。2018—2022湖南企业100强人均营业收入与人均资产指标如表2-26、图2-10所示。2022湖南企业100强人均营业收入和人均资产的净增长率的变化趋势说明100强企业人均指标呈波动变化趋势，劳动生产率总体并不稳定，如图2-11所示。

表2-26　　　　　　　　2018—2022湖南企业100强人均营业收入与人均资产指标

指标	2017	2018	2019	2020	2021
人均营业收入（万元）	184.82	188	216.74	252.84	244.93
人均资产（万元）	312.16	333	360.75	510.73	434.16
人均营业收入净增长率（%）	-12.24	1.72	15.29	16.66	-3.13
人均资产净增长率（%）	-25.62	6.68	8.33	41.57	-14.99

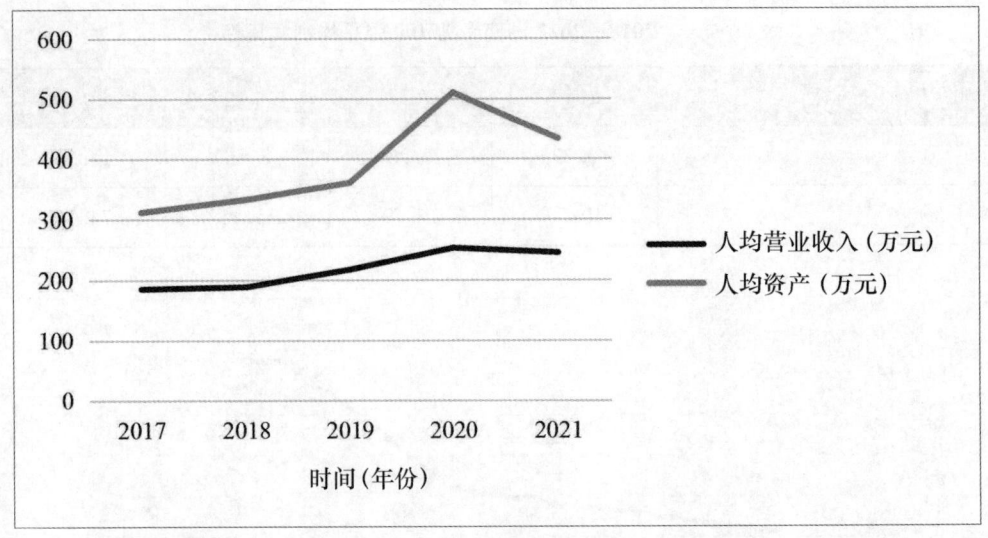

图 2-10　2018—2022 湖南企业 100 强人均营业收入与人均资产变化趋势图

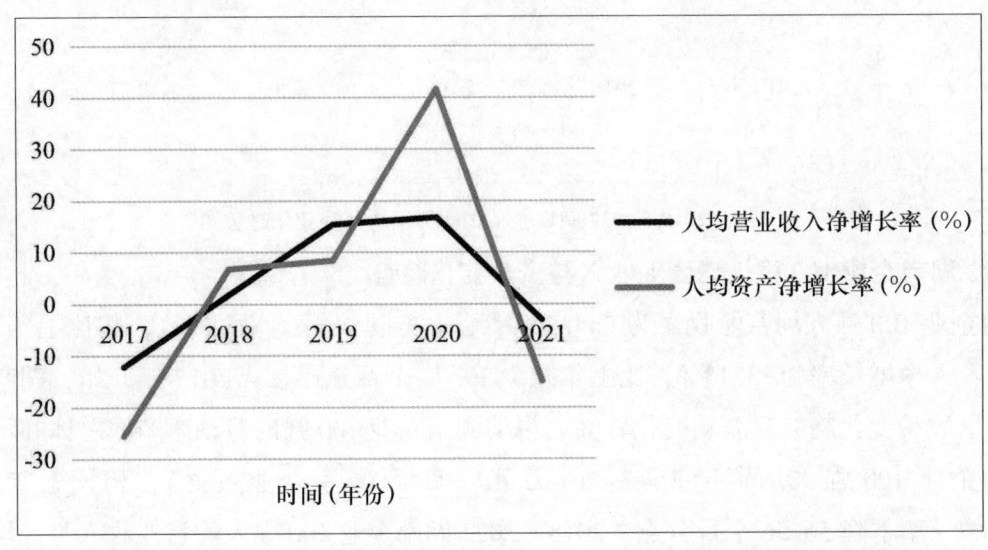

图 2-11　2018—2022 湖南企业 100 强人均营业收入与资产净增长率变化趋势图

第三节　湖南大企业高质量发展面临的机遇与挑战

在过去的 2021 年，面对新冠肺炎疫情的考验以及错综复杂的国内外形势变化，湖南 100 强企业整体稳步向好，对湖南经济保持平稳、稳中有进、稳中向好的良好势头发挥了重要的作用，其成绩主要表现在：一是 2022 湖南企业 100 强总体规模继续扩大，为"十四五"开局打好了基础。2021 年的资产总额达到 47795.82 亿元，比 2020 年增长 11.07%，营业收入总额仍保持稳定增长态势。二是 2022 湖南企业 100 强纳税总额为 1802.97 亿元（实报 96 家企业数据），仍占据湖南财政收入的较大比重，对湖南省的经济建设做出了巨大贡献。三是 2022 湖南企业 100 强产业结构持续优化，行业集聚特征更加明显。值得注意的是，金融业等服务业在资产规模上仍在整个行业大类中位列第一，这在一定程度上体现了产业结构的转型升级。四是 2022 湖南企业 100 强千亿企业增至 7 家。湖南建工控股集团有限公司、蓝思科技集团、国网湖南省电力有限公司新进千亿企业，加上上年湖南钢铁集团有限公司、中国建筑第五工程局有限公司、三一集团有限公司、湖南中烟工业有限责任公司4家千亿企业，千亿企业增至7家。此外，值得一提的是，3家湘企上榜2022年度《财富》中国500强，分别是湖南钢铁集团有限公司、中联重科股份有限公司、蓝思科技股份有限公司；湖南钢铁集团有限公司上榜2022年度《财富》世界500强。

在肯定湖南100强企业在2021年所取得的成绩的同时，也要清醒地认识所面临的机遇和挑战。

一、常态化疫情防控下，高质量发展仍需继续推进

100强企业作为湖南省结构性改革的主战场、发展实体经济的主载体，一直坚持以供给侧结构性改革为主线，以工业新兴优势产业链为抓手，全面推进制造强省战略。从宏观环境来看，虽然国内经济正逐步从过去一年新冠肺炎疫情的影响下恢复，但疫情的常态化管理及全球疫情的不确定性冲击使得内外部经济环境仍然趋紧，对湖南省产业链供应链稳定、引进消化吸收再创新、外资外贸的冲击仍将继续。100强企业虽保持一定速度稳步发展，却不可避免受到传统产业发展模式不适应新时代发展的要求、市场需求不振、资产利用效率下降等问题的影响，高质量发展仍需进一步推进。

第一，100强企业整体发展进一步提速，资产管理和利用效率美中不足。从资产总额、营业收入来看，2022湖南企业100强相比上年度分别增长11.07%和18.29%，营业收入总额占全省地区生产总值的54.79%，同比上年的51.06%增加了3.73个百分点，成效显著；从资产周转率来看，2022湖南企业100强平均资产周转率为224.81%，与上年相比大幅增长，这是湖南省促进新旧动能转换取得的初步成效。但是，100强企业的整体发展还存在以下不足：从净利润来看，企业净利润与上年几乎持平，但亏损总额有所减少。2022湖南企业100强的净利润同比上年上升2.89%，其中盈利企业91家，利润总额为1253.67亿元，同比上年上升32.89亿元；亏损企业9家，亏损总额57.25亿元，亏损企业亏损总额比上年减少0.74亿元，减幅为1.28%。从平均资产利润率数据来看，2022湖南企业100强整体的资产盈利能力有所下降。从收入利润率来看，100强企业的收入利润率的分布情况不太乐观，只有39家企业的收入利润率超过平均水平。从资产负债率来看，实报91家企业数据中54家企业的资产负债率超过60%，说明100强企业举债经营现象较多。这些数据表明，2022湖南企业100强整体对于资产的管理质量和利用效率有所下降，需要坚持并推动高质量发展。

第二，老企业经营效率有待提高，资产利用效率需进一步提升。2022湖南企业100强中，除15家企业新秀，其余85家老企业持续占据100强排行榜的主体位置。85家老企业中位次前移的有25家，与上年相比减少1家；位次没有发生变化的企业有9家，与上年相比减少4家，9家企业分别为第1名湖南钢铁集团有限公司、第2名中国建筑第五工程局有限公司、第3名三一集团有限公司、第5名蓝思科技集团、第12名中国石化销售股份有限公司湖南石油分公司、第29名湖南黄金集团有限责任公司、第40名爱尔眼科医院集团股份有限公司、第63名特变电工衡阳变压器有限公司、第85名湖南顺天建设集团有限公司；位次后退的企业有51家，较上年增加4家。因此，从老企业在100强排行榜中的位次变化来看，进步程度比退步程度要小。除此之外，85家老企业2020年的平均收入利润率和平均资产利润率分别为5.35%和5.48%，2021年的平均收入利润率和平均资产利润率为分别4.21%、3.58%（实

报75家企业数据），与上年相比分别下降1.14个百分点和1.90个百分点。企业平均收入利润率和平均资产利润率有小幅下降，反映了老企业在运营过程中，随着资产增长，负累越重，资产综合利用率降低，发展质量效益有待提高，同时，受疫情常态化的影响，企业管理成本增加，费用上升。

第三，受新冠肺炎疫情影响，海外收入减少。在经济全球化的时代，国际化经营能力中的海外收入是衡量一个大企业综合实力的重要标志。受疫情的影响，2022湖南企业100强共创造海外收入973.52亿元（实报35家企业数据），与上年相比减少2.44%，其中海外收入最高的企业是三一集团有限公司，海外收入264.12亿元。从海外收入增长率来看，海外收入增长率最高的是金杯电工股份有限公司。25家100强企业海外收入为正增长，10家100强企业海外收入为负增长，占披露企业数的28.57%。总体来看，2022湖南企业100强的国际化经营仍然受疫情冲击，这也进一步印证了国家以国内大循环为主体、国内国际双循环并重的新发展格局的必要性。

二、不同区域与行业发展差距显著，产业区域布局仍需优化

湖南100强企业区域发展、行业发展不平衡的问题仍较为突出，各项差距有待缩小，主要表现为地区发展不平衡、行业分布不平衡、企业转型升级缓慢。虽然湖南省出台了各项政策来扶持新兴产业的发展，但产生效果存在时滞性，发展过程中仍存在一些问题。总体而言，要素配比失衡，地区和行业发展分化严重，100强企业发展差距较大。具体体现在以下方面：

第一，地区发展不平衡，板块联动仍需疏通。全省所辖13个地级市、1个自治州，共14个地级行政区划，2022湖南企业100强中有78家企业集中在长沙市，比上年增加1家，占据86.26%的营业收入，22家企业分布在其他8个市，占据13.74%的营业收入，常德市、永州市、湘西自治州、邵阳市和张家界市没有企业入围，其中永州市、湘西自治州、邵阳市、张家界市近五年来没有企业入围湖南企业100强榜单，充分说明了地级行政区域发展的不平衡。与其他中部地区省份100强企业分布进行对比，安徽省有58家位于合肥，江西省有40家位于南昌，山西省有24家位于太原，河南省有15家位于郑州，湖南企业100强尤为集中分布在长沙市，地级行政区域发展极不平衡。同样，从地区发展来看，长株潭一体化综合经济中心是湖南省重点支持发展的区域，这一区域凭借地理位置、交通条件、经济基础和政策倾斜与扶持，服务业和高新技术产业比重较高，房地产市场比较活跃等多方面的优势，整体营业收入占比一直保持在90%以上，2022湖南企业100强有88家企业位于此区域，与上年相比减少1家。而湖南省的其他三个区域——洞庭湖地区、湘南地区、大湘西地区仅有12家企业上榜，能够引领区域经济增长的龙头企业较少。三大区域内工业、农业等传统产业所占的比重较高，经济基础薄弱导致相关政策无法落实到位，承接产业转移的能力较弱，产业结构调整和优化不到位，整体营业收入占湖南企业100强营业收入的比重不到10%。2022湖南企业100强极不均衡的区域分布形势，反映出省内整体经济发展不全面，区域规划实施不到位，区域合作机制不健全，合作内容的广度和深度不够，以致经济发达地区尚无法有效通过辐射作用带动其他各市经济协调发展。

第二，行业发展失衡，结构化矛盾突出。一方面，传统制造业和服务业仍占主导地位，与其他行业的差距仍在扩大。从湖南企业100强行业分布来看，制造业、建筑业、批发和零售业企业分别有46家、14家和12家，共占据100强企业数量的72%，三大产业的营业收入为19653.50亿元，占比77.87%，

与上年度相比，三大主导产业在 2021 年的发展更加理想。另一方面，由此带来的经济下行及产业转型压力较大，传统行业占据主导，其他行业的利润空间受挤压，湖南企业发展面临重重阻碍。从营业收入看，相对规模占比超过 5% 的行业大类有 7 个，合计营业收入总额达 18221.47 亿元，相对营业收入规模占比 72.22%；从资产总额看，相对资产占比超过 5% 的行业大类有 5 个，合计的资产总额达 30798.61 亿元，相对资产规模占比达到 64.44%。同比上年，2022 湖南企业 100 强的行业集聚特征仍非常明显，更加印证了 100 强企业行业发展不平衡，结构性矛盾突出。

第三，100 强企业仍需加速制造业数字化转型进程。2022 湖南企业 100 强仍是制造业、建筑业、批发零售业等占据主导，其中，制造业企业 46 家，建筑业企业 14 家，批发零售业企业 12 家。数字经济、人工智能、5G 技术等新兴企业占比较少，通信设备、计算机及其他电子设备制造业企业数量和资产占比，信息传输、计算机服务和软件业等新兴产业资产和营业收入占比均不超过 5%。但值得注意的是，2022 年湖南企业 100 强中新兴产业发展情况有所改善。通信设备、计算机及其他电子设备制造业营业收入占比继续突破 5%，信息传输、计算机服务和软件业的营业收入与资产较上年度大幅增长，涨幅分别为 163.06% 和 127.71%。与中国企业 500 强榜单数据对比，2022 中国企业 500 强中，通信和通信设备、计算机相关产品、电子和电子元器件三大行业营业收入占比约为 6.45%，但考虑 2022 中国企业 500 强入围门槛为 446.25 亿元，2022 湖南企业 100 强在这三大产业中仅蓝思科技集团达到这一标准，湖南新兴产业同中国前沿水平仍存在较大差距。步入"十四五"，湖南仍需进一步发展高端装备、新材料、生物、新一代信息技术、绿色低碳、数字创意等六大产业领域，激发出经济持续健康发展的新动能。新兴产业的增加使得湖南 100 强企业的产业结构更加完善，形成"百花齐放"的新局面，但是与其他行业相比所占比重的增长还是比较缓慢，湖南省仍需持续坚持以供给侧结构性改革为主线，以推动高质量发展为主题，以"三高四新"战略定位和使命任务为科学指引，营造新兴产业新生态。

三、民营企业面临发展瓶颈，企业经营水平仍需提高

改革开放 40 多年来，湖南民营企业在支撑发展、促进创新、扩大就业、增加税收等方面发挥了重要作用。2022 湖南企业 100 强中民营企业营业收入总额为 8995.99 亿元，同比增长 16.23%。在疫情的严重影响之下，2022 湖南企业 100 强中的民营企业逆势而上，实现了高速发展，增长幅度之大，在全国范围内也排名前列，尤其是纳税总额增长 4.5%。

在 2022 湖南企业 100 强中，民营企业有 47 家。新入围 2022 湖南企业 100 强排行榜的 15 家企业，民营企业有 9 家，这在一定程度上增强了经济发展的活力。但与国有企业相比，民营企业营商及发展环境还不完善，相关制度不健全，加上需求增长放缓、融资困难等问题，民营企业做大做强还有很大上升空间。具体而言：

第一，民营企业规模优势不突出。2022 湖南企业 100 强中，民营企业有 47 家，其营业收入总计为 8995.99 亿元，占 100 强企业营业收入总额的 35.65%；资产总额合计为 8598.51 亿元，占 100 强企业资产总额的 17.99%。与上年相比，民营企业资产总额占比和营业收入占比皆有所下降。这说明民营企业在经济发展中发挥的作用越来越重要，但发展速度缓慢，整体实力与国有企业相比还存在较大差距。

第二，与中部地区其他省份的比较。2021 安徽企业 100 强中包含 53 家民营企业与 47 国有企业，民

营企业入选100强企业数量连续两年超过国有企业。2021湖北民营企业100强营业收入总额合计为13539亿元，其中九州通医药、卓尔控股的营业收入双双突破1000亿元，而2021湖南民营企业100强营业收入总额为8701.34亿元。湖南省仍需进一步激发民营企业活力，发挥民营企业对经济的带动作用。

第三，湖南民营企业面临行业进入受限以及融资困难两大难题。一方面，从近几年的数据可以看出，湖南企业100强中的民营企业大都集中在批发零售业、制造业等传统行业，如批发零售业中的步步高投资集团股份有限公司，制造业中的三一集团有限公司、湖南博长控股集团有限公司等，而一些高回报率的垄断行业、社会事业、基础设施和公共服务领域，民营企业难以进入。另一方面，民营企业融资困难的难题非常明显。许多民营企业都存在融资难度大、融资成本高、融资渠道有限等问题，导致民营企业因缺乏资金投入而使得具有市场潜力的创新方案或研发结果难以面市，甚至难以维持企业的正常经营运转。原因主要有以下两个方面：一是有部分贷款企业故意或恶意逃废银行债务破坏了银企之间的信任；二是部分银行机构出于自身管理考核的压力，不顾企业实际经营发展情况而抽贷、压贷、断贷，极大影响了企业正常运行，阻碍了民营企业的发展。此外，民营企业还存在着难以引进和留住专业性高、技术能力强的人才问题，而高素质的人才是推动企业创新和可持续发展必不可缺的中坚力量。

四、研发投入整体水平有待提升，企业对创新的重视程度参差不齐

从研发投入来看，2022湖南企业100强总体投入资金少，多数企业不达标。上榜企业中，有79家填报了研发费用，合计研发费用为510.47亿元，平均研发费用为6.46亿元。从研发投入占营业收入比来看，有79家企业填报了研发投入占营业收入比指标，只有31家企业的研发投入比达到了省政府提出的3%的基本要求，占填报企业数的39.24%，仍有超六成的企业研发投入占比在3%以下，研发投入较低可能与企业对创新的积极性和重视程度有关。这种研发与创新意识不足可能会导致湖南100强企业集中于传统产业，高新技术以及新兴领域的企业偏少，不利于推动湖南产业的高质量发展。

值得一提的是，从2022湖南企业100强的研发投入数据可看出，位列第一的湖南省高速公路集团有限公司研发投入增长率高达16492.55%，而末位企业研发投入的减少却高达81.51%，这进一步说明了不同企业对创新的积极性和重视程度存在较大的差距。

虽然近年来，湖南企业研发费用支出不断攀升，但是民营企业的研发投入与国有企业相比仍然存在一定的差距。2021民营企业研发投入500家榜单入围门槛为上年度研发投入2.37亿元，500家企业研发费用总额为7429亿元，其中，研发投入最高的企业研发费用为1419亿元。2021民营企业发明专利500家榜单入围门槛为拥有有效发明专利49件，三一集团有限公司位列榜单第7名。而2022湖南企业100强合计研发费用为510.47亿元，平均研发费用为6.46亿元，与2021民营企业研发投入500家榜单企业的研发投入有较大的差距。

第四节　促进湖南大企业高质量发展的对策与建议

2020年9月，习近平总书记亲临湖南、深入长沙考察，赋予湖南"三高四新"战略定位和使命任务。这是习近平总书记从战略和全局高度对湖南做出的科学指引，与党的十八大以来习近平总书记对湖南提出的"一带一部""三个着力""守护好一江碧水"等系列重要指示要求既一脉相承又与时俱进，融战略定位、战略目标、战略任务于一体，体现了当前与长远、全局与一域、目标与路径、机遇与责任的有机统一，将新时代湖南在全国大局中的角色定位、使命担当提升到了一个前所未有的高度，构成了"十四五"乃至更长一个时期湖南发展的指导思想和行动纲领。"三个高地"是湖南进入新发展阶段、构建新发展格局的新定位，"四新"使命本身体现了新发展阶段、新发展理念、新发展格局的实践要求。

为落实"三高四新"战略定位和使命任务，政府要坚持创新引领开放崛起，着力打造国家重要先进制造业、具有核心竞争力的科技创新、内陆地区改革开放的高地，引导湖南企业100强高质量发展，在推动高质量发展上闯出新路子，在构建新发展格局中展现新作为，在推动中部地区崛起和长江经济带发展中彰显新担当，奋力谱写新时代坚持和发展中国特色社会主义的湖南新篇章。

一、推动数字化建设，打造先进制造业高地

制造业是国家的经济基础，是立国之本、兴国之器、强国之基。作为我国实体经济的主体，是国民经济体系的重要组成部分，先进制造业占比是衡量经济水平和经济结构的重要指标之一。按行业门类划分，2022湖南企业100强涉及14个行业门类，其中制造业企业46家，比上年度增加3家。"十三五"以来，湖南企业100强中，制造业入围企业的数量虽有所波动，但基本上都维持在50%左右的水平，其中不少是传统制造业。可以说，制造业的发展水平直接决定了湖南省的综合竞争力。全省应以先进制造业为主攻方向，打造国家重要先进制造业高地，推动先进制造业、新一代信息技术深度融合，加快构建现代化产业体系，加快产业数字化、智能化转型，着力打造更多支柱产业及先导产业，从制造大省阔步迈向制造强省。

第一，加快数字化、智能化转型变革，推动制造业由中高速增长转向高质量发展。当前，新一代信息网络技术正与制造业深度融合，数字化、信息化技术等日趋广泛应用，促进制造业呈现智能化趋势，制造业行业生态正在发生重大改变，诸多新特征——呈现。数字化技术发展引发全球性深刻产业变革，新冠肺炎疫情加速产业链深度重构、供应链加速重组，湖南将迎来新一轮产业布局和新兴产业崛起的重大转机，因此需推进制造业企业数字化转型升级。政府应全面进一步支持制造业企业在制造业各业务环节的数字化进程，开展中小型企业数字化赋能专项行动，推广一批适合中小型企业需求的数字化产品和服务。此外，还可以组织数字化转型服务商为中小型企业提供低成本、高效率、实用性强的数字化解决方案。鼓励和支持湖南企业100强中大型企业立足自身优势，依托产业链上下游共享自身数字化资源，帮助中小型企业实现数字化转型。

第二，培育智能制造新模式新业态。湖南企业100强应当围绕新兴技术领域，加快前瞻性布局，面

向行业需求，在通用设计中兼顾专业需求，打造可用性强的智能制造解决方案。可从培育平台化设计新模式，发展平台化、虚拟化设计工具等方面，推动设计和工艺、制造、运维一体化，实现智能制造新模式、新业态发展。此外，企业还应加快生产制造全过程数字化改造，推动智能制造单位、智能产线、智能车间建设，实现全要素、全环节智能管控。

第三，稳定重点先进制造业产业链建设，加强集群建设为先进制造业发展赋能增效。基础性研究是重中之重，湖南未来应当引导企业参与国家产业基础再造和制造业高质量发展，提升制造业竞争力。湖南企业100强应当根据自身实际情况，持续推动制造业新兴优势产业链建设，锻造优势产业链长板，补齐战略性产业链短板，推进制造业领域产业链配套发展，构建先进制造业集群，建设配套产业园，提升传统制造业产业，培育未来制造业产业，以提升产业链现代化水平。充分发挥湖南企业100强中制造业大型企业的带动作用，完善中小型企业产业园平台，加大园区招商力度，吸引更多关联企业落户进驻，建成先进制造业产业集群，做大做强智能产业园，使中小型企业焕发新的生机。

二、依靠核心技术攻关，打造科技创新高地

创新在我国现代化建设全局中占据核心地位，科技自立自强是国家发展的战略支撑。完善国家创新体系，加快建设科技强国，把科技创新作为引领发展的第一动力，被摆在各项规划任务的首位。对于企业而言，创新是企业发展的不竭动力，是催生经济增长新动能、提升经济增长质量的根本战略。2022湖南企业100强中有31家企业的研发投入占比达到了省政府提出的3%的基本要求，与上年度相比增加6家，且不同企业对创新的积极性和重视程度存在较大的差距。整体来看，100强企业总体投入资金少，虽然企业的研发投入情况在持续改善，但是还有超六成的企业未达标。因此，全省应当着力推进关键核心技术攻关、创新生态优化、科技成果转化等"七大计划"，坚持创新引领，打造具有核心竞争力的科技创新高地。

第一，加强战略科技力量建设，打造高能级创新平台。习近平总书记指出，世界科技强国竞争，比拼的是国家战略科技力量。湖南应坚持把建好高能级创新平台作为战略科技力量的关键支撑，扎实推进长株潭国家自主创新示范区、岳麓山大学科技城等国家级科创平台建设，有效推动创新要素从分散转向聚合。未来应当积极对标国家实验室，以高标准、严要求优化提升各类技术创新平台，发挥优势，增强企业自主创新能力，加快重大科技基础设施建设，完善创新奖励机制，鼓励大型企业带动中小型企业进行创新转型，鼓励中小型企业加大研发投入，掌握核心技术，提高产品的技术含量和竞争力。

第二，推进关键核心技术攻关，加快产业创新能力提升，实现高水平自立自强。习近平总书记曾作出重要指示："关键核心技术必须牢牢掌握在自己手中。"湖南应通过创新成果转化，实现关键技术突破，实现产业基础再造；围绕新一代信息技术、新材料等战略性产业链，重点突破为国家战略和三大世界级产业集群服务的技术、材料短板，攻克"卡脖子"技术及产品。在产业层面上坚持科技创新赋能产业发展，在重点产业领域组织实施一批科技专项，开发推广新经济、新产业、新业态、新产品。在企业层面应坚持企业创新主体地位，实施创新型企业增量提质行动，培育壮大科技型企业。

第三，突出人才第一资源，广聚英才蓄积创新支持力，打造高素质创新人才队伍。创新引领关键在人才。"惟楚有材，于斯为盛。"湖南自古就有爱才重才用才的传统，深入实施"芙蓉人才计划"，在深

化科技改革、激发人才创新活力上解放思想、创造经验，打造以企业为主体的自主创新体系，营造良好的创新生态。充分发挥湖南科教资源优势，推进与"大院大所大学大企"合作，全面扩大创新人才自主供给。完善奖励机制，鼓励企业积极与高校、科研机构合作，实现产学研协同发展，将创新成果孵化落地。加大领军人才和专业技能人才培育力度，提高高级技工及专业人才的待遇，依托发展平台，为各类人才提供更好的发展环境。湖南企业100强要发挥带头作用，为湖南经济高质量发展领跑，做创新转型发展先锋。

三、立足新发展格局，打造内陆改革开放高地

打造内陆改革开放高地是内陆地区在世界百年未有之大变局背景下，实现中华民族伟大复兴，以改革开放解决发展不平衡不充分问题，助力构建新发展格局、协调区域发展和高水平开放，建设社会主义现代化国家的重大战略部署。湖南省以新发展格局为指引，着力打造内陆改革开放高地，湖南企业100强应在这一背景下抓住机遇，积极担当改革开放道路上的开拓者。

第一，政府应持续优化营商环境。政府应对营商环境全面优化，从土地、资本等角度不断深化生产要素市场化，进一步提升产业配套能力，实现企业经营成本降低、办事简捷方便的良好发展生态。湖南企业100强一方面面临着资产流动性问题，共有54家企业的资产负债率超过60%，意味着企业在不同程度上面临着举债经营的风险，这将直接影响企业的风险应对能力；另一方面，作为国民经济的重要组成部分，民营企业虽然在100强企业中占据47席，但同国有企业相比仍面临着准入门槛高、融资难等问题，营商环境优化亟待推进。政府可以从以下方面着手：采取更多助企纾困政策，积极担当银行与企业之间的对接人，进一步推动减税降费，推广银税互动、银保合作等模式，使企业的经营管理成本进一步降低；推动商业银行实行差异化定价策略，降低民营企业信贷综合成本，大力推广"信易贷"等途径，推动民营企业"首贷户"数量持续增加；打造民营企业融资服务平台，加快建设金融机构信息和产品数据库等，更好匹配民营企业融资需求；持续优化市场准入，加快推进政务服务标准化规范化便利化，实施企业开办"四减""四零"，切实降低市场准入门槛。

第二，对内，政府应在保证海外业务产业链供应链畅通的基础上进一步扩大内需，着力培育消费新增长点。政府应全力保证企业产业链与供应链畅通，通过减免市场主体费用、落实税收优惠政策，减轻市场主体的负担，加大对受疫情影响较大的行业企业支持力度，用足用好金融工具支持产业链供应链融资，为企业发展增加动力。对于依赖海外业务的企业，政府要鼓励其主动挖掘国内市场的需求，开拓国内市场；对于严重依赖进口核心技术的企业，政府要进一步引导企业寻找其他替代解决方案，提升研发和创新协同能力。

第三，对外，以自贸试验区为重点打造创新高地。政府应开展产贸融合、重点外贸企业招引行动，建立健全覆盖大中小型外贸企业的综合服务机制，推动外贸企业破零倍增、提质增效；高标准建设自贸试验区，加快建设中非经贸深度合作先行区，统筹海关特殊监管区、跨境电商综合试验区发展。深入推进制度型开放，依托100强外贸企业招引工程，支持优势产业、优势企业、优势产品高水平"走出去"，形成对外合作新优势，加快推进湘企出海及境外经贸合作区建设。一方面，湖南企业100强可以依托中非经贸博览会成果落地，深入推进中非经贸深度合作先行区建设，海外业务大型企业依托长株

潭地区辐射作用，引导其他企业进一步扩大非洲市场；另一方面，湖南企业 100 强可以积极对接融入"一带一路"建设，抓住湖南区位优势，发挥湖南在中部地区的枢纽作用，在 RCEP 正式生效机遇期，开发东盟国家市场，拓展日韩、欧美、拉美等其他新兴市场，推动优势产能"走出去"，大力发展跨境电商、市场采购等外贸新业态。

四、转型升级产业结构，推进产业协调发展

根据湖南省统计局发布的相关数据，全省三次产业结构由 2020 年的 10.2∶38.1∶51.7 演变为 2021 年的 9.4∶39.3∶51.3，服务业主导优势仍非常明显，2021 年 1 月到 11 月期间，全省规模以上服务业实现营业收入 4806.24 亿元，增长 20.9%，两年平均增长 12.5%。34 个行业大类中，30 个实现增长，行业增长面为 88.2%，同比提高 17.6 个百分点。

但是，从 2022 湖南企业 100 强名单可以看到，传统行业企业比重仍然较大，如传统制造业、建筑业以及批发、零售业企业占比高达 72%，而高技术制造业企业、现代服务业企业占比较低且增速缓慢。湖南战略性新兴产业布局速度待提高，尤其是在传统行业发展乏力和疫情反复的情况下，许多企业经营效益不甚理想，急需转型升级，培育新经济增长点。

第一，加快促进三大产业的融合化发展。深化现代服务业与先进制造业、现代农业融合及现代服务业内部相互融合。湖南企业 100 强要发挥自身的能动性，采用产学研用相结合的协同创新，将外部资源纳入制造业服务创新中。企业应以关键核心技术为主攻方向，加强 5G 工业应用、人工智能等前沿技术协同攻关。

第二，湖南企业 100 强要善于抓住政策机遇。企业应该优化自身治理机制，探索开展基于生态化和平台化的多边协同治理，形成各类协同企业"共同参与、共同担责、共同分享、发展共赢"的局面。同时，政府要培育壮大人工智能、大数据等新兴数字产业，重点在智慧城市、智慧工厂等领域塑造应用场景，推动典型场景和垂直行业的融合应用；发展人工智能+5G+工业互联网+产业融合创新智慧工厂应用场景，实现生产设备网络化、生产数据可视化、生产过程透明化、生产现场无人化。

第三，企业需要统一思想、统筹规划，建立与企业数字化成熟度相匹配的管理模式。要建立明确的战略发展目标，系统、全面地整合企业各方面的要素，使其协调发展。企业要构建数据驱动的企业文化，提高管理层对数据驱动增长的认识和决心，从而自上而下推动数字化转型。推动组织重构，实现沿着固定架构和权责达成目标的刚性组织到从数字化的客户需求和资源整合出发，不断调整和适应客户需求的柔性组织的转变。深入推进传统产业的改造和转型升级，发展个性化定制、柔性化生产，开发数字化产品和服务，推动线上线下消费高效融合。

五、优化产业区域布局，促进区域经济平衡发展

2021 年，湖南省整体经济发展水平虽然取得了很大的成绩，但是仍然存在不少问题。其中，区域经济发展不平衡就是一个突出问题。长株潭都市圈范围包括长沙市全域、株洲市中心城区及醴陵市、湘潭市中心城区及韶山市和湘潭县，面积 1.89 万平方公里。2021 年，长株潭地区生产总值达到 1.92 万亿元，较 2012 年增长近 1 万亿元。与长株潭地区相比，湖南省其他三个区域——洞庭湖地区、湘南地区、

大湘西地区缺乏能够引领区域经济增长的大型企业，三大区域内传统产业所占比重较高，相对长株潭地区发展缓慢。而长株潭经济综合体虽对全省的经济贡献大，但辐射带动周围区域经济发展的能力较弱。为了构建协调发展新格局，充分发挥区域优势，合理有效配置资源要素，就需要不断调整和优化产业空间布局，着力推进区域协同发展。

第一，政府应该统筹长株潭中心区、都市圈规划，实现规划空间、规划时限、规划目标和规划内容全方位对接。明确城市功能定位，实现长株潭都市圈公共服务实现均等化、基础设施互联互通；规划建设长株潭智慧城市大数据中心，加快在交通运输、能源、医疗、教育等领域推广智慧化应用场景，实现城市治理可视化、精细化和智能化；支持湘江新区、长沙临空经济区、国家级开发区、综合保税区等各类平台大胆创新，引领推动区域高质量发展。提升长株潭地区的辐射力和引领力，进一步带动周边地区发展。

第二，因地制宜发展各区域的优势产业。各区域的发展重点要根据自身的区位特点、资源特点、地理条件、文化传统等来权衡考虑，大力发展特色产业，打造本地区的大型企业。例如，大湘西地区发展特色产业，应强调生态优先，在大力发展旅游业的同时，注意生态环境保护，始终秉持"绿水青山就是青山银山"的生态理念，推进人与自然和谐共生；湘南地区开放发展，应加强与粤港澳大湾区、北部湾、东盟等区域合作，重点引进电子信息、特色轻纺、绿色食品、家电制造，打造新兴产业承接带，构建内陆开放合作示范区；洞庭湖地区侧重绿色发展，应发挥临江临湖滨水优势，加快恢复良好的洞庭湖生态环境，以岳阳副中心为龙头建设环湖城镇群，实现津澧融城，建成秀美富饶的大湖经济区。

第三，湖南100强企业要充分利用自身优势带动区域快速发展。一是企业要充分利用已有的政策支持，推动名优产品互认工作，从加强园区协作、优化公共服务等方面着手，探索创新园区协同发展的有效路径。二是企业要抓住产业链重构机遇，加大核心技术研发力度，提高创新能力，打造更强的创造力和更高附加值的供应链、产业链。除此以外，还要加快供应链的本地化、区域化、多域化，提高供应链流程数字化管理能力，促进资源高效精准匹配，提升供应链产业链竞争力。三是企业要充分利用湖南省各个片区之间的政策互通，促进企业间的资源共享与协同，节约培训和技术改造成本，推动新产品开发和产品改造的进度，增强企业凝聚力及综合竞争力。

第三章
2022 湖南制造业企业 100 强分析报告

制造业是立国之本、强国之基。自 2020 年 9 月习近平总书记考察湖南以来，湖南紧紧围绕总书记重要指示精神，积极践行"三高四新"战略定位和使命任务，出台了《湖南省制造业创新能力提升三年行动计划（2021—2023）》《湖南省先进制造业促进条例》《湖南省制造业数字化转型行动方案（2022—2024 年）》等支持制造业发展系列文件，为推动制造业高质量发展、打造国家重要先进制造业中心，构建了全方位、多层次的政策支撑体系，引导三一重工、中联重科、湖南钢铁集团等一大批企业踔厉奋发，奋力建设国家重要先进制造业中心。长沙发布《长沙市打造国家重要先进制造业高地三年行动计划（2021—2023 年）》，明确要推动产业发展由"链式"升级至"集群式"，从服务重点企业，到贯通整条产业链，再到培育产业集群。这是长沙也是湖南聚焦打造国家重要先进制造业高地之后的调整，背后是汇聚产业生态，积蓄产业势能，引导优势产业带动制造业高质量发展的顶层设计智慧。

第一节 2022 湖南制造业企业 100 强特征分析

一、2022 湖南制造业企业 100 强总体规模结构及特征

（一）总量：营业收入总额保持增长

2021 年，湖南立足新发展阶段，贯彻新发展理念，融入新发展格局，坚持稳中求进工作总基调，沉着应对复杂形势和世纪疫情，全面落实"三高四新"战略定位和使命任务，统筹疫情防控和经济社会发展，扎实做好"六稳""六保"工作，经济稳步迈向高质量发展。2022 湖南制造业企业 100 强实现营业收入总额为 13469.83 亿元，同比增长 21.80%，说明在过去一年中湖南省不断推进经济结构优化、新旧动能转换所带来的成效显著。其中，以湖南钢铁集团有限公司、三一集团有限公司为代表的前 10 名企业营业收入总额达 8601.17 亿元，同比增长 19.09%（上年度营业收入总额为 7222.32 亿元），约占 100 强企业营业收入总额的 63.86%。有关详情如图 3-1、表 3-1 所示。

第三章 2022湖南制造业企业100强分析报告

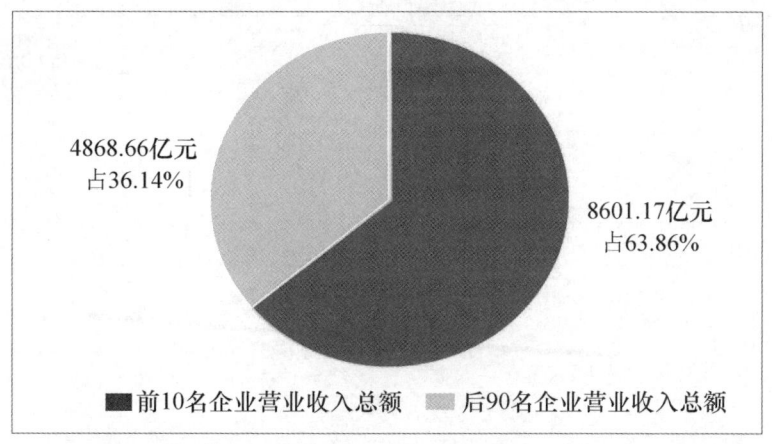

图3-1　2022湖南制造业企业100强前10名与后90名企业营业收入总额占比示意图

表3-1　　　　　　　2022湖南制造业企业100强营业收入排名前10位企业营业收入情况

企业名称	营业收入（万元）	收入增长率（%）	排名
湖南钢铁集团有限公司	21970605	44.52	1
三一集团有限公司	15456008	23.33	2
蓝思科技集团	10931462	10.40	3
湖南中烟工业有限责任公司	10726773	4.48	4
中联重科股份有限公司	6713063	3.11	5
湖南博长控股集团有限公司	6215798	11.52	6
中国石油化工股份有限公司长岭分公司	4118177	18.98	7
中车株洲电力机车研究所有限公司	3622717	-7.34	8
湖南有色金属控股集团有限公司	3370224	-9.38	9
长沙市比亚迪汽车有限公司	2886864	151.69	10
总计	86011691	19.09	—

（二）质量：企业入围门槛持续上升，新入围企业平均营业收入略有下降

2022湖南制造业企业100强的入围门槛为年营业收入14.35亿元，在2020年提升2.12亿元的基础上，又提高2.73亿元，其中制造业50强入围门槛为年营业收入43.27亿元，在2020年提升2.55亿元的基础上，又提高7.6亿元。详见图3-2。

2022湖南制造业企业100强中有14家企业是首次上榜。其中，年营业收入在50亿~100亿元的企业有3家，年营业收入在20亿~50亿元的企业有6家，年营业收入在20亿元以下的企业有5家。14家新上榜企业的营业收入规模及排名情况详见表3-2。

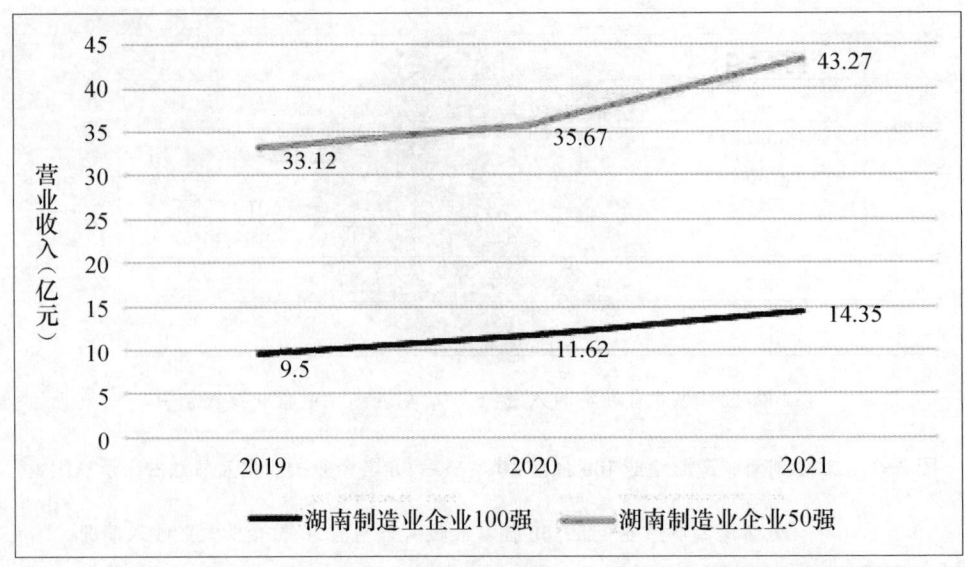

图 3-2　2020—2022 湖南制造业企业 100 强、50 强入围门槛增长趋势

表 3-2　　　　　　2022 湖南制造业企业 100 强中新上榜企业营业收入规模状况

排名	企业名称	营业收入（亿元）	收入增长率（%）
30	湖南湘威新材料科技有限公司	75.70	26.09
32	湖南裕能新能源电池材料股份有限公司	70.27	636.07
34	湖南长远锂科股份有限公司	68.41	240.25
60	湖南皇爷实业有限公司	32.47	17.86
65	湖南省桂阳银星有色冶炼有限公司	28.97	-11.5
67	株洲麦格米特电气有限责任公司	27.36	45.65
70	湖南达嘉维康医药产业股份有限公司	25.92	10.79
73	湖南国科微电子股份有限公司	23.22	217.66
75	可孚医疗科技股份有限公司	22.76	-4.19
91	湖南东信集团有限公司	16.99	52.99
92	株洲齿轮有限责任公司	16.65	27.08
94	湖南九典制药股份有限公司	16.28	66.40
99	湖南湘江电缆有限公司	15.06	34.20
100	科力尔电机集团股份有限公司	14.35	44.44

（三）企业：500 亿以上级航母企业总体平稳，100 亿~500 亿级中坚企业小幅波动

从企业来看，营业收入额超过 500 亿元的企业仍然为 6 家，仅排序略有变动，即湖南钢铁集团有限公司、三一集团有限公司、蓝思科技集团、湖南中烟工业有限责任公司、中联重科股份有限公司、湖南博长控股集团有限公司。从营业收入规模来看，这 6 家企业的营业收入总额为 7201.37 亿元，占 100 强

企业的 53.46%，与上年度基本持平。从资产规模来看，资产总额在 500 亿元以上的企业有 6 家，即三一集团有限公司、蓝思科技集团、中联重科股份有限公司、湖南钢铁集团有限公司、湖南中烟工业有限责任公司、中车株洲电力机车研究所有限公司，这 6 家企业的资产总计为 8205.55 亿元，占 100 强企业的 56.10%。详情如表 3-3 所示。

表 3-3　　　　　　　　　　　　2022 湖南制造业企业 100 强规模分布状况

项目	500 亿元以上	100 亿~500 亿元	100 亿元以下
按营业收入总额分类的企业数（家）	6	17	77
营业收入总额（亿元）	7201.37	3312.61	2955.84
按资产总额分类的企业数（家）	6	19	75
资产总额（亿元）	8205.55	3250.70	3169.66

从营业收入规模来看，营业收入额在 100 亿~500 亿元的企业由原来 11 家增长至 17 家，营业收入总额由 2281.45 亿元增长至 3312.61 亿元，占 100 强的 24.59%，较上年度提高 4.27 个百分点；平均营业收入由 207.40 亿元下降到 194.86 亿元。有关详情如图 3-3 所示。从资产规模来看，资产总额在 100 亿~500 亿元的企业由原来 21 家下降至 19 家，资产总额由 3203.86 亿元增长到 3250.7 亿元，占比由 24.94% 下降至 22.23%。

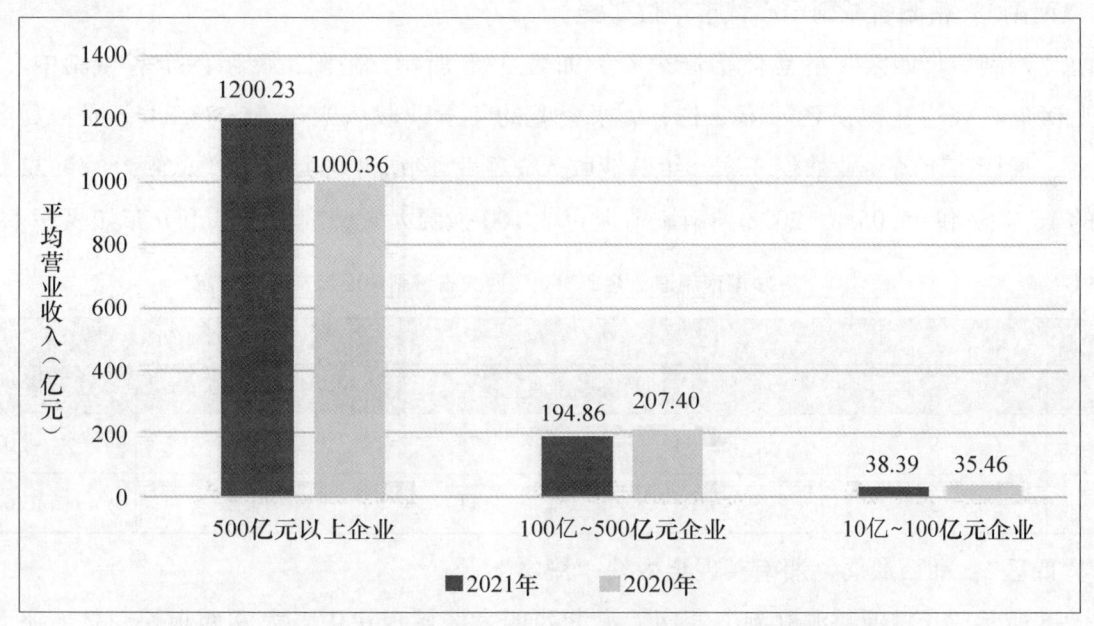

图 3-3　2021—2022 湖南制造业企业 100 强分区间平均营业收入规模

二、2022 湖南制造业企业 100 强分地域规模结构及特征

（一）"一核"：主体和增长极作用彰显

《长株潭区域一体化发展规划纲要》提出，到 2035 年要把长沙、株洲、湘潭建设成为中部地区高质量发展核心增长极。三市将通过打造世界级产业集群、加快培育战略新兴产业、积极发展现代农业、引导产业合理分工布局、提升服务业发展水平来建设高质量发展产业体系。在制造业方面，长沙全力推

动"1+2+N"产业集群建设,支持工程机械产业在全国全球市场抢占智能制造、智能应用"制高点",支持先进储能材料、新一代计算产业进入"国家矩阵",支持长沙新兴产业的投融资发展及应用场景打造,积极争取"央企入长"。如表3-4所示,长沙市为全省的制造业中心,其规模居绝对领先地位,共有53家企业上榜,年营业收入总额为9691.41亿元,占100强企业总量的71.95%;资产总额为10822.71亿元,占100强企业总量的74.00%。株洲市有15家企业上榜,年营业收入总额为1406.17亿元,占100强企业总量的10.44%;资产总额为2036.83亿元,占100强企业总量的13.93%。湘潭市有9家企业上榜,年营业收入总额为305.43亿元,占100强企业总量的2.27%;资产总额为484.48亿元,占100强企业总量的3.31%。

表3-4　　　　　　　　　2022湖南制造业企业100强长株潭区域分布状况

地区	企业数（家）	营业收入规模		总资产规模	
		总量（亿元）	占比（%）	总量（亿元）	占比（%）
长沙	53	9691.41	71.95	10822.71	74.00
株洲	15	1406.17	10.44	2036.83	13.93
湘潭	9	305.43	2.27	484.48	3.31
合计	77	11403.01	84.66	13344.03	91.24

(二)"两副":岳阳省域副中心城市地位彰显

从湖南"两副三带四区"的总体格局来看,如表3-5所示,岳阳、衡阳两个省域副中心城市中,岳阳市的上榜企业数达9家,名列第3位,9家企业的年营业收入总额为908.84亿元,资产总额为595.68亿元;衡阳市上榜企业数仅3家,年营业收入总额为149.68亿元,资产总额为149.22亿元,分别为岳阳的16.47%和25.05%。2022湖南制造业企业100强两大省域副中心城市分布如表3-5所示。

表3-5　　　　　　　　　2022湖南制造业企业100强两大省域副中心城市分布状况

地区	企业数（家）	营业收入规模		总资产规模	
		总量（亿元）	占比（%）	总量（亿元）	占比（%）
岳阳	9	908.84	6.75	595.68	4.07
衡阳	3	149.68	1.11	149.22	1.02

(三)"四区":湘西最弱,湘南实现全板块"脱零"

如表3-6所示,长株潭、洞庭湖、湘南、大湘西四大区域板块中,大湘西板块总体水平最弱,湘西自治州、娄底市各1家,张家界市、怀化市、邵阳市均无企业入围。湘南板块因为永州市科力尔电机集团股份有限公司入围,实现全板块"脱零"。2022湖南制造业企业100强四大区域板块分布状况如表3-6所示。

表 3-6　2022 湖南制造业企业 100 强四大区域板块分布状况

板块	企业数（家）	营业收入规模		总资产规模	
		总量（亿元）	占比（%）	总量（亿元）	占比（%）
长株潭	77	11403.01	84.66	13344.03	91.24
洞庭湖	13	1071.47	7.95	841.51	5.75
湘南	8	339.63	2.52	258.19	1.77
大湘西	2	655.72	4.87	182.18	1.25
合计	100	13469.83	100	14625.91	100

三、2022 湖南制造业企业 100 强分行业规模结构及特征

（一）总量：9 个行业营业收入在 500 亿元以上，4 个过千亿

2022 湖南制造业企业 100 强的行业分布涉及 33 个行业，主要集中在电力电气设备制造、农副食品、药品制造、医疗设备制造、工业机械及设备制造、轨道交通设备及零部件制造等行业，其中企业数最多的是电力电气设备制造，达 13 家。详情见表 3-7。

表 3-7　2022 湖南制造业企业 100 强按行业分类的规模结构

排序	所属行业	企业数（家）	营业收入总额（亿元）	占比（%）	资产总额（亿元）	占比（%）
1	电力电气设备制造	13	631.30	4.69	915.27	6.26
2	农副食品	7	531.52	3.95	489.41	3.35
3	药品制造	6	154.70	1.15	222.02	1.52
4	医疗设备制造	5	189.32	1.41	307.64	2.10
5	工业机械及设备制造	5	259.49	1.93	543.90	3.72
6	轨道交通设备及零部件制造	5	761.11	5.65	1244.02	8.51
7	食品	4	149.11	1.11	163.84	1.12
8	一般有色	4	507.00	3.76	318.03	2.17
9	工程机械及零部件	4	2350.15	17.45	3888.14	26.58
10	电线电缆制造	4	228.90	1.70	134.23	0.92
11	半导体、集成电路及面板制造	4	283.23	2.10	316.76	2.17
12	汽车及零配件制造	4	354.78	2.63	304.27	2.08
13	石化及炼焦	3	638.58	4.74	272.24	1.86
14	化学原料及化学品制造	3	76.95	0.57	72.88	0.50

续表

排序	所属行业	企业数（家）	营业收入总额（亿元）	占比（%）	资产总额（亿元）	占比（%）
15	贵金属	3	271.99	2.02	161.11	1.10
16	通信设备制造	3	1209.64	8.98	1546.46	10.57
17	航空航天	3	163.85	1.22	345.00	2.36
18	兵器制造	3	118.65	0.88	195.45	1.34
19	饮料	2	115.79	0.86	111.23	0.76
20	黑色冶金	2	2818.64	20.93	1494.38	10.22
21	酒类	1	34.14	0.25	60.11	0.41
22	精制茶	1	70.05	0.52	16.13	0.11
23	烟草制品业	1	1072.68	7.96	926.40	6.33
24	轻工百货生产	1	50.10	0.37	27.45	0.19
25	纺织印染	1	16.99	0.13	16.80	0.11
26	服装及其他纺织品	1	24.63	0.18	34.11	0.23
27	造纸及包装	1	78.38	0.58	164.53	1.12
28	轮胎及橡胶制品	1	48.21	0.36	15.61	0.11
29	水泥及玻璃制造	1	145.73	1.08	209.48	1.43
30	风能、太阳能设备制造	1	18.55	0.14	16.82	0.12
31	计算机及办公设备	1	16.63	0.12	10.81	0.07
32	船舶制造	1	15.88	0.12	76.18	0.52
33	综合制造业	1	63.16	0.47	5.17	0.04

按营业收入规模分类，500亿元以上的大行业有9个，其中：千亿级行业有4个，分别是黑色冶金、工程机械及零部件、通信设备制造和烟草制品业；500亿~1000亿元行业有5个，分别是轨道交通设备及零部件制造、石化及炼焦、电力电气设备制造、农副食品和一般有色。

按资产规模分类，500亿元以上的大行业有7个，其中：千亿级行业有4个，分别是工程机械及零部件、通信设备制造、黑色冶金、轨道交通设备及零部件制造；500亿~1000亿元行业有3个，分别是烟草制品业、电力电气设备制造、工业机械及设备制造。

（二）质量：三分之二的行业营业收入保持中高速增长

从2022湖南制造业企业100强分行业的发展情况看，在33个行业大类中，有28个行业营业收入实现正增长，占84.85%。营业收入增长率在100%以上的行业有2个，占6.06%；营业收入增长率在50%以上的行业有9个，占27.27%；营业收入增长率在10%以上的行业有22个，占66.67%。表3-8列出了2022湖南制造业企业100强分行业营业收入平均增长率排名情况。从中可以看出，汽车及零配件制造和半导体、集成电路及面板制造企业获得了高速发展,其营业收入平均增长率分别达到110.5%、105.49%,排名第一的企业湖南裕能新能源电池材料股份有限公司营业收入增长率达到636.07%。

表3-8　　　　　　　　2022湖南制造业企业100强按行业分类的营业收入平均增长率排名

排名	行业	企业数(家)	营业收入总额(亿元)	平均增长率(%)
1	汽车及零配件制造	4	354.78	110.5
2	半导体、集成电路及面板制造	4	283.23	105.49
3	酒类	1	34.14	86.97
4	电力电气设备制造	13	631.30	60.17
5	综合制造业	1	63.16	58.32
6	电线电缆制造	4	228.90	53.81
7	轮胎及橡胶制品	1	48.21	53.16
8	纺织印染	1	16.99	52.99
9	水泥及玻璃制造	1	145.73	51.12
10	风能、太阳能设备制造	1	18.55	38.89
11	贵金属	3	271.99	38.21
12	黑色冶金	2	2818.64	35.67
13	轻工百货生产	1	50.10	34.86
14	农副食品	7	531.52	24.03
15	化学原料及化学品制造	3	76.95	22.57
16	石化及炼焦	3	638.58	19.49
17	工程机械及零部件	4	2350.15	16.8
18	通信设备制造	3	1209.64	15.39
19	医疗设备制造	5	189.32	13.3
20	食品	4	149.11	12.41
21	服装及其他纺织品	1	24.63	10.93
22	造纸及包装	1	78.38	10.15
23	药品制造	6	154.70	9.21
24	工业机械及设备制造	5	259.49	8.61
25	饮料	2	115.79	7.92
26	航空航天	3	163.85	7.57
27	烟草制品业	1	1072.68	4.48
28	精制茶	1	70.05	3.87

续表

排名	行业	企业数（家）	营业收入总额（亿元）	平均增长率（%）
29	轨道交通设备及零部件制造	5	761.11	-2.08
30	一般有色	4	507.00	-2.35
31	兵器制造	3	118.65	-4.41
32	船舶制造	1	15.88	-12.41
33	计算机及办公设备	1	16.63	-52.62

四、2022湖南制造业企业100强分所有制规模结构及特征

（一）总量：国有企业、民营企业平分秋色

2022湖南制造业企业100强中，国有企业35家，民营企业65家。从营业收入规模来看，35家国有企业的总额为6976.21亿元，占100强企业总量的51.79%；65家民营企业的总额为6493.62亿元，占100强企业总量的48.21%。从资产规模来看，35家国有企业的总额为7163.21亿元，占100强企业总量的48.98%；65家民营企业的总额为7462.70亿元，占100强企业总量的51.02%。如表3-9所示。

表3-9　　　　　　2022湖南制造业企业100强按所有制分类的主要经济指标总量规模

所有制类别	企业数（家）	营业收入总额（亿元）	占比（%）	资产总额（亿元）	占比（%）
国有企业	35	6976.21	51.79	7163.21	48.98
民营企业	65	6493.62	48.21	7462.70	51.02

（二）均量：民营企业仅为国有企业的一半

从营业收入规模来看，35家国有企业的平均营业收入总额为199.32亿元，65家民营企业的平均营业收入总额为99.90亿元，民营企业平均营业收入总额为国有企业的50.12%。从资产规模来看，35家国有企业的平均资产总额为204.66亿元，65家民营企业的平均资产总额为114.81亿元，民营企业平均资产总额为国有企业的56.10%。如表3-10所示。

表3-10　　　　　　2022湖南制造业企业100强按所有制分类的主要经济指标平均规模

所有制类别	企业数（家）	平均营业收入总额（亿元）	平均资产总额（亿元）
国有企业	35	199.32	204.66
民营企业	65	99.90	114.81

第三章 2022湖南制造业企业100强分析报告

第二节 2022湖南制造业企业100强利税分析

一、总量：利润总额接近千亿门槛

2022湖南制造业企业100强共实现利润911.26亿元，利润总额接近千亿门槛。这主要得益于一年以来，面对错综复杂的国际形势、艰巨繁重的改革发展稳定任务，湖南省委、省政府全面贯彻新发展理念，服务和融入新发展格局，科学统筹疫情防控和经济社会发展，全面落实"三高四新"战略定位和使命任务，紧盯振兴实体经济，强化重大产业项目的战略性、支撑性、带动性，加快产业兴湘、产业强湘，重点抓好十大产业项目。其中：利润超过百亿元的企业有3家，分别为三一集团有限公司（166.03亿元）、湖南钢铁集团有限公司（149.58亿元）、湖南中烟工业有限责任公司（107.32亿元），共实现利润422.93亿元，占全部利润的46.41%。利润超过10亿元的企业有18家，共实现利润759.11亿元，占全部利润的83.30%。2022湖南制造业企业100强中利润超过10亿元的企业如表3-11所示。

表3-11　　　　　　　　　2022湖南制造业企业100强中利润超过10亿元的企业

企业名称	总排名①	利润（亿元）	利润增长率（%）
三一集团有限公司	2	166.03	-23.59
湖南钢铁集团有限公司	1	149.58	46.37
湖南中烟工业有限责任公司	4	107.32	6.38
中联重科股份有限公司	5	73.24	-15.35
株洲旗滨集团股份有限公司	15	49.12	136.35
圣湘生物科技股份有限公司	47	26.16	-14.79
蓝思科技集团	3	25.23	-57.63
中车株洲电力机车研究所有限公司	8	23.08	-24.83
中国铁建重工集团股份有限公司	18	19.76	10.24
湖南邦普循环科技有限公司	20	19.09	312.47
中车株洲电力机车有限公司	11	14.87	12.04
湖南裕能新能源电池材料股份有限公司	32	13.95	2650.39
中国石油化工股份有限公司长岭分公司	7	13.08	—
绝味食品股份有限公司	35	13.02	34.17
澳优乳业（中国）有限公司	26	12.34	1.05

① 总排名指该企业在2022湖南制造业企业100强中的排名，以下各表同。

续表

企业名称	总排名①	利润（亿元）	利润增长率（%）
酒鬼酒股份有限公司	59	11.89	81.50
安克创新科技股份有限公司	17	10.85	9.63
株洲宏达电子股份有限公司	81	10.50	70.24

二、质量：六成企业实现利润正增长

从利润增长率来看，2022湖南制造业企业100强中有62家企业实现利润正增长，其中利润增长率超过100%的企业有18家，详见表3–12所示。

表3–12　　　　　2022湖南制造业企业100强中利润增长率超过100%的企业

排名	企业名称	总排名	利润（亿元）	利润增长率（%）
1	湖南裕能新能源电池材料股份有限公司	32	13.95	2650.39
2	中车株洲车辆有限公司	79	0.62	968.91
3	湖南皇爷实业有限公司	60	4.28	881.02
4	湘潭电化集团有限公司	86	2.50	685.80
5	湖南长远锂科股份有限公司	34	7.78	571.34
6	湖南东信集团有限公司	91	0.21	461.04
7	湖南国科微电子股份有限公司	73	2.71	395.99
8	湖南邦普循环科技有限公司	20	19.09	312.47
9	湖南宇新能源科技股份有限公司	62	1.54	258.58
10	湘电集团有限公司	51	0.14	245.66
11	楚天科技股份有限公司	41	6.41	174.00
12	长沙市比亚迪汽车有限公司	10	1.73	164.15
13	湖南省轻工盐业集团有限公司	23	5.20	150.35
14	湖南九典制药股份有限公司	94	2.26	149.00
15	株洲旗滨集团股份有限公司	15	49.12	136.35
16	湖南中科电气股份有限公司	78	4.09	122.46
17	湖南金龙科技集团有限公司	48	0.87	120.19
18	湖南口味王集团有限责任公司	39	3.86	107.46

第三章 2022湖南制造业企业100强分析报告

从盈亏转换来看，如表3-13所示，2022湖南制造业企业100强中扭亏为盈的企业有1家，为中国石油化工股份有限公司长岭分公司，其净利润由上年的亏损3.13亿元转变为盈利9.60亿元。亏损减少企业有3家，分别为湖南有色金属控股集团有限公司、中石化巴陵石油化工有限公司、湘电集团有限公司。由盈变亏企业5家，分别为唐人神集团股份有限公司、际华三五一七橡胶制品有限公司、湖南伍子醉实业集团有限公司、湖南尔康制药股份有限公司、亚光科技集团股份有限公司。亏损增加企业4家，分别为湖南湘威新材料科技有限公司、道道全粮油股份有限公司、中航飞机起落架有限责任公司、湖南红太阳新能源科技有限公司。

表3-13 2022湖南制造业100强中盈亏转换企业一览表

企业名称	净利润（万元）	上年净利润（万元）	盈亏转换
中国石油化工股份有限公司长岭分公司	95997	-31319	扭亏为盈
湖南有色金属控股集团有限公司	-10850	-14804	亏损减少
中石化巴陵石油化工有限公司	-14731	-74215	亏损减少
湘电集团有限公司	-10424	-14947	亏损减少
唐人神集团股份有限公司	-114741	95034	由盈变亏
际华三五一七橡胶制品有限公司	-250	338	由盈变亏
湖南伍子醉实业集团有限公司	-12657	6691	由盈变亏
湖南尔康制药股份有限公司	-79120	19231	由盈变亏
亚光科技集团股份有限公司	-119938	3511	由盈变亏
湖南湘威新材料科技有限公司	-573	-240	亏损增加
道道全粮油股份有限公司	-19199	-7650	亏损增加
中航飞机起落架有限责任公司	-9739	-2603	亏损增加
湖南红太阳新能源科技有限公司	-8029	-6225	亏损增加

从资产利润率来看，2022湖南制造业企业100强超过半数（53家）达到或超过制造业正常水平（一般制造企业资产利润率为5%~10%），其中，资产利润率超过10%的有24家（见表3-14所示），资产利润率为5%~10%的有29家，资产利润率为0~5%的有36家，还有11家企业资产利润率为负值。

表3-14 2022湖南制造业企业100强中资产利润率超过10%的企业

排名	企业名称	资产利润率（%）
1	圣湘生物科技股份有限公司	36.90
2	湖南大旺食品有限公司	33.23
3	湖南金弘再生资源集团有限公司	27.55

续表

排名	企业名称	资产利润率（%）
4	株洲旗滨集团股份有限公司	23.45
5	长沙中兴智能技术有限公司	22.32
6	株洲宏达电子股份有限公司	21.39
7	酒鬼酒股份有限公司	19.77
8	湖南邦普循环科技有限公司	18.78
9	绝味食品股份有限公司	17.59
10	湖南裕能新能源电池材料股份有限公司	15.99
11	湖南省茶业集团股份有限公司	15.69
12	中国石油化工股份有限公司长岭分公司	15.12
13	长沙格力暖通制冷设备有限公司	14.80
14	湖南皇爷实业有限公司	13.68
15	澳优乳业（中国）有限公司	12.97
16	湖南九典制药股份有限公司	12.96
17	安克创新科技股份有限公司	12.80
18	湖南中烟工业有限责任公司	11.58
19	湖南钢铁集团有限公司	10.90
20	株洲钻石切削刀具股份有限公司	10.89
21	株洲千金药业股份有限公司	10.67
22	株洲硬质合金集团有限公司	10.37
23	水羊集团股份有限公司	10.20
24	湖南海利化工股份有限公司	10.18

三、贡献：国有企业以 51.79% 的收入份额贡献 83.27% 的纳税份额

2022 湖南制造业企业 100 强共纳税 1331.37 亿元[①]，与上年的纳税总额 1155.52 亿元相比，增长 175.85 亿元，增幅为 15.22%。分所有制形式看，34 家国有企业共纳税 1108.63 亿元，占 83.27%，其中纳税额最高的 3 家国有企业依次是湖南中烟工业有限责任公司（794.70 亿元）、中国石油化工股份有

---

① 实际共统计 92 家，其中国有企业 34 家，民营企业 58 家。

限公司长岭分公司（87.26亿元）、湖南钢铁集团有限公司（64.59亿元）。58家民营企业共纳税222.75亿元，占16.73%，相比上年度62家民营企业共纳税217.32亿元，增加5.43亿元，其中纳税额最高的3家民营企业依次是三一集团有限公司（88.20亿元）、株洲旗滨集团股份有限公司（16.27亿元）、澳优乳业（中国）有限公司（7.07亿元）。由此可以看出，国有企业的纳税贡献力仍显著高于民营企业，但民营企业实现了稳步增长，展现出了生机与活力。2022湖南制造业企业100强按所有制分类的纳税情况如表3-15所示。

表3-15　　　　　　　　　　2022湖南制造业企业100强按所有制分类的纳税情况

所有制类别	企业数（家）	营业收入总额（亿元）	纳税额（亿元）	纳税占比（%）
国有企业	34	6976.21	1108.63	83.27
民营企业	58	6493.62	222.75	16.73

四、行业：烟草制品业、工程机械及零部件、石化及炼焦为纳税的主力行业

2021年，党中央、国务院围绕提振工业经济运行、支持中小微企业发展等方面，打出了一套税费优惠政策"组合拳"，既有减税降费政策又有缓税缓费措施，既助力稳住经济增长又着力增强企业发展后劲。全年新增减税降费约1.1万亿元，为制造业中小微企业办理缓缴税费2162亿元，其中湖南全年新增减负超过400亿元。纳税额最多的3个行业分别是烟草制品业、工程机械及零部件、石化及炼焦。其中烟草制品行业纳税794.70亿元，占100强企业纳税总额的59.69%；工程机械及零部件行业纳税139.44亿元，占100强企业纳税总额的10.47%；石化及炼焦行业纳税107.81亿元，占100强企业纳税总额的8.10%。详情如表3-16所示。

表3-16　　　　　　　　　　2022湖南制造业企业100强按行业分类的纳税情况

排名	行业	企业数（家）	纳税额（亿元）	占比（%）
1	烟草制品业	1	794.70	59.69
2	工程机械及零部件	4	139.44	10.47
3	石化及炼焦	3	107.81	8.10
4	黑色冶金	2	70.94	5.33
5	轨道交通设备及零部件制造	5	39.61	2.98
6	电力电气设备制造	13	23.44	1.76
7	水泥及玻璃制造	1	16.27	1.22
8	医疗设备制造	5	14.05	1.06
9	工业机械及设备制造	5	13.86	1.04
10	药品制造	6	12.34	0.93

续表

排名	行业	企业数（家）	纳税额（亿元）	占比（%）
11	酒类	1	11.22	0.84
12	一般有色	4	10.89	0.82
13	饮料	2	10.45	0.78
14	农副食品	7	9.60	0.72
15	食品	4	8.52	0.64
16	电线电缆制造	4	7.48	0.56
17	综合制造业	1	5.89	0.44
18	半导体、集成电路及面板制造	4	5.23	0.39
19	汽车及零配件制造	4	5.23	0.39
20	贵金属	3	4.32	0.32
21	兵器制造	3	4.28	0.32
22	造纸及包装	1	3.98	0.30
23	航空航天	3	2.42	0.18
24	通信设备制造	3	2.22	0.17
25	轻工百货生产	1	1.92	0.14
26	精制茶	1	1.47	0.11
27	纺织印染	1	1.30	0.10
28	服装及其他纺织品	1	1.30	0.10
29	化学原料及化学品制造	3	1.10	0.08
30	船舶制造	1	0.40	0.03
31	轮胎及橡胶制品	1	0.19	0.01
32	计算机及办公设备	1	0.11	0.01
33	风能、太阳能设备制造	1	0.07	0.01

第三章 2022湖南制造业企业100强分析报告

第三节 2022湖南制造业企业100强创新投入分析

一、总量：企业总体研发经费规模再上百亿台阶

2021年，湖南立足工程机械、轨道交通装备、航空动力等三大世界级产业集群，以及电子信息、先进材料、新能源与节能等国家级产业集群的特色优势，聚力打造具有核心竞争力的科技创新高地，以高质量科技创新支撑全省高质量发展。2022湖南制造业企业100强的研发投入总额由上年度303.83亿元（实报82家企业有效数据）增长至416.44亿元（实报92家企业有效数据），同比增长37.06%。共有58家企业研发经费投入超过1亿元，其中，有7家企业研发经费投入超过10亿元，分别为三一集团有限公司（84.96亿元）、湖南钢铁集团有限公司（66.50亿元）、中联重科股份有限公司（42.30亿元）、中车株洲电力机车研究所有限公司（25.49亿元）、蓝思科技集团（21.35亿元）、中车株洲电力机车有限公司（11.43亿元）、长沙市比亚迪汽车有限公司（11.03亿元）。中联重科股份有限公司、三一集团有限公司、湖南钢铁集团有限公司3家企业入围中国大企业创新100强榜单，分列第33位、第34位、第100位。详情如表3-17所示。

表3-17　　　　　2022湖南制造业企业100强中研发投入超过10亿元的企业

排名	企业名称	总排名	研发费用（亿元）	研发费增长率（%）
1	三一集团有限公司	2	84.96	40.66
2	湖南钢铁集团有限公司	1	66.50	45.61
3	中联重科股份有限公司	5	42.30	20.81
4	中车株洲电力机车研究所有限公司	8	25.49	2.14
5	蓝思科技集团	3	21.35	39.9
6	中车株洲电力机车有限公司	11	11.43	4.29
7	长沙市比亚迪汽车有限公司	10	11.03	161.8

二、强度：近六成企业投入达到高新技术企业标准

《高新技术企业认定管理办法》第十一条规定：企业近三个会计年度（实际经营期不满三年的按实际经营时间计算）的研究开发费用总额占同期销售收入总额的比例符合如下要求：(1) 最近一年销售收入小于5000万元（含）的企业，比例不低于5%。(2) 最近一年销售收入在5000万元至2亿元（含）的企业，比例不低于4%。(3) 最近一年销售收入在2亿元以上的企业，比例不低于3%。2022湖南制造业企业100强中92家填报数据企业有52家达到该规定的标准，占比为56.52%。其中有74家企业营业收入在2亿元以上，其研发经费投入占比在3%以上的有45家，占比为60.81%，详情如表3-18

所示；有 18 家企业营业收入在 5000 万~2 亿元，其研发经费投入占比在 4%以上的有 7 家，占比为 38.89%，详情如表 3-19 所示。

表 3-18　　　　2022 湖南制造业企业 100 强中营业收入在 2 亿元以上的企业研发经费投入情况

排名	企业名称	总排名	研发费用所占比例（%）	研发费用（万元）
1	中航飞机起落架有限责任公司	80	28.25	58631
2	威胜集团有限公司	58	9.57	33315
3	楚天科技股份有限公司	41	9.28	48820
4	中国铁建重工集团股份有限公司	18	7.33	85769
5	中车株洲电力机车研究所有限公司	8	7.04	254915
6	中联重科股份有限公司	5	6.30	422971
7	株洲宏达电子股份有限公司	81	6.23	12465
8	安克创新科技股份有限公司	17	6.19	77843
9	华自科技股份有限公司	76	6.06	13753
10	三一集团有限公司	2	5.50	849616
11	中车株洲电机有限公司	22	5.21	54789
12	湖南科伦制药有限公司	46	5.19	23449
13	湖南湘科控股集团有限公司	45	4.97	22880
14	奥士康科技股份有限公司	49	4.93	21864
15	中车株洲电力机车有限公司	11	4.85	114301
16	株洲旗滨集团股份有限公司	15	4.44	64707
17	株洲硬质合金集团有限公司	36	4.35	28406
18	江南工业集团有限公司	54	4.26	15987
19	湖南长远锂科股份有限公司	34	4.19	28655
20	圣湘生物科技股份有限公司	47	4.15	18750
21	湖南中科电气股份有限公司	78	4.06	8900
22	湖南航天有限责任公司	37	4.02	26058
23	湘电集团有限公司	51	3.99	17246
24	长沙市比亚迪汽车有限公司	10	3.82	110318

续表

排名	企业名称	总排名	研发费用所占比例（%）	研发费用（万元）
25	株洲联诚集团控股股份有限公司	56	3.80	13888
26	湖南海利化工股份有限公司	69	3.79	10236
27	中车株洲车辆有限公司	79	3.70	7999
28	山河智能装备股份有限公司	19	3.49	39832
29	湖南丽臣实业股份有限公司	66	3.44	9452
30	江麓机电集团有限公司	57	3.43	12001
31	长沙格力暖通制冷设备有限公司	31	3.41	25755
32	金杯电工股份有限公司	16	3.39	43482
33	湖南省桂阳银星有色冶炼有限公司	65	3.36	9736
34	湖南中伟新能源科技有限公司	21	3.34	35818
35	湖南邦普循环科技有限公司	20	3.22	35889
36	湖南口味王集团有限责任公司	39	3.19	18860
37	岳阳林纸股份有限公司	28	3.17	24815
38	湖南伍子醉实业集团有限公司	61	3.12	10039
39	九芝堂股份有限公司	53	3.11	11778
40	可孚医疗科技股份有限公司	75	3.10	7059
41	湖南皇爷实业有限公司	60	3.08	10006
42	株洲麦格米特电气有限责任公司	67	3.04	8318
43	湖南钢铁集团有限公司	1	3.03	664952
44	特变电工衡阳变压器有限公司	25	3.00	27940
45	湖南省茶业集团股份有限公司	33	3.00	21004
46	株洲千金药业股份有限公司	55	2.97	10871
47	长沙中联重科环境产业有限公司	27	2.92	25908
48	盐津铺子食品股份有限公司	74	2.42	5519
49	湖南梦洁家纺股份有限公司	71	2.37	5836
50	湖南金龙科技集团有限公司	48	2.36	10632

续表

排名	企业名称	总排名	研发费用所占比例（%）	研发费用（万元）
51	湖南尔康制药股份有限公司	77	2.19	4901
52	澳优乳业（中国）有限公司	26	2.18	19316
53	湖南黄金集团有限责任公司	13	1.99	39998
54	湖南湘威新材料科技有限公司	30	1.98	15000
55	蓝思科技集团	3	1.95	213475
56	湖南省轻工盐业集团有限公司	23	1.85	19253
57	中国航发南方工业有限公司	29	1.78	13908
58	水羊集团股份有限公司	43	1.32	6597
59	唐人神集团股份有限公司	12	1.21	26346
60	湖南有色金属控股集团有限公司	9	1.18	39686
61	湖南裕能新能源电池材料股份有限公司	32	1.14	8035
62	湖南大旺食品有限公司	68	0.81	2192
63	湖南博长控股集团有限公司	6	0.78	48753
64	恒飞电缆股份有限公司	52	0.66	2659
65	绝味食品股份有限公司	35	0.57	3753
66	中石化巴陵石油化工有限公司	14	0.54	10708
67	际华三五一七橡胶制品有限公司	44	0.39	1873
68	酒鬼酒股份有限公司	59	0.30	1014
69	湖南中烟工业有限责任公司	4	0.29	31151
70	湖南金弘再生资源集团有限公司	38	0.24	1520
71	道道全粮油股份有限公司	40	0.11	576
72	益海嘉里（岳阳）粮油工业有限公司	63	0.08	237
73	中国石油化工股份有限公司长岭分公司	7	0.04	1634
74	永兴贵研资源有限公司	42	0.03	146

表 3-19　　2022 湖南制造业企业 100 强中营业收入在 5000 万~2 亿元的企业研发经费投入情况

排名	企业名称	总排名	研发费用所占比例（%）	研发费用（万元）
1	郴州市金贵银业股份有限公司	96	9.96	15820
2	株洲钻石切削刀具股份有限公司	94	8.99	14626
3	湖南星邦智能装备股份有限公司	88	7.19	12750
4	地通工业控股集团股份有限公司	95	6.46	10479
5	湘潭电化集团有限公司	92	5.95	9902
6	湖南红太阳新能源科技有限公司	83	5.16	10253
7	株洲天桥起重机股份有限公司	98	4.47	6797
8	岳阳东方雨虹防水技术有限责任公司	100	3.96	5675
9	湖南东信集团有限公司	91	3.85	6537
10	株洲齿轮有限责任公司	90	3.76	6559
11	长沙惠科金杨新型显示器件有限责任公司	99	3.54	5326
12	湖南九典制药股份有限公司	87	3.33	6169
13	湖南机油泵股份有限公司	97	3.28	5140
14	亚光科技集团股份有限公司	84	3.05	5851
15	湖南方盛制药股份有限公司	85	1.92	3617
16	长高电新科技股份公司	86	1.72	3239
17	湖南湘江电缆有限公司	93	0.40	660
18	科力尔电机集团股份有限公司	82	0.14	285

三、行业：战略性新兴产业平均研发投入相对较高

《湖南省"十四五"战略性新兴产业发展规划》要求，立足湖南战略性新兴产业发展基础，加快发展高端装备、新材料、航空航天、新一代信息技术、生物、节能环保、新能源及智能网联汽车、新兴服务业和未来产业等九大产业。从 2022 湖南制造业企业 100 强 33 个细分领域来看，大部分属于战略性新兴产业且战略性新兴产业平均研发投入相对较高。从细分行业来看，仅烟草制品、水泥及玻璃制造、农副食品、食品、造纸及包装、轻工百货生产、精制茶、纺织印染、服装及其他纺织品、化学原料及化学品制造、轮胎及橡胶制品等 11 个细分行业为传统制造业，其他 22 个细分行业如工程机械及零部件、轨道交通设备及零部件制造、电力电气设备制造、医疗设备制造、工业机械及设备制造、航空航天等均属于湖南大力支持发展的战略性新兴产业。其中研发经费占比排名前六的产业分别为航空航天

(11.35%)、船舶制造（9.96%）、工业机械及设备制造（5.81%）、医疗设备制造（5.43%）、轨道交通设备及零部件制造（4.92）、工程机械及零部件（4.58%）。详见图3-4。

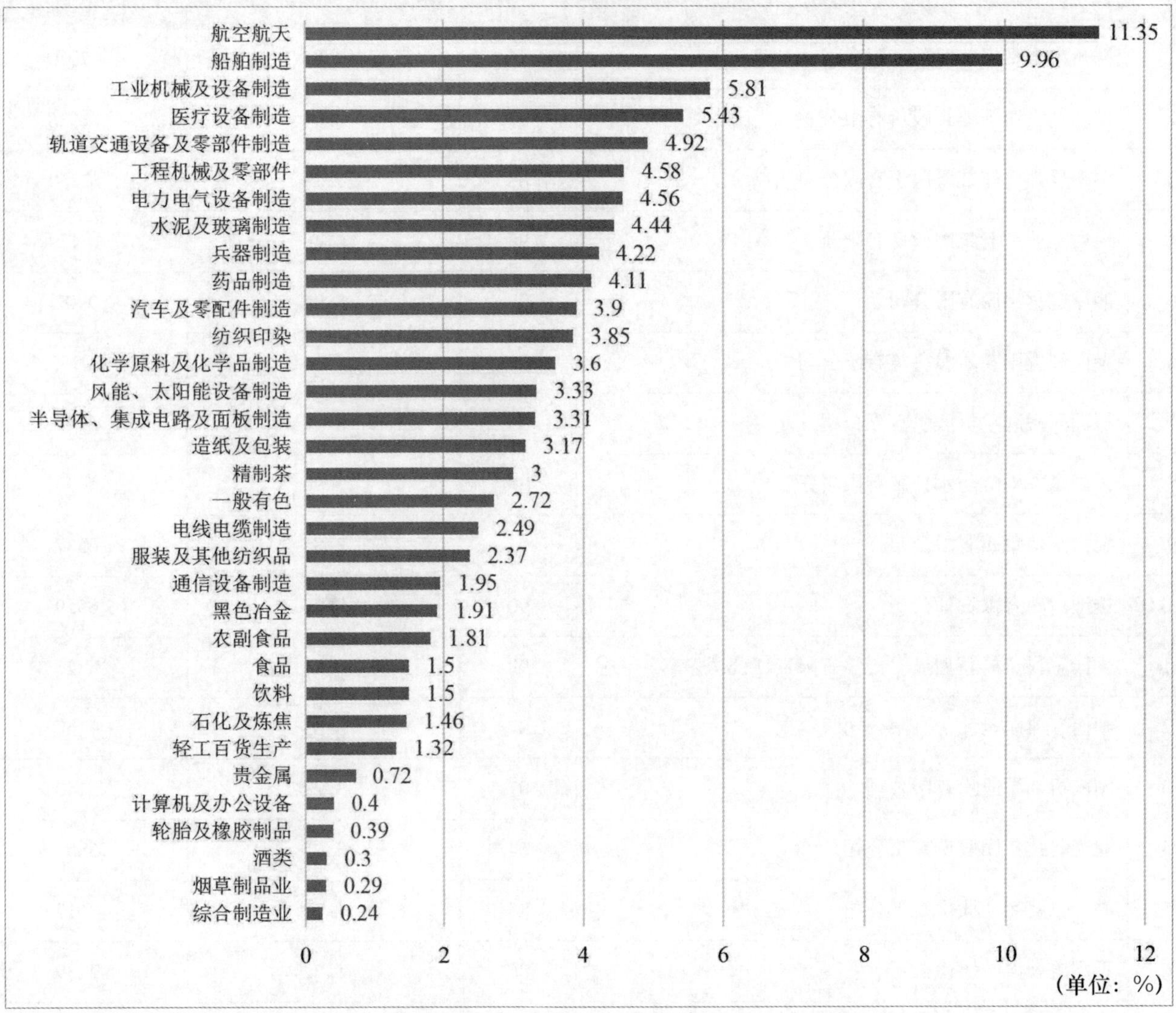

行业	占比(%)
航空航天	11.35
船舶制造	9.96
工业机械及设备制造	5.81
医疗设备制造	5.43
轨道交通设备及零部件制造	4.92
工程机械及零部件	4.58
电力电气设备制造	4.56
水泥及玻璃制造	4.44
兵器制造	4.22
药品制造	4.11
汽车及零配件制造	3.9
纺织印染	3.85
化学原料及化学品制造	3.6
风能、太阳能设备制造	3.33
半导体、集成电路及面板制造	3.31
造纸及包装	3.17
精制茶	3
一般有色	2.72
电线电缆制造	2.49
服装及其他纺织品	2.37
通信设备制造	1.95
黑色冶金	1.91
农副食品	1.81
食品	1.5
饮料	1.5
石化及炼焦	1.46
轻工百货生产	1.32
贵金属	0.72
计算机及办公设备	0.4
轮胎及橡胶制品	0.39
酒类	0.3
烟草制品业	0.29
综合制造业	0.24

图3-4　2022湖南制造业企业100强分行业研发经费占比

四、区域：长沙市仍是湖南科技创新的擎天柱

湖南省委十一届十二次全会作出了实施"三高四新"战略的重大决策，部署实施关键核心技术攻关、基础研究发展、创新主体增量提质、芙蓉人才行动、创新平台建设、创新生态优化、科技成果转化等科技创新"七大计划"，编制了《湖南省打造具有核心竞争力的科技创新高地规划》，为全省科技创新提供了科学指引和行动指南。湖南省政府工作报告首次明确提出实施"十大技术攻关项目"，打出了从战略到部署、再到行动的"组合拳"，赋能高质量发展，各市州以"三高四新"战略定位和使命任务为引领，加大创新投入。从2022湖南制造业企业100强研发经费的区域投入来看，如表3-20所示，长沙市仍是科技创新的擎天柱。从研发经费总量来看，长沙市共投入317.69亿元，占全省的76.29%；株洲市共投入64.38亿元，占全省的15.46%；湘潭市共投入8.67亿元，占全省的2.08%；岳阳市共投入7.88亿元，占全省的1.89%；益阳市共投入5.65亿元，占全省的1.36%；其他市州均在1%以下。

表 3-20　　2022 湖南制造业企业 100 强分地域研发经费投入情况

排名	地区	研发经费投入（亿元）	研发经费占比（%）
1	长沙	317.69	76.29
2	株洲	64.38	15.46
3	湘潭	8.67	2.08
4	岳阳	7.88	1.89
5	益阳	5.65	1.36
6	其他	12.17	2.92
	合计	416.44	100

第四节　湖南制造业高质量发展面临的机遇与挑战

当前中国经济发展面临需求收缩、供给冲击、预期转弱三重压力，疫情防控形势依然严峻复杂，俄乌冲突持续发酵，全球产业分工在地缘政治博弈、贸易规则扭曲影响下正在深刻改变，外部不确定性增加。工业相对其他行业，表现出更强的发展韧性和更快更持久的恢复性增长，充分显现其对稳定经济增长"压舱石"的关键作用。尽管湖南省采取了一系列行之有效的纾困举措，但由于内外部环境变化的持续冲击，湖南制造业的一些深层次问题、行业短板问题仍亟待解决。在世界百年未有之大变局、不稳定性不确定性明显增强的背景下，湖南制造业发展也面临着诸多新的机遇和挑战。

一、发展机遇

（一）全球新一轮科技革命与产业变革的机遇

新一轮科技革命和产业变革加速演进，全球科技创新进入空前活跃期，学科交叉融合加速，新兴学科不断涌现，颠覆性技术全面爆发，新技术、新产业、新业态、新模式获得突破式发展，数字经济、智能经济、平台经济、共享经济等新型经济形态加快壮大。世界经济正由工业经济进入新经济发展时期，大数据、5G 通信、智能制造等成为全球新一轮产业竞争的制高点与经济发展的新增长点。同时，云计算、大数据、物联网、人工智能、区块链、5G 等新一代信息技术正加速向传统产业渗透，推动传统产业焕发新活力、释放新动能。

（二）国家产业基础高级化、产业链现代化攻坚战的机遇

中央财经委第五次会议提出要打好产业基础高级化、产业链现代化的攻坚战，这是中央应对中美贸易战升级、技术封锁和保护主义甚至中美经济脱钩风险作出的重大战略部署，这意味着"十四五"及今后一段时期国家将对国内产业体系及产业链的空间布局进行大幅度的调整，也就意味着一大批重大产业以及产业链项目要重新规划和布局。在此背景下，湖南制造业完全可以利用这次国家产业布局

调整、产业链重构的绝佳机遇，以产业基础高级化、产业链现代化为目标，坚持政府引导和市场主导相结合，努力争取并引进更多国家产业基础项目以及产业链项目，全面提升经开区产业发展的能级、质量和水平。

（三）湖南全面落实"三高四新"战略定位和使命任务的机遇

2020年9月，习近平总书记亲临湖南考察，勉励湖南打造"三个高地"、践行"四新"使命。湖南省以习近平总书记考察湖南重要讲话精神为指引，顺应新阶段湖南发展需要，作出"三高四新"的重要战略部署，为全省新阶段新发展指明了方向和重点。"十四五"时期，全省实施先进装备制造业倍增等"八大工程"、打造国家重要先进制造业高地，实施关键核心技术攻关等"七大计划"，打造具有核心竞争力的科技创新高地，重点推进深化国资国企等"四大改革行动"与"五大开放行动"，打造内陆地区改革开放高地。"三高四新"战略定位和使命任务的落实，为湖南制造业在项目招商、承接产业转移等方面，全面融入全省创新链、产业链、人才链、政策链、资金链、服务链带来了更多机遇与窗口。

二、面临的挑战

（一）疫情防控常态化下，湖南制造业面临"等不起""耗不起"的挑战

一方面，疫情冲击物流，影响湖南省工业企业原材料采购及企业货物外发，企业"等不起""耗不起"。受新冠肺炎疫情、国际运力资源紧张等因素影响，海运周期延长50%~100%，物流外发不畅，库存高企现象急剧增加。开至乌克兰的中欧班列停运，部分企业只能转道第三方国家出口欧洲市场。相关企业取消陆运订单改走航运，加剧缺柜、缺船等运力替代问题，高达84%的中小企业受到疫情的不良影响。另一方面，疫情导致全球产业链供应链重构，不少中小企业停工停业，生产进度变慢，原材料等供应链供给脱节，订单被动延后执行，湖南外向型工业企业生产订单减少。

（二）俄乌冲突冲击下，湖南制造业面临"越生产越亏损"的挑战

受俄乌冲突冲击，能源、矿产等大宗商品和其他工业原材料价格持续大幅走高，湖南省工业生产成本上升，利润下降。车载芯片、风电装机材料等原材料价格猛涨，天然气等能源成本价格倒挂严重。据国家统计局数据显示，2022年8月份，全国工业生产者出厂价格同比上涨2.3%，环比下降1.2%；工业生产者购进价格同比上涨4.2%。1—8月平均，工业生产者出厂价格比上年同期上涨6.6%，工业生产者购进价格上涨9.1%。工业生产者购进价格中，燃料动力类价格上涨19.5%，化工原料类价格上涨4.5%，原材料价格拉升、煤油电气供应偏紧等因素严重挤压企业利润空间，部分企业出现"越生产越亏损"的现象。

（三）美国联邦储备委员会加息冲击下，湖南制造业面临"海外供需缺口收敛"的挑战

2022年5月，美国联邦储备委员会（以下简称美联储）宣布加息50个基点，创下美联储2000年以来单次加息最大幅度，体现出美联储收紧货币政策的紧迫性。芝加哥均富会计师事务所首席经济学家戴安·斯旺克认为，每次美联储加息，发展中经济体都面临本币贬值、通胀上行和偿债压力等挑战。这一政策失序不仅导致美国经济衰退风险上升，也造成负面外溢效应，冲击全球金融市场并加剧新兴市场压力，湖南制造业面临海外供需缺口收敛的挑战。一方面，需求普遍收缩，湖南工业产品消费不足。一季度，湖南工业产品销售率96.65%，比上年同期下降1.49个百分点，特别是外商及港澳台商投

资企业工业产品销售率比上年同期下降6.58个百分点。另一方面，国际市场对中国外贸订单依赖减弱，海外供需缺口收敛，形成分散替代效应，工业投资变弱，制造业发展不景气。2022年1月、2月湖南制造业PMI（采购经理人指数）分别为48.5%、49.4%，低于临界点和全国指数。2022年工业出口形势较为严峻，或面临出口景气拐点，减弱对工业增长的支撑作用。

（四）"去中国化"冲击下，湖南制造业面临"缺芯"的挑战

近年来，美国等西方发达国家采取"长臂管辖""去中国化"等"卡脖子"行径，放大了芯片、工业软件等国内产业短板的海外供应风险，给湖南工程机械、工业母机、生物医药、人工智能、数据安全等资本和技术密集型新兴战略产业及相关市场主体造成严重困扰。如湖南第一大产业集群工程机械，其高端液压件、高端发动机、电控系统等三大关键零部件受制于国外，研发所需的软硬件设施对外依赖程度高达70%。由于国际分工锁定的技术地位，部分技术领域仍需执行国外技术标准，依靠技术引进推动产业结构优化的传统路径将遇到巨大挑战，加大产业链面临的安全风险。

（五）数字化转型冲击下，湖南制造业面临"产业生态重构"的挑战

2021年，习近平同志在主持中共中央政治局第三十四次集体学习时强调，数字经济发展速度之快、辐射范围之广、影响程度深前所未有，正在成为重组全球要素资源、重塑全球经济结构、改变全球竞争格局的关键力量。受限于基础支撑能力、技术供给、人才储备等核心要素保障水平，湖南在制造业生产设备数字化率、工业设备联网率、关键工序数控率等制造业数字化转型评价指标方面低于全国平均水平。中部地区围绕数字产业化、产业数字化，加快数字化、网络化、智能化技术应用，重点突破，弯道超车，形成了多个国家自主创新示范区。从各城市的产业融合能力得分来看，如图3-5所示，长沙数字产业融合整体评分62.4，低于中部平均水平65.5，仅优于南昌和太原。从细分领域看，长沙数字产业化主体产业和数字产业化驱动产业发展较好；产业数字化发展程度不高，仅优于南昌，居中部第5位，尤其是农业、制造业、医疗健康等领域数字化亟待提升，与发达省份在推进制造业数字化转型方面的水平相比，还存在较大差距，点状、局部的数字化转型改进已难以满足智能制造对工业生产环境和产业生态全过程颠覆性重构的要求。

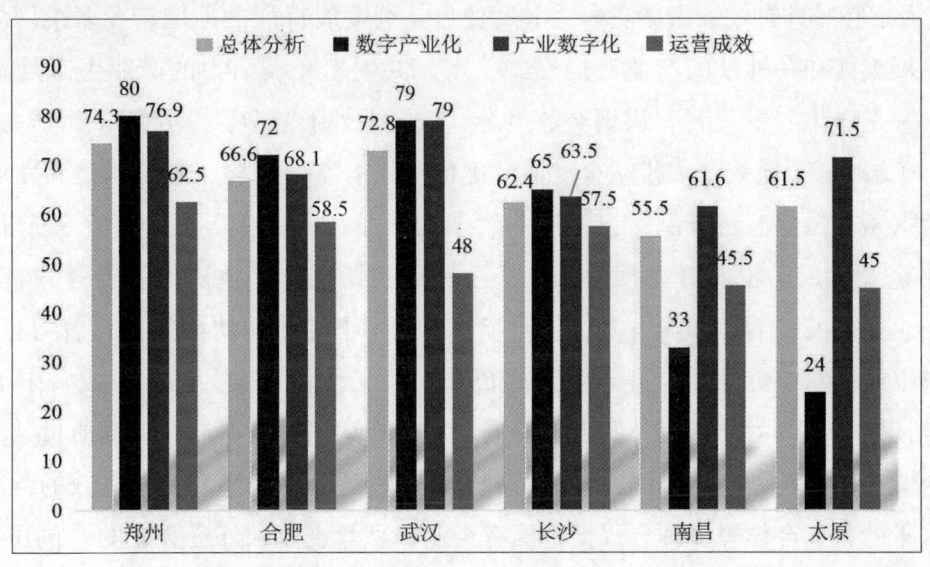

图3-5 2021年中部六省省会城市数字产业融合水平

(六)"3060 双碳目标"冲击下,湖南工业稳增长面临能源供应"清洁化低碳化"挑战

目前湖南的化石能源消费超过 80%,根据"3060 双碳目标",到 2030 年,湖南非化石能源消费比重达到 25%左右,二氧化碳排放量达到峰值并实现稳中有降;到 2060 年,非化石能源消费比重达到 80%以上,意味着能源消费年均增速较低。因此,只有能耗强度持续显著下降才能支撑经济的稳定增长。随着碳达峰碳中和目标的逐步落地,特别是《中共中央国务院关于完整准确全面贯彻新发展理念做好碳达峰碳中和工作的意见》印发后,工业作为能源消费的主要领域,面临更高的节能降耗减排要求。进一步看,2021 年能耗双控引发的多地限产限电问题,以及单位 GDP 能耗下降速度没能完成预期目标,一定程度上与工业增长较快和制造业比重回升有关。这意味着未来工业保持稳定增长、制造业比重保持基本稳定,需要工业能耗强度继续显著下降,湖南产业需要转型升级,需要实现能源供应"去化石化"与化石能源的"清洁化低碳化"。

第五节 新形势下促进湖南制造业大企业高质量发展的对策与建议

宏观经济稳字当头、稳中求进的总基调要求制造业尤其是制造业大企业高质量发展。制造业大企业高质量发展既要着眼于应对疫情冲击与三重压力,也要将制造业大企业高质量发展放在逆全球化回潮、新一轮科技革命和产业变革深入推进、低碳革命正在兴起的大背景下;既要参考工业化的历史规律,也要考虑数字化、绿色化条件下工业化呈现的新特征、带来的新机遇新挑战;既要着眼于工业稳与宏观经济稳、当下稳与长期稳、行业稳与区域稳的统筹协调,同时处理好稳增长与育动能、工业与服务业、疫情防控与工业发展、大企业与中小企业、稳链与补链强链、工业化与绿色化、产业集聚与区域均衡发展、国内循环与国际循环的关系。

一、构建多元共生、充满活力的产业生态

产业生态圈是指某种(些)产业在某个(些)地域范围内已形成(或按规划将要形成)的以某(些)主导产业为核心的具有较强市场竞争力和产业可持续发展特征的地域产业多维网络体系,体现了一种新的产业发展模式和一种新的产业布局形式。多元共生、充满活力的产业生态是湖南制造业竞争力的重要来源。一是强化"链长制"谋划产业生态。在国内外形势复杂、经济下行压力较大的背景下,"链长制"成为地方政府稳链固链、推动全产业链优化升级的有力手段,也是构建新发展格局、实现高质量发展的有益探索。强化"链长制"谋划产业生态既要强调"链主"企业、龙头企业通过"大手拉小手"带动中小企业发展,也要着力推动大中小企业创新协同、产业协作、资源共享、供应链互通,共同增强大中小企业的发展活力和竞争力;推动产业链上中下游企业协同发展,着力打通产业链梗阻,畅通产业链上中下游的双向传导,促进上中下游企业互联互动和共生共赢,形成上中下游企业共同成长壮大、产业链韧性与竞争力整体提升的良好格局。二是推动多种所有制企业高质量共同发展。通过进一步深化国有企业改革,发展高质量的混合所有制经济,构建公平竞争和更加高效的营商环境,推动更高层次和更高水平的竞争合作等多种方式促进国有企业、私营企业和外资企业的"国民共进""国民共强""国民共优"。三是瞄准产业生态圈建设全产业链金融体系。打造全功能的制造业产业生态圈,需

要金融创新，需要建立全产业链的金融体系，在攻坚克难时保障"弹药充足"。在引入商业银行、融资租赁机构、融资担保机构、小额贷款机构、股权基金机构、投资银行、证券公司及会计师事务所、律师事务所、专业咨询公司等各类专业化机构时，要从体系角度思考和探索应用大数据、人工智能、区块链等新技术，构建线上线下相结合的制造业投融资模式，开发有针对性的金融服务产品，满足企业融资需求，降低企业融资成本。

二、建设统一要素市场，畅通产业链关键节点

构建以国内大循环为主体、国内国际双循环相互促进的新发展格局是湖南制造业今后一个时期发展的重要指引。面对单边主义和保护主义抬头、逆全球化回潮、全球价值链收缩的局面，在构建"以我为主"制造业战略要素全球供给保障体系的同时，要继续开拓国际市场，支持湖南制造业100强的海外投资。进一步扩大国内市场的对外开放，加强与世界各国的产业分工以及与"一带一路"沿线国家的产能合作，充分利用全球的资源、产品、资本、人才、技术和市场，同时也把湖南的资源、产品、资本、人才、技术和市场向世界开放。将湖南制造业100强生产体系融入全球产业大循环，进一步强化各国间产业链价值链"你中有我，我中有你"的分工合作关系，形成既融入全球又具有强大韧性的工业产业链体系。一是建设国内统一要素市场，畅通产业链关键节点。加强湖南与粤港澳大湾区、长江经济带、京津冀及成渝地区双城经济圈间产业转移项目特别是重大制造业项目的协调合作，建立重大问题协调解决机制，着力推进湖南工程机械、轨道交通装备和中小航空发动机、生物医药、电子信息等优势产业的产品在全国建立销售网络，打破省际市场分割，打通省域流通关键"堵点"。积极推广银税、银保、政银担等合作互动模式，持续开展"百行进万企"融资对接活动，健全制造业融资"白名单"制度，引导金融机构为"白名单"企业定制差别化融资方案，提升融资效率。二是融入全球统一要素市场，畅通产业链关键节点。加快推进空铁水陆航五大物流通道建设，打通以怀化为中心的西部陆海新通道，形成以长沙为中心、以岳阳为桥头堡的水运枢纽网，实现江海联运、水铁联运，把长株潭、湘南、大湘西等纵深区域与长江经济带有机结合，加快民用小型支线机场和通航设施建设，形成内联外畅、通江达海、物畅其流的综合交通运输体系，发挥区位优势和"一带一部"枢纽作用。

三、稳定工业产业链供应链和原材料保障

完整、准确、全面理解和贯彻新发展理念，严格控制不顾工业发展现实、违背经济规律的"上指标、下命令"，将保障土地、能源、电力等要素供应作为稳定工业增长、保持制造业比重稳定的重要抓手。一是建立制造业保供类企业"白名单"，稳定关键零部件供应链。借鉴浙江建立保供类企业"白名单"做法，设立湖南制造业保运转重点企业"白名单"，集中资源优先保障装备制造等重点行业关键零部件供应。大力支持龙头企业开展跨地区战略合作，加强第三方市场合作，有效对接和利用全球资源，推动境外投资向研产销全链条拓展，鼓励领航企业积极在全球布局研发设计中心，支持企业在全球投资布局供应链管理中心，加速融入全球供应链、价值链和创新链。二是强化电力支撑，稳定工业原材料供应。在做好疫情防控的同时，优先保障恢复在全球供应链中有重要影响的龙头企业和关键环节的生产供应，帮助解决原材料、资金、运力、用工等困难，支持具备资源条件、符合生态环保要求的铁、铜

等矿产开发项目，以"央省"合作模式，加大矿产研发投入，将不可再生资源变为可再生资产，避免矿产贱卖，推动资源综合利用，提高资源附加值。要加强与能源富余省份对接，加快"宁电入湘"的建设步伐，攻关核心技术，共商利益分配机制，提高能源长期合同履约水平，提升能源、电力、用水保供能力。做好国际国内铁矿石、能源等大宗原材料价格监测和预警预判，指导企业通过远期合同、套期保值等金融工具，规避大宗商品价格波动风险。严格执行国家价格调控有关政策，强化市场监管执法，维护市场秩序，增强原材料产品供给稳价能力。三是纾困解难，加快推进复工复产。通过提高预留中小企业份额、提高政府采购预付款比例、降低政府采购合同履约保证金比例等政府采购举措，帮助供应链核心企业稳定市场预期。

四、保障稳定扩大制造业有效投资

以新基建、新产业、新制造"三新"为重点方向，挖掘制造业投资机会，带动制造业投资增长。适度超前建设智慧能源、智能交通、新一代算力、新一代移动通信网络、工业互联网等新型基础设施，一方面带动 IT 硬件制造等工业相关产业市场需求扩张和投资增长，另一方面夯实工业数字化转型、高质量发展的基础设施条件。围绕产业链短板和"卡脖子"的关键领域，发挥政府产业基金的引导作用，按照"三个一批"，加快工业项目开工，带动社会资本投资产业基础高级化和产业链现代化的重点项目。按照"一项一策"原则，统筹推动一批因疫情进展缓慢的省重点产业投资项目加快推进，新增安排一批重点项目开工建设，滚动实施一批省市县长项目开工。继续推动制造业绿色化、数字化、服务化试点示范。进一步激发高端装备制造、新能源、新能源汽车等产业链长、技术密集程度高、产业带动性强的战略性新兴产业投资，加快推进工程机械、高端装备、轨道交通装备、陶瓷轻工、电力能源等行业的工业互联网应用平台建设及运用。全面整合云计算、物联网、移动互联网以及创新设计与协同制造等技术，加快为湖南工业企业尤其是中小制造业企业提供产品创新的服务平台建设。通过技术孵化做大产业集群，加快国家先进轨道交通装备等制造业创新中心为核心节点的创新平台建设，培育壮大制造业增长新动能。

五、着力促进工业品出口量稳质升

发挥湖南制造业集成创新优势、快速响应优势、配套体系优势、综合成本优势，开发适合出口市场需求特点的适销对路产品，强化出口产品的性能、质量、价格等综合竞争力，打响湖南制造品牌。提前研判与应对疫情防控常态化、国外产能释放对中国出口的替代，大力发展跨境电商，积极开拓高增长发展中国家市场，稳步推进"一带一路"基础设施互联互通和产能合作，带动产品出口。一是"双区联动"，推进工业稳出口。通过政策引导，充分发挥自贸试验区、湘江新区的产业优势和制度优势，吸引外商投资高端制造业项目，探索建立国际产业开发园区、国际合作园区和国际社区，鼓励跨国公司在湘设立第二总部、区域性总部、功能型总部。二是"伙伴力量"，吸引外资直接投资。充分利用 RCEP 国家之间的产业互补性，发挥湖南产业优势，聚焦新能源、装备制造、汽车、生物医药、数字经济等产业领域，进一步营造更有利于 RCEP 产业投资合作的营商合作环境，与 RCEP 成员国在资本、技术、项目等方面实现更广泛的深度合作。大力引进产业链头部企业来湘投资，逐步完善产业链布局，确立湖南制造在 RCEP 协作中的领先地位，提高制造业对外开放水平。三是"统筹兼顾"，稳定工业出口。统筹疫情防控和供应链安全畅通，坚持"一断三不断"，确保供应链产业链安全稳定，保持供应链体系的安全畅通、高效运转。统筹国际、国内两个循环，把握"一带一路"及周边国家基础设施互联互通、非洲"三网一化"、东盟和拉美地区重大基础设施建设等投资发展机会。统筹产品服务质量提升和品牌宣传推广，在创新技术提升质量的同时，充分发挥商业协会的纽带作用，宣传湖南制造业优质品牌和产品形象，帮助外方客观评价国内疫情和厂商生产状态，增强与湖南企业合作的信心。

六、推动绿色化数字化转型发展

以科技创新为动力，以高端化、智能化、绿色化为方向，提高高技术产业和新兴产业比重，攀升全球价值链高端。一是夯实"算力"支撑，推动数字化转型。优化工业投资结构，引导投向大数据产业、数字经济、绿色技术产业、环保产业，在已有数字化基础设施规模化部署基础上，重点夯实"算力"支撑，不断激发湖南工业发展新动能。二是围绕"双碳"目标，推动绿色化转型。加强工业绿色技术的研发创新和推广应用，强化工业绿色低碳发展的制度保障，分行业、分地区科学有序地推进工业碳达峰，推动传统产业绿色低碳发展，推动化工、冶金、有色、建材、轻工、纺织等传统制造业兼并重组，加快绿色低碳转型。三是"转型升级"促进高质量发展。加快绿色低碳基础数据平台建设，强化数字化赋能，实施"工业互联网+绿色制造"行动，全面推进工业领域数字化、智慧化、绿色化融合发展。把握全球汽车产业"电动化、智能化、网联化"变革机遇，加强车规级芯片、车用传感器、车载操作系统、智能底盘、新一代车身、自动驾驶智能控制系统等技术研究攻关，推动汽车产业与能源、交通等产业的深度融合，提升新能源及智能网联汽车的普及率，实现绿色低碳发展。

第四章
2022 湖南服务业企业 50 强分析报告

2021 年是"十四五"的开启之年。随着我国进入高质量发展阶段,服务业对于经济的推动作用日趋明显,在经济增长、促进就业、改善民生和推动外贸发展等各领域发挥着"压舱石"和"助推器"的作用。此外,随着服务业数字化普及程度不断提高,衍生出了许多新业态、新模式,为传统行业的转型升级、提升有效供给水平注入了新的创新动力,已成为推动经济高质量发展的重要引擎。"十三五"以来,湖南省深入贯彻落实党中央、国务院关于推动新时代服务业高质量发展的部署要求,服务业经济取得显著发展成效,服务业总量规模、质量效益快速提升,成为经济发展的主要动力,为"十四五"时期服务业高质量发展奠定了坚实基础。"十四五"时期,为夯实"十三五"服务经济发展成就、满足人民美好生活需要、推进创新引领开放崛起和促进产业转型升级,湖南省进一步出台相关政策规划,加快推进服务业高质量发展,大力推动社会主义现代化新湖南建设。2021 年以来,湖南省统筹推进常态化疫情防控和服务业经济发展,坚持新发展理念和稳中求进工作基调,2021 年实现地区生产总值 46063.09 亿元、同比增长 7.7%,第三产业营业收入 23614.08 亿元、增长 7.9%。其中,2021 年全省 7271 家规模以上服务业企业实现营业收入 4806.24 亿元,同比增长 5.5%,全省服务业在新冠肺炎疫情反复和国内外环境日趋复杂化的压力下,仍维持稳步增长,显现出较强的发展韧性。

打造现代服务业发展引领区,是湖南"十四五"服务业发展总目标。围绕总目标,规划提出,要培育一批具有国际竞争力的现代服务业产业集群,建设国家科技创新中心、区域现代金融中心、区域性国际消费中心、国际文化创意中心、国家综合物流枢纽、世界知名旅游目的地。力争到 2025 年,服务业增加值占 GDP 比重达 53% 左右,服务业从业人员占全社会从业人员比重达 50% 左右,"湖湘服务"品牌影响力明显提升。推动现代服务业的高质量发展,不仅有利于促进地方产业结构的调整、提高企业自主创新能力,也有利于加快我国以高质量发展为核心目标的现代化经济体系建设的步伐。对于湖南来说,推动现代服务业高质量发展是经济转型升级的战略之举,也是湖南省全面落实"三高四新"战略定位和使命任务的关键所在。为此,湖南省企业和工业经济联合会向社会发布了"2022 湖南服务业

第四章 2022湖南服务业企业50强分析报告

企业50强"年度排行榜，该统计数据①以企业申报为主，申报企业必须是独立法人，中央在湘企业、区域性连锁企业允许参加本省排序，但不选送国家级排序。本报告拟重点对2022湖南服务业企业50强的基本特征、效益纳税情况及存在的主要问题进行简要分析，并结合湖南省服务业发展实际，针对性地提出对策和建议，供企业、社会组织和有关部门参考。

第一节 2022湖南服务业企业50强特征分析

一、2022湖南服务业企业50强的规模及分布特征

（一）2022湖南服务业企业50强总体规模持续扩大，盈利能力持续提升

2022湖南服务业企业50强营业收入总额达8686.93亿元，平均营业收入173.74亿元，平均营业收入较上年度增长35.80%；总资产达到30978.55亿元，平均资产为619.57亿元，平均资产较上年度增长12.06%；所有者权益总额为7646.46亿元，平均所有者权益为186.50亿元②，平均所有者权益较上年度增长21.47%；利润总额为276.42亿元，利润平均值为6.91亿元③，平均利润较上年度增长25.18%。从上述指标来看，平均营业收入增长率和平均利润增长率指标较上年度都有显著的提升，特别是平均营业收入增长率实现大幅提高，这说明在疫情常态化管控下，服务业大企业逐渐恢复生命力，湖南服务业企业50强总体发展加快。2018—2022湖南服务业企业50强总体规模情况如表4-1、图4-1所示，平均营业收入、平均资产、平均所有者权益与利润平均值对比情况详见表4-2、图4-2。

表4-1　　2018—2022湖南服务业企业50强总体规模情况对比

单位：亿元

年份	总营业收入	总资产	所有者权益总额	利润总额
2021	8686.93	30978.55	7646.46	276.42
2020	6396.96	27644.42	6449.63	220.78
2019	5724.43	16801.97	2927.18	229.39
2018	5255.37	15140.79	2846.73	282.96
2017	4586.21	14653.86	2880.74	212.02

---

① 2022湖南服务业企业50强共有50家企业入榜，新增8家企业上榜，分别是华融湘江银行股份有限公司、湖南湘江新区发展集团有限公司、长沙通程实业（集团）有限公司、湖南粮食集团有限责任公司、长沙京东翰民贸易有限公司、湖南博瑞医药健康产业集团有限公司、中机国际工程设计研究院有限责任公司、鹏都农牧股份有限公司。本报告所有数值均以2021年入榜的50家企业及2020年入榜的50家企业申报数据为依据。

② 因湖南马上银科技有限公司、中国电信股份有限公司湖南分公司、湖南蓝天集团有限公司、中华联合财产保险股份有限公司湖南分公司、湖南新长海发展集团有限公司、湖南金荣企业集团有限公司、太平人寿保险有限公司湖南分公司、湖南申湘汽车星沙常务广场有限公司、湖南红海人力资源有限公司缺少本年度所有者权益数据，故此处以41家为有效统计。

③ 因中国电信股份有限公司湖南分公司、五矿资本股份有限公司、湖南兰天集团有限公司、爱尔眼科医院集团股份有限公司、鹏都农牧股份有限公司、中华联合财产保险股份有限公司湖南分公司、湖南新长海发展集团有限公司、湖南金荣企业集团有限公司、太平人寿保险有限公司湖南分公司、湖南红海人力资源有限公司缺少本年度利润数据，故此处以40家为有效统计。

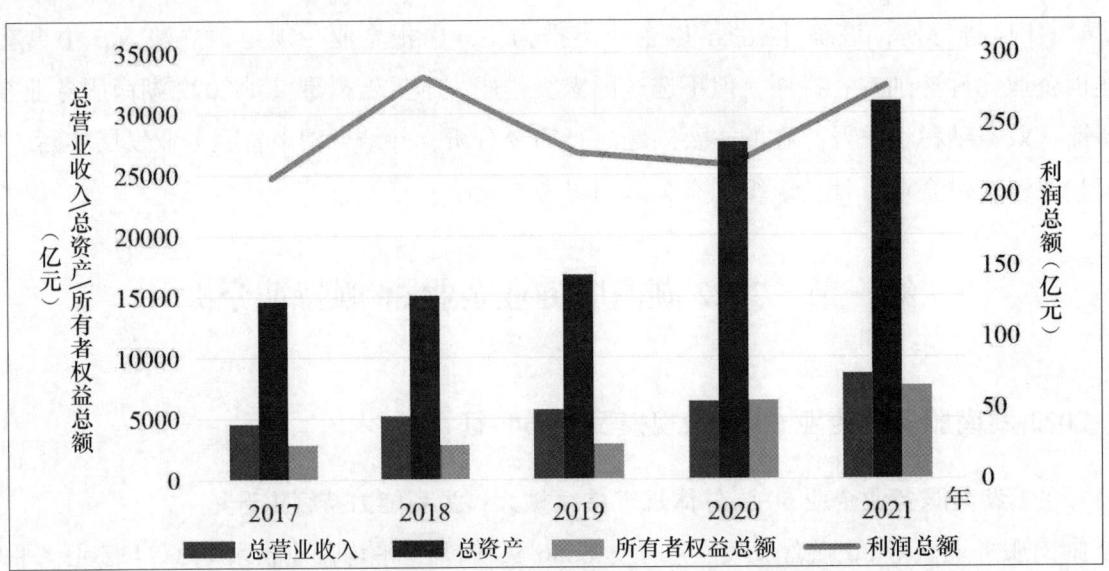

图 4-1　2018—2022 湖南服务业企业 50 强总体规模对比图

表 4-2　　　　　　　　　　　　2018—2022 湖南服务业企业 50 强平均规模对比

单位：亿元

年份	平均营业收入	平均资产	平均所有者权益	利润平均值
2021	173.74	619.57	186.50	6.91
2020	127.94	552.89	153.53	5.52
2019	114.49	342.90	79.11	5.88
2018	105.11	315.43	61.89	5.77
2017	91.72	293.07	62.62	4.33

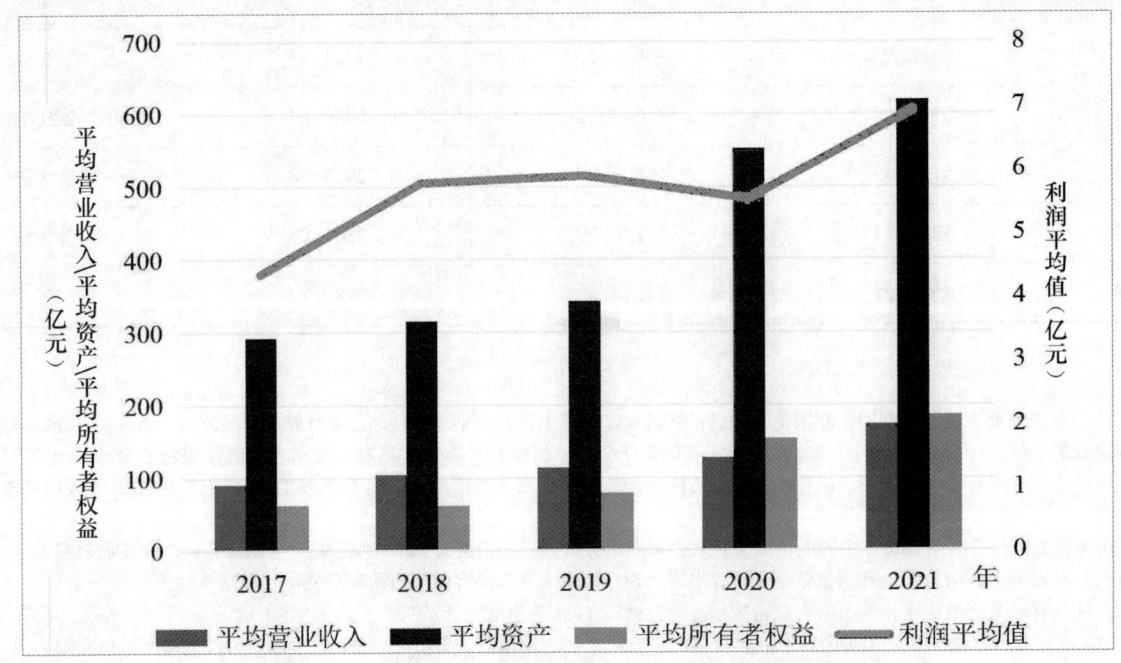

图 4-2　2018—2022 湖南服务业企业 50 强平均规模对比图

（二）2022 湖南服务业企业 50 强规模差距仍然显著

2022 湖南服务业企业 50 强的总体规模和平均规模均有所扩大，但企业之间差距显著。排名首位的国网湖南省电力有限公司和排名末位的长沙通程实业（集团）有限公司的资产总额分别为 1397.43 亿元和 75.92 亿元，营业收入分别为 1029.06 亿元和 26.40 亿元，末位企业的资产总额和营业收入分别占首位企业的 5.43% 和 2.57%，与上年度的 17.87% 和 2.41% 相比，规模差距仍然显著。可见，服务业的大企业占据规模优势，并且这种规模优势会持续带来更大的效益，因为它们拥有更多的资金、更优的人力资本、更丰富的资源，可以不断通过加大技术创新投资、数字化转型等手段，进一步拉大与中小企业之间的差距，导致"马太效应"。

从营业收入来看，2022 湖南服务业企业 50 强前三位企业的营业收入总和为 2641.31 亿元，是后三位的 31.11 倍（后三位企业的营业收入总和为 84.89 亿元）；从资产总额来看，前三位企业的资产总和为 2179.17 亿元，是后三位的 6.68 倍（后三位企业的资产总和为 326.21 亿元）；从所有者权益来看，前三位企业的所有者权益总和为 1018.46 亿元，是后三位的 5.05 倍（后三位企业的所有者权益总和为 201.83 亿元）。总体来看，营业收入、所有者权益与资产规模差距均呈现扩大趋势。2022 湖南服务业企业 50 强前三位与后三位的规模比较如表 4-3 所示。

表 4-3　　2022 湖南服务业企业 50 强前三位与后三位的规模比较

指标	前三位（亿元）	后三位（亿元）	前三位/后三位
营业收入总额	2641.31	84.89	31.11
资产总额	2179.17	326.21	6.68
所有者权益总额	1018.46	201.83	5.05

（三）2022 湖南服务业企业 50 强规模分布不均衡

从营业收入来看，2022 湖南服务业企业 50 强中超过 700 亿元的有 2 家，200 亿~700 亿元的有 8 家，100 亿~200 亿元的有 18 家，70 亿~100 亿元的有 3 家，50 亿~70 亿元的有 3 家，低于 50 亿元的有 16 家，营业收入差距依然存在。与上年度相比，超过 700 亿元的企业增加 1 家，200 亿~700 亿元的企业增加 2 家，100 亿~200 亿元的企业增加 3 家，70 亿~100 亿元的企业减少 1 家，50 亿~70 亿元的企业减少 3 家，低于 50 亿元的企业减少 2 家，企业营业收入整体呈现上升趋势，但是大多数企业仍集中在低于 50 亿元和 100 亿~200 亿元两个区间。国网湖南省电力有限公司以 1029.06 亿元稳居营业收入的第 1 位，排在第 2 位和第 3 位的分别是中国烟草总公司湖南省分公司和大汉控股集团有限公司。国网湖南省电力有限公司已经连续三年位居服务业大企业营业收入第一的位置，并且营业收入持续增加，可见疫情对于国网这类大型国企的影响较小。

从所有者权益来看，2022 湖南服务业企业 50 强平均所有者权益为 186.50 亿元。所有者权益超过 200 亿元的有 11 家，100 亿~200 亿元的有 6 家，50 亿~100 亿元的有 6 家，低于 50 亿元的有 18 家。可见，服务业企业 50 强的所有者权益仍呈现明显的 U 型分布，大多数企业的所有者权益集中在 50 亿元以下及 200 亿元以上两个区间，低于 50 亿元的企业数量最多，分布不均衡问题仍然突出。其中，湖南省高速公路集团有限公司以 2020.39 亿元稳居所有者权益第 1 位①，五矿资本股份有限公司和长沙银行股份有限公司分别以 571.11 亿元和 550.22 亿元位居所有者权益第 2 位和第 3 位。2022 湖南服务业企业 50 强营业收入和所有者权益具体的规模差异情况如表 4-4、图 4-3 所示。

表 4-4　　　　　　　　　2022 湖南服务业企业 50 强营业收入和所有者权益分布

项目	>700 亿元	400 亿~700 亿元	200 亿~400 亿元	100 亿~200 亿元	70 亿~100 亿元	50 亿~70 亿元	30 亿~50 亿元	10 亿~30 亿元	<10 亿元	合计
按营业收入分类的企业数目（家）	2	3	5	18	3	3	12	4	0	50
企业数目比例（%）	4	6	10	36	6	6	24	8	0	100
按所有者权益分类的企业数目（家）	1	5	5	6	3	3	5	10	3	41
企业数目比例（%）	2.4	12.2	12.2	14.7	7.3	7.3	12.2	24.4	7.3	100

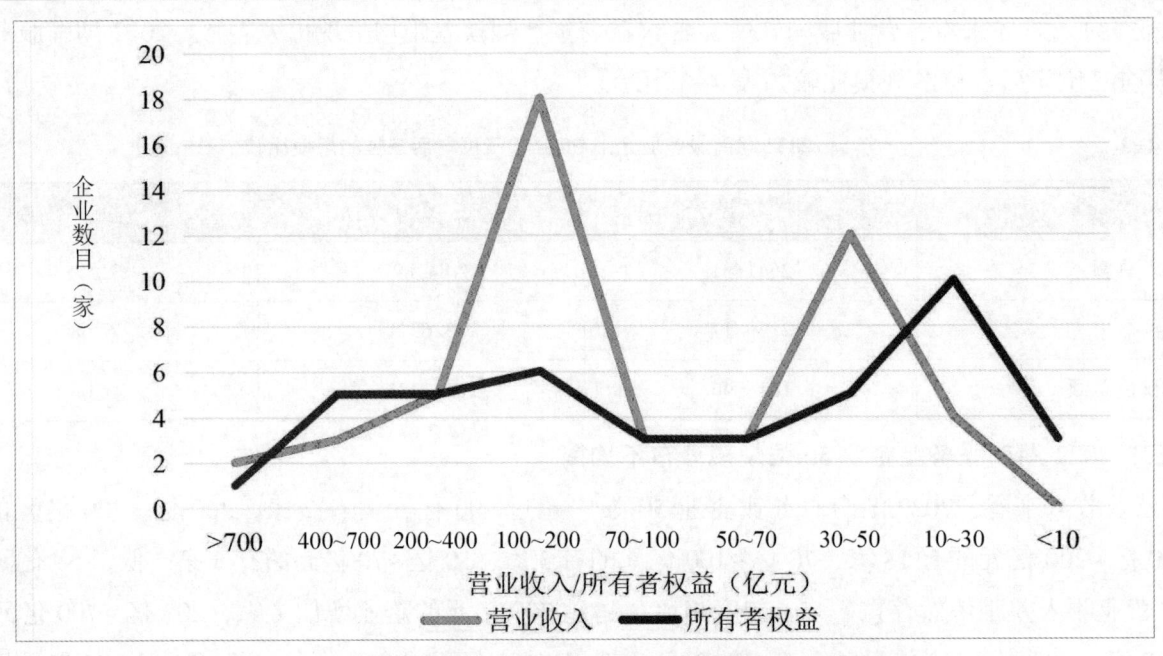

图 4-3　2022 湖南服务业企业 50 强营业收入和所有者权益分布图

从资产规模来看，2022 湖南服务业企业 50 强中共有 7 家企业的资产达到 1000 亿元以上，其中，长沙银行股份有限公司以 7961.50 亿元的资产总额居第 1 位，远超其他企业。资产总额在 100 亿~1000 亿元的企业有 22 家，较上年度增加 1 家；10 亿~100 亿元的有 19 家，较上年度减少 1 家；低于 10 亿元的有 2 家，排名靠后的企业正不断发展，奋起直追。可见，2022 湖南服务业企业 50 强的资产规模主要集中在 10 亿~1000 亿元区间，超过 1000 亿元的企业与低于 10 亿元的企业数目均比较少，基本呈现正态分布。2022 湖南服务业企业 50 强资产规模分布情况如表 4-5、图 4-4 所示。

---

① 因湖南马上银科技有限公司、中国电信股份有限公司湖南分公司、湖南蓝天集团有限公司、中华联合财产保险股份有限公司湖南分公司、湖南新长海发展集团有限公司、湖南金荣企业集团有限公司、太平人寿保险有限公司湖南分公司、湖南申湘汽车星沙常务广场有限公司、湖南红海人力资源有限公司缺少本年度所有者权益数据，故此处以 41 家为有效统计。

表 4-5　　2022 湖南服务业企业 50 强资产规模分布

项目	>1000 亿元	100 亿~1000 亿元	10 亿~100 亿元	<10 亿元	合计
按资产分类的企业数目（家）	7	22	19	2	50
企业数目比例（%）	14	44	38	4	100

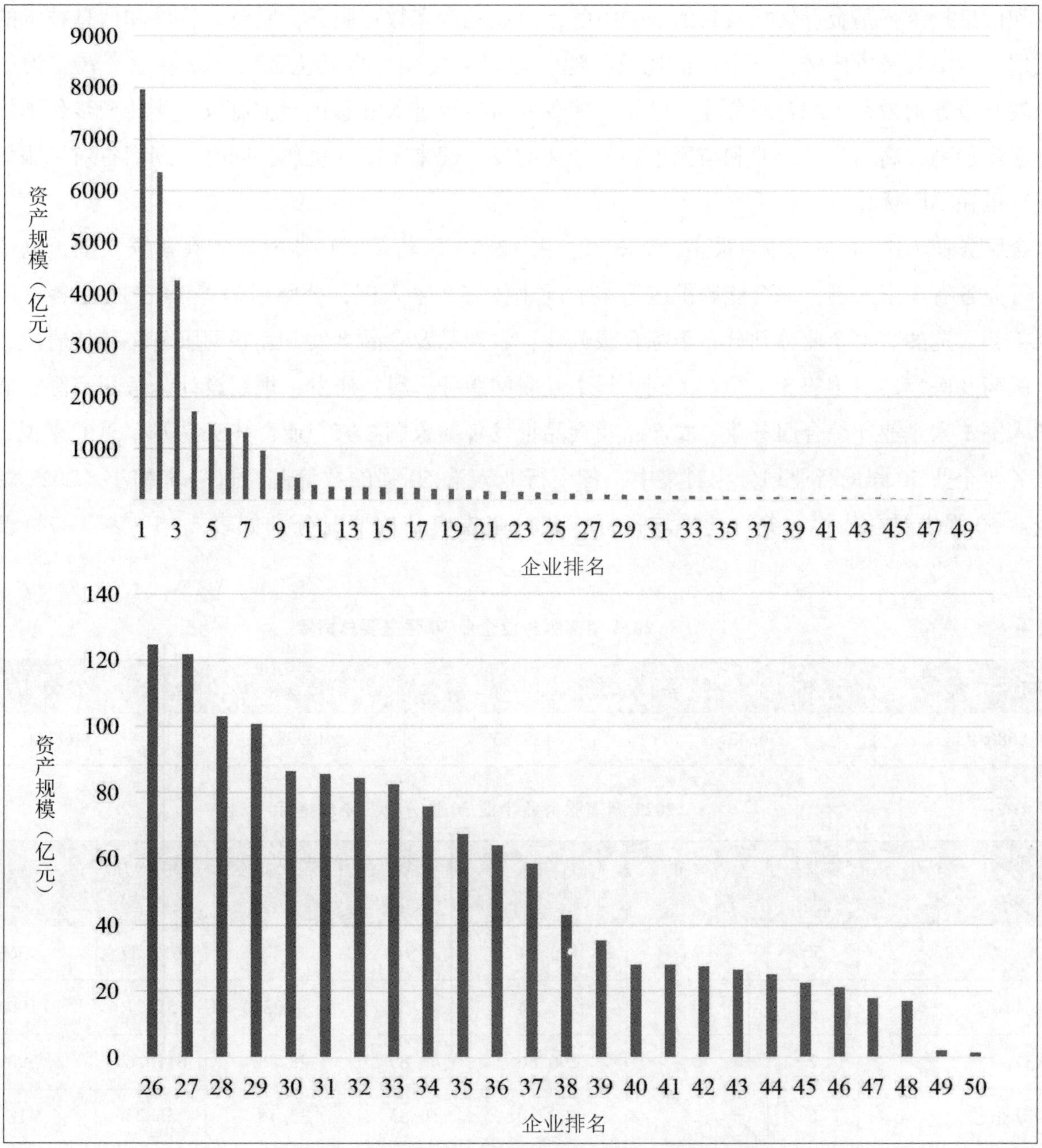

图 4-4　2022 湖南服务业企业 50 强资产规模分布图

综上可知，在新冠肺炎疫情反复和国际上俄乌冲突持续的影响下，2022 湖南服务业企业 50 强规模扩张速度有所放缓，但企业间规模差距依然存在，服务业大企业和中小企业之间的差距仍然十分显著。

二、2022 湖南服务业企业 50 强的行业分布特征

（一）2022 湖南服务业企业 50 强的行业分布相对集中

2022 湖南服务业企业 50 强共分布在 26 个行业，比上年度增加了 5 个行业，分别是电网，水务，农产品及食品批发，园区地产和科技研发、规划设计。同时，本年度行业分布相比上年度也减少了 4 个，即软件和信息技术，基金、信托及其他金融服务，商业地产和教育服务，原属于软件和信息技术的 1 家企业被划分进邮政及供应链，基金、信托及其他金融服务转变为多元化金融，商业地产转变为住宅地产，而教育服务则被并入综合服务业。可见，随着疫情防控进入常态化，企业数字化转型步伐加快，经济活力逐步趋稳，高新技术产业和与民生相关产业的发展迎来了新的机遇，同时，湖南省对于服务业行业的细分也在不断优化。

综合服务业入围 50 强的数量最多，为 6 家，占 12%。医药及医疗器材零售有 4 家入围，电信服务等 6 个行业各有 3 家入围，综合能源供应等 4 个行业各有 2 家入围，公路运输等 14 个行业各有 1 家入围。今年新入选的 7 家企业分别分布于综合服务业，农产品及食品批发，互联网服务，科技研发、规划设计，医药及医疗器材零售 5 个行业类别。其中互联网服务，科技研发、规划设计，医药及医疗器材零售各新入围 1 家企业；综合服务业、农产品及食品批发各新入围 2 家企业，势头良好。总的来说，2022 湖南服务业企业 50 强的行业划分相对集中，各个行业入选 50 强的数量差距进一步缩小。2022 湖南服务业企业 50 强主要总指标、分行业平均指标、分行业规模结构情况分别如表 4-6、表 4-7、表 4-8 所示。

表 4-6　　　　　　　　　　　2022 湖南服务业企业 50 强主要总指标

营业收入（亿元）	利润（亿元）	纳税总额（亿元）	资产（亿元）	从业人数（人）
8686.93	276.42	425.83	30978.55	468300

表 4-7　　　　　　　　　　　2022 湖南服务业企业 50 强分行业平均指标

行业	企业数（家）	新入选企业数（家）	平均营业收入（亿元）	平均利润（亿元）	平均纳税额（亿元）	平均资产（亿元）	平均从业人数（人）
全省	50	7	173.74	6.91	8.52	619.57	9366
综合商贸	2	0	226.14	2.72	1.23	51.91	1004
商业银行	2	0	296.86	46.89	28.48	6110.67	3989
综合服务业	6	2	322.10	16.83	35.18	56.23	4189
文化娱乐	3	0	103.42	13.20	2.45	230.55	6272
医疗卫生健康服务	1	0	150.01	—	—	218.49	—
医药及医疗器材零售	4	1	118.68	4.49	4.37	112.41	16406
邮政	1	0	100.62	2.76	0.87	67.41	18149

续表

行业	企业数（家）	新入选企业数（家）	平均营业收入（亿元）	平均利润（亿元）	平均纳税额（亿元）	平均资产（亿元）	平均从业人数（人）
电网	1	0	1029.06	2.46	22.58	1397.43	39978
多元化金融	1	0	47.70	2.28	2.18	154.72	7426
水务	1	0	50.67	1.52	3.30	254.11	4114
农产品及食品批发	3	2	118.53	-2.51	1.18	129.88	1729
人力资源服务	1	0	28.97	—	1.98	1.42	37349
园区地产	1	0	48.00	—	0.91	35.50	1285
汽车摩托车零售	3	0	117.13	0.93	1.41	43.93	3211
电信服务	3	0	175.20	12.31	4.93	284.60	11393
综合能源供应	2	0	349.63	-1.61	3.49	54.57	—
证券业	1	0	86.21	18.22	23.44	1726.13	8115
互联网服务	1	1	80.25	-0.04	0.99	2.09	567
水上运输	1	0	29.52	1.85	2.08	248.87	3896
连锁超市及百货	3	0	177.82	1.05	3.59	118.44	15365
住宅地产	1	0	69.92	3.62	6.03	1317.41	1743
保险业	2	0	46.18	—	1.96	37.82	1787
公路运输	1	0	394.90	8.52	14.57	6362.14	15236
金属品商贸	1	0	29.74	0.94	0.39	28.07	245
邮政及供应链	1	0	33.80	-63.19	2.92	214.65	50000
科技研发、规划设计	3	1	62.08	2.51	1.34	64.76	1926

表 4-8　　2022 湖南服务业企业 50 强分行业规模结构

单位：%

行业	企业数	营业收入	利润	纳税	资产	从业人数
综合商贸	4	5.21	1.97	0.58	0.34	0.49
商业银行	4	6.83	33.93	13.38	39.45	1.94
综合服务业	12	22.25	36.53	49.57	10.89	6.1
文化娱乐	6	3.57	14.33	1.73	2.23	4.57
医疗卫生健康服务	2	1.73	—	—	0.71	—

续表

行业	企业数	营业收入	利润	纳税	资产	从业人数
医药及医疗器材零售	8	5.46	6.50	4.10	1.45	15.92
邮政	2	1.16	1.00	0.20	0.22	4.40
电网	2	11.85	0.89	5.30	4.51	9.70
多元化金融	2	0.55	0.82	0.51	0.50	1.80
水务	2	0.58	0.55	0.77	0.82	1.00
农产品及食品批发	6	4.09	-2.72	0.83	1.26	1.26
人力资源服务	2	0.33	—	0.46	0.005	9.06
园区地产	2	0.55	—	0.21	0.11	0.31
汽车摩托车零售	6	4.05	1.01	0.99	0.43	2.34
电信服务	6	6.05	13.36	3.47	2.76	8.29
综合能源供应	4	8.05	-1.16	1.64	0.35	—
证券业	2	0.99	6.59	5.50	5.57	1.97
互联网服务	2	0.92	-0.01	0.23	0.01	0.14
水上运输	2	0.34	0.67	0.49	0.80	0.95
连锁超市及百货	6	6.14	1.14	2.53	1.15	11.19
住宅地产	2	0.80	1.31	1.42	4.25	0.42
保险业	4	1.06	—	0.92	0.24	0.87
公路运输	2	4.55	3.08	3.42	20.54	3.7
金属品商贸	2	0.34	0.34	0.09	0.09	0.06
邮政及供应链	2	0.39	-22.86	0.69	0.69	12.13
科技研发、规划设计	6	2.14	2.72	0.94	0.63	1.4

（二）行业间的盈利能力和效益差异进一步增大

2022湖南服务业企业50强分布于26个行业中，共实现营业收入8686.93亿元，平均营业收入为173.74亿元，商业银行、综合商贸、综合服务业等8个行业的平均营业收入超过50强企业平均值，占50强企业营业收入总额的70.93%。电网、水务等今年新进榜行业的营业收入占比达到了19.21%，说明随着疫情防控形势持续向好，新进榜的企业发展势头良好。同时，与上年度相比，综合服务业仍然是营业收入占比最大的行业，达到22.25%，但同上年度的25.7%相比，有所下降。并且上年度的综合商贸、商业银行、综合服务业、文化娱乐4个行业的营业收入总和占50强企业营业收入总额的64.6%，而今年只占37.86%，本年度各行业间营业收入的差距逐步减小。

从利润实现看，50强实现利润总额276.42亿元，平均利润为6.91亿元。其中，商业银行平均利润最大，为46.89亿元，比上年度上升17亿元，银行业的发展呈现持续稳定的状态。邮政及供应链行业平均利润最小，为-63.19亿元；商业银行和综合服务业两个行业的利润总额占50强利润总额的一半以上，占比高达70.46%。相比上年商业银行、电信服务、医药及医疗器材零售和互联网服务行业四者利润总和占比78.2%，50强中主要行业的利润占比进一步增大。

从资产规模看，商业银行依旧处于领先位置，占总额的39.45%，人力资源服务行业仅占0.005%。可见，50强企业所在行业的资产比例结构失衡，资产高度集中于商业银行等行业，而人力资源服务等行业拥有较少的资产。相较于上年度商业银行资产规模占比41.6%，2022湖南服务业企业50强的资产规模差距呈现缩小趋势，但仍然十分明显。

从纳税额和从业人数看，商业银行的纳税总额最高，为56.96亿元，占比为13.38%；医药及医疗器材零售从业人数最多，为65624人，占总行业的14.01%；金属品商贸的纳税总额和从业人数最低，占比分别为0.09%和0.05%；综合商贸、水务、园区地产、互联网服务、水上运输、保险业、金属品商贸等行业的纳税占比和从业人数占比均低于1%。可见，在纳税额和从业人数上，50强企业的行业分布依旧有较大差距。

三、2022湖南服务业企业50强的地域分布特征

2022湖南服务业企业50强表现出明显的区域分布集中特点，基本上与城市经济发展水平相一致，即经济发达的城市入围服务业50强的企业较多。经济最发达的省会城市长沙共有47家企业入围，比上年度增加1家；而郴州、株洲等其他经济发展水平相对较低的地级市仅有3家企业入围，比上年度减少1家，说明在新冠肺炎疫情冲击、经济发展严重滞缓的情况下，经济相对不发达城市的企业生存压力加剧。本年度50强企业分布在湖南4个地区，与上年度持平。本年度新进榜7家企业，比上年度减少3家，7家新进榜企业均在长沙。从整体上看，2022湖南服务业企业50强的地域分布聚集程度更高，且长沙地区的50强企业不断增多，竞争较为激烈，中小企业的生存状况堪忧。

从主要财务指标看，长沙地区47家企业的平均指标值均在全省平均值以上，长沙是湖南省服务业发展水平最高的地区。长沙地区47家企业的营业收入、利润、纳税额、资产总额和从业人数均占50强企业总额的94%以上，与上年度相比，纳税额、利润、资产总额、从业人数占比有所上升，营业收入占比有所下降，由上年的96.45%下降到94.81%。株洲地区的资产总额占比从4.65%下降到4.25%，说明株洲地区服务业大企业发展滞缓。从整体上看，50强企业的从业人数较上年上升明显，平均从业人数从8605人上升到9366人，可看出服务业就业规模不断扩大，在稳定就业方面起到了积极的促进作用。具体数据如表4-9、表4-10所示。

表 4-9　　2022 湖南服务业企业 50 强分地区主要指标

地区	企业数（家）	新入选企业数（家）	平均营业收入（亿元）	平均利润（亿元）	平均纳税总额（亿元）	平均资产（亿元）	平均从业人数（人）
全省	50	7	173.74	6.91	8.52	619.57	9366
长沙	47	7	175.23	7.24	8.89	630.05	9572
怀化	1	0	98.37	1.51	1.66	27.51	15780
郴州	1	0	283.05	0.08	0.14	21.26	874
株洲	1	0	69.92	3.62	6.03	1317.41	1743

表 4-10　　2022 湖南服务业企业 50 强分地区规模结构

单位：%

地区	企业数	营业收入	利润	纳税	资产	从业人数
长沙	94	94.81	98.12	98.16	95.59	96.07
怀化	2	1.13	0.55	0.39	0.09	3.37
郴州	2	3.26	0.03	0.03	0.07	0.19
株洲	2	0.80	1.31	1.42	4.25	0.37

四、2022 湖南服务业企业 50 强的所有制分布特征

（一）企业所有制结构

从所有制结构来看，2022 湖南服务业 50 强国有企业入选 30 家，占企业总数的 60%，其中有 5 家是新入选的企业，比上年度减少 3 家；民营企业入选 20 家，占企业总数的 40%，其中有 3 家是新入选的企业，较上年度增加 1 家。从企业所有制结构数量分布上看，国有企业和民营企业数量均与上年度一致，新入选的企业中国有企业略多于民营企业。

从经济指标来看，国有企业均优于民营企业。尤其是在资产总额上，国有企业资产总额为 29021.10 亿元，占 50 强企业资产总额的 93.68%，平均资产为 967.37 亿元，远超全省平均值；民营企业资产总额为 1957.45 亿元，占 50 强企业资产总额的 6.32%，相较于上年度的 6.34%，占比略有下降，平均资产仅为 97.87 亿元，远低于全省平均值。从从业人数来看，2022 湖南服务业企业 50 强从业总人数高于上年度，平均从业人数增加明显。国有企业的从业人数占比从上年度的 51.16% 下降至 46.95%，而民营企业的从业人数占比从上年度的 49.84% 上升为 53.05%，相对于国有企业，民营企业的从业人数连续三年大幅增加。① 从其他指标来看，国有企业依然占绝对优势。具体数据如表 4-11、表 4-12 所示。

---

① 因华融湘江银行股份有限公司、五矿资本股份有限公司、爱尔眼科医院集团股份有限公司、鹏都农牧股份有限公司、中国石油天然气股份有限公司湖南销售分公司、中国石化销售股份有限公司湖南石油分公司缺少本年度从业人数数据，故此处企业数以 44 家为有效统计。

第四章 2022湖南服务业企业50强分析报告

表 4-11 2022湖南服务业企业50强按所有制分类主要指标

所有制类别	企业数（家）	新入选企业数（家）	平均营业收入（亿元）	平均利润（亿元）	平均纳税总额（亿元）	平均资产（亿元）	平均从业人数（人）
全省	50	8	173.74	6.91	9.06	619.57	9366
国有企业	30	5	191.20	11.59	12.83	967.37	7441
民营企业	20	3	147.54	-1.8	2.99	97.87	12146

表 4-12 2022湖南服务业企业50强主要指标所有制分布

单位：%

所有制类别	企业数	营业收入	利润	纳税	资产	从业人数
国有企业	60	66.03	109	87.36	93.68	46.95
民营企业	40	33.97	-9	12.64	6.32	53.05

（二）不同所有制类型之间的经济效率与效益差距愈加明显

从经济效率和效益指标的分析来看，国有企业和民营企业之间依然存在较大差距。2022湖南服务业企业50强按所有制分类的经济效益与效率指标如表4-13所示。

表 4-13 2021—2022湖南服务业企业50强按所有制分类的经济效益和效率指标

所有制类别	总资产利润率（%）		总资产周转率（%）	
	2020	2021	2020	2021
国有企业	1.79	1.98	57.33	152.91
民营企业	3.65	3.59	178.10	511.82

比较近两个年度的数据，在总资产利润率上，国有企业从1.79%上升至1.98%，上升0.19个百分点；民营企业从3.65%下降至3.59%，下降0.06个百分点。在总资产周转率上，国有企业从57.33%上升至152.91%，上升95.58个百分点；民营企业从178.10%上升至511.82%，上升333.72个百分点。从总资产利润率看，国有企业总资产利润率相对上年度有所提升，而民营企业总资产利润率有所下降；民营企业的资产盈利能力相对较高，国有企业相对较弱，但民营企业受到政策和环境影响更为显著，盈利能力出现下降，国有企业则继续保持上升趋势。从总资产周转率看，无论是民营企业还是国有企业，其管理效率相对上年度均有大幅度上升，行业总体发展势头良好。

第二节 2022 湖南服务业企业 50 强利税分析

一、2022 湖南服务业企业 50 强效益分析

(一) 总体经济效益逐渐恢复，服务业发展形势向好

湖南服务业总体经济效益有所提高，2022 湖南服务业企业 50 强利润总额为 276.42 亿元[①]，与上年度相比有所提升；平均利润为 6.91 亿元，相比上年度增加 1.39 亿元，增加 25.18%，企业经营整体增速。2018—2022 湖南服务业企业 50 强平均利润增长率分别为 -41.80%、33.26%、1.91%、-6.12%、25.18%，整体波动剧烈。其中，相较于 2017 年平均利润的大幅负增长，2018 年利润额迅速回升，增速达 33.26%，此后 50 强平均利润增长率呈逐年下降趋势，行业经营效益持续下滑，2020 年开始出现负增长，而 2021 年平均利润又以 25.18% 的增速回升，说明湖南省对于财政补贴、房租税费减免、金融信贷支持等多方面政策的落实加速了服务业回暖。此外，面对不确定性明显增强的内外部环境，湖南省服务业仍保持了较强的发展韧性，尽管各行业受到下行压力影响出现明显的利润和营收萎缩，但 2018—2022 年服务业增加值占全省 GDP 比重始终稳定在 50% 以上，吸纳了全省近一半的就业人数，已经成为湖南省稳增长保就业的"主引擎"和关键所在。2018—2022 湖南服务业企业 50 强效益情况详见表 4-14、图 4-5、图 4-6 所示。

表 4-14　　2018—2022 湖南服务业企业 50 强效益情况表

年份	利润总额（亿元）	平均利润（亿元）	平均利润增长率（%）
2021	276.42	6.91	25.18
2020	220.78	5.52	-6.12
2019	229.39	5.88	1.91
2018	282.96	5.77	33.26
2017	212.02	4.33	-41.80

[①] 因中国电信股份有限公司湖南分公司、爱尔眼科医院集团股份有限公司、鹏都农牧股份有限公司、湖南兰天集团有限公司、五矿资本股份有限公司、中华联合财产保险股份有限公司湖南分公司、湖南新长海发展集团有限公司、湖南金荣企业集团有限公司、太平人寿保险有限公司湖南分公司、湖南红海人力资有限公司缺少利润数据，故此处以 40 家为有效统计。

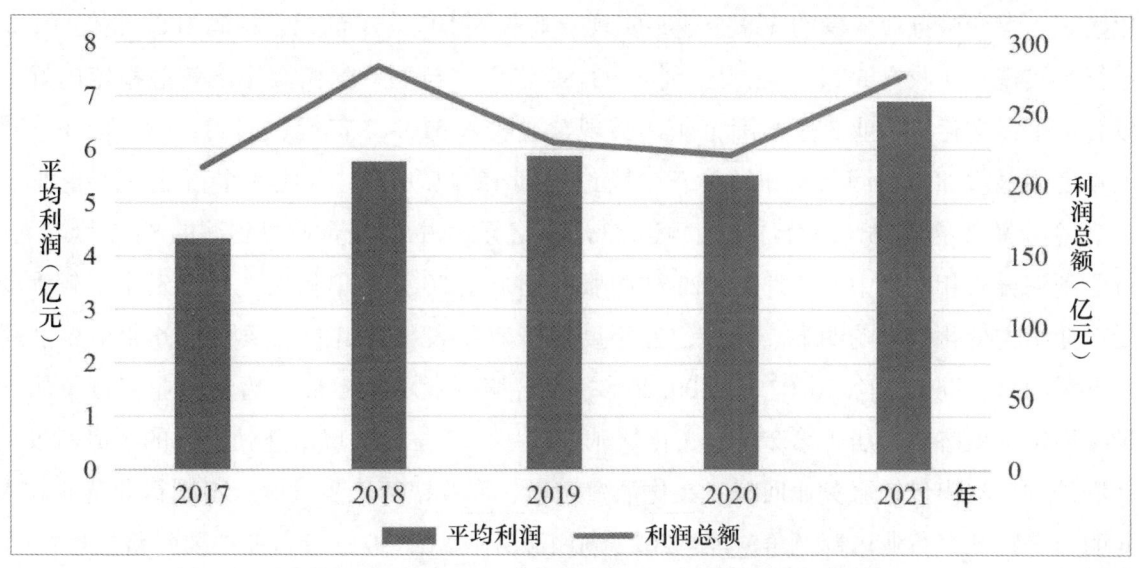

图 4-5　2018—2022 湖南服务业企业 50 强效益对比情况图

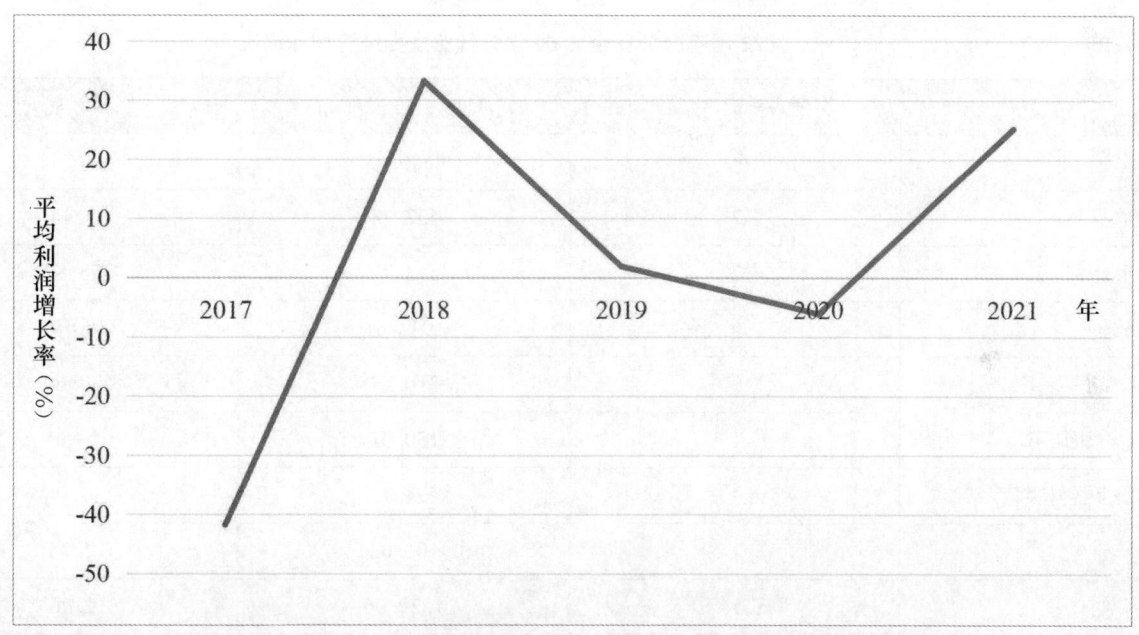

图 4-6　2018—2022 湖南服务业企业 50 强平均利润增长率趋势变化图

(二) 2022 湖南服务业企业 50 强的利润结构分析

1. 行业利润分布相对集中，不同行业效益差异明显

2022 湖南服务业企业 50 强分布在 26 个行业，其中综合服务业入围企业数目最多，其次为医药及医疗器材零售。在利润额[①]排位前五的企业中，中国烟草总公司湖南省公司以 82.42 亿元的利润额居第 1 位；商业银行占据 2 席，长沙银行股份有限公司 (63.04 亿元) 和华融湘江银行股份有限公司 (30.76 亿元) 分别居第 2 位和第 3 位；中国移动通信集团湖南有限公司 (30.10 亿元) 和芒果超媒股份有限公司 (21.14 亿元) 分别居第 4 位和第 5 位。利润额排位前三的行业分别是综合服务业、商业银

---

① 因中国电信股份有限公司湖南分公司、爱尔眼科医院集团股份有限公司、鹏都农牧股份有限公司、湖南兰天集团有限公司、五矿资本股份有限公司、中华联合财产保险股份有限公司湖南分公司、湖南新长海发展集团有限公司、湖南金荣企业集团有限公司、太平人寿保险有限公司湖南分公司、湖南红海人力资源有限公司缺少利润数据，故此处以 22 个行业共 40 家企业为有效统计。

行和文化娱乐。综合服务业入围的6家企业共实现营业收入1932.61亿元、利润100.99亿元；入围的2家商业银行共实现营业收入593.71亿元、利润93.80亿元，与上年度相比经济效益稳定向好，利润整体处于较高水平；文化娱乐业3家入围企业共实现营业收入310.27亿元、利润39.60亿元，营业收入相较于上年度明显增加，利润由负扭转为正，增速达到12711.18%。上述3个行业入围企业数之和为11家，仅占企业总数的22%，而合计利润额达234.39亿元，占50强企业总利润的84.79%，可见50强企业的行业利润分布相对集中。此外，2022湖南服务业企业50强名单相比上年度发生了较大变化，利润结构受产业结构变化的影响明显。其中，上年度经济效益表现突出的互联网服务业本年度营业收入和利润额下滑明显，同比下降56.07%、100.20%；综合服务业增长迅猛，超越商业银行位居榜首；商业银行延续稳定发展态势，居于第2位；文化娱乐业跃居第3位，呈现出蓬勃发展的态势。可见本年度服务业利润结构呈现出传统服务业回暖、文化消费激增、商业银行稳步发展、不同行业营业收入和利润增速差异明显等特征，行业内部竞争激烈。2022湖南服务业企业50强分行业主要经济指标情况如表4-15所示。

表4-15　　　　　　　　　　2022湖南服务业企业50强分行业主要经济指标情况

行业	企业数（家）	营业收入（亿元）	利润（亿元）
全省	50	8686.93	276.42
综合商贸	2	452.28	5.44
商业银行	2	593.71	93.80
综合服务业	6	1932.61	100.99
文化娱乐	3	310.27	39.60
医疗卫生健康服务	1	150.01	—
医药及医疗器材零售	4	474.73	17.98
邮政	1	100.62	2.76
电网	1	1029.06	2.46
多元化金融	1	47.70	2.28
水务	1	50.67	1.52
农产品及食品批发	3	355.58	-7.52
人力资源服务	1	28.97	—
园区地产	1	48.00	—
汽车摩托车零售	3	351.40	2.80
电信服务	3	525.59	36.93
综合能源供应	2	699.26	-3.23
证券业	1	86.21	18.22

续表

行业	企业数(家)	营业收入(亿元)	利润(亿元)
互联网服务	1	80.35	-0.04
水上运输	1	29.52	1.85
连锁超市及百货	3	533.45	3.16
住宅地产	1	69.92	3.62
保险业	2	92.36	—
公路运输	1	394.90	8.52
金属品商贸	1	29.74	0.94
邮政及供应链	1	33.80	-63.19
科技研发、规划设计	3	186.24	7.53

2. 地区利润分布愈加集中，服务业区域发展不平衡

从企业地区分布情况来看，2022湖南服务业企业50强利润分布地区差异进一步增大。其一，不同地区入选企业数量差距增大。长沙地区入围企业数量依旧最多，达47家企业，比上年度增加1家。其他地区入围的企业数量减少，郴州、株洲和怀化各入围1家企业，长沙地区与其他地区间服务业发展差距进一步扩大。其二，地区利润分布高度集中。长沙地区企业利润合计[①]达271.21亿元，占50强企业总利润的98.12%。郴州、株洲和怀化3个地区企业利润合计分别为0.08亿元、3.62亿元和1.51亿元，总计5.21亿元，仅占总利润的1.88%。由此可见，长沙地区企业利润在50强企业中占比极高，且利润占比相比上年度进一步提高，说明50强企业利润的地区分布集中态势更加凸显，地区间发展不均衡的问题愈加显著。2022湖南服务业企业50强所在地区分布情况详见表4-16。

表4-16　　　　　　　　　　　2022湖南服务业企业50强所在地区分布情况

地区	企业数(家)	营业收入(亿元)	利润(亿元)
全省	50	8686.93	276.42
长沙	47	8235.59	271.21
怀化	1	98.37	1.51
郴州	1	283.05	0.08
株洲	1	69.92	3.62

---

① 因中国电信股份有限公司湖南分公司、爱尔眼科医院集团股份有限公司、鹏都农牧股份有限公司、湖南兰天集团有限公司、五矿资本股份有限公司、中华联合财产保险股份有限公司湖南分公司、湖南新长海发展集团有限公司、湖南金荣企业集团有限公司、太平人寿保险有限公司湖南分公司、湖南红海人力资源有限公司缺少利润数据，故长沙地区利润合计以37家企业为有效统计。

(三) 2022 湖南服务业企业 50 强的盈利能力分析

2022 湖南服务业企业 50 强中盈利企业 35 家, 亏损企业 5 家①。

1. 收入盈利能力

从收入净利率看, 2022 湖南服务业 50 强企业收入净利率达到 20%以上的为 1 家, 与上年度相比增加 1 家; 有 5 家企业达到 10%~20%, 与上年度相比减少 2 家。其中, 方正证券股份有限公司以 21.14%的收入净利率居于首位, 长沙银行股份有限公司 (16.64%) 和华融湘江银行股份有限公司 (14.31%) 紧跟其后, 芒果超媒股份有限公司和中南出版传媒集团股份有限公司分别以 13.77%、13.37%的收入净利率居第 4 位和第 5 位。尽管亏损企业数量相比上年度有所增加, 收入净利率为 10%~20%的入围企业数量有所减少, 但大多数企业的收入净利率上升, 50 强企业盈利能力总体呈现上升趋势。

2. 资产盈利能力

从总资产利润率②看, 50 强企业资产利润率③平均为 1.75%, 20 家企业总资产利润率超过平均值; 所有入围企业的总资产利润率均未达到 20%, 与上年度持平; 总资产利润率为 10%~20%的企业仅有 1 家, 即中国烟草总公司湖南省公司, 以 15.29%的总资产利润率居于榜首。此外, 芒果超媒股份有限公司 (8.10%)、中国移动通信集团湖南有限公司 (6.86%)、湖南博深实业集团有限公司 (6.5%) 和中南出版传媒集团股份有限公司 (6.3%) 依次居第 2 位至第 5 位, 上述 5 家企业总资产利润率总体略高于上年度排名前五的企业。50 强企业总资产利润率相比上年度总体呈上升趋势。

从总资产周转率看, 50 强企业总资产周转率平均为 278.53%, 均值相比上年度提高 137.99 个百分点, 总资产周转率超过平均值的企业数量由 14 家减少至 4 家。在总资产周转率超过均值的入围企业中, 长沙京东翰民贸易有限公司以 3851.77%的总资产周转率居于首位, 中国石化销售股份有限公司湖南石油分公司 (2373.91%)、湖南马上银科技有限公司 (1331.36%)、湖南佳惠百货有限责任公司 (357.57%)、大汉控股集团有限公司 (278.13%) 依次列第 2 位至第 5 位。50 强企业总资产周转率相比上年度总体呈上升趋势。

从净资产利润率看, 50 强中有 1 家企业达到 20%以上, 相比上年度减少 2 家; 13 家企业处于 10%~20%区间, 与上年度持平; 7 家企业净资产利润率不足 1%, 与上年度持平。这说明面临新冠肺炎疫情的冲击, 湖南服务业大企业受到一定影响, 总体营运能力和自有资本盈利水平有所下降。④ 50 强中净资产利润率排名前五位的企业依次为: 中国联合网络通信有限公司湖南省分公司 (38.04%)、中国烟草总公司湖南省公司 (16.68%)、老百姓大药房连锁股份有限公司 (15.36%)、中国能源建设集团湖南省电

---

① 因中国电信股份有限公司湖南分公司、爱尔眼科医院集团股份有限公司、鹏都农牧股份有限公司、湖南兰天集团有限公司、五矿资本股份有限公司、中华联合财产保险股份有限公司湖南分公司、湖南新长海发展集团有限公司、湖南金荣企业集团有限公司、太平人寿保险有限公司湖南分公司、湖南红海人力资源有限公司缺少利润数据, 故此处以 40 家为有效统计。

② 由于数据的限制, 计算总资产利润率时资产未取平均数, 后文提到的总资产周转率也未取平均数。

③ 因中国电信股份有限公司湖南分公司、爱尔眼科医院集团股份有限公司、鹏都农牧股份有限公司、湖南兰天集团有限公司、五矿资本股份有限公司、中华联合财产保险股份有限公司湖南分公司、湖南新长海发展集团有限公司、湖南金荣企业集团有限公司、太平人寿保险有限公司湖南分公司、湖南红海人力资源有限公司缺少利润数据, 故此处以 40 家为有效统计。

④ 因湖南马上银科技有限公司、中国电信股份有限公司湖南分公司、爱尔眼科医院集团股份有限公司、鹏都农牧股份有限公司、湖南兰天集团有限公司、五矿资本股份有限公司、长沙京东翰民贸易有限公司、中华联合财产保险股份有限公司湖南分公司、湖南新长海发展集团有限公司、湖南金荣企业集团有限公司、湖南申湘汽车星沙商务广场有限公司、太平人寿保险有限公司湖南分公司、湖南红海人力资源有限公司缺少本年度利润数据, 湖南申湘汽车星沙商务广场有限公司缺少本年度所有者权益数据, 故此处以 37 家为有效统计。

力设计院有限公司（14.87%）和国药控股湖南有限公司（12.69%）。

3. 资本保值能力

从资本保值增值率[①]看，50强中资本保值增值率在100%以上的企业达到32家，相比上年度减少6家，且排名前五的企业资本保值增值率均低于上年度位居同等排名的企业。2022湖南服务业50强资本保值增值率排名前五的企业中，湖南省国有资产管理集团有限公司以221.24%的资本保值增值率位居榜首，湖南兴盛优选电子商务有限公司（189.4%）、芒果超媒股份有限公司（160.24%）、益丰大药房连锁股份有限公司（139.61%）和长沙水业集团有限公司（136.75%）依次列第2位至第5位。可见在新冠肺炎疫情反复和愈发动荡的经济形势的冲击下，50强企业总体经济效益和资本保全状况受到明显影响，且不同行业资本保值增值率变化情况存在明显差异，上年度排名前五的企业除长沙银行股份有限公司和步步高投资集团股份有限公司外，资本保值增值率均有所下滑，而文化娱乐、电信服务等行业企业资本保值增值率普遍有所提升。

二、2022湖南服务业企业50强纳税分析

（一）2022湖南服务业企业50强对湖南省税收收入贡献力大幅上升

2022湖南服务业企业50强合计纳税总额为425.83亿元[②]，比上年度增加218.73亿元；平均纳税额为8.52亿元，比上年度增加4.11亿元。可见在疫情防控常态化下，整体经济环境有所改善，50强对湖南省税收收入贡献情况大幅提升。2018—2022湖南服务业企业50强纳税平均额增长率分别为－16.21%、－51.47%、－2.10%、5.00%、93.20%，50强对湖南省税收的贡献力度自2017年以来呈下降趋势，2019年下降幅度明显放缓，2020年首次达到正增长，2021年纳税平均额增长率大幅度提升至93.20%，说明服务业企业50强对湖南省税收收入贡献力大幅度上升，服务业对税收的作用越来越重要。2018—2022湖南服务业企业50强的纳税情况详见表4-17、图4-7。

表4-17　　　　　　　　　　　2018—2022湖南服务业企业50强纳税情况

年份	纳税总额（亿元）	纳税平均额（亿元）
2021	425.83	8.52
2020	207.10	4.41
2019	205.92	4.20
2018	193.12	4.29
2017	380.05	8.84

---

① 因湖中国石化销售股份有限公司湖南石油分公司、华融湘江银行股份有限公司、中国石油天然气股份有限公司湖南销售分公司、爱尔眼科医院集团股份有限公司、鹏都农牧股份有限公司、五矿资本股份有限公司缺少相关所有者权益数据，故此处以44家为有效统计。

② 因五矿资本股份有限公司、爱尔眼科医院集团股份有限公司、鹏都农牧股份有限公司缺少相关纳税数据，故此处以47家为有效统计。

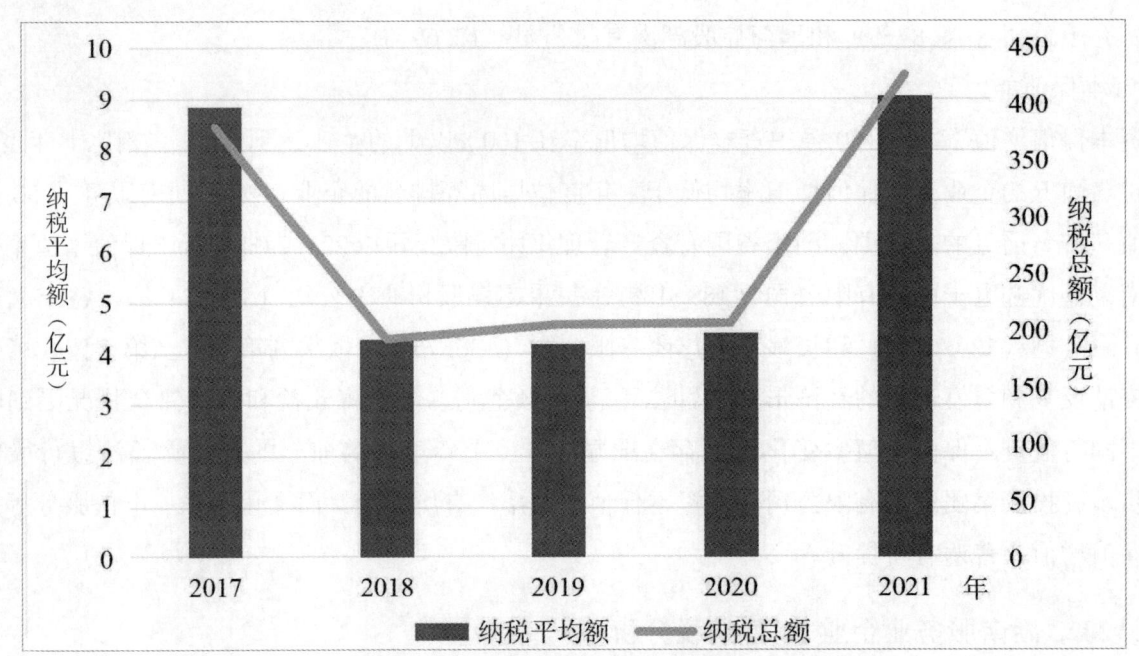

图 4-7　2018—2022 湖南服务业企业 50 强纳税情况变化图

中国烟草总公司湖南省公司以 190.02 亿元的纳税额居 50 强缴纳税款的首位，列第 2 位至第 5 位的企业分别为长沙银行股份有限公司（34.85 亿元）、方正证券股份有限公司（23.44 亿元）、国网湖南省电力有限公司（22.58 亿元）和华融湘江银行股份有限公司（22.11 亿元）。上述排名前五的企业共纳税 293.00 亿元，占 50 强企业纳税总额的 68.81%。

（二）2022 湖南服务业企业 50 强的纳税结构分析

1. 不同行业税收贡献存在差距，现代服务业支柱作用愈加明显

2022 湖南服务业企业 50 强分布在 26 个行业，相比上年度增加了 1 个行业，其中，综合服务业、商业银行、证券业、电网和医药及医疗器材零售 5 个行业的纳税总额居前 5 位。① 其中，综合服务业有 6 家企业入围，共实现营业收入 1932.61 亿元、利润 100.99 亿元，纳税总额 211.10 亿元；商业银行有 2 家企业入围，共实现营业收入 593.71 亿元、利润 93.80 亿元，纳税总额 56.96 亿元；证券业有 1 家企业入围，共实现营业收入 86.21 亿元、利润 18.22 亿元，纳税总额 23.44 亿元。这 3 个行业企业数之和为 9 家，仅占企业总数的 18%，而纳税总额达 291.5 亿元，占 50 强纳税总额的 68.45%。2021 年纳税总额排名第一的综合服务业对税收收入贡献占比为 49.57%，相比于 2020 年纳税额排名第一的商业银行业税收贡献占比（25.99%）大幅提升，说明不同行业对湖南省税收收入贡献存在显著差异，纳税行业分布不均衡程度较上年度进一步提高。本年度纳税额居前三位的企业中，综合服务业、商业银行和证券业各占据 1 席，其中中国烟草总公司湖南省公司以 190.02 亿元的税收贡献力度位列榜首。可见，现代服务业对税收的支撑作用在不断增强，随着湖南省围绕"三高四新"战略定位和使命任务，出台和落实一系列推进服务业高质量发展的措施，服务业已成为湖南经济发展的主要动力。2022 湖南服务业企业 50 强纳税行业分布情况详见表 4-18。

---

① 因五矿资本股份有限公司、爱尔眼科医院集团股份有限公司、鹏都农牧股份有限公司缺少相关纳税数据，故此处以 25 个行业共 47 家企业为有效统计。

表 4-18　　2022 湖南服务业企业 50 强纳税行业分布情况

行业	企业数（家）	纳税总额（亿元）	占比（％）
全省	50	425.83	100
综合服务业	6	211.10	49.57
商业银行	2	56.96	13.38
证券业	1	23.44	5.50
电网	1	22.58	5.30
医药及医疗器材零售	4	17.48	4.10
电信服务	3	14.79	3.47
公路运输	1	14.57	3.42
连锁超市及百货	3	10.78	2.53
文化娱乐	3	7.35	1.73
综合能源供应	2	6.97	1.64
住宅地产	1	6.03	1.42
汽车摩托车销售	3	4.24	1.00
科技研发、规划设计	3	4.01	0.94
保险业	2	3.92	0.92
农产品及食品批发	3	3.53	0.83
水务	1	3.30	0.77
邮政及供应链	1	2.92	0.69
综合商贸	2	2.47	0.58
多元化金融	1	2.18	0.51
水上运输	1	2.08	0.49
人力资源服务	1	1.98	0.46
互联网服务	1	0.99	0.23
园区地产	1	0.91	0.21
邮政	1	0.87	0.20
金属品商贸	1	0.39	0.09
医疗卫生健康服务	1	—	—

2. 3个地区纳税额超亿元,长沙地区占总量的95%以上

从地区分布来看,2022湖南服务业企业50强分布在4个地区,其中3个地区的纳税额在亿元以上。① 其中,长沙地区入围企业47家,纳税总额为417.99亿元,占50强企业纳税总额的98.16%,相比上年度提高0.63个百分点。株洲地区纳税总额虽然仅次于长沙地区,但纳税总额只有6.03亿元,占50强企业纳税总额的1.42%,略高于郴州地区和怀化地区的纳税总额占比。怀化地区和郴州地区分别以1.66亿元、0.14亿元的纳税总额居第3位和第4位,占比为0.39%和0.03%。长沙地区以外的其他3个地区本年度纳税总额占比极小,其中仅株洲地区占比超过1%,较上年度有所提升,但地区之间的税收贡献度差距仍然十分显著,服务业纳税贡献基本靠长沙地区的企业支撑,其他地区贡献甚微,区域经济发展不平衡问题突出。2018—2022湖南服务业企业50强所在地区的纳税额及占比情况如表4-19、4-20所示。

表4-19　　　　　　　　　2018—2022湖南服务业企业50强所在地区的纳税额

单位:亿元

年份 地区	2017	2018	2019	2020	2021
长沙	341.92	175.91	196.89	201.99	417.99
郴州	34.23	2.05	1.65	1.63	0.14
株洲	2.00	2.33	2.68	1.86	6.03
怀化	1.80	2.32	1.54	1.62	1.66
湘潭	0.11	4.62	3.16	—	—
常德	—	5.23	—	—	—
益阳	—	0.66	—	—	—
娄底	—	—	—	—	—

表4-20　　　　　　　　2018—2022湖南服务业企业50强所在地区的纳税额占比情况

单位:%

年份 地区	2017	2018	2019	2020	2021
长沙	89.97	91.09	95.61	97.53	98.16
郴州	—	1.06	0.80	0.79	0.03
株洲	0.55	1.21	1.30	0.90	1.42
怀化	0.47	1.20	0.75	0.78	0.39

---

① 因五矿资本股份有限公司、爱尔眼科医院集团股份有限公司、鹏都农牧股份有限公司缺少相关纳税数据,故此处以25个行业共47家企业为有效统计。

续表

年份 地区	2017	2018	2019	2020	2021
湘潭	0.03	2.39	1.53	—	—
常德	—	2.71	—	—	—
益阳	—	0.34	—	—	—
娄底	—	—	—	—	—

第三节　湖南服务业大企业高质量发展面临的挑战与机遇

一、湖南服务业大企业高质量发展面临的挑战

（一）大企业规模两极分化严重，行业盈利能力提升缓慢

2022湖南服务业企业50强规模继续扩大，增长率亦有所提升，但发展失衡的问题更加突出，两极分化较为严重。从收入规模来看，50强末位企业营业收入仅占首位企业的2.57%；从资产规模来看，排名前三位的资产总额是排名后三位的6.68倍，较上年度的3.79倍明显提升，说明50强企业间差距进一步扩大；从企业规模及其分布来看，企业规模整体上呈现不断扩张的趋势，规模分布差距逐渐扩大，大型企业占比较少，中小型规模的企业占比较大，中小企业呈现出"多而不强"的特征。此外，湖南省服务业的内部行业分化也进一步加剧。由于各细分行业自身发展特性，新冠肺炎疫情所造成的影响亦有强弱，这导致服务业内部各细分行业的发展也存在一定程度的失衡，如连锁超市及百货等依靠庞大线下客流量支撑企业经营的传统服务业，受到新冠肺炎疫情的冲击更为严重，而文化娱乐业等依赖线上虚拟途径经营日常业务的行业仍能稳步发展。诸多外部环境因素与湖南省服务业自身特点综合作用，使得湖南服务业大企业发展失衡问题愈发突显。

从总体盈利状况来看，2022湖南服务业企业50强的平均营业收入上升，平均利润达到6.91亿元，相比上年度的5.52亿元，提高了1.39亿元，但相较于平均营业收入增长率（35.80%），平均利润增长率（25.18%）明显落后，可见企业的盈利增长水平有所下降。从行业分布来看，利润高度集中在综合服务业、商业银行、文化娱乐3个行业，其在50强中的企业数占比仅22%，利润总额占比却高达84.79%，利润分布不均衡现象明显。从地区分布来看，利润高度集中在经济发达的省会城市长沙地区，其利润总额占50强企业利润总额的98.12%，其他地区利润总额仅占1.88%，区域间服务经济发展差距愈发明显。一方面，虽然我国新冠肺炎疫情已进入常态化防控阶段，但是各地区不时出现的疫情反复现象对服务业的规划和经营仍产生了严重影响，不仅加重了企业经营成本负担，还导致行业消费群体明显减少、市场需求波动频繁等问题的出现，继而造成服务业企业盈利能力下降。另一方面，湖南省服务业的内部结构仍有待改善。从资产总额、从业人数等方面来看，目前依然是传统服务业占据湖南省服务业的主体，具有高附加值的现代服务业和新兴服务业体量占比不足，且发展受阻，未能形成支柱产业，

利润分布严重失衡。

（二）现代服务业发展质量不高，服务业结构性改革进程滞缓

2022湖南服务业企业50强中，传统服务业入围的企业数较多但经济总量不高，而来自高新技术行业的企业数量不足，服务业仍需加快结构性改革。如汽车摩托车销售、医药及医疗器材零售、连锁超市及百货3个传统行业实现的利润总额为23.94亿元，占50强的8.66%，但这类行业入围的企业数有10家，占50强的20%。与此同时，具有高附加值的现代服务业不仅没有改善占比较低的现状，反而在本年度表现异常低迷，如互联网服务行业一反常态亏损经营，总利润为-0.04亿元，且该行业入围50强的企业只有1家，仅占50强的2%。整体来看，入围50强的企业绝大多数是劳动密集型服务行业，缺乏以现代科学技术特别是信息网络技术为主要支撑的高附加值的现代服务业，产业结构有待优化。

湖南省现代服务业发展质量不高，整体结构落后。其一，产业层次偏低，区域竞争优势不足。传统服务业如运输业、邮政行业及各类产品的零售、批发等行业从业人数占比很高，而具有高附加值的互联网服务和科技研发、规划设计等高新技术行业从业人数占比极低。从业人数分布充分显示出湖南省服务业人均产值偏低、产业结构落后的问题。同时，以互联网、大数据、人工智能为代表的新一代信息技术与传统服务业的融合发展水平仍亟待提高，共享经济、体验经济等新兴领域发展成效不明显。相较于国内其他发达区域，湖南省服务业的产业层次偏低，区域竞争优势不足。其二，专业人才缺乏，人才支撑作用不强。湖南省现代服务业主要集中在金融保险，科技研发、规划设计，互联网服务等领域，这些领域对高端人才的需求较多。随着湖南省现代服务业的发展，人才数量相对较少，专业人才缺乏的问题日趋凸显。相较于北、上、广、深等发达城市，湖南省自身的人才培养能力和人才吸引能力均存在一定差距，人才短缺在一定程度上已成为制约湖南省现代服务业发展的重要因素。其三，人才短缺与产业层次偏低可能会形成一种恶性循环，产业层次偏低难以吸引和留住高端人才，而高端人才短缺又会造成产业升级步履迟缓，加之湖南省自身对于服务业高端和专业人才的培养能力有限，湖南省现代服务业大企业高质量发展的推进进程受到了严重影响。

（三）区域经济带动效应不足，社会服务有效供给缺少

2022湖南服务业企业50强利润结构的区域集中程度进一步提高，长沙地区作为中心城市，其集聚效应远大于辐射效应，对其他地区服务经济的引领和带动作用不明显，市场、技术、人才和资源等要素分布尚未打破区域边界，难以形成良好的区域协同发展格局。其一，在地区分布方面，50强企业共分布在4个地区，本年度长沙地区新增7家企业，总计入围47家企业，占比高达94%，集聚发展态势明显。其二，在经济总量方面，长沙地区企业的营业收入、资产总额、利润、纳税额和从业人数等各项指标遥遥领先其他地区，分别占比94.81%、95.59%、98.49%、98.16%和96.07%，相比上年度区域集中化特征更加凸显，其他地区各项指标所占份额甚微，地区间服务业发展不平衡问题愈加显著。其三，在新入选企业方面，50强企业名单相比上年度变化较大，新入选7家企业均位于长沙地区。可见长沙地区服务业大企业竞争激烈，更新换代速度快，其他地区服务业经济发展资源和动力不足，企业竞争力较低，地区间差距进一步扩大。

湖南省社会服务有效供给不足。总体来看，服务业涉及交通、税务、邮政、计生、文化、教育、医疗等多个部门，与广大人民群众的衣食住行、生活质量息息相关。因此，在服务业发展过程中既要重视

所取得的经济效益，同时也应该兼顾社会效益，提高社会服务有效供给。然而，湖南省服务业当前所提供的社会服务并不理想。如教育服务业今年已被并入综合服务业，该行业中仅有湖南新长海发展集团有限公司一家企业入围50强，且该企业相较于上年度排名出现一定程度的倒退，在营业收入和从业人数方面均落后于上年。同样，医疗卫生健康服务行业本年度也仅有爱尔眼科医院集团股份有限公司一家企业入围50强，且该企业存在整体规模有限、发展速度缓慢的问题。而企业数量相对较多的运输、邮政等行业，虽然整体规模和从业人数可观，但均属于劳动密集型企业，技术含量有限，所能带来的社会效益不够显著。综上来看，湖南省服务业发展的社会功能不明显。

（四）国际环境不确定性增加，国内防疫难度不断加大

在严峻的国际局势和严格的防疫政策双重影响下，中国整体经济发展面临巨大挑战。受俄乌冲突及其制裁措施、国内新一轮疫情及其管控政策等超预期因素冲击，中国经济面临需求收缩、供给冲击、预期转弱的"三重压力"，经济增速明显放缓。同时，通胀阴霾席卷全球，主要经济体货币政策加快收紧，全球经济滞胀风险高企，中国经济还将面临外需减弱、全球金融市场动荡、地缘政治冲突等外溢风险。

受国内外超预期因素冲击，中国经济面临自2020年疫情冲击以来的又一次重大考验。其一，国际环境较2020年更加严峻复杂。俄乌危机不断发酵升级，对俄实施制裁国家之多、制裁强度之大，创冷战后历史最高水平，对全球政治、经贸、能源、金融等带来巨大冲击。全球滞胀风险显著增大，国际金融市场大幅震荡，全球地缘政治格局加速分化。全球开启新一轮加息周期，2022年美国、英国已分别加息三四次，欧洲央行也明确释放加息信号。在此动荡的国际局势冲击下，服务业海外业务发展受到了严重阻碍，全球服务贸易消费需求停滞，上下游企业由于原材料和人工管控成本等压力会导致减产甚至停产现象，带来成本攀升和壁垒增加等问题，严重阻碍了50强企业对外服务贸易布局的推进。其二，国内疫情防控难度加大，奥密克戎变异株传播力强，疫情管控措施不断出台、升级。本轮疫情持续时间长、影响大，对经济供需两端均造成较大冲击，尤其是上海疫情给全国乃至全球产业链带来冲击。目前疫情仍零星散发，管控措施还没有完全放松，打乱了各地区的服务业发展规划，对服务经济的恢复形成了一定制约。其三，在当前的疫情影响下，服务业的供需两端双双下滑，不仅大幅抑制了服务消费需求，导致服务业市场预期出现逆转，消费增速降幅扩大，投资增速放缓，各市场主体预期恶化，内需恢复速度缓慢，也对服务业企业发展所需要的人才等要素资源流动产生了巨大影响，导致企业生产经营压力剧增，生产要素得不到正常流动，可能逼迫企业暂停生产经营活动，严重影响行业发展。

二、湖南服务业大企业高质量发展面临的机遇

（一）双循环格局释放内需潜力，服务消费需求持续增长

面对日益复杂的国际形势，我国以保障经济高质量发展为核心目标，在"十四五"规划中提出要加快构建以国内大循环为主体、国内国际双循环相互促进的新发展格局。深入来看，坚持以国内大循环为主体意味着在经济发展进程中，需要重点打通生产、消费、流通等环节，进而通过扩大内需满足居民消费升级需求。2021年以来，党中央、国务院统筹国内国际双循环，保持宏观政策的连续性、稳定性和可持续性，出台一系列相关政策来持续巩固统筹疫情防控和经济社会发展的成果，我国经济复苏稳

中向好，扩内需促消费政策持续发力，中国消费市场呈现出旺盛活力。随着全面建成小康社会目标的完成，我国进入全面建设社会主义现代化国家的新发展阶段，扩大内需成为"十四五"时期经济工作的重点，经济的内生性动力逐步增强，我国的超大规模市场优势和内需潜力为服务业发展提供了广阔空间。

国家统计局公布数据显示，2021年最终消费支出对我国经济增长贡献率为65.4%，拉动经济增长5.3%。显而易见，居民消费对于国民经济增长意义重大。在居民消费升级所带来的强大内需拉动下，服务消费有了发挥海量经济效益的空间。借助经济产业化、数字化手段，服务消费业态得到创新，并结合规模化市场产生了叠加经济效应。居民消费升级将逐步呈现出两种趋势：一是市场型服务消费渐次取代传统商品消费；二是以娱乐为主的享乐型服务消费需求持续上升。服务业发展的同时，居民消费升级也助力服务消费实现同步变化，以最大化发挥我国大规模市场优势与释放内需消费，提升经济循环潜力。与此同时，第一财经商业数据中心发布《2020新消费洞察报告》指出，2020—2025年，我国居民消费升级预计将推动数字经济总产出10.6万亿元，直接创造数字经济附加值3.3万亿元。保守估计，在此附加价值影响下，到2035年我国新增累计服务消费将达293.1万亿元，这对于双循环新发展格局要求的建设强大国内市场本身具有举足轻重的作用。由此可见，居民消费升级在筑牢新消费业态的同时，也奠定了双循环新发展格局中扩大内需的基础性条件。

（二）数字经济助推服务业结构升级，产业融合进程加快

在国际形势紧张、全球经济下行的背景下，数字经济成为提振各国经济的重要方向和加速经济增长的新杠杆。"十四五"规划纲要明确提出，要加快发展现代服务业，推动生产性服务业向专业化和价值链高端延伸，推动各类市场主体参与服务供给，推动现代服务业同先进制造业、现代农业深度融合，加快推进服务业数字化。当前，数字经济日益繁盛，第五代移动通信技术（5G）、人工智能、大数据和区块链等新兴通信技术及其相关产业正在崛起，新一轮科技革命和产业变革正在孕育形成。新兴技术的不断突破和广泛应用将加速服务内容、业态和商业模式创新，推动服务网络化、智慧化与平台化，提升知识密集型服务业比重。以数字化赋能服务业结构升级，压缩信息时空传递距离，增强区域间经济活动关联的广度与深度，不仅能有效扩大服务业的服务半径，而且能提高服务业全行业生产率，为新技术革命背景下服务业结构升级提供重要历史机遇。

通过激发产业数字化转型，数字经济赋能传统服务业升级改造。数字经济推动制造业、农业等实体产业现代化、信息化，促进了生产结构升级，为现代服务业与第一、二产业融合发展提供了契机，金融、物流、设计研发、检测与认证、营销等生产性服务业配套提升数字服务能力，创建了以服务业人才供给体系、资金管理体系、互联网平台运营与监管体系以及新经济场景布置体系为核心的服务业创新体系，有助于加快第一、二产业数字化进程。此外，数字经济推动服务业企业间数字合作，构建产业数字生态圈，驱动服务业上下游企业间的整合，提速服务业产业链一体化，进而推动了服务产业跨界融合。从产业内部看，数字经济能够帮助服务业下游高效、便捷地将数据与样本传递到中上游的研发创新环节，实现从需求挖掘、产品创造、研发创新、信息反馈与产品升级到实现需求的整体产业链闭环，加快服务业产业链垂直整合，促进产业链与价值链、供应链的融合协作，构建高效的价值网络，营造"互联网+"服务业的数字化生态环境，促进服务业传统企业的数字化转型。

(三)"放管服"改革深入推进,营商环境不断优化

李克强总理在2016年《政府工作报告》中提出要"持续推进简政放权、放管结合、优化服务,不断提高政府效能"。政府提出"放管服"改革,目的是减少政府对市场的直接干预,向服务型政府发展,用政府减权减限和监管改革换来市场活力和社会创新力。通过"放管服"改革,政府将手中的权力下放给市场或者企业。对于企业来说,将生产的投资经营权和自主权还给企业,能使企业有更大的自主权,从而更好地利用自身的条件去发展。2021年《政府工作报告》指出,我国要在2022年坚定不移深化改革,更大激发市场主体活力和发展内生动力,使市场在资源配置中起决定性作用。持续推进"放管服"改革,需要进一步放宽准入条件、简化审批程序、优化营商环境。

湖南省不断深入推进"放管服"和"一件事一次办"改革,持续深化简政放权,营商环境持续优化,为服务业发展带来新的机遇。在深入推进"放管服"改革背景下,湖南省圆满完成"十三五"国家服务业综合改革试点。在产业高质量发展方面,先进制造业和现代服务业融合发展、医养结合、家政服务业提质扩容等试点取得显著成效。在服务效率方面,持续推进深化政府机构简政放权,政府服务效能大幅提升,全面推行"双随机、一公开"监管,建立"一件事一次办"全国政务服务知名品牌。在对外发展方面,服务业对外开放水平进一步提高,创建中国(湖南)自由贸易试验区,推动中非经贸博览会长期落户湖南,建立4个国家跨境电商综合试验区和17个省级服务外包示范基地。未来,湖南省将持续深化简政放权和行政审批制度改革,推进政府职能深刻转变,精准推进服务业领域"放管服"改革,促进服务业高质量发展。

(四)全球产业价值链加速重构,服务业国际化发展迎来新机遇

"十四五"规划纲要提出,立足国内大循环,协同推进强大国内市场和贸易强国建设,形成全球资源要素强大引力场,促进内需和外需、进口和出口、引进外资和对外投资协调发展,加快培育参与国际合作和竞争新优势。这是推动我国开放型经济向更高层次发展的重大战略部署。当今世界正经历百年未有之大变局,新一轮科技革命和产业变革持续演化,国际产业分工加快重塑,服务业在全球产业链、创新链、价值链的作用不断提升。在此背景下,依靠市场机制、优化要素配置、激发创新活力,推动生产性服务业向专业化和价值链高端延伸,推动生活性服务业向高品质和多样化升级,是未来服务业高质量发展的途径和方向。这些催生新组织、新业态的制度改革以及内部产业结构调整的系列举措能够加速我国服务业的转型升级,在全球疫后复苏的服务业多边合作和再分工中获取更大优势,促进国际服务消费和服务业发展的同时提升我国在全球服务贸易中的话语权。

尽管新冠肺炎疫情影响了一些跨境服务贸易的发展,但同时也催生了大量新技术、新业态、新场景、新模式,激发了服务贸易新的潜力和活力,服务业的国际化发展在此背景下也迎来了新的机遇。尤其是相较日益紧张动荡的国际局势,我国疫情防控和经济社会发展统筹推进,在疫情防控成效和营商环境改善方面均取得明显成果,增强了外国投资者长期在华投资经营的信心,为我国与世界各国深化互利合作创造了新机遇。2021年上半年,我国服务业业务活动预期指数为61.2%,一、二季度均值分别为60.5%和61.8%,表明服务业企业对未来市场繁荣发展普遍持积极乐观态度,我国服务贸易在国内外环境不确定性增强的情况下继续保持较快的增长态势。

第四节　促进湖南服务业大企业高质量发展的对策与建议

一、培育经济增长新动能，拓展服务业发展新路径

服务业已成为全球经济支柱性产业，占全球生产总值的65%。中国的服务业近10年增加值增长1.49倍，增量居全球第一。中国服务贸易的蓬勃发展，得益于服务业持续扩大开放和中国科技创新水平不断提高。新时代下我国服务业如何提升业务经营与盈利能力，如何围绕"增供给、提质量、促改革"的战略部署，深化供给侧结构性改革，对实现中国服务业高质量发展至关重要。

第一，加快服务业融合化发展，不断深化服务业与其他产业融合发展。围绕打造国家重要先进制造业高地，以产业链龙头、行业骨干、专精特新企业为主体，以轨道交通装备、工程机械、新材料、新能源等优势产业为重点，深入推进先进制造业和现代服务业融合发展。加快推动农村一、二、三产业融合发展，大力发展农业生产性服务业、农业消费性服务业，培育现代服务业，构建现代农业产业体系、生产体系和经营体系，助力乡村振兴。大力发展农业生产性服务业。推动服务业内部相互融合，支持服务业企业拓展经营领域，推动服务业内部细分行业生产要素优化配置和服务系统集成，促进以信息服务、物流、贸易、设计为主的生产性服务业和以消费体验、文化、健康为主的消费性服务业跨界融合发展。

第二，推动服务业数字化发展，加快服务业数字化转型。深入推进传统服务业数字化改造和转型升级，发展个性化定制、柔性化生产，引导企业开发数字化产品和服务，推动线上线下消费高效融合。拓展服务业数字化应用，培育壮大人工智能、大数据、区块链、云计算、网络安全等新兴数字产业，重点在智慧城市、智慧工厂、智慧交通、智慧环保等领域塑造应用场景，推动典型场景和垂直行业的融合应用。提升数字技术创新能力。结合国家重大科技创新需求和科技创新2030重大项目实施，前瞻布局一批可信计算、量子信息、类脑计算、数字孪生等重大项目。聚焦自主软件、大数据与云计算、移动互联网、网络安全等优势产业领域，打造高水平服务业技术创新平台。

第三，促进服务业协同化发展，加强区域协同作用。对外，以中部崛起战略为契机，加强对接长江经济带、粤港澳大湾区、西部陆海新通道等国家区域战略，强化与周边省、城市群、城市间不同层级跨区域协同合作；对内，探索建立省内合作示范区，系统梳理全省服务业产业分布，围绕金融、信息、科技、商贸、物流、文化、旅游、康养等重点行业，绘制全省重点服务业产业链地图，打通跨市州的产业链、政策链、创新链和供应链，加快培育一批千亿级服务业产业集群。围绕重点产业，支持有条件的龙头企业，联合上下游企业、高校院所、投融资机构等建立跨区域、跨行业、跨领域的新型产业协作组织，为产业链上下游企业提供项目招商、银企对接、技术创新等一体化服务，按照平台化发展、市场化运行、专业化服务等方式推进跨区域产业协作。

二、大力发展现代服务业，构建服务业新发展体系

湖南现代服务业发展要立足于资源禀赋、产业基础和市场需求，聚焦服务业重点领域和发展短板，以壮大产业规模、优化供给结构、提升产业竞争力为核心，加快推进生产服务、商贸流通、社会服务、

生活服务等四大产业体系优化升级。"十四五"时期，湖南省要立足新发展阶段、贯彻新发展理念、构建新发展格局，促进现代服务业在构建现代化经济体系中做出更大贡献、发挥重要支撑作用。从国际形势来看，新一轮科技革命和产业变革加速演进，要求湖南省加快推动现代服务业开放创新发展。同时，我国已经迈向全面建设社会主义现代化国家的新征程，社会主要矛盾发展变化带来新特征新要求，要求湖南省加快提升现代服务业发展质量。

第一，增强生产服务支撑能力，围绕建设国家重要先进制造业高地、具有核心竞争力的科技创新高地，以产业升级需求为导向，促进科技服务、信息服务、现代金融、商务服务、节能环保服务等生产性服务业专业化、高端化发展，提升产业整体竞争力。围绕产业链、部署创新链、完善服务链，促进科技服务业专业化、集成化发展，构建覆盖创新全链条、产品生产全周期的科技服务体系，打造国家科技创新中心。加快推动5G、大数据、人工智能、云计算、物联网、区块链等新技术应用，推进"数字湖南"建设，打造全国信息服务业创新基地。增强金融服务实体经济能力，推进金融产品和服务创新，建设多层次资本市场体系，深化金融改革和扩大开放，提升金融风险防控能力，建立与"三高四新"战略定位和使命任务相适应的现代金融服务体系，打造区域现代金融中心。

第二，打造高效商贸流通体系，围绕融入双循环新发展格局，以降低流通成本、促进消费增长为目标，健全商贸流通体系，提升信息化、标准化、集约化水平，增强基础支撑能力。依托"三纵五横"骨干交通网络，着力构建"通道+枢纽+网络+平台"的物流体系，打造国家综合物流枢纽。围绕打造国内大循环和国内国际双循环重要节点，积极营造放心消费环境，促进消费新业态、新模式、新场景的普及应用，打造区域性国际消费中心。

第三，扩大社会服务有效供给，坚持以人为本，扩大康养服务、教育培训等社会服务有效供给，更好地保障和改善民生，大力推动富饶美丽幸福新湖南建设。深入实施"健康湖南行动"，满足城乡居民多样化、差异化、个性化的健康养老服务需求。统筹公办教育和民办教育发展，建立覆盖全员、全过程、全方位的育人体系。普及学前教育，实施学前教育提质工程，大力发展普惠性学前教育，构建覆盖城乡、布局合理、公益普惠的学前教育公共服务体系。

第四，提高生活服务质量水平，充分发挥消费需求拉动经济增长的基础性作用，促进文化旅游、居民和家庭服务等生活性服务业向高品质、多样化发展，更好满足人民多层次消费需求。遵循"守正创新"发展理念，挖掘湖湘特色文化，大力发展数字文化产业，扩大文化产品和服务供给，打造具有国际影响力的文化创意中心。深入挖掘自然生态、人文历史、民族风情等旅游资源，促进文化和旅游融合，丰富文旅服务供给，全面提升旅游服务质量和"锦绣潇湘"旅游品牌知名度，着力打造"五大板块、五大协作区、三个走廊"的"553"文旅发展格局，建设世界知名旅游目的地、全域旅游基地。进一步完善家政、托育、物业、社区等服务标准，提升从业人员素质，健全行业诚信体系，满足城镇居民家庭多元化、个性化、高品质的服务需求。

三、强化企业创新驱动能力，推动区域协调发展态势

湖南省服务业增加值占GDP比重稳定在50%以上，新冠肺炎疫情期间仍保持了一定的发展韧性。疫情后期服务业大企业效益逐步回暖，总体发展趋势稳定向好，但服务贸易快速增长的同时，创新驱动

效应不强、区域发展两极化等问题进一步加剧，严重阻碍了湖南省服务业的高质量发展。当前湖南正处于转方式、调结构的关键时期，而"十四五"将是湖南实现跨越式发展的机遇期，要实现经济高质量的目标必须努力提升创新能力，抢抓全球第四次技术革命战略机遇，积极对接国家科技创新重大项目。依照《湖南省服务业高质量发展三年行动方案（2020—2022年）》和《湖南省国民经济和社会发展第十四个五年规划和二〇三五年远景目标纲要》的任务要求，湖南省要积极提升企业创新能力，推动区域产业协调发展。

第一，营造培育企业创新能力大环境，激发创新驱动内生动力。一方面，应完善培育创新能力的体制环境、法制环境、政策环境与合作环境，使不同经济体享有同等待遇，确保不同经济体在市场上公平竞争，加强不同区域间的技术创新合作，通过依据各自优势合作开发获得企业技术新突破。另一方面，要积极培育新兴消费热点，支持创意经济、平台经济和体验经济发展，创新和提升服务产品供给质量，满足消费者个性化、时尚化和品牌化的消费需求。此外，还需要加大培育创新人才力度，鼓励省内高校、中职学校和技工院校根据服务业创新发展需要增设一批特色学科，完善人才激励制度，培育一批领军人才和高端人才，助推湖南服务业创新升级。

第二，率先发展生产性服务业，提升发展生活性服务业。一是率先发展生产性服务业，升级产业结构。加快提升生产性服务业的产业规模，大力推动新技术、新模式、新业态在生产性服务业中的应用，并以生产性服务业为支撑，加快产业升级，发挥生产性服务业在提升技术、优化流程、提高效率、节能减排等方面的带动效应，推动湖南由生产制造型向生产服务型转变。二是提升发展生活性服务业，适应新常态下的消费需求。围绕人民群众对生活服务普遍关注和迫切期待的领域，创新服务业态和商业模式，优化服务供给，增加短缺服务，开发新型服务，积极利用互联网等现代信息技术，改进传统的服务流程和模式，不断优化消费环境，完善服务质量管理体系和顾客满意评价体系，保障居民放心消费。

第三，强化重点服务业集聚区建设，推进区域协调发展。一是充分发挥现代服务业集聚区的载体作用。根据长沙市城市定位、产业和区位优势，充分发挥现代服务业集聚区的功能，提高产业集聚度，降低生产成本和交易成本，促进土地等资源的节约和集约利用，提高服务业投资质量和效益，加快形成以服务经济为主的城市经济结构。二是引进具有示范引领作用的项目产业。以服务业集聚区的主导产业为重点，聚焦国内外知名服务业集团、公司和品牌，加大招商引资力度，引进一批世界500强、中国500强和具有一定实力与影响力的现代服务业企业。加快建设一批市场前景好、辐射带动力强的现代服务业引领性项目，使其实现规模化、产业化、高端化经营，形成较强的市场竞争力，对行业发展产生强大的示范和带动效应，进而推动现代服务业集聚区成为产业新高地和经济增长的新亮点。

第四，依托产业资源优势，加强特色服务产品供给。一方面，要发挥各地区产业资源优势，创新发展具有独特湖湘文化魅力的服务产品及服务模式，提高地区服务业的文化内涵，构建富有创意、竞争力和吸引力强的产业体系，形成具备当地资源特色的服务业发展格局。另一方面，要根据各地区发展实际进行统筹规划和合理分工，完善空间治理体系，对各主体功能区进行分类精准施策，同时破除区域间的资源流动障碍，提高资源配置效率，促进区域协调发展。

四、融入双循环新发展格局，推动服务业高质量发展

由于服务业自身特征，在新冠肺炎疫情暴发期间，服务业的发展受到了最直接的冲击。虽然当前国

内疫情防控态势向好，湖南服务业逐步回暖，但疫情期间暴露出的服务业产业链脆弱、商业模式单一和高质量供给不足等问题亟须政府部门予以关注和重视。为有效发挥龙头企业带动作用、扎实推动服务业高质量发展，需要政府与市场主体共同努力，持续推进服务业改革开放，推动服务业与其他产业深度融合，着力提高服务效率和服务品质，为实现经济高质量发展提供重要支撑。此外，在全球贸易重塑的格局下，湖南服务业应抓住潜在机遇，兼顾常态化疫情防控和服务业高质量发展，持续提升服务业的国际竞争力，扩大对外开放水平，主动融入国内国际双循环新发展格局。

第一，构建亲清政商关系，优化营商环境和创新机制。不断促进服务业高质量发展，更好发挥服务业高质量发展对居民消费升级的提振作用。服务业高质量发展需要政府层面发力，尤其是要营造有利于服务业创新发展（产品创新）的体制机制，加强知识产权保护，为服务业创新发展提供良好的营商环境。政策层面应该适时通过出台或制定有利于服务业高质量发展的相关文件，加大对服务业高质量发展的资金支持，为服务业高质量发展营造良好的发展环境。充分发挥技术赋能作用，不断创新服务业高质量发展的相关产品，助力居民消费升级。服务业是我国经济发展和转型升级的重要方向，通过互联网信息技术的应用，人工智能和数字技术的赋能，不断创新服务业产品。譬如打造"在线旅游""智慧旅游""数字景区"等，促进文化旅游产业的发展和劳动文化旅游消费的扩容提质，也可以借助于大数据、区块链、云计算等信息技术，通过数字化、个性化与本土化的融合，为居民提供积极向上的文化消费，涵养文化娱乐氛围，提升居民对文化旅游等有利身心健康产品的消费需求，促进居民消费升级。

第二，挖掘强大内需潜力，提升大企业服务构建新发展格局能力。一是政府层面，促进服务业提质扩容，构建新发展格局。要培育拓展新的服务消费增长点，促进消费提质扩容，激活民生幸福产业潜在服务消费需求，让内需潜力持续释放。紧密围绕城乡居民优质便利生活需求，统筹规划社区卫生服务中心、综合文化服务中心等设施建设，合理布局社区养老、托育等便民服务设施，增强老百姓的获得感、幸福感，提振市场预期和消费信心。要继续推进服务业市场准入领域改革，进一步提升服务业利用外资水平，以"一带一路"建设为重点，引导有条件的企业在全球范围配置资源、拓展市场，和其他产业企业携手"走出去"。二是企业层面，要从客户需求出发，努力提高服务品质，提升专业化服务能力，切实满足产业转型升级需求和人民美好生活的需要。要在广阔的内需市场机遇中，坚持标准化、规模化、品牌化协同发展，实现企业发展规模和发展质量的双重进步。要在服务业高水平的对外开放新局面中，使用更加专业化的人才，引进新的技术，学习先进的管理模式和专业服务经验，激发自身的成长动力。

第三，加大有利于服务业高质量发展的相关人才培养和职业培训力度。政府部门需要加强与高校之间的合作，建立与服务业高质量发展相契合的人才培养机制，为服务业高质量发展输送优质人才。同时，也需要通过与服务业职业技能培训机构的合作，加强职业院校、培训机构对服务业从业人员的职业技能培训，提升服务业人才素养，为服务业高质量发展提供必要的人才支撑。

第五章
2022 湖南企业 100 强横向对比分析报告

2021 年，在百年变局与世纪疫情相互交织、世界经济不确定性增加的背景下，湖南企业立足新发展阶段，构建新发展格局，稳步迈向高质量发展新阶段。本书第二章已对 2022 湖南企业 100 强的总体发展状况进行了纵向分析比较，提出了许多有价值的意见和建议。本章拟对 2022 湖南企业 100 强再做一些横向对比分析，以期把问题看得更深、更远、更全面，在看到湖南企业 100 强亮点的同时，也认识到与竞争对手之间的差异，才能在更加激烈的国际竞争中脱颖而出，掌握发展的主动权。本章横向对比分析所选参照系主要是：2022 中国企业 500 强，2022 中国企业 500 强中国内生产总值（GDP）排名前 10 位省份的上榜企业和 2022《财富》世界 500 强企业。

第一节 2022 中国企业 500 强三大榜单中的湖南特点

一、6 家企业进入中国企业 500 强排行榜，较上年减少 1 家

2022 中国企业 500 强排行榜中，湖南省有 6 家企业，其中制造业企业 4 家：湖南钢铁集团有限公司、三一集团有限公司、中联重科股份有限公司、湖南博长控股集团有限公司；建筑业企业 1 家：湖南建工控股集团有限公司；服务业企业 1 家：大汉控股集团有限公司。湖南钢铁集团有限公司、三一集团有限公司、湖南建工控股集团有限公司是连续第 12 年上榜，大汉控股集团有限公司、湖南博长控股集团有限公司是连续第 9 年上榜，中联重科股份有限公司是连续第 3 年上榜，连续上榜 6 年的步步高投资集团股份有限公司因营业收入未能达到 2022 中国企业 500 强 446.25 亿元的入围门槛而落榜。

6 家上榜企业中，4 家排名较上年提升，1 家排名保持不变，1 家排名较上年下降。湖南钢铁集团有限公司以营业收入 2197.06 亿元的业绩排名第 120 位，比上年的排名提升 35 位；大汉控股集团有限公司以营业收入 675.32 亿元的业绩排名第 333 位，比上年提升 31 位；湖南建工控股集团有限公司以营业收入 1213.38 亿元的业绩排名第 210 位，比上年提升 13 位；三一集团有限公司以营业收入 1545.60 亿元的业绩排名第 170 位，比上年提升 12 位；湖南博长控股集团有限公司以营业收入 621.58 亿元的业绩排

名第 360 位，与上年排名相同。三一集团有限公司连续 4 年保持排名稳步上升，大汉控股集团有限公司连续两年实现排名较大幅度上升。本年度排名下降较多的是中联重科股份有限公司，其营业收入为 671.31 亿元，排名第 335 位，与上年相比下降 15 位（见表 5-1）。

表 5-1　2021—2022 中国企业 500 强榜单湖南企业排名情况

企业名称	2022	2021	位次升降
湖南钢铁集团有限公司	120	155	+35
三一集团有限公司	170	182	+12
湖南建工控股集团有限公司	210	223	+13
大汉控股集团有限公司	333	367	+31
中联重科股份有限公司	335	320	-15
湖南博长控股集团有限公司	360	360	0
步步高投资集团股份有限公司	落榜	450	—

从 6 家上榜企业的平均规模来看，两项经济指标都比上年有较大幅度提升。（1）营业收入规模。6 家上榜企业共实现营业收入 6924.25 亿元，平均营收规模为 1154.04 亿元，与 2021 中国企业 500 强榜单上湖南 7 家上榜企业平均营收规模相比，增加 305.22 亿元，增幅高达 35.96%。（2）资产规模。6 家上榜企业的资产总额为 6408.39 亿元，平均规模为 1068.07 亿元，与 2021 中国 500 企业强榜单上湖南 7 家上榜企业平均资产规模相比，增加 228.28 亿元，增幅为 27.18%（见表 5-2）。

表 5-2　2021—2022 中国企业 500 强湖南上榜企业总体规模

指标	2022		2021	
	总体规模	平均规模	总体规模	平均规模
营业收入（亿元）	6924.25	1154.04	5941.76	848.82
资产（亿元）	6408.39	1068.07	5878.5	839.79

二、保持 7 家企业进入中国制造业企业 500 强排行榜

在 2022 中国制造业企业 500 强榜单上，湖南有 7 家企业上榜，与上年保持不变。2021—2022 中国制造业企业 500 强榜单上湖南企业排名情况如表 5-3 所示。从中可以看出，有 3 家企业的排名较上年有提升。其中，湖南钢铁集团有限公司进入前 50，排名第 49 位，较上年提升 16 位；三一集团有限公司在上年大幅提升 27 位的基础上，再次前进 3 位，排第 76 位；湖南黄金集团有限责任公司前进 6 位，排第 431 位。其余 4 家企业的排名均出现不同程度的下滑。

表 5-3　　2021—2022 中国制造业企业 500 强榜单湖南企业排名情况

企业名称	2022	2021	位次升降
湖南钢铁集团有限公司	49	65	+16
三一集团有限公司	76	79	+3
中联重科股份有限公司	159	144	-15
湖南博长控股集团有限公司	174	170	-4
湖南五江控股集团有限公司	303	262	-41
唐人神集团股份有限公司	411	397	-14
湖南黄金集团有限责任公司	431	437	+6

从上榜企业的营业收入平均规模来看，7 家制造业企业共实现营业收入 5823.9 亿元，平均规模为 831.99 亿元，与 2021 中国制造业企业 500 强榜单上 7 家湖南制造业企业的平均规模相比，提高 163.23 亿元，增幅为 24.41%，创历史最高纪录。2018—2022 中国制造业企业 500 强榜单上湖南企业营业收入平均规模如图 5-1 所示，从中可以看出，近年来湖南制造业总体保持平稳增长态势。

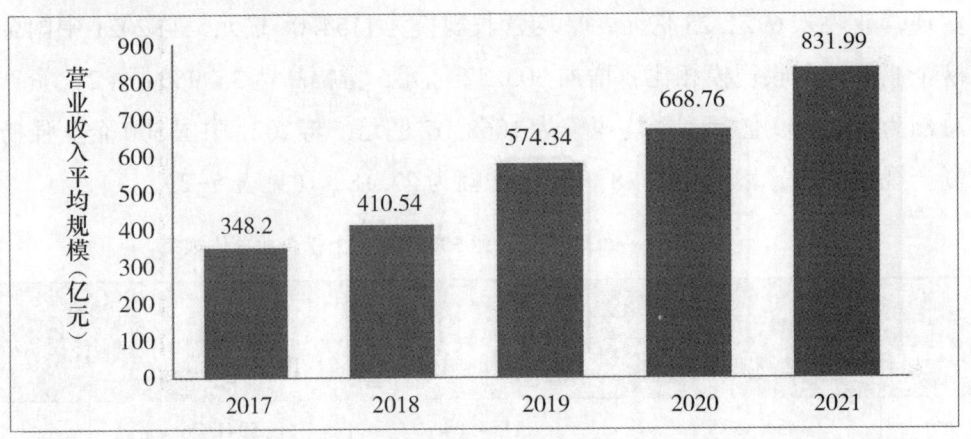

图 5-1　2018—2022 中国制造业企业 500 强湖南上榜企业营业收入平均规模示意图

三、保持 18 家企业进入中国服务业企业 500 强排行榜

在 2022 中国服务业企业 500 强榜单上，湖南有 18 家企业上榜，数量与上年一样。在 2021 中国服务业企业 500 强榜单上有名的湖南粮食集团有限责任公司 2022 年没有申报，故 18 家上榜企业中有 1 家是"新面孔"，为株洲市城市建设发展集团有限公司。2021—2022 中国服务业企业 500 强榜单上湖南企业的排名情况如表 5-4 所示。湖南省高速公路集团有限公司以营业收入 394.9 亿元的业绩排名第 187 位，较上年提升 142 位，是 8 家企业中位次提升最多的赢家。湖南佳惠百货有限责任公司的排名相对出现较大下降，由上年的第 410 位下降至本年的第 430 位，后退 20 位。

第五章　2022湖南企业100强横向对比分析报告

表 5-4　　　　　　　2021—2022中国服务业企业500强榜单湖南企业排名情况

企业名称	2022	2021	位次升降
大汉控股集团有限公司	121	136	+15
步步高投资集团股份有限公司	176	162	−14
湖南省高速公路集团有限公司	187	329	+142
长沙银行股份有限公司	192	198	+6
华融湘江银行股份有限公司	271	262	−9
湖南永通集团有限公司	311	294	−17
湖南博深实业集团有限公司	314	347	+33
现代投资股份有限公司	326	322	−4
老百姓大药房连锁股份有限公司	331	327	−4
芒果超媒股份有限公司	335	326	−9
益丰大药房连锁股份有限公司	336	338	+2
爱尔眼科医院集团股份有限公司	341	357	+16
湖南兰天集团有限公司	359	344	−14
安克创新科技股份有限公司	379	411	+32
中南出版传媒集团股份有限公司	403	385	−18
湖南佳惠百货有限责任公司	430	410	−20
方正证券股份有限公司	455	460	+5
株洲市城市建设发展集团有限公司	497	—	—
湖南粮食集团有限责任公司	—	411	

从上榜企业的营业收入平均规模来看，18家服务业企业共实现营业收入3817.03亿元，平均规模为212.06亿元，与2021中国服务业企业500强榜单上18家湖南服务业企业的平均规模相比，增加32.8亿元，增幅高达18.30%。2018—2022中国服务业企业500强榜单上湖南企业的营业收入平均规模如图5-2所示。

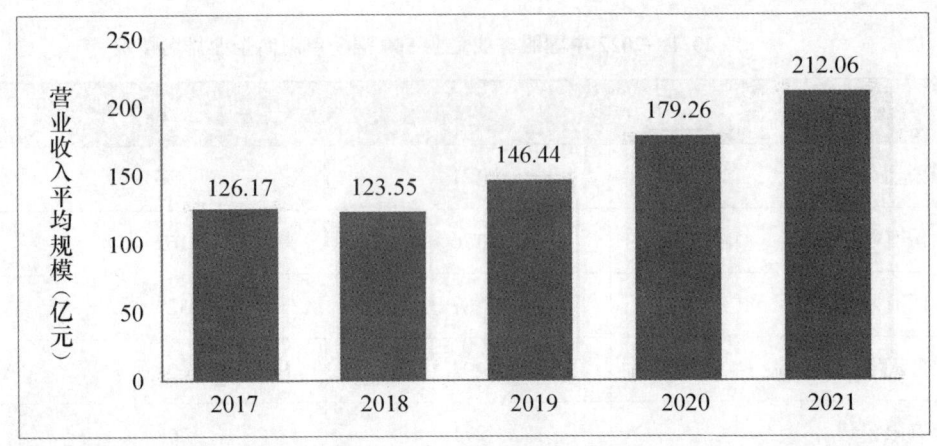

图 5-2　2018—2022 中国服务业企业 500 强湖南上榜企业营业收入平均规模示意图

四、湖南上榜企业的其他亮点

在 2022 中国跨国公司 100 大及跨国指数排行榜[①]中，湖南有三一集团有限公司和中联重科股份有限公司两家企业上榜。其中，三一集团有限公司连续 4 次上榜，以海外资产 397.67 亿元的实绩列第 53 位，跨国指数为 12.33%；中联重科股份有限公司第二次上榜，以海外资产 248.56 亿元的实绩列第 72 位，跨国指数为 12.19%（见表 5-5）。2021 年，三一集团有限公司继续积极推进数字化及智能化转型，大力推进"灯塔工厂"建设，在国内各大产业园广泛采用视觉识别、工艺仿真、重载机器人等前沿工业技术和数字技术，极大地提升了人机协同效率与生产效率，大幅降低制造成本，进一步增强公司在全球的综合竞争力。世界经济论坛（WEF）正式发布新一期全球制造业领域"灯塔工厂"名单，三一重工北京桩机工厂成功入选，成为全球重工行业首家获认证的"灯塔工厂"。2021 年，三一重工推出了全球最大的 4500 吨履带起重机、Sy650 挖掘机、新能源搅拌车等新品 186 款，突破关键技术 219 项，科技成果数量与质量均为历史最佳。截止到 2021 年底，三一重工累计申请专利 13140 项，授权专利 9124 项，申请及授权数量均居国内行业前茅，新研发推出的大量产品在多个方面居世界前列。2021 年实现海外收入 264.14 亿元，三一集团有限公司创下历史最佳海外经营业绩：海外销售额同比大幅增长 65%，12 个海外大区业绩全面上涨，在 50 多个国家和地区的销售额实现翻番增长。其中，三一挖掘机的海外销售额和销售台量均再创新高，提前达成百亿销售和两万台的年度超常目标。混凝土机械稳居世界第一，桩工机械、大吨位起重机械、港口机械等出口行业领先。

中联重科股份有限公司创立于 1992 年，由原建设部长沙建设机械研究院孵化而来。经过 20 多年的创新发展，中联重科股份有限公司逐步成长为一家全球化企业，已从中国工程机械技术发源地成长为国际标准制定者、全球工程机械前五强，产品覆盖全球 100 余个国家和地区，在"一带一路"沿线均有市场布局。2021 年，公司在"用互联网思维做企业、用极致思维做产品"的理念指导下，坚持"积极的经营策略、稳健的财务计划"的经营方针，深入贯彻新发展理念，加速推进数字化、智能化、绿

---

① 本排行榜是中国企业联合会以中国企业 500 强、制造业企业 500 强和服务业企业 500 强为基础，由拥有海外资产、海外营业收入、海外员工的非金融企业，依据企业海外资产总额排序产生，跨国指数按照（海外营业收入÷营业收入总额+海外资产÷资产总额+海外员工÷员工总数）÷3×100%计算得出。

色化转型升级，经营效率持续提升，经营质量夯实稳健，实现高质量发展。主导产品市场地位稳中有升，潜力业务市场持续突破，公司在混凝土机械、工程起重机、建筑起重机三大产品上的竞争力持续增强，保持市场领先地位，其中建筑起重机销售额创历史新高，销售规模稳居全球第一，混凝土机械中长臂架泵车、搅拌站等市场份额稳居行业第一。新业务方面，公司在土方机械领域形成"渭南+长沙"双制造基地布局，中大挖销量大幅增长，市场占有率稳步提升。此外，公司在2021年实现高空作业平台销售收入33.5亿元，同比增长310.76%，并已实现4~68米全覆盖，成为国内型号最全高空设备厂商之一，市场份额稳居行业前三。全系列新能源化产品基本形成，截至2021年12月，公司累计发布50余款新能源产品，类型覆盖混凝土泵车、搅拌车、汽车起重机、高空作业平台、挖机、矿卡、叉车、农机等。其中，纯电动混凝土泵车、60米级别混动泵车、40米级别电动直臂高空作业平台等均为全球首创。公司深入推进全球本土化战略，海外市场取得突破性进展：工程机械产品海外市场持续高增长，2021年公司实现海外收入57.89亿元，同比增长51.05%；加速推进海外管理变革，完成17个重点国家本地化业务和运营体系建设；加快海外制造基地拓展升级，意大利CIFA拓展升级为综合型全球化公司，白俄罗斯基地全面投产，创造海外新的业务增长点；印度工业园启动建设，辐射中东、南亚等市场。

表5-5　　　　　　　　2022中国跨国公司100大排行榜中湖南两家上榜企业主要数据

指标	三一集团有限公司	中联重科股份有限公司
跨国指数（%）	12.33	12.19
企业资产总额（亿元）	2447.37	1220.18
海外资产（亿元）	397.67	248.56
海外资产规模在中国企业500强中的排名	53	72
企业营业收入总额（亿元）	1545.6	671.31
海外收入（亿元）	264.14	57.89
企业员工总数（人）	36954	26036
海外员工（人）	1344	1973

此外，三一集团有限公司和中联重科股份有限公司也在2022中国战略性新兴产业领军企业100强榜单中上榜。三一集团有限公司以1068.73亿元的战新业务收入（战略性新兴产业相关业务归口统计的营业收入）位列第20名，中联重科股份有限公司以671.31亿元的战新业务收入位列第44名。

在2022中国大企业创新100强榜单中，湖南仅有三一集团有限公司和湖南钢铁集团有限公司上榜，分别列第34位和第100位。

第二节 2022中国企业500强中十大经济强省上榜企业对比分析

一、2022中国企业500强中十大经济强省上榜企业总体营业收入规模对比

2021年，按国内生产总值（GDP）排名列前10位的省份依次是：广东（124369.67亿元）、江苏（116364.2亿元）、山东（83095.9亿元）、浙江（73516亿元）、河南（58887.41亿元）、四川（53850.79亿元）、湖北（50012.94亿元）、福建（48810.36亿元）、湖南（46063.09亿元）和上海（43214.85亿元）。这10省共有294家企业荣登2022中国企业500强排行榜。其中，广东、山东、浙江、江苏4省是"第一梯队"，上榜企业数分别达59家、50家、46家和44家，总计199家。10省上榜企业营业收入合计达440315.77亿元，占中国企业500强总量的43.67%。表5-6列出了十大经济强省在2022中国企业500强中的企业数、营业收入总额及占比情况，从中可以看出，各省上榜企业营业收入总体规模与GDP排名大体相同。相比之下，湖南和河南上榜企业数较上年均减少1家，而湖北比上年增加5家，湖南上榜企业仍为最少，大企业培育之路任重道远。

表5-6 2022中国企业500强中十大经济强省上榜企业总体营业收入规模对比

省份	上榜企业数（家）	上榜企业营业收入总额（亿元）	在中国企业500强中的占比（%）
广东	59	111142.2	11.02
江苏	44	48680.03	4.83
山东	50	54943.71	5.45
浙江	46	71405.51	7.08
河南	11	10661.5	1.06
四川	15	16799.69	1.67
湖北	13	13647.38	1.35
福建	19	34084.23	3.38
湖南	6	6924.25	0.69
上海	31	72027.27	7.14
合计	294	440315.77	43.67

从2022中国企业500强十大经济强省上榜企业营业收入的平均规模来看，超1000亿元的省份有9个，即上海市（2323.46亿元）、广东省（1883.77亿元）、福建省（1793.91亿元）、浙江省（1552.29亿元）、湖南省（1154.04亿元）、四川省（1119.98亿元）、江苏省（1106.36亿元）、山东省（1098.87亿元）和湖北省（1049.8亿元），仅河南省低于1000亿元，上海市首次突破2000亿元。湖南省6家上榜企业营业收入平均规模达1154.04亿元，首次突破千亿大关，排第5位，较上年前进4位

（如图5-3所示）。

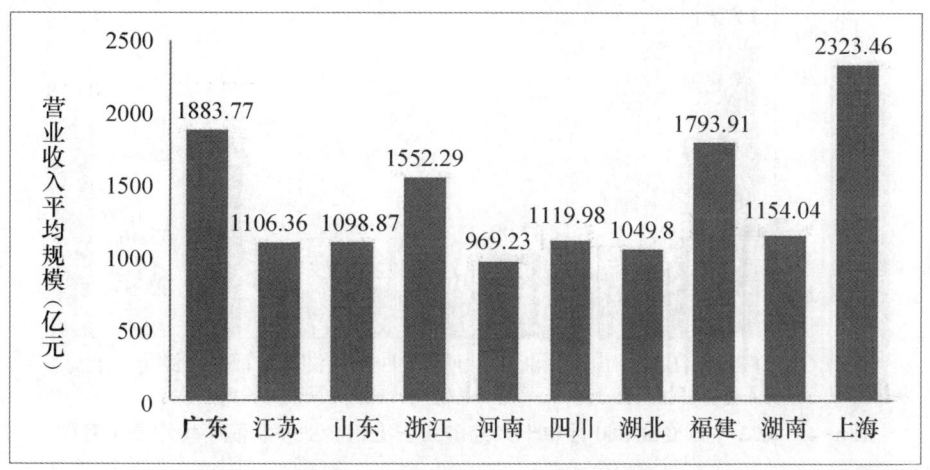

图5-3　2022中国企业500强中十大经济强省上榜企业营业收入平均规模示意图

二、2022中国企业500强中十大经济强省上榜企业总体盈利水平对比

2022中国企业500强中十大经济强省294家上榜企业共实现净利润18582.62亿元，占500强净利润总额的41.74%。其中，净利润总额超1000亿元的省份有6个，即广东省（8121.99亿元）、上海市（3186.08亿元）、浙江省（1747.46亿元）、江苏省（1519.93亿元）、山东省（1478.58亿元）和福建省（1496.67亿元）；其余4省，3省净利润在200亿元以上，1省净利润在100亿元以上。湖南上榜企业数量最少，净利润总额只有224.73亿元，排第9位。具体数据如表5-7所示。

表5-7　　2022中国企业500强中十大经济强省上榜企业总体盈利水平对比

省份	上榜企业数（家）	上榜企业净利润总额（亿元）	在中国企业500强中的占比（%）
广东	59	8121.99	18.25
江苏	44	1519.93	3.41
山东	50	1478.58	3.32
浙江	46	1747.46	3.93
河南	11	179.47	0.40
四川	15	342.51	0.77
湖北	13	285.2	0.64
福建	19	1496.67	3.36
湖南	6	224.73	0.50
上海	31	3186.08	7.16
合计	294	18582.62	41.74

2022中国企业500强中十大经济强省294家上榜企业的平均净利润为63.21亿元，超过这一平均水平的省份有3个，即广东省（137.66亿元）、上海市（102.78亿元）和福建省（78.77亿元）。湖南省6家上榜企业的平均净利润为37.46亿元，居第5位。具体数据见图5-4。

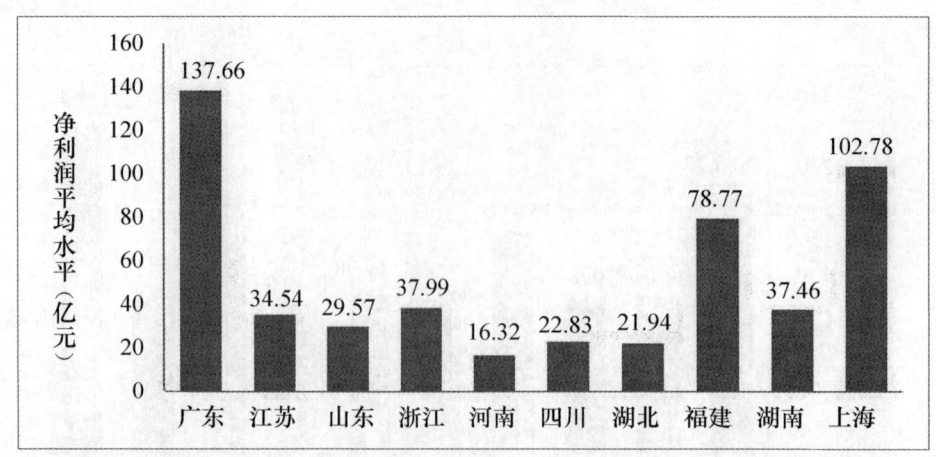

图 5-4　2022 中国企业 500 强中十大经济强省上榜企业净利润平均水平示意图

三、湖南、广东两家建筑业企业对比：湖南建工控股集团有限公司 VS 广东省建筑工程集团有限公司

建筑业是我国国民经济的重要支柱产业之一，市场规模庞大，企业数量众多，市场化程度较高。近年来，随着我国国民经济稳步发展，在新型城镇化建设、居民消费升级、城市群建设持续推进、区域协同战略规划等因素带动下，我国建筑工程建设需求持续释放，进而推动建筑设计行业的健康、稳步发展。2021 年，得益于我国有效的疫情防控和经济修复政策的出台，建筑业总产值保持一定韧性，据国家统计局数据显示，2021 年全社会建筑业实现增加值 80138 亿元，比上年增长 2.1%，占国内生产总值的比重达 7.01%。湖南建工控股集团有限公司和广东省建筑工程集团有限公司同属大型国有建筑企业，都连续多年进入中国企业 500 强和中国制造业企业 500 强榜单。

湖南建工控股集团有限公司成立于 1952 年 7 月，是一家在工程勘察设计、投资建设、维护运营、地产开发、劳务合作、技术研发、物业管理、职业教育等领域，具有直接对外经营权、进出口贸易权等综合实力的大型千亿级国有企业集团。集团注册资本金 200 亿元，经营区域已覆盖全中国，在亚洲、非洲、拉丁美洲和大洋洲等 30 多个国家和地区建有公司或者工程项目部，具有 4 家特级、多家一级总承包资质的共计 21 家二级子公司。集团先后有 1000 余项工程荣获鲁班奖、詹天佑奖、全国市政金杯奖、省芙蓉奖等荣誉，"建筑湘军"品牌享誉中外。集团居 2022 年度 ENR 全球最大 250 家国际承包商第 182 位、2022 中国企业 500 强第 210 位、2022 湖南企业 100 强第 4 位。到"十四五"末，集团目标营业收入突破 2000 亿元，冲击世界 500 强；利润总额突破 60 亿元，实现经营效益大幅增加；营业利润率突破 3%，盈利能力进一步增强，进入 ENR 全球最大 250 家国际承包商前 170 位、中国企业 500 强前 180 位、省属建工企业前三强。

广东省建筑工程集团有限公司成立于 1953 年。2018 年 1 月，广东省属建筑工程板块企业实施重组改革，重组后的广东建筑工程集团有限公司拥有建筑工程施工、市政公用工程、水利水电施工三类四项总承包特级，建筑工程咨询、水土保持编制、监理三项甲级及专业配套齐全的资质体系；拥有五项（规划、勘察、建筑、市政、水利行业）甲级设计资质，拥有一家上市公司（粤水电，股票代码：002060）；拥有 2 家国家级科研机构、19 家省级科研机构和 29 家高新技术企业。连续 18 年跻身中国企

第五章 2022湖南企业100强横向对比分析报告

业500强（2022年位列中国企业500强第276位）。近年来，集团围绕"大建筑业"的产业定位，打造集"建筑设计、技术研发、投资开发、施工建造、运营维护"于一体的完整产业链条，努力成为具有核心竞争力的新型城市建设综合服务运营商和建筑行业的区域龙头企业，经营业务覆盖整个基建行业，形成横向跨越建筑业、建筑科研、技术服务、装备材料、房地产开发等关联产业、水利管理与水力发电、新兴清洁能源、医疗健康养老等行业，纵向贯穿项目整个生命周期和全价值链的产业发展格局。2021年集团营业收入为834.16亿元，资产总额1168.52亿元。所属各级子企业200多家，在册员工总人数2.1万人。

从2021年两家企业的主要经济指标来看，湖南建工控股集团有限公司的营业收入、净利润总额和资产收益率均高于广东省建筑工程集团有限公司，只有收入利润率略低于后者。从2020—2022两家企业在中国企业500强排名变化来看，湖南建工控股集团有限公司相对稳定，广东省建筑工程集团有限公司连续大幅度前进，在2021年提升30位的基础上2022年又前进26位。在坚持"房住不炒"宏观调控下，土地拍卖和商品房建设增速放缓，商品房市场降温明显，房地产对建筑业产值的贡献率下降，市场结构的调整和竞争格局的变化要求建筑业企业加快提升应变能力。湖南建工控股集团有限公司在做好市场经营、项目履约的同时，应不断进行组织更新和能力再造，积极调整业务结构和业务模式，加强人才队伍和技术能力建设，为企业可持续发展提供动力。

表5-8　2021年湖南建工控股集团有限公司 VS 广东省建筑工程集团有限公司主要经济指标对比

项目	湖南建工控股集团有限公司	广东省建筑工程集团有限公司
在2022中国企业500强中排名	210	276
在2021中国企业500强中排名	223	302
在2020中国企业500强中排名	211	332
营业收入总额（亿元）	1213.38	834.16
资产总额（亿元）	1003.65	1168.52
净利润总额（亿元）	18.51	15.26
收入利润率（%）	1.53	1.83
资产收益率（%）	1.84	1.31

第三节　2022湖南企业100强与中国企业500强对比分析

一、成长性指标对比

2022湖南企业100强的营业收入总额为25237.70亿元，同口径相比增加4067.01亿元，增幅为19.21%；与上年100强相比，营业收入增加3902.45亿元，增幅为18.29%。净利润总额为1196.42亿元，与上年100强相比，净利润增加33.63亿元，增幅为2.89%。资产总额为47795.82亿元，与上年100强相比，资产总额增加4764.49亿元，增幅为11.07%。

2022 中国企业 500 强实现营业收入 102.48 万亿元，首次突破百万亿元大关，与 2021 中国企业 500 强相比，营业收入增加 12.65 万亿元，增幅为 14.08%。利润总额为 60242.07 亿元，实现归属母公司的净利润 44634.68 亿元，利润总额、净利润分别比上年 500 强增长 0.36%、9.63%。资产总额为 372.53 万亿元，比上年 500 强增加 28.95 万亿元，增幅为 8.43%。

从以上 3 项成长性指标看，湖南企业 100 强营业收入总额和资产总额增速均高于中国企业 500 强，但净利润总额增速和资产总额增速相对上年均出现了较大幅度下降。2021—2022 湖南企业 100 强与中国企业 500 强主要成长性指标如表 5-9 所示。

表 5-9　　　　2021—2022 湖南企业 100 强与中国企业 500 强主要成长性指标对比

指标	湖南企业 100 强		中国企业 500 强	
	2022	2021	2022	2021
营业收入总额增长率（%）	18.29	12.54	14.08	4.43
净利润总额增长率（%）	2.89	39.08	9.63	4.59
资产总额增长率（%）	11.07	41.19	8.43	10.00

从各自设立的企业排行榜入围门槛提高幅度来看，湖南企业 100 强略低于中国企业 500 强。2022 湖南企业 100 强的入围门槛为 46.08 亿元，比上年度的 40.61 提高 5.47 亿元，升幅为 13.47%。2022 中国企业 500 强的入围门槛为 446.25 亿元，比上年提高 53.89 亿元，升幅为 13.73%。自 2002 年以来，中国企业 500 强入围门槛已经实现连续 20 年提升，从绝对值看，2022 年是提升最多的一年。

二、按所有制类别分的指标对比

2022 湖南企业 100 强中，国有企业为 53 家，民营企业为 47 家，与上年 100 强相比，国有企业减少 3 家，民营企业增加 3 家。从营业收入来看，国有企业 16241.71 亿元，占 100 强的 64.35%；民营企业 8995.99 亿元，占 100 强的 35.65%。从资产总额来看，国有企业 39197.31 亿元，占 100 强的 82.01%；民营企业 8598.51 亿元，占 100 强的 17.99%。从净利润总额来看，国有企业 765.56 亿元，占 100 强的 63.99%；民营企业 430.86 亿元，占 100 强的 36.01%。

2022 中国企业 500 强中，国有企业为 258 家，比上年增加 7 家，民营企业为 242 家。二者之间数量差距由上年的 2 家再次拉大到 16 家，国有企业、民营企业分别占 500 强的 51.6% 和 48.4%。从营业收入来看，2022 中国企业 500 强中，国有企业的营业收入总额为 70.92 万亿元，占 500 强营业收入的 69.20%；民营企业的营业收入总额为 31.56 万亿元，占比 30.80%。中国企业 500 强中国有企业所占份额比湖南 100 强高 4.85 个百分点。从资产总额来看，2022 中国企业 500 强中，国有企业的资产总额为 313.09 万亿元，占全部 500 强的 84.04%；民营企业的资产总额为 59.44 万亿元，占比为 15.96%。中国企业 500 强中国有企业所占份额比湖南企业 100 强高 2.03 个百分点。从净利润总额来看，2022 中国企业 500 强中，国有企业共实现净利润 2.99 万亿元，占全部 500 强的 67.04%，民营企业共实现净利润 1.47 万亿元，占比为 32.96%。中国企业 500 强中国有企业所占份额比湖南 100 强高 3.05 个百分点。有关数据详见表 5-10。

第五章 2022湖南企业100强横向对比分析报告

表5-10　　　　2022湖南企业100强与中国企业500强按所有制类别分的经济指标对比

单位：%

所有制类别	上榜企业数		营业收入总额		资产总额		净利润总额	
	湖南	中国	湖南	中国	湖南	中国	湖南	中国
国有企业	53	51.6	64.35	69.20	82.01	84.04	63.99	67.04
民营企业	47	48.4	35.65	30.80	17.99	15.96	36.01	32.96

从主要效率效益指标来看，2022中国企业500强中，民营企业的营业收入利润率和资产利润率分别为4.66%、2.47%，人均营业收入为371.62万元，人均净利润为16.78万元；国有企业的营业收入利润率和资产利润率分别为4.22%、0.95%，人均营业收入为299.6万元，人均净利润为12.63万元。2022湖南企业100强中，民营企业的营业收入利润率和资产利润率分别为4.79%、5.01%，人均营业收入为179.73万元，人均净利润为8.39万元；国有企业的营业收入利润率和资产利润率分别为4.71%、1.95%，人均营业收入为309.14万元，人均净利润为14.32万元。有关数据详见表5-11。

表5-11　　　　2022湖南企业100强与中国企业500强按所有制类别分的效率效益指标对比

所有制类别	2022湖南企业100强		2022中国企业500强	
	人均营业收入（万元）	人均净利润（万元）	人均营业收入（万元）	人均净利润（万元）
国有企业	309.14	14.32	299.6	12.63
民营企业	179.73	8.39	371.62	16.78
所有制类别	2022湖南企业100强		2022中国企业500强	
	营业收入利润率（%）	资产利润率（%）	营业收入利润率（%）	资产利润率（%）
国有企业	4.71	1.95	4.22	0.95
民营企业	4.79	5.01	4.66	2.47

三、企业规模分布状况分析比较

2022湖南企业100强中，首席湖南钢铁集团有限公司年营业收入总额2197.06亿元，是末席湖南湘科控股集团有限公司年营业收入46.08亿元的47.68倍，与2021湖南企业100强的情况相比，差距进一步扩大。2021中国企业500强中首席企业国家电网有限公司的营业收入为29711.30亿元，是第100席企业金川集团股份有限公司营业收入2641.92亿元的11.25倍。湖南企业100强规模差距远大于中国企业500强，详见表5-12。

表5-12　　　　2022湖南企业100强与中国企业500强规模分布差异对比

榜单	首席企业营业收入（I）	第100席企业营业收入（J）	I/J
2022湖南企业100强	2197.06亿元	46.08亿元	47.68
2022中国企业500强	29711.30亿元	2641.92亿元	11.25

四、劳动生产率及盈利能力指标分析比较

2022 湖南企业 100 强的人均营业收入为 244.93 万元，人均净利润为 9.39 万元。与 2021 湖南企业 100 强相比，人均营业收入减少 7.91 万元，人均净利润减少 4.61 万元。2022 中国企业 500 强人均营业收入为 315.96 万元，人均净利润为 13.76 万元，为 12 年来的最高值。与 2021 中国企业 500 强相比，人均营业收入增加 46.93 万元，增幅为 17.44%；人均净利润增加 1.57 万元，增幅为 12.88%。中国企业 500 强人均营业收入、人均净利润双双持续走高，而且增速明显较上年加快。2022 湖南企业 100 强的人均营业收入和人均净利润均低于中国企业 500 强（如图 5-5）。

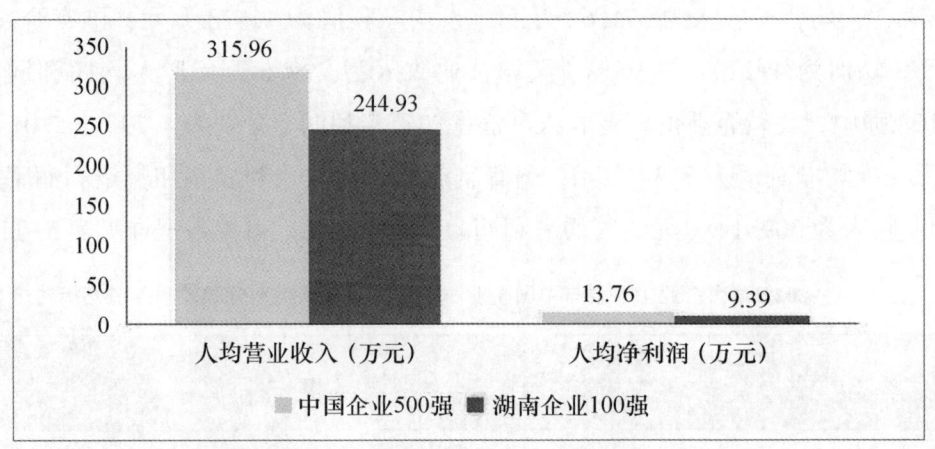

图 5-5　2022 湖南企业 100 强与中国企业 500 强劳动生产率指标对比

以营业收入利润率和资产收益率为主要指标来分析两者的盈利能力。2022 湖南企业 100 强的营业收入利润率为 5.87%，比上年 100 强企业的营业收入利润率下降了 0.95 个百分点；资产收益率为 2.50%，比上年 100 强企业的资产收益率下降了 0.88 个百分点。2022 中国企业 500 强的营业收入利润率为 4.36%，比上年 500 强企业的营业收入利润率下降 2.32 个百分点；资产收益率为 1.20%，比上年 500 强企业的资产收益率下降 0.55 个百分点。2022 湖南企业 100 强的收入利润率和资产收益率均好于中国企业 500 强（如图 5-6）。

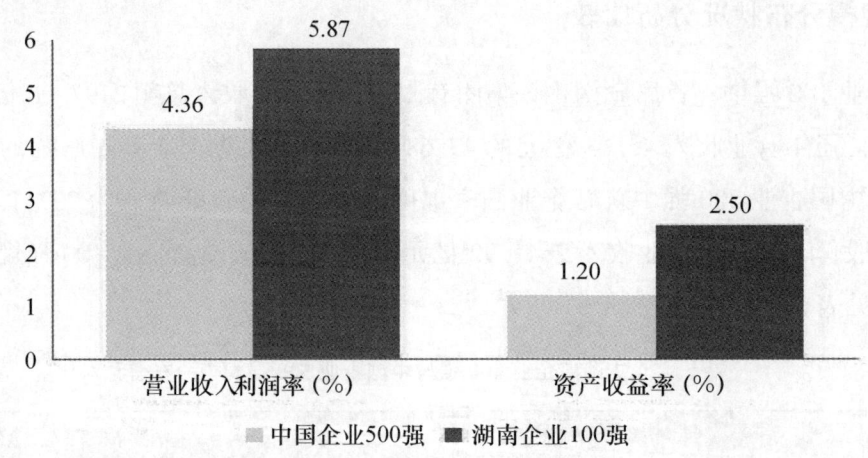

图 5-6　2022 湖南企业 100 强与中国企业 500 强盈利能力指标对比

第五章 2022湖南企业100强横向对比分析报告

第四节 2022湖南企业100强与《财富》世界500强企业对比分析

一、成长性指标对比分析

2021年,在全球性新冠肺炎疫情持续一年之后,世界经济终于开始复苏。随着疫苗研发与接种人数增长,新冠肺炎疫情第二波冲击对世界经济的损害明显减弱,各国尤其是主要经济体为应对疫情而推出的财政与货币政策也在不同程度上助推了经济复苏。据国际货币基金组织(IMF)2022年7月《世界经济展望》的数据,2021年全球经济增长6.1%(2020年为-3.1%),GDP为96.1万亿美元;发达经济体经济增速为5.2%,其中美国为5.7%,欧元区为5.4%,日本为1.7%;新兴市场和发展中经济体经济增速为6.8%,其中中国为8.1%,印度为8.7%。中国依然是仅次于美国的全球第二大经济体,2021年GDP规模达114.4万亿元(17.7万亿美元),中国、美国占全球GDP比重分别超18%和23%。2021年中国实际GDP增长8.1%,两年平均增长5.1%;同期,美国GDP增长5.7%,德国增长2.8%,英国增长7.5%,日本增长1.7%。中国经济发展处于全球领先地位。

从湖南的情况来看,2021年实现地区生产总值46063.1亿元,比上年增长7.7%。其中,第一产业增长9.3%,第二产业增长6.9%,第三产业增长7.9%,三次产业结构为9.4∶39.3∶51.3。工业增加值增长8.3%,占地区生产总值的比重为30.7%;高新技术产业增加值增长19.0%,占地区生产总值的比重为23.9%;战略性新兴产业增加值增长12.3%,占地区生产总值的比重为10.3%。工业对经济增长的贡献率为32.3%,经济运行稳中有进、稳中提质,实现了"十四五"良好开局。表5-13披露了2022湖南企业100强与《财富》世界500强企业部分成长性指标对比。2022湖南企业100强的营业收入总额为25237.70亿元,同口径相比增长19.21%,与上年100强相比增长18.29%;净利润总额为1196.42亿元,同口径相比增长5.83%,与上年100强相比增长2.89%。

表5-13 2022湖南企业100强与《财富》世界500强企业部分成长性指标对比

指标	湖南企业100强		《财富》世界500强企业	
营业收入总额	25237.70亿元	增长19.21%	37.8万亿美元	增长19.24%
净利润总额	1196.42亿元	增长2.89%	3.1万亿美元	增长93.75%

《财富》世界500强排行榜的历史始于1955年。2022年是《财富》杂志连续第28年发布全球大公司排行榜。2022年,中国大陆(含香港)上榜企业数量连续第3年居首位,达到136家,比上年增加1家。加上台湾地区企业,中国共有145家公司上榜。美国共计124家企业上榜,比上年增加2家。2022《财富》世界500强企业的营业收入总和约为37.8万亿美元,比上年上涨19.24%(该榜单有史以来最大涨幅),大约相当于当年全球GDP的五分之二,接近中国和美国GDP之和。进入排行榜的门槛(最低营业收入)也从240.43亿美元跃升至286.49亿美元。同时,2022年所有上榜企业的净利润总和约为3.1万亿美元,同比大幅上涨93.75%,是2004年以来最大的涨幅。中国上榜企业的营收占500强总营收的31%,首次超过美国,美国上榜企业营收占500强总营收的30%。榜单前5名中,3家企业来

自中国，分别是国家电网有限公司、中国石油天然气集团有限公司、中国石油化工集团有限公司。总体来看，2022《财富》世界500强排行榜上的中国企业数量增加、规模扩大。但是，全球产业链正在重组，全球企业竞争规则也将重构，未来的中国大公司必将面临更严峻的挑战。

相对于《财富》世界500强企业营业收入总额和净利润总额大幅增长，2022湖南企业100强营业收入增长率为19.21%，基本与世界500强营业收入增速一致，而净利润增长率为2.89%，与世界500强净利润的增速差距明显。这也反映湖南企业100强的盈利能力与世界500强企业相比还存在不小的差距。

二、企业规模分布状况比较

如表5-14所示，2022湖南企业100强中首席企业湖南钢铁集团有限公司的年营业收入总额2197.06亿元，是末席湖南湘科控股集团有限公司营业收入46.08亿元的47.68倍；2022《财富》世界500强企业中首席企业美国沃尔玛公司的营业收入5727.54亿美元，是第100席企业中国电力建设集团有限公司营业收入964.22亿美元的5.94倍。湖南企业100强与《财富》世界500强企业前100强企业相比，企业规模分布的差异很大。2022《财富》世界500强企业的入围门槛为286.49亿美元，比上年的240.43亿美元提高46.06亿美元，增幅达19.16%。2022湖南企业100强的入围门槛为46.08亿元，比上年的40.61亿元高5.47亿元，增幅为13.47%。相比之下，湖南企业100强的入围门槛保持了稳步提高，但企业规模分布仍旧呈现出严重不均衡的态势。

表5-14　　　　2022湖南企业100强与《财富》世界500强企业规模分布状况对比

榜单	首席企业营业收入（I）	第100席企业营业收入（J）	I/J
湖南企业100强	2197.06亿元	46.08亿元	47.68
《财富》世界500强企业	5727.54亿美元	964.22亿美元	5.94

2014—2022湖南企业100强的I/J值分别为90.5、81.6、76.09、82.27、42.39、38.70、37.8、37.4和47.68，逐步缩小态势出现波动，2022年有所扩大。而2014—2022《财富》世界500强企业前100席企业的I/J值则基本保持稳定，分别为5.97、5.74、6.74、6.82、6.54、5.98、6.23、6.88和5.94。

三、企业总体盈利能力指标比较

以收入净利润率和净资产收益率作为盈利能力指标来进行比较。2022湖南企业100强的收入净利润率和净资产收益率分别为4.74%、7.4%，均低于《财富》世界500强企业的8.2%和14.8%。2022湖南企业100强的收入净利润率和净资产收益率均大大低于《财富》世界500强企业，差距明显，如图5-7所示。

第五章 2022 湖南企业 100 强横向对比分析报告

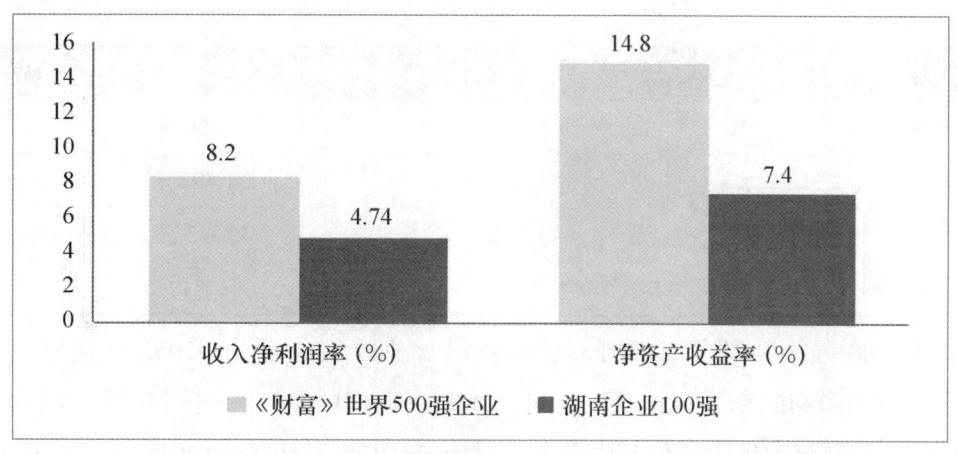

图 5-7 2022 湖南企业 100 强与《财富》世界 500 强企业盈利能力指标对比

四、赚钱最多的 10 家大公司分析比较

从表 5-15 可以看出，2022《财富》世界 500 强企业中赚钱最多的 10 家大公司营业收入总额为 23040.12 亿美元，净利润总额为 6531.45 亿美元，平均收入净利润率为 28.35%。其中，净利润最多的是沙特阿美公司，达 1053.69 亿美元，苹果从上年利润榜的榜首降为第 2 位，利润为 946.8 亿美元；收入净利润率最高的是美国的微软公司，达 36.45%。从这 10 家大公司的行业分布情况看，主要集中在银行（商业储蓄）、互联网服务和零售、计算机软硬件，其中服务业企业占到八成。发展服务业已经成为中国和世界上多数国家调整经济结构、实现经济社会现代化的重要措施、必由之路。在 2022《财富》世界 500 强 10 家赚钱最多的大公司中，中国和美国的企业占了 9 家，中国三大国有商业银行中国工商银行、中国建设银行、中国农业银行继续位列利润榜前 10 位，其中中国工商银行的利润高达 540.03 亿美元。2021 年，新冠肺炎疫情阴影依然笼罩全球，但世界经济在疫情中艰难重启，营业收入和净利润均实现大幅增长。中国三大国有商业银行与美国公司相比差距拉大，中国工商银行的排名从上年的第 4 位下降到第 6 位。随着全球产业链的重组和企业竞争规则的重构，中国企业必将面临更严峻的挑战，我们应该清醒地看到全球企业发展新趋势，看到中国企业与美国等发达国家企业在盈利能力方面的差距，积极应对新的竞争和挑战。

表 5-15　　　　　　　　　　2022《财富》世界 500 强企业中赚钱最多的 10 家大公司

企业名称	国别	所属行业	净利润（亿美元）	收入净利润率（%）
沙特阿美公司	沙特阿拉伯	采矿、原油生产	1053.69	26.32
苹果公司	美国	计算机、办公设备	946.8	25.88
伯克希尔-哈撒韦公司	美国	财产与意外保险（股份）	897.95	32.52
Alphabet 阿尔法特公司	美国	互联网服务和零售	760.33	29.51
微软公司	美国	计算机软硬件	612.71	36.45
中国工商银行	中国	银行：商业储蓄	540.03	25.84
摩根大通公司	美国	银行：商业储蓄	483.34	37.8

续表

企业名称	国别	所属行业	净利润（亿美元）	收入净利润率（%）
中国建设银行	中国	银行：商业储蓄	468.99	23.4
Meta Platforms 公司	美国	互联网服务和零售	393.7	33.38
中国农业银行	中国	银行：商业储蓄	373.91	20.61
净利润合计数/平均收入净利润率			6531.45	28.35

2022 湖南企业 100 强中赚钱最多的 10 家大公司营业收入总额为 9205.22 亿元，净利润总额为 703.72 亿元，平均收入净利润率为 7.64%。其中，净利润最多的是三一集团有限公司 141.93 亿元；收入净利润率最高的是株洲旗滨集团股份有限公司，达到 28.97%。从这 10 家大公司的行业分布情况看，主要集中在工程机械及零部件、烟草制品业、综合服务业、黑色冶金和房屋建筑等行业。与《财富》世界 500 强企业中赚钱最多的 10 家大公司相比，湖南企业 100 强中赚钱最多的 10 家大公司中服务业企业占比相对较少。从表 5-16 可以看出，2022 湖南企业 100 强中赚钱最多 10 家公司的行业分布状况是：制造业 5 家，服务业 3 家，建筑业 2 家。属于服务业的 3 家企业营业收入总额为 1446.01 亿元，净利润总额为 182.14 亿元，平均收入净利润率为 12.59%，与《财富》世界 500 强中赚钱最多的 10 家大公司中服务业企业的平均收入净利润率 12.82%差距不是太大。而属于制造业的 5 家企业营业收入总额为 5632.37 亿元，净利润总额为 452.92 亿元，收入净利润率只有 8.04%，远低于《财富》世界 500 强中赚钱最多的 10 家大公司中制造业企业的平均收入净利润率 57.49%。当前，湖南应把创新作为制造业转型升级的第一动力，以智能制造为主攻方向，促进先进制造业与现代服务业融合发展，着力提升企业的竞争力和盈利水平。

表 5-16　　　　　　　　　　　　2022 湖南企业 100 强中赚钱最多的 10 家公司

企业名称	所属行业	净利润（亿元）	收入净利润率（%）
三一集团有限公司	工程机械及零部件	141.93	9.18
湖南钢铁集团有限公司	黑色冶金	131.97	6.04
中国烟草总公司湖南省公司	综合服务业	82.43	8.79
湖南中烟工业有限责任公司	烟草制品业	72.95	6.80
长沙银行股份有限公司	商业银行	65.69	17.35
中联重科股份有限公司	工程机械及零部件	63.86	9.51
株洲旗滨集团股份有限公司	水泥及玻璃制造	42.21	28.97
中国建筑第五工程局有限公司	土木工程建筑	34.36	1.96
湖南五江控股集团有限公司	房屋建筑	34.30	9.27
五矿资本股份有限公司	综合服务业	34.02	26.11
净利润合计数/平均收入净利润率		703.72	7.64

中外企业数据

第六章 湖南企业数据

第一节　2022 湖南企业 100 强数据

名次	企业名称	营业收入（万元）
1	湖南钢铁集团有限公司	21970605
2	中国建筑第五工程局有限公司	17569640
3	三一集团有限公司	15456008
4	湖南建工控股集团有限公司	12133778
5	蓝思科技集团	10931462
6	湖南中烟工业有限责任公司	10726773
7	国网湖南省电力有限公司	10290552
8	中国烟草总公司湖南省公司	9369362
9	大汉控股集团有限公司	6753204
10	中联重科股份有限公司	6713063
11	湖南博长控股集团有限公司	6215798
12	中国石化销售股份有限公司湖南石油分公司	5374144

续表

名次	企业名称	营业收入（万元）
13	中国石油化工股份有限公司长岭分公司	4118177
14	步步高投资集团股份有限公司	4086796
15	湖南省高速公路集团有限公司	3949046
16	长沙银行股份有限公司	3787604
17	湖南五江控股集团有限公司	3698745
18	中车株洲电力机车研究所有限公司	3622717
19	湖南有色金属控股集团有限公司	3370224
20	中国水利水电第八工程局有限公司	3132415
21	长沙市比亚迪汽车有限公司	2886864
22	湖南马上银科技有限公司	2830472
23	中国移动通信集团湖南有限公司	2510348
24	湖南省交通水利建设集团有限公司	2447745
25	中铁城建集团有限公司	2364511
26	中车株洲电力机车有限公司	2356155
27	唐人神集团股份有限公司	2174219
28	华融湘江银行股份有限公司	2149514
29	湖南黄金集团有限责任公司	2010631
30	中石化巴陵石油化工有限公司	1997373
31	湖南永通集团有限公司	1716001
32	湖南博深实业集团有限公司	1692297
33	中国电信股份有限公司湖南分公司	1688799
34	湖南粮食集团有限责任公司	1656045
35	中国石油天然气股份有限公司湖南销售分公司	1618451
36	老百姓大药房连锁股份有限公司	1569566
37	芒果超媒股份有限公司	1535586
38	益丰大药房连锁股份有限公司	1532631
39	湖南省煤业集团有限公司	1522178

续表

名次	企业名称	营业收入（万元）
40	爱尔眼科医院集团股份有限公司	1500081
41	株洲旗滨集团股份有限公司	1457272
42	鹏都农牧股份有限公司	1430370
43	湖南兰天集团有限公司	1352616
44	五矿资本股份有限公司	1303124
45	金杯电工股份有限公司	1283231
46	安克创新科技股份有限公司	1257420
47	国药控股湖南有限公司	1188471
48	中国铁建重工集团股份有限公司	1170322
49	中国电建集团中南勘测设计研究院有限公司	1167131
50	山河智能装备股份有限公司	1140766
51	中南出版传媒集团股份有限公司	1133144
52	湖南邦普循环科技有限公司	1115639
53	湖南中伟新能源科技有限公司	1072476
54	中国联合网络通信有限公司湖南省分公司	1056706
55	中车株洲电机有限公司	1050694
56	湖南省轻工盐业集团有限公司	1041957
57	湖南省沙坪建设有限公司	1029107
58	中国邮政集团有限公司湖南省分公司	1006195
59	湖南湘江新区发展集团有限公司	1000162
60	湖南佳惠百货有限责任公司	983701
61	大唐华银电力股份有限公司	960331
62	长沙中兴智能技术有限公司	932713
63	特变电工衡阳变压器有限公司	930436
64	澳优乳业（中国）有限公司	887327
65	长沙中联重科环境产业有限公司	886171
66	方正证券股份有限公司	862120

续表

名次	企业名称	营业收入（万元）
67	长沙京东翰民贸易有限公司	803479
68	岳阳林纸股份有限公司	783805
69	中国航发南方工业有限公司	783299
70	湖南湘威新材料科技有限公司	756999
71	长沙格力暖通制冷设备有限公司	754868
72	湖南裕能新能源电池材料股份有限公司	702668
73	湖南省茶业集团股份有限公司	700474
74	株洲市城市建设发展集团有限公司	699198
75	湖南望新建设集团股份有限公司	690032
76	湖南长远锂科股份有限公司	684117
77	湖南省现代农业产业控股集团有限公司	673434
78	绝味食品股份有限公司	654862
79	株洲硬质合金集团有限公司	653064
80	湖南航天有限责任公司	647718
81	中国能源建设集团湖南火电建设有限公司	643738
82	湖南金弘再生资源集团有限公司	631616
83	湖南高岭建设集团股份有限公司	621054
84	湖南口味王集团有限责任公司	591333
85	湖南顺天建设集团有限公司	589115
86	湖南乔口建设有限公司	568565
87	湖南对外建设集团有限公司	553562
88	中华联合财产保险股份有限公司湖南分公司	553368
89	道道全粮油股份有限公司	544947
90	楚天科技股份有限公司	525987
91	永兴贵研资源有限公司	510335
92	长沙水业集团有限公司	506688
93	水羊集团股份有限公司	501012

续表

名次	企业名称	营业收入（万元）
94	际华三五一七橡胶制品有限公司	482125
95	湖南新长海发展集团有限公司	480390
96	湖南金荣企业集团有限公司	480000
97	湖南省国有资产管理集团有限公司	476974
98	红星实业集团有限公司	469433
99	天元盛世控股集团有限公司	468808
100	湖南湘科控股集团有限公司	460761

第二节 2022湖南企业100强主要经济技术指标前50数据

1. 按营业收入增长率排序

排名	企业名称	总排名	营业收入增长率（%）
1	湖南裕能新能源电池材料股份有限公司	72	636.07
2	湖南长远锂科股份有限公司	76	240.25
3	湖南中伟新能源科技有限公司	53	200.78
4	湖南省高速公路集团有限公司	15	184.97
5	湖南马上银科技有限公司	22	177.50
6	长沙市比亚迪汽车有限公司	21	151.69
7	湖南邦普循环科技有限公司	52	145.80
8	长沙中兴智能技术有限公司	62	83.51
9	金杯电工股份有限公司	45	64.60
10	湖南湘江新区发展集团有限公司	59	61.64
11	湖南金弘再生资源集团有限公司	82	58.32
12	湖南省轻工盐业集团有限公司	56	57.74
13	永兴贵研资源有限公司	91	54.43
14	际华三五一七橡胶制品有限公司	94	53.16

续表

排名	企业名称	总排名	营业收入增长率（%）
15	株洲旗滨集团股份有限公司	41	51.12
16	楚天科技股份有限公司	90	47.08
17	湖南钢铁集团有限公司	1	44.52
18	长沙格力暖通制冷设备有限公司	71	40.23
19	湖南口味王集团有限责任公司	84	39.62
20	湖南粮食集团有限责任公司	34	39.57
21	湖南省国有资产管理集团有限公司	97	35.67
22	水羊集团股份有限公司	93	34.86
23	湖南博深实业集团有限公司	32	34.59
24	安克创新科技股份有限公司	46	34.45
25	湖南省煤业集团有限公司	39	33.93
26	长沙京东翰民贸易有限公司	67	33.62
27	湖南黄金集团有限责任公司	29	32.55
28	特变电工衡阳变压器有限公司	63	31.42
29	中国能源建设集团湖南火电建设有限公司	81	28.75
30	中国铁建重工集团股份有限公司	48	27.64
31	湖南湘威新材料科技有限公司	70	26.09
32	爱尔眼科医院集团股份有限公司	40	25.93
33	中国石油天然气股份有限公司湖南销售分公司	35	25.62
34	大汉控股集团有限公司	9	24.15
35	绝味食品股份有限公司	78	24.12
36	湖南乔口建设有限公司	86	23.72
37	三一集团有限公司	3	23.33
38	湖南顺天建设集团有限公司	85	21.89
39	山河智能装备股份有限公司	50	21.65
40	株洲硬质合金集团有限公司	79	19.74
41	中国石油化工股份有限公司长岭分公司	13	18.98
42	中石化巴陵石油化工有限公司	30	18.87

续表

排名	企业名称	总排名	营业收入增长率（%）
43	中国建筑第五工程局有限公司	2	18.41
44	中铁城建集团有限公司	25	17.66
45	唐人神集团股份有限公司	27	17.36
46	株洲市城市建设发展集团有限公司	74	17.35
47	湖南建工控股集团有限公司	4	17.12
48	国网湖南省电力有限公司	7	16.93
49	益丰大药房连锁股份有限公司	38	16.60
50	中国石化销售股份有限公司湖南石油分公司	12	16.44

2. 按资产周转率排序

排名	企业名称	资产周转率（%）
1	长沙京东翰民贸易有限公司	3851.77
2	中国石化销售股份有限公司湖南石油分公司	2373.91
3	湖南马上银科技有限公司	1331.36
4	湖南金弘再生资源集团有限公司	1221.91
5	永兴贵研资源有限公司	1047.87
6	湖南博长控股集团有限公司	509.21
7	中国石油化工股份有限公司长岭分公司	475.89
8	长沙中兴智能技术有限公司	439.31
9	湖南省茶业集团股份有限公司	434.27
10	湖南湘威新材料科技有限公司	394.45
11	湖南佳惠百货有限责任公司	357.57
12	际华三五一七橡胶制品有限公司	308.76
13	大汉控股集团有限公司	278.13
14	湖南博深实业集团有限公司	204.98
15	湖南永通集团有限公司	200.38
16	中国石油天然气股份有限公司湖南销售分公司	187.10
17	湖南省沙坪建设有限公司	183.12

续表

排名	企业名称	资产周转率（%）
18	水羊集团股份有限公司	182.49
19	湖南黄金集团有限责任公司	175.32
20	中国烟草总公司湖南省公司	173.85
21	金杯电工股份有限公司	173.84
22	湖南高岭建设集团股份有限公司	163.19
23	湖南有色金属控股集团有限公司	162.82
24	步步高投资集团股份有限公司	162.26
25	湖南钢铁集团有限公司	160.10
26	长沙市比亚迪汽车有限公司	152.20
27	唐人神集团股份有限公司	149.49
28	中国邮政集团有限公司湖南省分公司	149.26
29	安克创新科技股份有限公司	148.38
30	长沙格力暖通制冷设备有限公司	140.87
31	国药控股湖南有限公司	140.71
32	道道全粮油股份有限公司	132.19
33	中石化巴陵石油化工有限公司	130.33
34	湖南建工控股集团有限公司	120.90
35	中国能源建设集团湖南火电建设有限公司	119.90
36	湖南中烟工业有限责任公司	115.79
37	湖南邦普循环科技有限公司	109.77
38	中车株洲电机有限公司	109.24
39	湖南省煤业集团有限公司	108.18
40	中国建筑第五工程局有限公司	108.14
41	湖南粮食集团有限责任公司	106.08
42	湖南口味王集团有限责任公司	104.25
43	特变电工衡阳变压器有限公司	103.23
44	株洲硬质合金集团有限公司	101.51
45	中国电建集团中南勘测设计研究院有限公司	93.54

续表

排名	企业名称	资产周转率（%）
46	湖南中伟新能源科技有限公司	93.35
47	澳优乳业（中国）有限公司	93.26
48	老百姓大药房连锁股份有限公司	92.56
49	益丰大药房连锁股份有限公司	89.88
50	绝味食品股份有限公司	88.48

3. 按资产总额排序

排名	企业名称	资产（万元）
1	长沙银行股份有限公司	79615032
2	湖南省高速公路集团有限公司	63621408
3	华融湘江银行股份有限公司	42598368
4	三一集团有限公司	24473736
5	方正证券股份有限公司	17261288
6	中国建筑第五工程局有限公司	16247845
7	蓝思科技集团	14904405
8	五矿资本股份有限公司	14679881
9	国网湖南省电力有限公司	13974288
10	湖南钢铁集团有限公司	13723112
11	株洲市城市建设发展集团有限公司	13174099
12	中联重科股份有限公司	12201816
13	湖南建工控股集团有限公司	10036471
14	湖南湘江新区发展集团有限公司	9593904
15	湖南中烟工业有限责任公司	9264037
16	中车株洲电力机车研究所有限公司	7488345
17	湖南五江控股集团有限公司	6579947
18	中国烟草总公司湖南省公司	5389251
19	中国水利水电第八工程局有限公司	4826356
20	中国移动通信集团湖南有限公司	4390582

续表

排名	企业名称	资产（万元）
21	湖南省交通水利建设集团有限公司	3615015
22	中车株洲电力机车有限公司	3411218
23	中国铁建重工集团股份有限公司	3093917
24	中铁城建集团有限公司	2960125
25	中国电信股份有限公司湖南分公司	2928845
26	芒果超媒股份有限公司	2611075
27	长沙水业集团有限公司	2541098
28	步步高投资集团股份有限公司	2518719
29	大汉控股集团有限公司	2428113
30	中南出版传媒集团股份有限公司	2406156
31	爱尔眼科医院集团股份有限公司	2184901
32	株洲旗滨集团股份有限公司	2094847
33	湖南有色金属控股集团有限公司	2069877
34	大唐华银电力股份有限公司	1984000
35	山河智能装备股份有限公司	1924647
36	长沙市比亚迪汽车有限公司	1896777
37	湖南省轻工盐业集团有限公司	1770964
38	中国航发南方工业有限公司	1706976
39	益丰大药房连锁股份有限公司	1705204
40	老百姓大药房连锁股份有限公司	1695809
41	岳阳林纸股份有限公司	1645266
42	湖南粮食集团有限责任公司	1561144
43	湖南省国有资产管理集团有限公司	1549185
44	中石化巴陵石油化工有限公司	1532500
45	湖南省现代农业产业控股集团有限公司	1467787
46	唐人神集团股份有限公司	1454462
47	湖南省煤业集团有限公司	1407108
48	长沙中联重科环境产业有限公司	1383276

续表

排名	企业名称	资产（万元）
49	湖南航天有限责任公司	1378122
50	鹏都农牧股份有限公司	1304309

4. 按资产增长率排序

排名	企业名称	资产增长率（%）
1	湖南省国有资产管理集团有限公司	252.96
2	湖南裕能新能源电池材料股份有限公司	219.14
3	湖南中伟新能源科技有限公司	157.72
4	湖南长远锂科股份有限公司	101.20
5	湖南邦普循环科技有限公司	73.89
6	长沙市比亚迪汽车有限公司	71.90
7	湖南省现代农业产业控股集团有限公司	61.90
8	湖南湘威新材料科技有限公司	53.34
9	老百姓大药房连锁股份有限公司	50.28
10	株洲旗滨集团股份有限公司	46.48
11	楚天科技股份有限公司	44.03
12	唐人神集团股份有限公司	41.48
13	爱尔眼科医院集团股份有限公司	40.59
14	方正证券股份有限公司	40.04
15	芒果超媒股份有限公司	35.53
16	中石化巴陵石油化工有限公司	32.21
17	湖南省交通水利建设集团有限公司	29.35
18	中车株洲电机有限公司	27.07
19	中国铁建重工集团股份有限公司	26.88
20	水羊集团股份有限公司	26.37
21	绝味食品股份有限公司	24.97
22	长沙格力暖通制冷设备有限公司	24.65
23	湖南金弘再生资源集团有限公司	24.44

续表

排名	企业名称	资产增长率（%）
24	永兴贵研资源有限公司	23.46
25	安克创新科技股份有限公司	21.36
26	湖南钢铁集团有限公司	20.98
27	道道全粮油股份有限公司	19.22
28	湖南建工控股集团有限公司	18.63
29	中国能源建设集团湖南火电建设有限公司	18.03
30	中华联合财产保险股份有限公司湖南分公司	17.27
31	中车株洲电力机车研究所有限公司	16.90
32	湖南对外建设集团有限公司	16.88
33	特变电工衡阳变压器有限公司	16.46
34	中国航发南方工业有限公司	16.04
35	湖南顺天建设集团有限公司	15.67
36	湖南省煤业集团有限公司	14.81
37	湖南博深实业集团有限公司	13.79
38	长沙银行股份有限公司	13.05
39	中国水利水电第八工程局有限公司	12.76
40	国网湖南省电力有限公司	12.66
41	大汉控股集团有限公司	12.44
42	湖南省沙坪建设有限公司	11.91
43	湖南省高速公路集团有限公司	11.54
44	金杯电工股份有限公司	11.47
45	益丰大药房连锁股份有限公司	11.25
46	山河智能装备股份有限公司	10.88
47	中国电信股份有限公司湖南分公司	10.51
48	株洲硬质合金集团有限公司	10.27
49	中国建筑第五工程局有限公司	10.27
50	中国烟草总公司湖南省公司	10.23

5. 按收入利润率排序（归属母公司）

排名	企业名称	收入利润率（%）
1	株洲旗滨集团股份有限公司	29.05
2	方正证券股份有限公司	21.14
3	湖南裕能新能源电池材料股份有限公司	16.72
4	长沙银行股份有限公司	16.64
5	中国铁建重工集团股份有限公司	15.26
6	绝味食品股份有限公司	14.98
7	湖南邦普循环科技有限公司	14.67
8	华融湘江银行股份有限公司	14.31
9	芒果超媒股份有限公司	13.77
10	中南出版传媒集团股份有限公司	13.37
11	中国移动通信集团湖南有限公司	11.99
12	澳优乳业（中国）有限公司	11.72
13	楚天科技股份有限公司	10.77
14	湖南长远锂科股份有限公司	10.24
15	中联重科股份有限公司	9.34
16	长沙格力暖通制冷设备有限公司	9.14
17	长沙中联重科环境产业有限公司	8.86
18	中国烟草总公司湖南省公司	8.80
19	湖南五江控股集团有限公司	8.71
20	湖南湘江新区发展集团有限公司	8.03
21	安克创新科技股份有限公司	7.81
22	株洲硬质合金集团有限公司	7.53
23	湖南中烟工业有限责任公司	6.80
24	中国联合网络通信有限公司湖南省分公司	6.46
25	益丰大药房连锁股份有限公司	5.79
26	湖南口味王集团有限责任公司	5.55
27	株洲市城市建设发展集团有限公司	5.17

续表

排名	企业名称	收入利润率（%）
28	中车株洲电力机车有限公司	5.16
29	湖南湘科控股集团有限公司	5.09
30	湖南省国有资产管理集团有限公司	4.78
31	水羊集团股份有限公司	4.72
32	中国航发南方工业有限公司	4.70
33	老百姓大药房连锁股份有限公司	4.26
34	湖南省沙坪建设有限公司	4.20
35	特变电工衡阳变压器有限公司	4.16
36	中国电建集团中南勘测设计研究院有限公司	3.84
37	长沙中兴智能技术有限公司	3.80
38	岳阳林纸股份有限公司	3.80
39	湖南钢铁集团有限公司	3.72
40	湖南航天有限责任公司	3.67
41	红星实业集团有限公司	3.43
42	天元盛世控股集团有限公司	3.34
43	三一集团有限公司	3.30
44	湖南省茶业集团股份有限公司	3.21
45	湖南博深实业集团有限公司	3.17
46	长沙水业集团有限公司	3.00
47	湖南中伟新能源科技有限公司	2.92
48	山河智能装备股份有限公司	2.79
49	湖南省轻工盐业集团有限公司	2.78
50	中国邮政集团有限公司湖南省分公司	2.74

6. 按人均营业收入排序

排名	企业名称	人均营业收入（万元）
1	湖南湘威新材料科技有限公司	7570
2	永兴贵研资源有限公司	6149

续表

排名	企业名称	人均营业收入（万元）
3	湖南马上银科技有限公司	3239
4	湖南金弘再生资源集团有限公司	1943
5	中国石油化工股份有限公司长岭分公司	1826
6	澳优乳业（中国）有限公司	1625
7	湖南博深实业集团有限公司	1494
8	长沙京东翰民贸易有限公司	1417
9	湖南中烟工业有限责任公司	1079
10	大汉控股集团有限公司	1058
11	湖南博长控股集团有限公司	906
12	中国烟草总公司湖南省公司	720
13	湖南钢铁集团有限公司	651
14	湖南乔口建设有限公司	628
15	中国建筑第五工程局有限公司	613
16	湖南长远锂科股份有限公司	594
17	道道全粮油股份有限公司	565
18	国药控股湖南有限公司	538
19	湖南中伟新能源科技有限公司	535
20	天元盛世控股集团有限公司	493
21	湖南粮食集团有限责任公司	477
22	长沙银行股份有限公司	475
23	湖南望新建设集团股份有限公司	465
24	中铁城建集团有限公司	455
25	湖南兰天集团有限公司	447
26	中国电建集团中南勘测设计研究院有限公司	446
27	际华三五一七橡胶制品有限公司	436
28	三一集团有限公司	418
29	湖南湘江新区发展集团有限公司	417
30	株洲市城市建设发展集团有限公司	401

续表

排名	企业名称	人均营业收入（万元）
31	湖南邦普循环科技有限公司	387
32	芒果超媒股份有限公司	383
33	湖南金荣企业集团有限公司	374
34	湖南建工控股集团有限公司	372
35	湖南永通集团有限公司	357
36	安克创新科技股份有限公司	356
37	金杯电工股份有限公司	329
38	特变电工衡阳变压器有限公司	323
39	长沙中兴智能技术有限公司	311
40	湖南黄金集团有限责任公司	308
41	中国能源建设集团湖南火电建设有限公司	297
42	湖南省交通水利建设集团有限公司	297
43	湖南新长海发展集团有限公司	294
44	中石化巴陵石油化工有限公司	292
45	中车株洲电机有限公司	286
46	湖南省沙坪建设有限公司	286
47	红星实业集团有限公司	273
48	中国水利水电第八工程局有限公司	272
49	长沙中联重科环境产业有限公司	260
50	湖南省高速公路集团有限公司	259

7. 按人均资产排序

排名	企业名称	人均资产（万元）
1	长沙银行股份有限公司	9979
2	株洲市城市建设发展集团有限公司	7558
3	湖南省高速公路集团有限公司	4176
4	湖南湘江新区发展集团有限公司	4002
5	方正证券股份有限公司	2127

续表

排名	企业名称	人均资产（万元）
6	湖南湘威新材料科技有限公司	1919
7	澳优乳业（中国）有限公司	1743
8	湖南中烟工业有限责任公司	932
9	湖南长远锂科股份有限公司	817
10	天元盛世控股集团有限公司	812
11	湖南博深实业集团有限公司	729
12	三一集团有限公司	662
13	芒果超媒股份有限公司	651
14	长沙水业集团有限公司	618
15	红星实业集团有限公司	600
16	永兴贵研资源有限公司	587
17	湖南中伟新能源科技有限公司	573
18	中铁城建集团有限公司	569
19	中国建筑第五工程局有限公司	567
20	中国电建集团中南勘测设计研究院有限公司	477
21	中联重科股份有限公司	469
22	湖南粮食集团有限责任公司	450
23	湖南省交通水利建设集团有限公司	439
24	岳阳林纸股份有限公司	437
25	道道全粮油股份有限公司	428
26	中国水利水电第八工程局有限公司	419
27	中国烟草总公司湖南省公司	414
28	湖南省现代农业产业控股集团有限公司	413
29	长沙中联重科环境产业有限公司	407
30	湖南钢铁集团有限公司	406
31	中车株洲电力机车研究所有限公司	406
32	中国铁建重工集团股份有限公司	398
33	中国石油化工股份有限公司长岭分公司	384

续表

排名	企业名称	人均资产（万元）
34	国药控股湖南有限公司	383
35	大汉控股集团有限公司	381
36	大唐华银电力股份有限公司	373
37	湖南邦普循环科技有限公司	352
38	国网湖南省电力有限公司	350
39	中国移动通信集团湖南有限公司	348
40	山河智能装备股份有限公司	321
41	特变电工衡阳变压器有限公司	312
42	湖南建工控股集团有限公司	308
43	湖南航天有限责任公司	306
44	中车株洲电机有限公司	262
45	中国航发南方工业有限公司	260
46	湖南省轻工盐业集团有限公司	256
47	中车株洲电力机车有限公司	249
48	中国能源建设集团湖南火电建设有限公司	248
49	湖南裕能新能源电池材料股份有限公司	246
50	湖南马上银科技有限公司	243

8. 按研发费用排序

排名	企业名称	研发费用（万元）
1	三一集团有限公司	849616
2	湖南钢铁集团有限公司	664952
3	中国建筑第五工程局有限公司	422991
4	中联重科股份有限公司	422971
5	湖南建工控股集团有限公司	378283
6	中车株洲电力机车研究所有限公司	254915
7	蓝思科技集团	213475
8	中车株洲电力机车有限公司	114301

续表

排名	企业名称	研发费用（万元）
9	长沙市比亚迪汽车有限公司	110318
10	中国水利水电第八工程局有限公司	104630
11	中铁城建集团有限公司	97899
12	中国铁建重工集团股份有限公司	85769
13	安克创新科技股份有限公司	77843
14	湖南省交通水利建设集团有限公司	77755
15	株洲旗滨集团股份有限公司	64707
16	中车株洲电机有限公司	54789
17	楚天科技股份有限公司	48820
18	湖南博长控股集团有限公司	48753
19	中国电信股份有限公司湖南分公司	44707
20	金杯电工股份有限公司	43482
21	湖南黄金集团有限责任公司	39998
22	山河智能装备股份有限公司	39832
23	湖南有色金属控股集团有限公司	39686
24	长沙银行股份有限公司	37673
25	湖南省沙坪建设有限公司	37021
26	中国电建集团中南勘测设计研究院有限公司	36974
27	湖南邦普循环科技有限公司	35889
28	湖南中伟新能源科技有限公司	35818
29	湖南中烟工业有限责任公司	31151
30	湖南长远锂科股份有限公司	28655
31	株洲硬质合金集团有限公司	28406
32	特变电工衡阳变压器有限公司	27940
33	芒果超媒股份有限公司	27199
34	唐人神集团股份有限公司	26346
35	湖南航天有限责任公司	26058
36	长沙中联重科环境产业有限公司	25908

续表

排名	企业名称	研发费用（万元）
37	长沙格力暖通制冷设备有限公司	25755
38	岳阳林纸股份有限公司	24815
39	湖南湘科控股集团有限公司	22880
40	湖南省茶业集团股份有限公司	21004
41	湖南高岭建设集团股份有限公司	19876
42	澳优乳业（中国）有限公司	19316
43	湖南省轻工盐业集团有限公司	19253
44	湖南口味王集团有限责任公司	18860
45	中国移动通信集团湖南有限公司	18443
46	中国能源建设集团湖南火电建设有限公司	17778
47	湖南省煤业集团有限公司	16960
48	湖南省高速公路集团有限公司	15597
49	湖南湘威新材料科技有限公司	15000
50	中国航发南方工业有限公司	13908

9. 按研发费用增长率排序

排名	企业名称	研发费用增长率（%）
1	湖南省高速公路集团有限公司	16492.55
2	中国石化销售股份有限公司湖南石油分公司	2334.69
3	湖南湘威新材料科技有限公司	1775.00
4	湖南省国有资产管理集团有限公司	1766.37
5	湖南省煤业集团有限公司	374.54
6	湖南裕能新能源电池材料股份有限公司	232.71
7	绝味食品股份有限公司	228.92
8	湖南中伟新能源科技有限公司	181.54
9	湖南长远锂科股份有限公司	180.35
10	长沙市比亚迪汽车有限公司	161.80
11	湖南邦普循环科技有限公司	142.31
12	湖南有色金属控股集团有限公司	118.40
13	老百姓大药房连锁股份有限公司	93.46

续表

排名	企业名称	研发费用增长率（%）
14	中国石油化工股份有限公司长岭分公司	91.33
15	益丰大药房连锁股份有限公司	88.21
16	长沙水业集团有限公司	79.80
17	湖南省轻工盐业集团有限公司	77.71
18	金杯电工股份有限公司	70.83
19	中国电信股份有限公司湖南分公司	69.84
20	楚天科技股份有限公司	69.66
21	湖南马上银科技有限公司	62.50
22	株洲旗滨集团股份有限公司	53.45
23	芒果超媒股份有限公司	47.52
24	湖南钢铁集团有限公司	45.61
25	特变电工衡阳变压器有限公司	44.09
26	三一集团有限公司	40.66
27	蓝思科技集团	39.90
28	湖南省沙坪建设有限公司	39.64
29	中国建筑第五工程局有限公司	38.79
30	水羊集团股份有限公司	38.71
31	湖南黄金集团有限责任公司	37.48
32	安克创新科技股份有限公司	37.19
33	长沙格力暖通制冷设备有限公司	36.08
34	湖南省现代农业产业控股集团有限公司	35.71
35	株洲市城市建设发展集团有限公司	34.92
36	长沙银行股份有限公司	34.83
37	湖南五江控股集团有限公司	30.85
38	湖南口味王集团有限责任公司	28.33
39	唐人神集团股份有限公司	27.80
40	中南出版传媒集团股份有限公司	27.29
41	中铁城建集团有限公司	25.06
42	山河智能装备股份有限公司	24.15
43	湖南博长控股集团有限公司	22.46
44	中国铁建重工集团股份有限公司	22.43
45	中联重科股份有限公司	20.81
46	湖南顺天建设集团有限公司	20.71
47	湖南金弘再生资源集团有限公司	20.63
48	中国移动通信集团湖南有限公司	17.66

续表

排名	企业名称	研发费用增长率（%）
49	道道全粮油股份有限公司	16.84
50	湖南建工控股集团有限公司	16.71

10. 按纳税总额排序

排名	企业名称	纳税总额（亿元）
1	湖南中烟工业有限责任公司	7946971
2	中国烟草总公司湖南省公司	1900201
3	三一集团有限公司	882040
4	中国石油化工股份有限公司长岭分公司	872568
5	湖南钢铁集团有限公司	645874
6	中联重科股份有限公司	460476
7	中国建筑第五工程局有限公司	428554
8	湖南建工控股集团有限公司	348593
9	长沙银行股份有限公司	348548
10	中车株洲电力机车研究所有限公司	277803
11	方正证券股份有限公司	234389
12	国网湖南省电力有限公司	225774
13	华融湘江银行股份有限公司	221101
14	中石化巴陵石油化工有限公司	198290
15	株洲旗滨集团股份有限公司	162651
16	湖南五江控股集团有限公司	152463
17	湖南省高速公路集团有限公司	145702
18	大汉控股集团有限公司	115410
19	中国水利水电第八工程局有限公司	86223
20	益丰大药房连锁股份有限公司	82326
21	步步高投资集团股份有限公司	78187
22	中国移动通信集团湖南有限公司	77909
23	湖南省煤业集团有限公司	77455

续表

排名	企业名称	纳税总额（亿元）
24	中车株洲电力机车有限公司	73343
25	澳优乳业（中国）有限公司	70735
26	湖南有色金属控股集团有限公司	70475
27	绝味食品股份有限公司	68901
28	湖南博长控股集团有限公司	63567
29	湖南省交通水利建设集团有限公司	63528
30	湖南湘江新区发展集团有限公司	60771
31	株洲市城市建设发展集团有限公司	60294
32	中国铁建重工集团股份有限公司	60120
33	湖南金弘再生资源集团有限公司	58930
34	中国石化销售股份有限公司湖南石油分公司	54581
35	老百姓大药房连锁股份有限公司	54213
36	长沙中联重科环境产业有限公司	49470
37	大唐华银电力股份有限公司	42364
38	中国电信股份有限公司湖南分公司	40679
39	长沙市比亚迪汽车有限公司	40182
40	岳阳林纸股份有限公司	39846
41	山河智能装备股份有限公司	39381
42	湖南黄金集团有限责任公司	37462
43	中华联合财产保险股份有限公司湖南分公司	36078
44	长沙格力暖通制冷设备有限公司	34387
45	湖南省轻工盐业集团有限公司	33666
46	长沙水业集团有限公司	32951
47	楚天科技股份有限公司	32209
48	中国联合网络通信有限公司湖南省分公司	29325
49	中铁城建集团有限公司	28956
50	国药控股湖南有限公司	28569

11. 按纳税额增长率排序

排名	企业名称	纳税额增长率（%）
1	湖南裕能新能源电池材料股份有限公司	727.48
2	湖南长远锂科股份有限公司	295.28
3	湖南中伟新能源科技有限公司	241.74
4	岳阳林纸股份有限公司	176.96
5	湖南省高速公路集团有限公司	126.28
6	湖南马上银科技有限公司	121.69
7	楚天科技股份有限公司	113.28
8	株洲旗滨集团股份有限公司	112.46
9	特变电工衡阳变压器有限公司	71.67
10	中国联合网络通信有限公司湖南省分公司	64.72
11	湖南金弘再生资源集团有限公司	63.53
12	长沙中兴智能技术有限公司	63.21
13	天元盛世控股集团有限公司	60.34
14	三一集团有限公司	49.38
15	长沙格力暖通制冷设备有限公司	47.86
16	湖南邦普循环科技有限公司	45.95
17	湖南省现代农业产业控股集团有限公司	45.87
18	水羊集团股份有限公司	44.22
19	中车株洲电力机车研究所有限公司	42.42
20	湖南省煤业集团有限公司	37.96
21	湖南黄金集团有限责任公司	37.06
22	湖南湘威新材料科技有限公司	36.81
23	湖南湘江新区发展集团有限公司	35.44
24	红星实业集团有限公司	34.17
25	长沙京东翰民贸易有限公司	32.98
26	株洲硬质合金集团有限公司	32.57
27	湖南金荣企业集团有限公司	30.00

续表

排名	企业名称	纳税额增长率（%）
28	湖南省交通水利建设集团有限公司	28.23
29	中联重科股份有限公司	27.87
30	大汉控股集团有限公司	26.55
31	湖南博深实业集团有限公司	24.28
32	中国能源建设集团湖南火电建设有限公司	23.81
33	湖南省国有资产管理集团有限公司	23.63
34	永兴贵研资源有限公司	23.59
35	长沙市比亚迪汽车有限公司	23.35
36	安克创新科技股份有限公司	23.17
37	绝味食品股份有限公司	22.92
38	金杯电工股份有限公司	22.78
39	湖南五江控股集团有限公司	22.78
40	中国电建集团中南勘测设计研究院有限公司	22.59
41	方正证券股份有限公司	21.46
42	湖南钢铁集团有限公司	16.12
43	长沙银行股份有限公司	15.25
44	中南出版传媒集团股份有限公司	14.99
45	中国水利水电第八工程局有限公司	13.21
46	国药控股湖南有限公司	13.03
47	中国电信股份有限公司湖南分公司	11.12
48	湖南中烟工业有限责任公司	10.85
49	中国铁建重工集团股份有限公司	10.67
50	湖南兰天集团有限公司	8.99

12. 按净利润排序

排名	企业名称	净利润（万元）
1	三一集团有限公司	1419345
2	湖南钢铁集团有限公司	1319671

续表

排名	企业名称	净利润（万元）
3	中国烟草总公司湖南省公司	824282
4	湖南中烟工业有限责任公司	729474
5	长沙银行股份有限公司	656965
6	中联重科股份有限公司	638603
7	株洲旗滨集团股份有限公司	422142
8	中国建筑第五工程局有限公司	343561
9	湖南五江控股集团有限公司	342990
10	五矿资本股份有限公司	340209
11	华融湘江银行股份有限公司	307531
12	中国移动通信集团湖南有限公司	300998
13	蓝思科技集团	232542
14	爱尔眼科医院集团股份有限公司	232334
15	中车株洲电力机车研究所有限公司	214661
16	芒果超媒股份有限公司	211448
17	湖南建工控股集团有限公司	190436
18	方正证券股份有限公司	187244
19	中国铁建重工集团股份有限公司	178609
20	中南出版传媒集团股份有限公司	163670
21	湖南邦普循环科技有限公司	163650
22	大汉控股集团有限公司	137204
23	湖南省高速公路集团有限公司	134730
24	中车株洲电力机车有限公司	128420
25	中国电信股份有限公司湖南分公司	123198
26	湖南裕能新能源电池材料股份有限公司	117466
27	安克创新科技股份有限公司	102443
28	澳优乳业（中国）有限公司	100223
29	益丰大药房连锁股份有限公司	99075
30	绝味食品股份有限公司	96724

续表

排名	企业名称	净利润（万元）
31	中国石油化工股份有限公司长岭分公司	95997
32	湖南湘江新区发展集团有限公司	84941
33	长沙中联重科环境产业有限公司	79994
34	老百姓大药房连锁股份有限公司	78673
35	湖南博深实业集团有限公司	76882
36	湖南新长海发展集团有限公司	72007
37	湖南长远锂科股份有限公司	70064
38	长沙格力暖通制冷设备有限公司	69011
39	中国联合网络通信有限公司湖南省分公司	68256
40	湖南省交通水利建设集团有限公司	66314
41	株洲硬质合金集团有限公司	58692
42	楚天科技股份有限公司	57216
43	中国水利水电第八工程局有限公司	52637
44	株洲市城市建设发展集团有限公司	49939
45	中铁城建集团有限公司	47473
46	湖南望新建设集团股份有限公司	45789
47	中国电建集团中南勘测设计研究院有限公司	45272
48	湖南省沙坪建设有限公司	43197
49	湖南省轻工盐业集团有限公司	42721
50	中国航发南方工业有限公司	39443

13. 按净利润增长率排序

排名	企业名称	净利润增长率（%）
1	湖南裕能新能源电池材料股份有限公司	2440.62
2	湖南长远锂科股份有限公司	538.17
3	鹏都农牧股份有限公司	533.78
4	湖南邦普循环科技有限公司	304.50
5	湖南省国有资产管理集团有限公司	302.29

续表

排名	企业名称	净利润增长率（%）
6	湖南博深实业集团有限公司	213.45
7	楚天科技股份有限公司	184.68
8	长沙市比亚迪汽车有限公司	161.96
9	株洲旗滨集团股份有限公司	133.31
10	湖南省煤业集团有限公司	119.61
11	湖南省轻工盐业集团有限公司	117.99
12	湖南口味王集团有限责任公司	107.46
13	湖南湘科控股集团有限公司	103.19
14	湖南省高速公路集团有限公司	96.81
15	长沙水业集团有限公司	95.41
16	湖南黄金集团有限责任公司	81.31
17	湖南中伟新能源科技有限公司	75.69
18	水羊集团股份有限公司	70.23
19	长沙格力暖通制冷设备有限公司	69.86
20	株洲硬质合金集团有限公司	66.21
21	湖南钢铁集团有限公司	62.29
22	方正证券股份有限公司	56.28
23	长沙中兴智能技术有限公司	55.62
24	湖南马上银科技有限公司	41.54
25	绝味食品股份有限公司	39.68
26	金杯电工股份有限公司	38.61
27	中华联合财产保险股份有限公司湖南分公司	37.10
28	湖南顺天建设集团有限公司	35.08
29	爱尔眼科医院集团股份有限公司	34.78
30	湖南建工控股集团有限公司	28.67
31	中国电信股份有限公司湖南分公司	27.65
32	湖南博长控股集团有限公司	22.52
33	湖南湘江新区发展集团有限公司	21.58

续表

排名	企业名称	净利润增长率（%）
34	湖南金荣企业集团有限公司	20.00
35	株洲市城市建设发展集团有限公司	18.38
36	长沙银行股份有限公司	18.15
37	益丰大药房连锁股份有限公司	18.02
38	湖南省交通水利建设集团有限公司	17.53
39	安克创新科技股份有限公司	14.48
40	湖南永通集团有限公司	13.41
41	中车株洲电力机车有限公司	12.98
42	中国铁建重工集团股份有限公司	12.33
43	国药控股湖南有限公司	11.09
44	特变电工衡阳变压器有限公司	10.18
45	中国航发南方工业有限公司	9.27
46	中国电建集团中南勘测设计研究院有限公司	8.87
47	大汉控股集团有限公司	7.92
48	湖南兰天集团有限公司	7.47
49	华融湘江银行股份有限公司	7.20
50	芒果超媒股份有限公司	6.83

14. 按资产利润率排序

排名	企业名称	资产利润率（%）
1	湖南望新建设集团股份有限公司	34.52
2	湖南金弘再生资源集团有限公司	27.55
3	株洲旗滨集团股份有限公司	23.45
4	长沙中兴智能技术有限公司	22.32
5	湖南乔口建设有限公司	21.22
6	中国烟草总公司湖南省公司	20.65
7	湖南邦普循环科技有限公司	18.78
8	绝味食品股份有限公司	17.59

续表

排名	企业名称	资产利润率（%）
9	湖南裕能新能源电池材料股份有限公司	15.99
10	湖南省茶业集团股份有限公司	15.69
11	中国石油化工股份有限公司长岭分公司	15.12
12	长沙格力暖通制冷设备有限公司	14.80
13	爱尔眼科医院集团股份有限公司	14.41
14	澳优乳业（中国）有限公司	12.97
15	安克创新科技股份有限公司	12.80
16	湖南中烟工业有限责任公司	11.58
17	湖南钢铁集团有限公司	10.90
18	株洲硬质合金集团有限公司	10.37
19	水羊集团股份有限公司	10.20
20	湖南博深实业集团有限公司	9.94
21	湖南省沙坪建设有限公司	9.55
22	湖南对外建设集团有限公司	9.29
23	中国移动通信集团湖南有限公司	9.14
24	湖南长远锂科股份有限公司	8.28
25	芒果超媒股份有限公司	8.10
26	益丰大药房连锁股份有限公司	7.85
27	湖南新长海发展集团有限公司	7.54
28	中国联合网络通信有限公司湖南省分公司	7.53
29	湖南佳惠百货有限责任公司	7.19
30	大汉控股集团有限公司	7.05
31	中南出版传媒集团股份有限公司	6.92
32	湖南口味王集团有限责任公司	6.81
33	三一集团有限公司	6.78
34	湖南五江控股集团有限公司	6.58
35	长沙中联重科环境产业有限公司	6.46
36	楚天科技股份有限公司	6.44

续表

排名	企业名称	资产利润率（%）
37	中国铁建重工集团股份有限公司	6.39
38	中联重科股份有限公司	6.00
39	永兴贵研资源有限公司	5.92
40	老百姓大药房连锁股份有限公司	5.67
41	中国电信股份有限公司湖南分公司	5.64
42	金杯电工股份有限公司	5.52
43	特变电工衡阳变压器有限公司	4.75
44	中车株洲电力机车有限公司	4.36
45	湖南金荣企业集团有限公司	4.00
46	湖南永通集团有限公司	3.86
47	湖南博长控股集团有限公司	3.83
48	中国电建集团中南勘测设计研究院有限公司	3.79
49	湖南高岭建设集团股份有限公司	3.76
50	五矿资本股份有限公司	3.73

15. 按人均利润排序（归属母公司）

排名	企业名称	人均利润（万元）
1	澳优乳业（中国）有限公司	191
2	长沙银行股份有限公司	79
3	湖南中烟工业有限责任公司	73
4	中国烟草总公司湖南省公司	63
5	湖南长远锂科股份有限公司	61
6	湖南邦普循环科技有限公司	57
7	芒果超媒股份有限公司	53
8	湖南博深实业集团有限公司	47
9	中国石油化工股份有限公司长岭分公司	43
10	株洲旗滨集团股份有限公司	38
11	湖南湘江新区发展集团有限公司	33

续表

排名	企业名称	人均利润（万元）
12	湖南裕能新能源电池材料股份有限公司	33
13	湖南金弘再生资源集团有限公司	29
14	安克创新科技股份有限公司	28
15	永兴贵研资源有限公司	27
16	湖南钢铁集团有限公司	24
17	中联重科股份有限公司	24
18	中国移动通信集团湖南有限公司	24
19	长沙中联重科环境产业有限公司	23
20	中国铁建重工集团股份有限公司	23
21	方正证券股份有限公司	22
22	株洲市城市建设发展集团有限公司	21
23	绝味食品股份有限公司	20
24	长沙格力暖通制冷设备有限公司	18
25	中国电建集团中南勘测设计研究院有限公司	17
26	天元盛世控股集团有限公司	16
27	湖南中伟新能源科技有限公司	16
28	三一集团有限公司	14
29	大汉控股集团有限公司	14
30	中国建筑第五工程局有限公司	13
31	特变电工衡阳变压器有限公司	13
32	湖南省沙坪建设有限公司	12
33	中南出版传媒集团股份有限公司	12
34	长沙中兴智能技术有限公司	12
35	湖南五江控股集团有限公司	11
36	中国联合网络通信有限公司湖南省分公司	11
37	红星实业集团有限公司	9
38	中车株洲电力机车有限公司	9
39	金杯电工股份有限公司	8

续表

排名	企业名称	人均利润（万元）
40	楚天科技股份有限公司	8
41	株洲硬质合金集团有限公司	8
42	中铁城建集团有限公司	8
43	水羊集团股份有限公司	8
44	岳阳林纸股份有限公司	8
45	湖南省交通水利建设集团有限公司	7
46	国药控股湖南有限公司	7
47	湖南建工控股集团有限公司	6
48	湖南省茶业集团股份有限公司	6
49	湖南省高速公路集团有限公司	6
50	中国航发南方工业有限公司	6

16. 按所有者权益排序

排名	企业名称	所有者权益（万元）
1	湖南省高速公路集团有限公司	20203883
2	蓝思科技集团	8163197
3	湖南中烟工业有限责任公司	7696225
4	中联重科股份有限公司	5686785
5	长沙银行股份有限公司	5502197
6	中国烟草总公司湖南省公司	4942778
7	三一集团有限公司	4499012
8	国网湖南省电力有限公司	4363739
9	湖南五江控股集团有限公司	4303159
10	方正证券股份有限公司	4135804
11	株洲市城市建设发展集团有限公司	3973806
12	湖南钢铁集团有限公司	3566163
13	湖南湘江新区发展集团有限公司	3486037
14	华融湘江银行股份有限公司	3301652

续表

排名	企业名称	所有者权益（万元）
15	中国移动通信集团湖南有限公司	2853720
16	中国建筑第五工程局有限公司	2583025
17	中车株洲电力机车研究所有限公司	2052434
18	中国铁建重工集团股份有限公司	2005354
19	湖南建工控股集团有限公司	1733855
20	芒果超媒股份有限公司	1696640
21	中南出版传媒集团股份有限公司	1440049
22	株洲旗滨集团股份有限公司	1334645
23	中国石化销售股份有限公司湖南石油分公司	1190783
24	中车株洲电力机车有限公司	1107881
25	大汉控股集团有限公司	878131
26	中国航发南方工业有限公司	820833
27	中国水利水电第八工程局有限公司	781679
28	益丰大药房连锁股份有限公司	748131
29	步步高投资集团股份有限公司	726316
30	长沙中联重科环境产业有限公司	721151
31	湖南长远锂科股份有限公司	652330
32	湖南博深实业集团有限公司	614305
33	湖南省交通水利建设集团有限公司	611427
34	安克创新科技股份有限公司	604942
35	绝味食品股份有限公司	570235
36	澳优乳业（中国）有限公司	553854
37	唐人神集团股份有限公司	551176
38	山河智能装备股份有限公司	551108
39	中国石油天然气股份有限公司湖南销售分公司	516503
40	中国石油化工股份有限公司长岭分公司	473406
41	湖南省轻工盐业集团有限公司	470261
42	中石化巴陵石油化工有限公司	460350

续表

排名	企业名称	所有者权益（万元）
43	特变电工衡阳变压器有限公司	454273
44	老百姓大药房连锁股份有限公司	435758
45	湖南邦普循环科技有限公司	410909
46	中国电建集团中南勘测设计研究院有限公司	408445
47	湖南博长控股集团有限公司	406859
48	湖南航天有限责任公司	401637
49	湖南永通集团有限公司	390259
50	中铁城建集团有限公司	386272

17. 按人均所有者权益排序（归属母公司）

排名	企业名称	人均所有者权益（万元）
1	株洲市城市建设发展集团有限公司	2279.87
2	湖南湘江新区发展集团有限公司	1454.33
3	湖南省高速公路集团有限公司	1326.06
4	澳优乳业（中国）有限公司	1014.38
5	湖南湘威新材料科技有限公司	891.88
6	湖南中烟工业有限责任公司	774.27
7	长沙银行股份有限公司	689.67
8	湖南长远锂科股份有限公司	566.75
9	湖南博深实业集团有限公司	542.19
10	方正证券股份有限公司	509.65
11	芒果超媒股份有限公司	423.10
12	中国烟草总公司湖南省公司	379.66
13	天元盛世控股集团有限公司	281.62
14	中国铁建重工集团股份有限公司	258.06
15	道道全粮油股份有限公司	248.32
16	中国移动通信集团湖南有限公司	226.18
17	中联重科股份有限公司	218.42

续表

排名	企业名称	人均所有者权益（万元）
18	长沙中联重科环境产业有限公司	211.98
19	中国石油化工股份有限公司长岭分公司	209.94
20	湖南中伟新能源科技有限公司	192.17
21	红星实业集团有限公司	186.62
22	安克创新科技股份有限公司	171.27
23	永兴贵研资源有限公司	166.47
24	特变电工衡阳变压器有限公司	157.46
25	中国电建集团中南勘测设计研究院有限公司	156.07
26	湖南五江控股集团有限公司	150.59
27	湖南邦普循环科技有限公司	142.38
28	大汉控股集团有限公司	137.62
29	湖南金弘再生资源集团有限公司	125.05
30	中国航发南方工业有限公司	124.78
31	三一集团有限公司	121.75
32	株洲旗滨集团股份有限公司	118.32
33	绝味食品股份有限公司	117.50
34	中南出版传媒集团股份有限公司	113.43
35	中车株洲电力机车研究所有限公司	111.29
36	国网湖南省电力有限公司	109.15
37	湖南钢铁集团有限公司	105.62
38	中车株洲电机有限公司	95.09
39	山河智能装备股份有限公司	92.02
40	中国建筑第五工程局有限公司	90.13
41	湖南航天有限责任公司	89.27
42	金杯电工股份有限公司	88.93
43	际华三五一七橡胶制品有限公司	85.66
44	湖南永通集团有限公司	81.12
45	中车株洲电力机车有限公司	80.96

续表

排名	企业名称	人均所有者权益（万元）
46	湖南省沙坪建设有限公司	76.55
47	湖南裕能新能源电池材料股份有限公司	76.26
48	中铁城建集团有限公司	74.28
49	湖南省交通水利建设集团有限公司	74.25
50	长沙水业集团有限公司	69.80

18. 按净资产利润率排序（归属母公司）

排名	企业名称	净资产利润率（%）
1	长沙格力暖通制冷设备有限公司	43.52
2	湖南裕能新能源电池材料股份有限公司	43.4
3	湖南邦普循环科技有限公司	39.83
4	中国联合网络通信有限公司湖南省分公司	38.04
5	岳阳林纸股份有限公司	34.05
6	长沙中兴智能技术有限公司	31.76
7	株洲旗滨集团股份有限公司	31.72
8	湖南口味王集团有限责任公司	30.7
9	湖南省茶业集团股份有限公司	25.03
10	湖南金弘再生资源集团有限公司	23.04
11	湖南钢铁集团有限公司	22.94
12	中国石油化工股份有限公司长岭分公司	20.28
13	澳优乳业（中国）有限公司	18.78
14	绝味食品股份有限公司	17.2
15	中国烟草总公司湖南省公司	16.68
16	安克创新科技股份有限公司	16.23
17	永兴贵研资源有限公司	15.92
18	楚天科技股份有限公司	15.77
19	湖南省沙坪建设有限公司	15.66
20	株洲硬质合金集团有限公司	15.44

续表

排名	企业名称	净资产利润率（%）
21	老百姓大药房连锁股份有限公司	15.36
22	中国建筑第五工程局有限公司	14.9
23	水羊集团股份有限公司	14.78
24	国药控股湖南有限公司	12.69
25	芒果超媒股份有限公司	12.46
26	益丰大药房连锁股份有限公司	11.87
27	长沙银行股份有限公司	11.46
28	三一集团有限公司	11.32
29	湖南佳惠百货有限责任公司	11.19
30	中国邮政集团有限公司湖南省分公司	11.18
31	中联重科股份有限公司	11.03
32	中国电建集团中南勘测设计研究院有限公司	10.98
33	中车株洲电力机车有限公司	10.97
34	长沙中联重科环境产业有限公司	10.89
35	中铁城建集团有限公司	10.84
36	湖南长远锂科股份有限公司	10.74
37	湖南建工控股集团有限公司	10.68
38	中国移动通信集团湖南有限公司	10.55
39	中南出版传媒集团股份有限公司	10.52
40	湖南省交通水利建设集团有限公司	9.89
41	大汉控股集团有限公司	9.84
42	金杯电工股份有限公司	9.54
43	湖南中烟工业有限责任公司	9.48
44	华融湘江银行股份有限公司	9.32
45	中国铁建重工集团股份有限公司	8.91
46	湖南博深实业集团有限公司	8.73
47	特变电工衡阳变压器有限公司	8.53
48	湖南中伟新能源科技有限公司	8.13

续表

排名	企业名称	净资产利润率（%）
49	湖南湘科控股集团有限公司	8.12
50	湖南省煤业集团有限公司	8.1

19. 按资产负债率排序（归属母公司）

排名	企业名称	资产负债率（%）
1	中国石化销售股份有限公司湖南石油分公司	−426.00
2	中国烟草总公司湖南省公司	8.28
3	湖南中烟工业有限责任公司	16.92
4	湖南金弘再生资源集团有限公司	21.38
5	绝味食品股份有限公司	22.96
6	湖南博深实业集团有限公司	25.59
7	安克创新科技股份有限公司	28.61
8	湖南长远锂科股份有限公司	30.59
9	湖南五江控股集团有限公司	34.60
10	中国移动通信集团湖南有限公司	35.00
11	芒果超媒股份有限公司	35.02
12	中国铁建重工集团股份有限公司	35.18
13	株洲旗滨集团股份有限公司	36.29
14	际华三五一七橡胶制品有限公司	39.27
15	中南出版传媒集团股份有限公司	40.15
16	中国石油天然气股份有限公司湖南销售分公司	40.29
17	水羊集团股份有限公司	41.74
18	澳优乳业（中国）有限公司	41.79
19	道道全粮油股份有限公司	41.93
20	湖南高岭建设集团股份有限公司	41.97
21	湖南省茶业集团股份有限公司	44.35
22	蓝思科技集团	45.23
23	中国石油化工股份有限公司长岭分公司	45.29

续表

排名	企业名称	资产负债率（%）
24	长沙中兴智能技术有限公司	47.40
25	长沙中联重科环境产业有限公司	47.87
26	爱尔眼科医院集团股份有限公司	48.24
27	特变电工衡阳变压器有限公司	49.60
28	株洲硬质合金集团有限公司	50.51
29	湖南省沙坪建设有限公司	50.91
30	湖南佳惠百货有限责任公司	51.07
31	中国航发南方工业有限公司	51.91
32	金杯电工股份有限公司	52.94
33	中联重科股份有限公司	53.39
34	湖南湘威新材料科技有限公司	53.53
35	湖南永通集团有限公司	54.43
36	益丰大药房连锁股份有限公司	56.13
37	湖南邦普循环科技有限公司	59.57
38	五矿资本股份有限公司	61.10
39	鹏都农牧股份有限公司	61.65
40	唐人神集团股份有限公司	62.10
41	中国邮政集团有限公司湖南省分公司	63.35
42	湖南湘江新区发展集团有限公司	63.66
43	中车株洲电机有限公司	63.74
44	大汉控股集团有限公司	63.83
45	楚天科技股份有限公司	63.89
46	天元盛世控股集团有限公司	65.34
47	湖南中伟新能源科技有限公司	66.48
48	湖南顺天建设集团有限公司	66.65
49	湖南博长控股集团有限公司	66.67
50	中国电建集团中南勘测设计研究院有限公司	67.26

20. 按资产积累率排序

排名	企业名称	资产积累率（%）
1	湖南省国有资产管理集团有限公司	209.13
2	湖南中伟新能源科技有限公司	181.72
3	湖南长远锂科股份有限公司	105.44
4	中国能源建设集团湖南火电建设有限公司	82.42
5	湖南裕能新能源电池材料股份有限公司	76.68
6	长沙水业集团有限公司	69.10
7	湖南邦普循环科技有限公司	65.91
8	湖南湘科控股集团有限公司	61.92
9	芒果超媒股份有限公司	60.03
10	长沙中兴智能技术有限公司	46.54
11	湖南乔口建设有限公司	46.52
12	湖南口味王集团有限责任公司	46.05
13	中国铁建重工集团股份有限公司	46.01
14	湖南钢铁集团有限公司	43.87
15	株洲旗滨集团股份有限公司	41.95
16	益丰大药房连锁股份有限公司	38.87
17	长沙格力暖通制冷设备有限公司	35.63
18	道道全粮油股份有限公司	29.91
19	楚天科技股份有限公司	28.08
20	湖南湘威新材料科技有限公司	27.85
21	湖南湘江新区发展集团有限公司	27.50
22	中车株洲电力机车研究所有限公司	26.41
23	中国石油化工股份有限公司长岭分公司	26.15
24	长沙银行股份有限公司	23.89
25	中联重科股份有限公司	21.74
26	湖南建工控股集团有限公司	21.73
27	中车株洲电机有限公司	19.47

续表

排名	企业名称	资产积累率（%）
28	湖南省沙坪建设有限公司	18.56
29	水羊集团股份有限公司	18.08
30	中国建筑第五工程局有限公司	17.71
31	湖南省交通水利建设集团有限公司	17.48
32	国药控股湖南有限公司	17.03
33	大汉控股集团有限公司	16.66
34	株洲硬质合金集团有限公司	15.30
35	湖南金弘再生资源集团有限公司	15.21
36	绝味食品股份有限公司	14.55
37	中华联合财产保险股份有限公司湖南分公司	13.92
38	国网湖南省电力有限公司	13.68
39	湖南省煤业集团有限公司	13.11
40	湖南佳惠百货有限责任公司	12.60
41	永兴贵研资源有限公司	12.53
42	安克创新科技股份有限公司	12.41
43	三一集团有限公司	12.26
44	蓝思科技集团	12.05
45	湖南省现代农业产业控股集团有限公司	11.05
46	湖南五江控股集团有限公司	10.76
47	中国航发南方工业有限公司	10.71
48	中国电建集团中南勘测设计研究院有限公司	10.65
49	中国烟草总公司湖南省公司	10.61
50	湖南兰天集团有限公司	9.97

21. 按资产保值增值率排序（归属母公司）

排名	企业名称	资产保值增值率（%）
1	长沙京东翰民贸易有限公司	364.67
2	湖南中伟新能源科技有限公司	281.72

续表

排名	企业名称	资产保值增值率（%）
3	湖南省国有资产管理集团有限公司	221.24
4	湖南长远锂科股份有限公司	205.44
5	中国能源建设集团湖南火电建设有限公司	182.42
6	湖南裕能新能源电池材料股份有限公司	176.68
7	湖南邦普循环科技有限公司	165.91
8	芒果超媒股份有限公司	160.24
9	长沙中兴智能技术有限公司	146.54
10	中国铁建重工集团股份有限公司	146.08
11	湖南口味王集团有限责任公司	146.05
12	株洲旗滨集团股份有限公司	141.2
13	益丰大药房连锁股份有限公司	139.61
14	长沙水业集团有限公司	136.75
15	长沙格力暖通制冷设备有限公司	135.63
16	湖南湘科控股集团有限公司	132.49
17	道道全粮油股份有限公司	131.21
18	湖南湘江新区发展集团有限公司	128.37
19	楚天科技股份有限公司	128.13
20	湖南湘威新材料科技有限公司	127.85
21	中国石油化工股份有限公司长岭分公司	126.15
22	湖南钢铁集团有限公司	125.89
23	长沙银行股份有限公司	124.11
24	中联重科股份有限公司	121.66
25	湖南省沙坪建设有限公司	118.56
26	水羊集团股份有限公司	118.18
27	湖南建工控股集团有限公司	117.8
28	株洲硬质合金集团有限公司	115.68
29	湖南金弘再生资源集团有限公司	115.21
30	绝味食品股份有限公司	114.87
31	爱尔眼科医院集团股份有限公司	114.77
32	国药控股湖南有限公司	114.48

续表

排名	企业名称	资产保值增值率（%）
33	国网湖南省电力有限公司	113.49
34	湖南省交通水利建设集团有限公司	112.71
35	湖南佳惠百货有限责任公司	112.6
36	永兴贵研资源有限公司	112.53
37	安克创新科技股份有限公司	112.06
38	蓝思科技集团	112.03
39	中国电建集团中南勘测设计研究院有限公司	111.02
40	中国航发南方工业有限公司	111
41	中国烟草总公司湖南省公司	110.92
42	湖南省煤业集团有限公司	110.45
43	湖南五江控股集团有限公司	109.67
44	中车株洲电机有限公司	109.41
45	中车株洲电力机车研究所有限公司	108.78
46	中车株洲电力机车有限公司	108.75
47	长沙市比亚迪汽车有限公司	108.56
48	三一集团有限公司	108.53
49	特变电工衡阳变压器有限公司	107.8
50	中铁城建集团有限公司	107.32

第三节 2022湖南制造业企业100强数据

名次	企业名称	营业收入（万元）
1	湖南钢铁集团有限公司	21970605
2	三一集团有限公司	15456008
3	蓝思科技集团	10931462
4	湖南中烟工业有限责任公司	10726773
5	中联重科股份有限公司	6713063
6	湖南博长控股集团有限公司	6215798
7	中国石油化工股份有限公司长岭分公司	4118177

续表

名次	企业名称	营业收入（万元）
8	中车株洲电力机车研究所有限公司	3622717
9	湖南有色金属控股集团有限公司	3370224
10	长沙市比亚迪汽车有限公司	2886864
11	中车株洲电力机车有限公司	2356155
12	唐人神集团股份有限公司	2174219
13	湖南黄金集团有限责任公司	2010631
14	中石化巴陵石油化工有限公司	1997373
15	株洲旗滨集团股份有限公司	1457272
16	金杯电工股份有限公司	1283231
17	安克创新科技股份有限公司	1257420
18	中国铁建重工集团股份有限公司	1170322
19	山河智能装备股份有限公司	1140766
20	湖南邦普循环科技有限公司	1115639
21	湖南中伟新能源科技有限公司	1072476
22	中车株洲电机有限公司	1050694
23	湖南省轻工盐业集团有限公司	1041957
24	长沙中兴智能技术有限公司	932713
25	特变电工衡阳变压器有限公司	930436
26	澳优乳业（中国）有限公司	887327
27	长沙中联重科环境产业有限公司	886171
28	岳阳林纸股份有限公司	783805
29	中国航发南方工业有限公司	783299
30	湖南湘威新材料科技有限公司	756999
31	长沙格力暖通制冷设备有限公司	754868
32	湖南裕能新能源电池材料股份有限公司	702668
33	湖南省茶业集团股份有限公司	700474

续表

名次	企业名称	营业收入（万元）
34	湖南长远锂科股份有限公司	684117
35	绝味食品股份有限公司	654862
36	株洲硬质合金集团有限公司	653064
37	湖南航天有限责任公司	647718
38	湖南金弘再生资源集团有限公司	631616
39	湖南口味王集团有限责任公司	591333
40	道道全粮油股份有限公司	544947
41	楚天科技股份有限公司	525987
42	永兴贵研资源有限公司	510335
43	水羊集团股份有限公司	501012
44	际华三五一七橡胶制品有限公司	482125
45	湖南湘科控股集团有限公司	460761
46	湖南科伦制药有限公司	452065
47	圣湘生物科技股份有限公司	451454
48	湖南金龙科技集团有限公司	450973
49	奥士康科技股份有限公司	443547
50	陈克明食品股份有限公司	432665
51	湘电集团有限公司	432655
52	恒飞电缆股份有限公司	404249
53	九芝堂股份有限公司	378416
54	江南工业集团有限公司	375640
55	株洲千金药业股份有限公司	366384
56	株洲联诚集团控股股份有限公司	365275
57	江麓机电集团有限公司	350104
58	威胜集团有限公司	347996
59	酒鬼酒股份有限公司	341437

续表

名次	企业名称	营业收入（万元）
60	湖南皇爷实业有限公司	324668
61	湖南伍子醉实业集团有限公司	322048
62	湖南宇新能源科技股份有限公司	320188
63	益海嘉里（岳阳）粮油工业有限公司	315990
64	湖南科力远新能源股份有限公司	305857
65	湖南省桂阳银星有色冶炼有限公司	289717
66	湖南丽臣实业股份有限公司	274853
67	株洲麦格米特电气有限责任公司	273579
68	湖南大旺食品有限公司	270561
69	湖南海利化工股份有限公司	270232
70	湖南达嘉维康医药产业股份有限公司	259218
71	湖南梦洁家纺股份有限公司	246266
72	三诺生物传感股份有限公司	236131
73	湖南国科微电子股份有限公司	232190
74	盐津铺子食品股份有限公司	228150
75	可孚医疗科技股份有限公司	227563
76	华自科技股份有限公司	226847
77	湖南尔康制药股份有限公司	223530
78	湖南中科电气股份有限公司	219387
79	中车株洲车辆有限公司	216225
80	中航飞机起落架有限责任公司	207512
81	株洲宏达电子股份有限公司	200035
82	郴州市金贵银业股份有限公司	198936
83	株洲钻石切削刀具股份有限公司	198861
84	湖南星邦智能装备股份有限公司	191691
85	地通工业控股集团股份有限公司	188583

续表

名次	企业名称	营业收入（万元）
86	湘潭电化集团有限公司	188072
87	湖南红太阳新能源科技有限公司	185491
88	株洲天桥起重机股份有限公司	177418
89	加加食品集团股份有限公司	175468
90	岳阳东方雨虹防水技术有限责任公司	174488
91	湖南东信集团有限公司	169850
92	株洲齿轮有限责任公司	166523
93	长沙惠科金杨新型显示器件有限责任公司	166256
94	湖南九典制药股份有限公司	162766
95	湖南机油泵股份有限公司	162153
96	亚光科技集团股份有限公司	158787
97	湖南方盛制药股份有限公司	156697
98	长高电新科技股份公司	152125
99	湖南湘江电缆有限公司	150567
100	科力尔电机集团股份有限公司	143454

第四节　2022 湖南服务业企业 50 强数据

名次	企业名称	营业收入（万元）
1	国网湖南省电力有限公司	10290552
2	中国烟草总公司湖南省公司	9369362
3	大汉控股集团有限公司	6753204
4	中国石化销售股份有限公司湖南石油分公司	5374144
5	步步高投资集团股份有限公司	4086796
6	湖南省高速公路集团有限公司	3949046
7	长沙银行股份有限公司	3787604
8	湖南马上银科技有限公司	2830472

续表

名次	企业名称	营业收入（万元）
9	中国移动通信集团湖南有限公司	2510348
10	华融湘江银行股份有限公司	2149514
11	湖南永通集团有限公司	1716001
12	湖南博深实业集团有限公司	1692297
13	中国电信股份有限公司湖南分公司	1688799
14	湖南粮食集团有限责任公司	1656045
15	中国石油天然气股份有限公司湖南销售分公司	1618451
16	老百姓大药房连锁股份有限公司	1569566
17	芒果超媒股份有限公司	1535586
18	益丰大药房连锁股份有限公司	1532631
19	爱尔眼科医院集团股份有限公司	1500081
20	鹏都农牧股份有限公司	1430370
21	湖南兰天集团有限公司	1352616
22	五矿资本股份有限公司	1303124
23	国药控股湖南有限公司	1188471
24	中国电建集团中南勘测设计研究院有限公司	1167131
25	中南出版传媒集团股份有限公司	1133144
26	中国联合网络通信有限公司湖南省分公司	1056706
27	中国邮政集团有限公司湖南省分公司	1006195
28	湖南湘江新区发展集团有限公司	1000162
29	湖南佳惠百货有限责任公司	983701
30	方正证券股份有限公司	862120
31	长沙京东翰民贸易有限公司	803479
32	株洲市城市建设发展集团有限公司	699198
33	中华联合财产保险股份有限公司湖南分公司	553368
34	长沙水业集团有限公司	506688
35	湖南新长海发展集团有限公司	480390
36	湖南金荣企业集团有限公司	480000

续表

名次	企业名称	营业收入（万元）
37	湖南省国有资产管理集团有限公司	476974
38	红星实业集团有限公司	469433
39	湖南博瑞医药健康产业集团有限公司	456652
40	湖南申湘汽车星沙商务广场有限公司	445403
41	湖南电广传媒股份有限公司	433968
42	中冶长天国际工程有限责任公司	419855
43	中国能源建设集团湖南省电力设计院有限公司	394778
44	太平人寿保险有限公司湖南分公司	370229
45	湖南兴盛优选电子商务有限公司	337967
46	中机国际工程设计研究院有限责任公司	300379
47	恩瑞集团有限公司	297416
48	湖南省湘水集团有限公司	295162
49	湖南红海人力资源有限公司	289722
50	长沙通程实业（集团）有限公司	263999

第五节　2022湖南企业200家数据

名次	企业名称	营业收入（万元）
1	湖南钢铁集团有限公司	21970605
2	中国建筑第五工程局有限公司	17569640
3	三一集团有限公司	15456008
4	湖南建工控股集团有限公司	12133778
5	蓝思科技集团	10931462
6	湖南中烟工业有限责任公司	10726773
7	国网湖南省电力有限公司	10290552
8	中国烟草总公司湖南省公司	9369362
9	大汉控股集团有限公司	6753204
10	中联重科股份有限公司	6713063
11	湖南博长控股集团有限公司	6215798

续表

名次	企业名称	营业收入（万元）
12	中国石化销售股份有限公司湖南石油分公司	5374144
13	中国石油化工股份有限公司长岭分公司	4118177
14	步步高投资集团股份有限公司	4086796
15	湖南省高速公路集团有限公司	3949046
16	长沙银行股份有限公司	3787604
17	湖南五江控股集团有限公司	3698745
18	中车株洲电力机车研究所有限公司	3622717
19	湖南有色金属控股集团有限公司	3370224
20	中国水利水电第八工程局有限公司	3132415
21	长沙市比亚迪汽车有限公司	2886864
22	湖南马上银科技有限公司	2830472
23	中国移动通信集团湖南有限公司	2510348
24	湖南省交通水利建设集团有限公司	2447745
25	中铁城建集团有限公司	2364511
26	中车株洲电力机车有限公司	2356155
27	唐人神集团股份有限公司	2174219
28	华融湘江银行股份有限公司	2149514
29	湖南黄金集团有限责任公司	2010631
30	中石化巴陵石油化工有限公司	1997373
31	湖南永通集团有限公司	1716001
32	湖南博深实业集团有限公司	1692297
33	中国电信股份有限公司湖南分公司	1688799
34	湖南粮食集团有限责任公司	1656045
35	中国石油天然气股份有限公司湖南销售分公司	1618451
36	老百姓大药房连锁股份有限公司	1569566
37	芒果超媒股份有限公司	1535586
38	益丰大药房连锁股份有限公司	1532631
39	湖南省煤业集团有限公司	1522178
40	爱尔眼科医院集团股份有限公司	1500081
41	株洲旗滨集团股份有限公司	1457272

续表

名次	企业名称	营业收入（万元）
42	鹏都农牧股份有限公司	1430370
43	湖南兰天集团有限公司	1352616
44	五矿资本股份有限公司	1303124
45	金杯电工股份有限公司	1283231
46	安克创新科技股份有限公司	1257420
47	国药控股湖南有限公司	1188471
48	中国铁建重工集团股份有限公司	1170322
49	中国电建集团中南勘测设计研究院有限公司	1167131
50	山河智能装备股份有限公司	1140766
51	中南出版传媒集团股份有限公司	1133144
52	湖南邦普循环科技有限公司	1115639
53	湖南中伟新能源科技有限公司	1072476
54	中国联合网络通信有限公司湖南省分公司	1056706
55	中车株洲电机有限公司	1050694
56	湖南省轻工盐业集团有限公司	1041957
57	湖南省沙坪建设有限公司	1029107
58	中国邮政集团有限公司湖南省分公司	1006195
59	湖南湘江新区发展集团有限公司	1000162
60	湖南佳惠百货有限责任公司	983701
61	大唐华银电力股份有限公司	960331
62	长沙中兴智能技术有限公司	932713
63	特变电工衡阳变压器有限公司	930436
64	澳优乳业（中国）有限公司	887327
65	长沙中联重科环境产业有限公司	886171
66	方正证券股份有限公司	862120
67	长沙京东翰民贸易有限公司	803479
68	岳阳林纸股份有限公司	783805
69	中国航发南方工业有限公司	783299
70	湖南湘威新材料科技有限公司	756999
71	长沙格力暖通制冷设备有限公司	754868

续表

名次	企业名称	营业收入（万元）
72	湖南裕能新能源电池材料股份有限公司	702668
73	湖南省茶业集团股份有限公司	700474
74	株洲市城市建设发展集团有限公司	699198
75	湖南望新建设集团股份有限公司	690032
76	湖南长远锂科股份有限公司	684117
77	湖南省现代农业产业控股集团有限公司	673434
78	绝味食品股份有限公司	654862
79	株洲硬质合金集团有限公司	653064
80	湖南航天有限责任公司	647718
81	中国能源建设集团湖南火电建设有限公司	643738
82	湖南金弘再生资源集团有限公司	631616
83	湖南高岭建设集团股份有限公司	621054
84	湖南口味王集团有限责任公司	591333
85	湖南顺天建设集团有限公司	589115
86	湖南乔口建设有限公司	568565
87	湖南对外建设集团有限公司	553562
88	中华联合财产保险股份有限公司湖南分公司	553368
89	道道全粮油股份有限公司	544947
90	楚天科技股份有限公司	525987
91	永兴贵研资源有限公司	510335
92	长沙水业集团有限公司	506688
93	水羊集团股份有限公司	501012
94	际华三五一七橡胶制品有限公司	482125
95	湖南新长海发展集团有限公司	480390
96	湖南金荣企业集团有限公司	480000
97	湖南省国有资产管理集团有限公司	476974
98	红星实业集团有限公司	469433
99	天元盛世控股集团有限公司	468808
100	湖南湘科控股集团有限公司	460761
101	佳沃食品股份有限公司	459722

续表

名次	企业名称	营业收入（万元）
102	湖南博瑞医药健康产业集团有限公司	456652
103	望建（集团）有限公司	452092
104	湖南科伦制药有限公司	452065
105	圣湘生物科技股份有限公司	451454
106	湖南金龙科技集团有限公司	450973
107	湖南申湘汽车星沙商务广场有限公司	445403
108	奥士康科技股份有限公司	443547
109	湖南电广传媒股份有限公司	433968
110	陈克明食品股份有限公司	432665
111	湘电集团有限公司	432655
112	中冶长天国际工程有限责任公司	419855
113	恒飞电缆股份有限公司	404249
114	湖南省郴州建设集团有限公司	400001
115	中国能源建设集团湖南省电力设计院有限公司	394778
116	九芝堂股份有限公司	378416
117	江南工业集团有限公司	375640
118	太平人寿保险有限公司湖南分公司	370229
119	株洲千金药业股份有限公司	366384
120	株洲联诚集团控股股份有限公司	365275
121	袁隆平农业高科技股份有限公司	350344
122	江麓机电集团有限公司	350104
123	威胜集团有限公司	347996
124	酒鬼酒股份有限公司	341437
125	湖南郴电国际发展股份有限公司	341110
126	湖南兴盛优选电子商务有限公司	337967
127	湖南皇爷实业有限公司	324668
128	湖南伍子醉实业集团有限公司	322048
129	湖南宇新能源科技股份有限公司	320188
130	益海嘉里（岳阳）粮油工业有限公司	315990
131	伟大集团	312544

续表

名次	企业名称	营业收入（万元）
132	湖南科力远新能源股份有限公司	305857
133	湖南湘佳牧业股份有限公司	300551
134	中机国际工程设计研究院有限责任公司	300379
135	恩瑞集团有限公司	297416
136	湖南省湘水集团有限公司	295162
137	湖南红海人力资源有限公司	289722
138	湖南省桂阳银星有色冶炼有限公司	289717
139	湖南丽臣实业股份有限公司	274853
140	株洲麦格米特电气有限责任公司	273579
141	湖南大旺食品有限公司	270561
142	湖南海利化工股份有限公司	270232
143	长沙通程实业（集团）有限公司	263999
144	湖南达嘉维康医药产业股份有限公司	259218
145	湖南梦洁家纺股份有限公司	246266
146	三诺生物传感股份有限公司	236131
147	湖南国科微电子股份有限公司	232190
148	盐津铺子食品股份有限公司	228150
149	可孚医疗科技股份有限公司	227563
150	华自科技股份有限公司	226847
151	湖南尔康制药股份有限公司	223530
152	拓维信息系统股份有限公司	223030
153	湖南中科电气股份有限公司	219387
154	中车株洲车辆有限公司	216225
155	湖南省湘辉人力资源服务有限公司	208854
156	中航飞机起落架有限责任公司	207512
157	华凯易佰科技股份有限公司	207486
158	湖南军信环保股份有限公司	205455
159	株洲宏达电子股份有限公司	200035
160	郴州市金贵银业股份有限公司	198936
161	株洲钻石切削刀具股份有限公司	198861

续表

名次	企业名称	营业收入（万元）
162	株洲百货股份有限公司	194471
163	湖南星邦智能装备股份有限公司	191691
164	地通工业控股集团股份有限公司	188583
165	湘潭电化集团有限公司	188072
166	湖南红太阳新能源科技有限公司	185491
167	株洲天桥起重机股份有限公司	177418
168	天泽信息产业股份有限公司	176398
169	加加食品集团股份有限公司	175468
170	岳阳东方雨虹防水技术有限责任公司	174488
171	中国广电湖南网络股份有限公司	170025
172	湖南东信集团有限公司	169850
173	湖南省机场管理集团有限公司	168948
174	株洲齿轮有限责任公司	166523
175	长沙惠科金杨新型显示器件有限责任公司	166256
176	湖南九典制药股份有限公司	162766
177	湖南机油泵股份有限公司	162153
178	亚光科技集团股份有限公司	158787
179	湖南方盛制药股份有限公司	156697
180	长高电新科技股份公司	152125
181	湖南绿叶水果有限公司	151090
182	湖南湘江电缆有限公司	150567
183	科力尔电机集团股份有限公司	143454
184	湖南正虹科技发展股份有限公司	143156
185	华力通线缆股份有限公司	142171
186	长城信息股份有限公司	134129
187	湖南金博碳素股份有限公司	133790
188	威胜电气有限公司	133039
189	大湖水殖股份有限公司	129231
190	湖南仁仁洁国际清洁科技集团股份有限公司	128987
191	中电长城科技有限公司	128647

续表

名次	企业名称	营业收入（万元）
192	湖南华联瓷业股份有限公司	120375
193	湖南艾珂人力资源服务有限公司	117153
194	湖南华纳大药厂股份有限公司	114660
195	湖南飞沃新能源科技股份有限公司	112952
196	湖南科霸汽车动力电池有限责任公司	112554
197	劲仔食品集团股份有限公司	111105
198	湖南京邦达物流科技有限公司	110990
199	湖南竞网智赢网络技术有限公司	110604
200	长缆电工科技股份有限公司	105777

备注：表中数据来源于企业自主申报和企业公开的财务报告，此表按企业营业收入大小依次排序，未自主上报企业不纳入该表中。

第七章 中国500强企业及《财富》世界500强企业数据

第一节 2022中国企业500强数据

排名	企业名称	营业收入（万元）	归母净利润（万元）	资产总额（万元）	归母所有者权益（万元）	从业人员（人）
1	国家电网有限公司	297113025	4604112	467152425	197069429	969289
2	中国石油天然气集团有限公司	265555424	6216526	419243418	199016690	1090345
3	中国石油化工集团有限公司	258860343	5364137	241808347	84785275	542286
4	中国建筑股份有限公司	189133897	5140766	238824913	34390009	368327
5	中国工商银行股份有限公司	143000300	34833800	3517138300	325775500	434089
6	中国建设银行股份有限公司	123376500	30251300	3025397900	258823100	375531
7	中国平安保险（集团）股份有限公司	118044400	10161800	1014202600	81240500	355982
8	中国农业银行股份有限公司	116833400	24118300	2906915500	241460500	455174
9	中国中化控股有限责任公司	112020873	-128564	153562145	2383689	220760
10	中国铁路工程集团有限公司	107367038	1195379	137150260	12218186	309874
11	中国铁道建筑集团有限公司	102046150	1099037	135586741	10560013	366833
12	中国人寿保险（集团）公司	101331534	1991337	573651627	26088699	182646
13	中国银行股份有限公司	98293200	21655900	2672240800	222515300	306322

续表

排名	企业名称	营业收入（万元）	归母净利润（万元）	资产总额（万元）	归母所有者权益（万元）	从业人员（人）
14	中国宝武钢铁集团有限公司	97225779	1931794	111708361	30936785	203781
15	京东集团股份有限公司	95159200	−356000	49650700	20891100	385357
16	中国移动通信集团有限公司	85088466	9436108	214651950	118216661	451331
17	中国五矿集团有限公司	85015599	397887	100390805	6704470	201724
18	中国交通建设集团有限公司	84282649	901314	224338606	15309718	220519
19	阿里巴巴（中国）有限公司	83640500	5778200	176056700	97429900	70000
20	中国海洋石油集团有限公司	81867619	5923601	132996757	63336749	80957
21	上海汽车集团股份有限公司	77984579	2453310	91692270	27377368	144787
22	中国华润有限公司	77776660	2954963	202110927	28672427	362706
23	山东能源集团有限公司	77411900	112016	75140248	11127866	243124
24	恒力集团有限公司	73234451	1531614	30536547	5790619	121430
25	正威国际集团有限公司	72275382	1296964	21363794	12469061	22398
26	厦门建发集团有限公司	71957617	718654	65883882	6163193	36334
27	中国第一汽车集团有限公司	70569611	2322386	60008812	22813252	122371
28	中国医药集团有限公司	70166212	7846699	56402153	15129832	196568
29	中国邮政集团有限公司	70095084	3859218	1316870009	47646084	748920
30	国家能源投资集团有限责任公司	69079494	3516763	189759756	45883642	319033
31	中国南方电网有限责任公司	67160048	841150	108223257	39910622	282440
32	中粮集团有限公司	66494705	966171	68601206	10379337	107829
33	华为投资控股有限公司	63069840	11354549	98283639	41445976	195000
34	中国电力建设集团有限公司	62195161	438152	114551061	9529847	181330
35	中国中信集团有限公司	62004272	3154971	880968219	41823175	148108
36	厦门国贸控股集团有限公司	60498494	247215	24590672	2622762	31689
37	中国人民保险集团股份有限公司	59769100	2163800	137640200	21913200	669683

续表

排名	企业名称	营业收入（万元）	归母净利润（万元）	资产总额（万元）	归母所有者权益（万元）	从业人员（人）
38	物产中大集团股份有限公司	56713118	401755	12944945	3037892	21012
39	腾讯控股有限公司	56011800	22482200	161236400	80629900	112771
40	东风汽车集团有限公司	55551521	929446	55134798	11715984	141681
41	绿地控股集团股份有限公司	54428636	617903	146909791	8997250	79999
42	中国远洋海运集团有限公司	54266305	4141597	97615126	23637244	107551
43	中国电信集团有限公司	53922328	1248156	98976966	38211746	394600
44	中国兵器工业集团有限公司	52754166	1123400	48617366	13462102	219320
45	碧桂园控股有限公司	52306400	2679700	194836500	19873600	100705
46	中国航空工业集团有限公司	51903589	551610	123832280	22122502	380000
47	中国铝业集团有限公司	51864838	902344	62444306	10267418	145917
48	太平洋建设集团有限公司	50120507	3637778	33459941	17195706	310719
49	招商局集团有限公司	49517181	5499226	250876457	44146405	264161
50	交通银行股份有限公司	49005500	8758100	1166575700	96464700	90238
51	联想控股股份有限公司	48987168	575489	68068617	6126989	88000
52	厦门象屿集团有限公司	48438283	264136	20984014	1885602	14372
53	北京汽车集团有限公司	48175754	205136	50026416	7493926	100000
54	晋能控股集团有限公司	48111841	-219921	106119653	7647440	506364
55	招商银行股份有限公司	46226100	11992200	924902100	85874500	103669
56	江西铜业集团有限公司	45741836	299714	19783051	3368826	31595
57	万科企业股份有限公司	45279778	2252403	193863813	23595313	139494
58	中国保利集团有限公司	44875187	1323230	174015716	11020766	110785
59	浙江荣盛控股集团有限公司	44831822	772437	36066971	3090346	22750
60	中国太平洋保险（集团）股份有限公司	44064337	2683445	194616377	22674120	114108
61	广州汽车工业集团有限公司	43188274	391760	36432279	5170179	112113

续表

排名	企业名称	营业收入（万元）	归母净利润（万元）	资产总额（万元）	归母所有者权益（万元）	从业人员（人）
62	河钢集团有限公司	42668707	141849	50855841	6839170	103637
63	中国建材集团有限公司	41550846	389268	65224429	4196797	206910
64	山东魏桥创业集团有限公司	41113475	1133995	25504593	8534472	96782
65	中国光大集团股份公司	39794328	2411442	652807985	26043102	95000
66	兴业银行股份有限公司	39560200	8268000	860302400	68411100	62540
67	陕西煤业化工集团有限责任公司	39539854	384746	66164153	7124802	151159
68	中国华能集团有限公司	38553240	439598	133987744	12079512	125916
69	鞍钢集团有限公司	38345695	735704	49197644	8602171	164704
70	中国机械工业集团有限公司	37054529	295579	36441119	7251965	133424
71	上海浦东发展银行股份有限公司	36643000	5300300	813675700	67000700	63361
72	浙江吉利控股集团有限公司	36031587	948839	51822877	9346032	128928
73	中国电子科技集团有限公司	35771735	1388072	54505051	19344834	202561
74	青山控股集团有限公司	35201779	1538971	11515953	4468941	85553
75	中国船舶集团有限公司	34902186	1698063	88394553	26126378	213849
76	盛虹控股集团有限公司	34797926	607114	17292018	3569906	35788
77	美的集团股份有限公司	34123321	2857365	38794610	12486812	165799
78	陕西延长石油（集团）有限责任公司	33421334	352039	46572532	15216204	130850
79	海尔集团公司	33273670	1070417	47129095	6859095	109441
80	国家电力投资集团有限公司	33230900	-119253	149111898	16256990	121470
81	中国联合网络通信集团有限公司	32912229	318788	62701575	18461028	255413
82	浙江恒逸集团有限公司	32879978	114468	12758389	1320128	23222
83	小米集团	32830915	1933932	29289187	13721291	33427
84	中国民生银行股份有限公司	32627700	3438100	695278600	57428000	60232
85	中国能源建设集团有限公司	32473970	387020	54261563	4362479	119574

续表

排名	企业名称	营业收入（万元）	归母净利润（万元）	资产总额（万元）	归母所有者权益（万元）	从业人员（人）
86	潍柴控股集团有限公司	30559777	189315	31679385	1182024	93991
87	江苏沙钢集团有限公司	30363121	1466463	32482912	7805325	45398
88	苏商建设集团有限公司	30224708	1075791	21895244	9620192	153242
89	浙江省交通投资集团有限公司	30161954	583449	74543672	12606441	40776
90	中国中煤能源集团有限公司	30100349	445915	44355740	8078357	149898
91	中国兵器装备集团有限公司	28622955	475056	39231532	8425264	162498
92	上海建工集团股份有限公司	28102546	376877	35376589	4096156	56494
93	中国航天科技集团有限公司	28007020	1998943	60861741	23781499	180521
94	中国电子信息产业集团有限公司	27812805	-101993	39442929	6679534	191126
95	中国华电集团有限公司	27643100	241486	94805300	11376453	92217
96	首钢集团有限公司	27149655	135780	51856071	12222708	96432
97	中国太平保险集团有限责任公司	26721347	307592	112866654	3814881	68441
98	山东钢铁集团有限公司	26651911	549488	26153155	1341711	57628
99	杭州钢铁集团有限公司	26538950	229676	9283046	2910147	13819
100	金川集团股份有限公司	26419154	622408	12074816	4339077	29100
101	中国航天科工集团有限公司	26353542	1359836	50718529	16723371	141678
102	泰康保险集团股份有限公司	26193348	2468118	132977846	12135133	58853
103	中南控股集团有限公司	26025762	-208374	38899985	1020111	100000
104	安徽海螺集团有限责任公司	25607469	1239871	28232081	7177204	59739
105	新希望控股集团有限公司	25265247	216575	37443425	2658893	138136
106	TCL实业控股股份有限公司	25235035	1073421	39525356	4683043	124133
107	广州市建筑集团有限公司	24913759	93443	17889211	1629222	51918
108	北京建龙重工集团有限公司	24741240	359041	16801018	3490591	57568
109	中国核工业集团有限公司	24722520	765143	102508000	17282730	181100

第七章 中国500强企业及《财富》世界500强企业数据

续表

排名	企业名称	营业收入（万元）	归母净利润（万元）	资产总额（万元）	归母所有者权益（万元）	从业人员（人）
110	深圳市投资控股有限公司	24252788	1063772	93477161	18968899	86030
111	中国中车集团有限公司	23842915	573344	47827825	8357573	175802
112	敬业集团有限公司	23790148	574692	7743682	3870538	31000
113	铜陵有色金属集团控股有限公司	22905863	32200	9287182	772913	20164
114	紫金矿业集团股份有限公司	22510249	1567287	20859468	7103437	43876
115	蜀道投资集团有限责任公司	22467475	278523	100306900	23620347	49493
116	中国大唐集团有限公司	22382479	-1873140	83016416	8169191	91005
117	龙湖集团控股有限公司	22337547	2385369	87565111	12494925	44065
118	中国航空油料集团有限公司	22262035	277580	6890977	2861756	14246
119	新华人寿保险股份有限公司	22238000	1495100	112772100	10851400	34434
120	湖南钢铁集团有限公司	21970605	818253	13723112	3566163	33764
121	潞安化工集团有限公司	21959023	-175688	29491966	3469339	99132
122	比亚迪股份有限公司	21614239	304519	29578015	9506967	288186
123	上海医药集团股份有限公司	21582426	509347	16343551	4935948	47056
124	山西焦煤集团有限责任公司	21531205	-275235	45419840	5762491	175211
125	新疆中泰（集团）有限责任公司	21215265	31061	12558283	529338	48067
126	顺丰控股股份有限公司	20718665	426910	20989998	8294323	177129
127	多弗国际控股集团有限公司	20686568	262926	14363606	7490521	22500
128	广西投资集团有限公司	20616624	50891	66904771	3201332	35369
129	云南省投资控股集团有限公司	20566014	177587	53729114	9814167	52077
130	新疆广汇实业投资（集团）有限责任公司	20322327	42222	27211903	3816131	73109
131	山东高速集团有限公司	20083604	442269	113918465	16498240	52407
132	海亮集团有限公司	20027392	82504	6677017	2091884	23854

续表

排名	企业名称	营业收入（万元）	归母净利润（万元）	资产总额（万元）	归母所有者权益（万元）	从业人员（人）
133	成都兴城投资集团有限公司	19707423	220467	94199134	6216417	38076
134	广州医药集团有限公司	19651802	206420	7209340	1252246	34730
135	上海德龙钢铁集团有限公司	19572224	508187	12395905	2201790	46054
136	国家开发投资集团有限公司	19445388	3412071	76637289	12635047	52810
137	中国物流集团有限公司	19435133	162568	11511062	1856602	22225
138	河北新华联合冶金控股集团有限公司	19039289	189782	12593385	1016978	20570
139	中天钢铁集团有限公司	19038174	306601	5323179	1615566	13307
140	珠海格力电器股份有限公司	18965403	2306373	31959818	10365165	81884
141	南京钢铁集团有限公司	18749509	380055	6897834	2006471	10324
142	河北津西钢铁集团股份有限公司	18725325	225421	7470092	2436152	8055
143	华阳新材料科技集团有限公司	18682697	−302969	27214263	2910107	59259
144	重庆市金科投资控股（集团）有限责任公司	18563651	123842	38090188	1982889	24806
145	北京首农食品集团有限公司	18309244	272694	16485622	4264125	53472
146	陕西建工控股集团有限公司	18288042	225668	29750570	1237580	40286
147	广州工业投资控股集团有限公司	18209575	329434	16507092	3413723	83933
148	杭州市实业投资集团有限公司	18105521	228951	7544066	1631436	4491
149	天能控股集团有限公司	17925186	135076	7363892	1235898	25618
150	美团公司	17912800	−2353838	24065327	12561344	100033
151	万洲国际有限公司	17597435	688604	12375871	5577462	107000
152	洛阳栾川钼业集团股份有限公司	17386258	510601	13744977	3984528	11472
153	华夏银行股份有限公司	17324200	2353500	367628700	29829200	39200
154	中国通用技术（集团）控股有限责任公司	17205778	−133201	24801692	4309593	70698

续表

排名	企业名称	营业收入（万元）	归母净利润（万元）	资产总额（万元）	归母所有者权益（万元）	从业人员（人）
155	中国平煤神马能源化工集团有限责任公司	17066921	338243	23019693	2770442	121921
156	北大荒农垦集团有限公司	17037506	49763	23191114	4505193	504701
157	海信集团控股股份有限公司	16955274	321469	16823472	1945712	97839
158	中国重型汽车集团有限公司	16838201	253276	12740534	2110324	37115
159	华侨城集团有限公司	16680925	159841	67982672	8713499	53127
160	中国再保险（集团）股份有限公司	16397362	636300	50043900	9311742	55407
161	中国国际海运集装箱（集团）股份有限公司	16369598	666532	15432250	4511863	51746
162	甘肃省公路航空旅游投资集团有限公司	16365155	28364	68103091	21833651	55048
163	上海电气控股集团有限公司	16349526	-745084	38155572	2997118	67335
164	云南省建设投资控股集团有限公司	16316886	301182	69512208	15716922	58405
165	万向集团公司	16284367	182361	10908538	3106580	35978
166	复星国际有限公司	16129120	1008990	80637210	13106991	96000
167	陕西有色金属控股集团有限责任公司	16116923	93175	14083995	3684237	42278
168	西安迈科金属国际集团有限公司	15987799	37747	2447425	572164	1195
169	北京金隅集团股份有限公司	15590180	293302	28635681	6371749	46447
170	三一集团有限公司	15456008	509474	24473736	4499012	36954
171	立讯精密工业股份有限公司	15394610	707052	12057210	3528855	228152
172	四川长虹电子控股集团有限公司	15235605	10084	9366219	217949	63730
173	中国化学工程集团有限公司	15201607	284423	20766658	2741330	51178
174	光明食品（集团）有限公司	15083030	123825	28330567	6908289	104259
175	浙江省兴合集团有限责任公司	14920459	67979	8069030	580696	18083
176	中国国际技术智力合作集团有限公司	14665554	93799	1879186	724038	5185
177	冀南钢铁集团有限公司	14603294	1308451	4609750	4294045	20278

续表

排名	企业名称	营业收入（万元）	归母净利润（万元）	资产总额（万元）	归母所有者权益（万元）	从业人员（人）
178	无锡产业发展集团有限公司	14577969	63893	12075743	1225153	28079
179	万华化学集团股份有限公司	14553782	2464875	19030958	6849853	19692
180	中国有色矿业集团有限公司	14446669	165185	11084521	1842948	43425
181	传化集团有限公司	14444414	391115	7851269	1197310	12702
182	雅戈尔集团股份有限公司	14393756	519398	9397383	2979675	19591
183	珠海华发集团有限公司	14194254	212286	57742333	6079291	51526
184	北京城建集团有限责任公司	14059343	234838	33981867	3080774	33553
185	四川省宜宾五粮液集团有限公司	14002354	651888	24519331	4471919	43506
186	云南省能源投资集团有限公司	13999577	283722	23142724	6266440	28419
187	上海均和集团有限公司	13695715	32019	3469461	1358653	5000
188	浙江省能源集团有限公司	13686276	373897	29793982	8786238	23500
189	长城汽车股份有限公司	13640466	672609	17540802	5734185	77934
190	南通三建控股有限公司	13593220	1399939	4420652	1886302	78331
191	辽宁方大集团实业有限公司	13370261	550082	15884140	3408952	59610
192	东岭集团股份有限公司	13276579	28705	4890515	1086217	10208
193	广西柳州钢铁集团有限公司	13253262	630151	12094540	3530654	33954
194	中天控股集团有限公司	13121409	371162	13761597	2499267	20711
195	亨通集团有限公司	13100290	32424	8191155	794856	18592
196	宁德时代新能源科技股份有限公司	13035580	1593131	30766686	8451327	83601
197	协鑫集团有限公司	13000528	252211	16444557	4130294	26009
198	中国黄金集团有限公司	12996121	55238	11293988	1830093	40411
199	超威电源集团有限公司	12967239	79470	1874198	780121	17000
200	北京银行股份有限公司	12956100	2222600	305895900	29505400	16526
201	山东东明石化集团有限公司	12861179	237822	5142971	2277439	8393

续表

排名	企业名称	营业收入（万元）	归母净利润（万元）	资产总额（万元）	归母所有者权益（万元）	从业人员（人）
202	卓尔控股有限公司	12803758	116690	10091836	5052015	15891
203	包头钢铁（集团）有限责任公司	12603574	305127	20941671	3127459	40940
204	百度网络技术有限公司	12449300	1022600	38003400	21145900	45500
205	江苏银行股份有限公司	12386344	1969437	261887426	19222708	15553
206	宁波金田投资控股有限公司	12285695	26258	2268213	235930	8015
207	九州通医药集团股份有限公司	12240743	244833	8593587	2340861	29338
208	神州数码集团股份有限公司	12238487	23809	3895338	608088	5210
209	中国广核集团有限公司	12139857	850883	84798195	14800267	41276
210	湖南建工控股集团有限公司	12133777	185090	10036471	1733854	32587
211	江苏永钢集团有限公司	12056078	520433	5235104	2724303	9275
212	北京外企人力资源服务有限公司	12055107	61502	1271011	308940	4713
213	阳光保险集团股份有限公司	12006759	590513	44162388	5800821	60950
214	北京建工集团有限责任公司	11933285	128405	20340122	2093347	37850
215	山西建设投资集团有限公司	11725364	179495	15012277	2705518	32462
216	唯品会控股有限公司	11705968	468107	6228754	3263290	10675
217	酒泉钢铁（集团）有限责任公司	11693741	421600	11314757	2745589	34592
218	海澜集团有限公司	11685025	450947	11310337	8219571	16408
219	徐工集团工程机械有限公司	11679619	472712	16703220	2923144	27418
220	新奥天然气股份有限公司	11591963	410165	12793392	1483322	39474
221	南山集团有限公司	11582816	407787	13537490	6797695	46582
222	中兴通讯股份有限公司	11452164	681294	16876343	5148209	72584
223	桐昆控股集团有限公司	11090509	196135	7962100	1076416	25111
224	河南能源集团有限公司	11031388	-252632	25548222	389616	121427
225	内蒙古伊利实业集团股份有限公司	11014398	840439	10196233	4770831	61598

续表

排名	企业名称	营业收入（万元）	归母净利润（万元）	资产总额（万元）	归母所有者权益（万元）	从业人员（人）
226	中基宁波集团股份有限公司	10954361	33928	1485861	164963	2470
227	贵州茅台酒股份有限公司	10946428	5246014	25516820	18953937	30001
228	北京控股集团有限公司	10923283	164160	41074964	4283259	75416
229	上海银行股份有限公司	10880979	2204245	265319868	2052036	13661
230	新余钢铁集团有限公司	10861089	227797	6632626	1458737	20444
231	通威集团有限公司	10827165	348967	10212639	2239957	33231
232	利华益集团股份有限公司	10806670	277023	4901485	2418785	6000
233	旭辉控股（集团）有限公司	10783474	761292	43274953	4199015	25532
234	江苏新长江实业集团有限公司	10700190	121537	4911330	1538667	6923
235	正泰集团股份有限公司	10668987	212966	10752402	1980496	38065
236	万达控股集团有限公司	10616853	140671	5321341	1614649	13115
237	奇瑞控股集团有限公司	10611251	81458	21158194	1705757	33595
238	广东省广晟控股集团有限公司	10595462	200594	15512729	1543621	57490
239	江铃汽车集团有限公司	10444263	40158	8088421	994783	35322
240	广东鼎龙实业集团有限公司	10258384	24201	3371739	904738	4205
241	中国南方航空集团有限公司	10248525	-623877	34864015	5614550	114779
242	福建大东海实业集团有限公司	10123439	511597	6438813	4004681	20430
243	广西北部湾国际港务集团有限公司	10045755	5326	14588285	2747133	31907
244	河北普阳钢铁有限公司	10045300	482694	4923745	2886578	8200
245	金地（集团）股份有限公司	9923222	940952	46280951	6298117	47985
246	晨鸣控股有限公司	9890022	32752	8489380	247696	12296
247	兰州新区商贸物流投资集团有限公司	9766850	10623	1748997	764174	2087
248	山东省国有资产投资控股有限公司	9653160	50288	18393326	1640599	39381
249	开滦（集团）有限责任公司	9649389	17757	9101541	1258075	47325

续表

排名	企业名称	营业收入（万元）	归母净利润（万元）	资产总额（万元）	归母所有者权益（万元）	从业人员（人）
250	振烨国际产业控股集团（深圳）有限公司	9601924	771429	1807594	702908	1966
251	东方国际（集团）有限公司	9571260	43589	6462775	1734244	71960
252	浙江省建设投资集团股份有限公司	9533495	104640	9924578	669578	20992
253	深圳市爱施德股份有限公司	9516565	92209	1533856	578072	2949
254	江苏悦达集团有限公司	9391858	65428	7303172	1098951	42551
255	内蒙古电力（集团）有限责任公司	9324739	36776	10704134	4850518	36087
256	天津荣程祥泰投资控股集团有限公司	9231865	167994	3320217	1477576	8956
257	永辉超市股份有限公司	9106189	-394387	7131164	1065879	123797
258	弘阳集团有限公司	8809122	194234	15456555	2596007	7906
259	北京能源集团有限责任公司	8798832	238560	40014870	8961183	33620
260	网易公司	8760603	1685684	15364392	9532808	32064
261	玖龙纸业（控股）有限公司	8731040	587388	9639108	4715611	20000
262	广州越秀集团股份有限公司	8716181	444580	78247953	5472077	37453
263	中国铁塔股份有限公司	8658469	732937	32325987	18935656	23300
264	山西鹏飞集团有限公司	8619669	453505	9502448	5681598	13355
265	双胞胎（集团）股份有限公司	8606501	31240	3191090	1388851	18000
266	广东海大集团股份有限公司	8599855	159604	3564857	1446113	31535
267	天津泰达投资控股有限公司	8594907	131417	43206447	10880478	22530
268	永锋集团有限公司	8512520	294772	6518527	1533058	11803
269	浙江省国际贸易集团有限公司	8426493	161565	14344221	1777162	21767
270	中国东方航空集团有限公司	8409619	-176219	36946557	7797234	99207
271	陕西投资集团有限公司	8407668	273119	24165771	4261765	24627
272	山东省港口集团有限公司	8398272	182475	23192871	6155245	56792

续表

排名	企业名称	营业收入（万元）	归母净利润（万元）	资产总额（万元）	归母所有者权益（万元）	从业人员（人）
273	华勤技术股份有限公司	8375852	189284	4523086	956184	33141
274	云南省交通投资建设集团有限公司	8353636	243818	63795712	9947419	18570
275	厦门路桥工程物资有限公司	8342169	39941	2028658	217394	562
276	广东省建筑工程集团控股有限公司	8341643	152625	11685239	2016588	22836
277	牧原实业集团有限公司	8327574	35827	19151727	1120985	140517
278	广东省广新控股集团有限公司	8321410	205935	8568433	1613708	29623
279	重庆化医控股（集团）公司	8251818	-44588	9414523	450955	27260
280	云天化集团有限责任公司	8201422	143544	9393748	935546	22560
281	陕西汽车控股集团有限公司	8200301	17903	7314833	611575	28654
282	四川华西集团有限公司	8190738	113185	9570905	1314573	22897
283	重庆华宇集团有限公司	8165839	936320	14098553	5789317	5486
284	中天科技集团有限公司	8154688	96538	5360409	982288	15336
285	旭阳控股有限公司	8101247	282400	5604800	1712778	12052
286	前海人寿保险股份有限公司	8099748	11558	37205569	2614256	2965
287	江苏南通二建集团有限公司	8094712	375045	4164768	2248046	101955
288	隆基绿能科技股份有限公司	8093225	908588	9773488	4744775	49967
289	杭州锦江集团有限公司	8056432	169863	5726998	1217887	9938
290	恒信汽车集团股份有限公司	8021367	257199	2313995	1320251	21987
291	甘肃省建设投资（控股）集团有限公司	8013850	73585	11892698	2181514	68969
292	武安市裕华钢铁有限公司	8007969	670498	4007477	3011916	11525
293	四川公路桥梁建设集团有限公司	7979586	556919	12949743	2125822	10140
294	绿城房地产集团有限公司	7947746	312531	52047285	4320008	8674
295	浙江富冶集团有限公司	7937051	89114	1520336	426415	3200
296	荣耀终端有限公司	7936172	725439	8221762	3940885	14842

续表

排名	企业名称	营业收入（万元）	归母净利润（万元）	资产总额（万元）	归母所有者权益（万元）	从业人员（人）
297	青岛海发国有资本投资运营集团有限公司	7920021	39558	12059311	1702856	5628
298	研祥高科技控股集团有限公司	7914163	422930	4952964	3144265	5190
299	日照钢铁控股集团有限公司	7914145	505440	13777181	4722902	15976
300	泸州老窖集团有限责任公司	7901442	326743	32051614	1597463	14193
301	远大物产集团有限公司	7893602	27610	649824	218903	421
302	金鼎钢铁集团有限公司	7865285	217704	2647178	1228285	3838
303	南京银行股份有限公司	7848214	1585676	174894675	12135979	13592
304	南通四建集团有限公司	7830509	436312	3702793	2293819	126000
305	上海城建（集团）有限公司	7823400	88788	16679151	1180026	21571
306	歌尔股份有限公司	7822142	383242	6106657	2732774	95780
307	北京首都开发控股（集团）有限公司	7717636	1805	35520003	1916450	14153
308	水发集团有限公司	7703756	23739	16798577	1841815	25610
309	红豆集团有限公司	7695139	24252	5019330	1759313	21132
310	华泰集团有限公司	7683349	142076	3664748	1260996	8392
311	安徽建工集团控股有限公司	7671462	62741	13783185	428704	19755
312	安阳钢铁集团有限责任公司	7630760	113041	6322761	975186	24754
313	新疆特变电工集团有限公司	7569536	847747	15762605	5702790	22732
314	新凤鸣控股集团有限公司	7498901	224089	3794716	1654241	12581
315	广西盛隆冶金有限公司	7487931	516429	6123604	2333129	13851
316	中国国际航空股份有限公司	7453167	-1664231	29841515	6140252	88395
317	四川省能源投资集团有限责任公司	7420699	53799	19930501	3952745	20942
318	唐山港陆钢铁有限公司	7395652	101541	2165114	1200639	8464
319	蓝润集团有限公司	7336458	118076	9636408	3899805	20175

续表

排名	企业名称	营业收入（万元）	归母净利润（万元）	资产总额（万元）	归母所有者权益（万元）	从业人员（人）
320	广西北部湾投资集团有限公司	7302806	237968	29182921	8841160	19747
321	内蒙古鄂尔多斯投资控股集团有限公司	7276763	180139	5639904	690484	23883
322	四川省川威集团有限公司	7234391	132421	4536745	704053	14206
323	白银有色集团股份有限公司	7227998	8174	4564961	1423237	14853
324	淮北矿业（集团）有限责任公司	7208606	180707	9783806	1721068	52294
325	奥克斯集团有限公司	7200722	71053	6663887	1297733	30000
326	山东京博控股集团有限公司	7093386	127597	4685415	646224	12106
327	山东海科控股有限公司	7013162	146171	2540915	890279	3917
328	三房巷集团有限公司	6875277	81339	2559887	1091854	6500
329	晶科能源控股有限公司	6861378	114141	7771858	2400340	31017
330	渤海银行股份有限公司	6818724	862972	158270760	10656408	11387
331	青建集团	6807658	144892	4804357	1274056	15256
332	江苏国泰国际集团股份有限公司	6785254	123617	3457513	1050094	16082
333	大汉控股集团有限公司	6753204	86439	2428113	878131	6381
334	河北新金钢铁有限公司	6730180	105220	2253395	1208472	5558
335	中联重科股份有限公司	6713063	626977	12201816	5686785	26036
336	浙江前程投资股份有限公司	6707005	2937	615153	101128	406
337	广东省广物控股集团有限公司	6691949	98427	5064053	1490383	11595
338	天津友发钢管集团股份有限公司	6686602	61409	1586851	623033	14389
339	河北新武安钢铁集团文安钢铁有限公司	6638938	183325	1430723	1308679	3300
340	德力西集团有限公司	6630622	126053	2438247	638721	19674
341	宁夏天元锰业集团有限公司	6627373	-111873	18974320	7131639	20312
342	云南锡业集团（控股）有限责任公司	6616607	17719	6042401	377400	18937
343	广东省能源集团有限公司	6603161	-216159	19517493	5491339	15183

续表

排名	企业名称	营业收入（万元）	归母净利润（万元）	资产总额（万元）	归母所有者权益（万元）	从业人员（人）
344	河北省物流产业集团有限公司	6595601	1069	2399058	252232	2426
345	恒申控股集团有限公司	6592748	849396	5139727	2952070	8580
346	上海钢联电子商务股份有限公司	6577462	17798	1419430	155441	4211
347	汇通达网络股份有限公司	6576317	32761	2436100	595199	4545
348	红狮控股集团有限公司	6553593	504130	6686805	2878086	17349
349	深圳海王集团股份有限公司	6553541	32822	6014785	1131856	30112
350	永荣控股集团有限公司	6505855	28855	3059267	1049852	4727
351	福建省港口集团有限责任公司	6504841	44594	9057002	2036040	32799
352	温氏食品集团股份有限公司	6496459	-1340436	9678837	3244768	43965
353	福建省能源石化集团有限责任公司	6472824	237477	14742231	2275521	19962
354	湖北联投集团有限公司	6470681	38466	28397388	1725291	20848
355	深圳市立业集团有限公司	6440882	234281	7522464	4997367	11412
356	福建省三钢（集团）有限责任公司	6419696	330647	5623259	1886185	16780
357	北京首都创业集团有限公司	6414277	62087	42347271	2467582	36650
358	重庆医药（集团）股份有限公司	6252045	92621	4846819	860937	13683
359	杉杉控股有限公司	6221670	53586	7399592	1817345	6551
360	湖南博长控股集团有限公司	6215798	21019	1220672	406859	6857
361	河南豫光金铅集团有限责任公司	6203224	18889	2347301	124006	6035
362	物美科技集团有限公司	6184575	269741	11383621	2659999	100000
363	远景能源有限公司	6156902	1111978	9960145	3179382	2851
364	天元建设集团有限公司	6136215	109578	8960027	1625895	15669
365	山东金诚石化集团有限公司	6118951	97703	1366306	615114	2492
366	贵州磷化（集团）有限责任公司	6086689	124146	9118886	1271300	17634
367	山东如意时尚投资控股有限公司	6050769	262833	7102590	1867680	40576

第七章 中国500强企业及《财富》世界500强企业数据

续表

排名	企业名称	营业收入（万元）	归母净利润（万元）	资产总额（万元）	归母所有者权益（万元）	从业人员（人）
368	山东太阳控股集团有限公司	6038744	409590	5220280	2243531	17227
369	富通集团有限公司	6018029	166284	3455238	1303107	5116
370	心里程控股集团有限公司	6010437	241384	2460899	1565545	3190
371	兴华财富集团有限公司	5963044	323596	2066567	1633756	6683
372	淮河能源控股集团有限责任公司	5959275	227089	13988637	1619531	62589
373	广西交通投资集团有限公司	5925008	50217	53533965	14889511	15861
374	新疆天业（集团）有限公司	5924896	102498	4476655	753767	15127
375	山东创新金属科技有限公司	5895479	112738	1554497	487332	8857
376	上海闽路润贸易有限公司	5873227	16157	1025108	30279	145
377	老凤祥股份有限公司	5869077	187631	2227486	919114	3537
378	重庆建工投资控股有限责任公司	5857418	27623	8141522	584945	15499
379	稻花香集团	5850313	32939	1667465	360785	10013
380	广厦控股集团有限公司	5806410	78374	4666432	1190623	111568
381	富海集团新能源控股有限公司	5802489	178208	2300752	1063346	5870
382	上海华谊（集团）公司	5776529	199823	9597761	2330000	19346
383	天瑞集团股份有限公司	5769273	167770	7777171	3814256	13978
384	华峰集团有限公司	5751071	638961	6384669	2092981	14990
385	明阳新能源投资控股集团有限公司	5697358	495279	10303689	3197696	10089
386	鲁丽集团有限公司	5696215	119989	1632954	773457	7407
387	辽宁嘉晨控股集团有限公司	5691190	287959	5387625	4378238	11150
388	中华联合保险集团股份有限公司	5677652	44272	9049341	1785309	42919
389	重庆农村商业银行股份有限公司	5653390	955971	126585107	10451265	14905
390	山东黄金集团有限公司	5633929	-87521	13198905	1076993	24664
391	南昌市政公用集团有限公司	5630743	60269	15829405	3830159	32116

第七章 中国500强企业及《财富》世界500强企业数据

续表

排名	企业名称	营业收入（万元）	归母净利润（万元）	资产总额（万元）	归母所有者权益（万元）	从业人员（人）
392	杭州市城市建设投资集团有限公司	5618319	154642	16727920	4871026	34328
393	江苏省苏中建设集团股份有限公司	5607178	106983	2622381	1030254	156058
394	福建省电子信息（集团）有限责任公司	5598398	-127651	10681415	475499	51901
395	申能（集团）有限公司	5588972	500870	21547735	10354595	18722
396	中国信息通信科技集团有限公司	5580308	44112	10062007	2693874	38978
397	东方润安集团有限公司	5579145	108355	1284295	654520	4545
398	建业控股有限公司	5573276	117303	16702721	1530688	29352
399	天津渤海化工集团有限责任公司	5525046	47218	11828224	4450982	24517
400	南京新工投资集团有限责任公司	5493549	137185	8560316	2805045	35510
401	郑州瑞茂通供应链有限公司	5397086	35594	5223999	2389248	930
402	广东省交通集团有限公司	5394085	307919	44930543	10107464	55373
403	龙信建设集团有限公司	5391451	113703	1382638	712215	52700
404	新兴铸管股份有限公司	5330111	200670	5338074	2352797	15570
405	重庆中昂投资集团有限公司	5318296	666837	10352679	4355307	12003
406	浙江卫星控股股份有限公司	5307401	238593	5142174	758303	4075
407	中铁集装箱运输有限责任公司	5296277	178302	2892890	1678620	972
408	闻泰科技股份有限公司	5272864	261154	7257588	3369871	31658
409	武汉金融控股（集团）有限公司	5267463	152329	16300318	1885667	17191
410	厦门港务控股集团有限公司	5260428	6477	4599493	774317	9700
411	云账户技术（天津）有限公司	5252892	4125	200353	14370	598
412	湖北交通投资集团有限公司	5222435	472745	55016591	16121236	22452
413	山东恒源石油化工股份有限公司	5221658	27746	1333223	523705	1450
414	三河汇福粮油集团有限公司	5209218	51547	1520568	608188	1626
415	浙江升华控股集团有限公司	5206469	52818	897809	350003	3184

续表

排名	企业名称	营业收入（万元）	归母净利润（万元）	资产总额（万元）	归母所有者权益（万元）	从业人员（人）
416	西部矿业集团有限公司	5182186	2738	6727680	463276	7695
417	六安钢铁控股集团有限公司	5181186	170169	2167531	816603	5300
418	山西建邦集团有限公司	5158684	340753	1954902	1238687	3517
419	深圳金雅福控股集团有限公司	5152153	23739	229959	158897	1933
420	石横特钢集团有限公司	5143733	398490	3660504	2124758	11627
421	荣盛控股股份有限公司	5128906	−330961	31416792	2074350	24551
422	帝海投资控股集团有限公司	5113496	4233	5389856	4231855	1200
423	威高集团有限公司	5110981	439914	7214381	4290442	30989
424	创维集团有限公司	5092800	163400	6088100	1804500	34000
425	东营齐润化工有限公司	5088430	157478	2325630	1300163	1380
426	人民控股集团有限公司	5081712	197697	1406761	1095592	22050
427	山东泰山钢铁集团有限公司	5063679	89888	2252753	1273206	7757
428	山东齐成石油化工有限公司	5062223	18062	2526451	78150	1011
429	新疆金风科技股份有限公司	5057072	345695	11936019	3554178	10781
430	江西省建工集团有限责任公司	5035864	41647	7269629	499581	3868
431	山西晋南钢铁集团有限公司	5019198	54459	2711307	870697	7298
432	山东九羊集团有限公司	5017646	98711	1824627	1401782	7377
433	通州建总集团有限公司	5012489	162873	696977	300055	75000
434	武汉城市建设集团有限公司	5009178	182646	35651442	8732934	8192
435	宏旺控股集团有限公司	5008617	42249	1136264	378517	2473
436	奥园集团有限公司	5006709	−1002730	29092301	709456	18350
437	贵州盘江煤电集团有限责任公司	5001796	−57906	8113277	963704	58644
438	张家港市沃丰贸易有限公司	4974122	38683	1095043	1505	20
439	山东招金集团有限公司	4962691	−1966	6266183	401337	14415

续表

排名	企业名称	营业收入（万元）	归母净利润（万元）	资产总额（万元）	归母所有者权益（万元）	从业人员（人）
440	恒丰银行股份有限公司	4952800	638100	121725900	11714500	11697
441	深圳传音控股股份有限公司	4941190	390922	3145925	1402265	16095
442	中国东方电气集团有限公司	4926439	154827	10596279	1953282	18385
443	河北文丰钢铁有限公司	4917505	404735	2219554	2016688	4943
444	百联集团有限公司	4916028	74014	17202260	2494733	47945
445	广州产业投资控股集团有限公司	4908951	116834	13639329	2859919	21048
446	浙江元立金属制品集团有限公司	4903178	273016	3266274	910294	12411
447	重庆机电控股（集团）公司	4881225	91149	6237826	1399916	25678
448	重庆新鸥鹏企业（集团）有限公司	4860485	282828	7589632		8678
449	江苏省华建建设股份有限公司	4857132	141322	1903723	353793	71602
450	福州中景石化集团有限公司	4832141	140809	3849477	2102087	3546
451	重庆千信集团有限公司	4823765	61260	1526181	492341	526
452	四川省商业投资集团有限责任公司	4795431	10732	2617143	166495	3663
453	深圳前海微众银行股份有限公司	4795005	688376	43874781	2772353	3262
454	河北建工集团有限责任公司	4788857	16180	2086709	150258	7571
455	彬县煤炭有限责任公司	4785908	37282	2981375	986939	5058
456	广西玉柴机器集团有限公司	4784480	53968	4293974	1320023	14179
457	河北建设集团股份有限公司	4782827	-34598	6694725	569369	9064
458	江西正邦科技股份有限公司	4767022	-1881882	4656700	203824	22088
459	远东控股集团有限公司	4766858	3206	2471774	380187	8385
460	浙江中成控股集团有限公司	4756583	94691	1775260	987490	52110
461	西王集团有限公司	4751260	-156666	5121906	756333	16000
462	徐州矿务集团有限公司	4748054	83552	5283175	1706718	23813
463	深圳市中农网有限公司	4744903	1150	1447605	86728	587

续表

排名	企业名称	营业收入（万元）	归母净利润（万元）	资产总额（万元）	归母所有者权益（万元）	从业人员（人）
464	山东渤海实业集团有限公司	4742756	52073	2104486	535359	2571
465	北京江南投资集团有限公司	4738720	671835	15073202	3002581	463
466	深圳市信利康供应链管理有限公司	4717206	9166	1154325	148980	603
467	四川德胜集团钒钛有限公司	4706501	231872	2799667	1024286	10018
468	中科电力装备集团有限公司	4695763	29167	1921096	703761	3366
469	广州农村商业银行股份有限公司	4678330	317521	116162863	8002730	14168
470	新疆生产建设兵团建设工程（集团）有限责任公司	4663186	42326	7042285	1140494	20538
471	江苏三木集团有限公司	4651957	321769	1681721	1108115	7018
472	江苏大明工业科技集团有限公司	4633540	44944	1229569	230156	6494
473	伊电控股集团有限公司	4631719	21464	8595182	1249803	6100
474	上海农村商业银行股份有限公司	4613696	969787	115837626	9376810	7705
475	宜昌兴发集团有限责任公司	4596421	64637	5005304	505808	12993
476	华勤橡胶工业集团有限公司	4596324	93286	2158373	1036691	8500
477	双良集团有限公司	4594200	49902	3094647	848291	8371
478	金澳科技（湖北）化工有限公司	4586743	55041	1145404	597265	4689
479	沂州集团有限公司	4580892	110567	1826668	700012	3050
480	法尔胜泓昇集团有限公司	4580599	31374	1634895	477305	8120
481	江苏华西集团有限公司	4578757	-42253	4259421	1350452	11187
482	振石控股集团有限公司	4578462	560352	3454541	1497577	7263
483	宁波均胜电子股份有限公司	4567003	-375329	5132668	1137327	43110
484	昆明市交通投资有限责任公司	4561721	127046	17621256	6150573	3040
485	安踏体育用品集团有限公司	4559564	537454	3228995	1734121	13177
486	江苏华宏实业集团有限公司	4555556	20057	865737	48044	2663

第七章 中国500强企业及《财富》世界500强企业数据

续表

排名	企业名称	营业收入（万元）	归母净利润（万元）	资产总额（万元）	归母所有者权益（万元）	从业人员（人）
487	山东汇丰石化集团有限公司	4533838	84906	1517413	228172	2103
488	山东寿光鲁清石化有限公司	4531349	74892	2625198	980079	2654
489	江苏汇鸿国际集团股份有限公司	4527842	24865	2500229	556156	3612
490	通鼎集团有限公司	4525414	129508	2515227	694091	13857
491	盛屯矿业集团股份有限公司	4523673	103145	2734576	1192986	6472
492	河北鑫海控股集团有限公司	4520731	59998	1446770	307111	2200
493	江苏阳光集团有限公司	4516216	229181	2209057	1174475	12168
494	宁波富邦控股集团有限公司	4512756	68727	5282111	1133389	12007
495	安徽省交通控股集团有限公司	4512248	543148	30201836	9268926	25680
496	山东金岭集团有限公司	4512214	1752931	2036687	1752931	4896
497	广东宏川集团有限公司	4492966	49496	1124678	268566	1755
498	金龙精密铜管集团股份有限公司	4474123	17378	1556018	146814	6329
499	济钢集团有限公司	4470999	30674	3565843	609655	7482
500	盛京银行股份有限公司	4462523	40196	100612625	7987940	8099

第二节 2022中国制造业企业500强数据

排名	企业名称	营业收入（万元）	归母净利润（万元）	资产总额（万元）	所有者权益（万元）	归母所有者权益（万元）	从业人员（人）
1	中国石油化工集团有限公司	258860343	5364137	241808347	123363846	84785275	542286
2	中国宝武钢铁集团有限公司	97225779	1931794	111708361	54232977	30936785	203781
3	中国五矿集团有限公司	85015599	397887	100390805	25874357	6704470	201724
4	上海汽车集团股份有限公司	77984579	2453310	91692270	32877073	27377368	144787
5	恒力集团有限公司	73234451	1531614	30536547	9988285	5790619	121430
6	正威国际集团有限公司	72275382	1296964	21363794	14626664	12469061	22398

续表

排名	企业名称	营业收入（万元）	归母净利润（万元）	资产总额（万元）	所有者权益（万元）	归母所有者权益（万元）	从业人员（人）
7	中国第一汽车集团有限公司	70569611	2322386	60008812	26736464	22813252	122371
8	华为投资控股有限公司	63069840	11354549	98283639	41455419	41445976	195000
9	东风汽车集团有限公司	55551521	929446	55134798	22457582	11715984	141681
10	中国兵器工业集团有限公司	52754166	1123400	48617366	19890163	13462102	219320
11	中国航空工业集团有限公司	51903589	551610	123832280	39738699	22122502	380000
12	中国铝业集团有限公司	51864838	902344	62444306	22912860	10267418	145917
13	北京汽车集团有限公司	48175754	205136	50026416	16035309	7493926	100000
14	江西铜业集团有限公司	45741836	299714	19783051	8236292	3368826	31595
15	浙江荣盛控股集团有限公司	44831822	772437	36066971	9942333	3090346	22750
16	广州汽车工业集团有限公司	43188274	391760	36432279	14033232	5170179	112113
17	河钢集团有限公司	42668707	141849	50855841	13235423	6839170	103637
18	中国建材集团有限公司	41550846	389268	65224429	21134221	4196797	206910
19	山东魏桥创业集团有限公司	41113475	1133995	25504593	13089921	8534472	96782
20	鞍钢集团有限公司	38345695	735704	49197644	15098142	8602171	164704
21	中国机械工业集团有限公司	37054529	295579	36441119	12579067	7251965	133424
22	浙江吉利控股集团有限公司	36031587	948839	51822877	17243689	9346032	128928
23	中国电子科技集团有限公司	35771735	1388072	54505051	26559752	19344834	202561
24	青山控股集团有限公司	35201779	1538971	11515953	7310544	4468941	85553
25	中国船舶集团有限公司	34902186	1698063	88394553	0	26126378	213849
26	盛虹控股集团有限公司	34797926	607114	17292018	4479106	3569906	35788
27	美的集团股份有限公司	34123321	2857365	38794610	13482508	12486812	165799
28	海尔集团公司	33273670	1070417	47129095	13477626	6859095	109441
29	浙江恒逸集团有限公司	32879978	114468	12758389	3579962	1320128	23222
30	小米集团	32830915	1933932	29289187	13743249	13721291	33427

第七章 中国500强企业及《财富》世界500强企业数据

续表

排名	企业名称	营业收入（万元）	归母净利润（万元）	资产总额（万元）	所有者权益（万元）	归母所有者权益（万元）	从业人员（人）
31	潍柴控股集团有限公司	30559777	189315	31679385	10509295	1182024	93991
32	江苏沙钢集团有限公司	30363121	1466463	32482912	14514353	7805325	45398
33	中国兵器装备集团有限公司	28622955	475056	39231532	14001706	8425264	162498
34	中国航天科技集团有限公司	28007020	1998943	60861741	29771819	23781499	180521
35	中国电子信息产业集团有限公司	27812805	-101993	39442929	11906836	6679534	191126
36	首钢集团有限公司	27149655	135780	51856071	15046178	12222708	96432
37	山东钢铁集团有限公司	26651911	549488	26153155	4515257	1341711	57628
38	杭州钢铁集团有限公司	26538950	229676	9283046	4094381	2910147	13819
39	金川集团股份有限公司	26419154	622408	12074816	5141714	4339077	29100
40	中国航天科工集团有限公司	26353542	1359836	50718529	21499990	16723371	141678
41	安徽海螺集团有限责任公司	25607469	1239871	28232081	20425688	7177204	59739
42	新希望控股集团有限公司	25265247	216575	37443425	9950608	2658893	138136
43	TCL实业控股股份有限公司	25235035	1073421	39525356	13321132	4683043	124133
44	北京建龙重工集团有限公司	24741240	359041	16801018	5555169	3490591	57568
45	中国中车集团有限公司	23842915	573344	47827825	19006010	8357573	175802
46	敬业集团有限公司	23790148	574692	7743682	3878817	3870538	31000
47	铜陵有色金属集团控股有限公司	22905863	32200	9287182	2756411	772913	20164
48	紫金矿业集团股份有限公司	22510249	1567287	20859468	9289717	7103437	43876
49	湖南钢铁集团有限公司	21970605	818253	13723112	6596703	3566163	33764
50	潞安化工集团有限公司	21959023	-175688	29491966	6905052	3469339	99132
51	比亚迪股份有限公司	21614239	304519	29578015	10424421	9506967	288186
52	上海医药集团股份有限公司	21582426	509347	16343551	5906621	4935948	47056

| 235 |

续表

排名	企业名称	营业收入（万元）	归母净利润（万元）	资产总额（万元）	所有者权益（万元）	归母所有者权益（万元）	从业人员（人）
53	新疆中泰（集团）有限责任公司	21215265	31061	12558283	3831148	529338	48067
54	多弗国际控股集团有限公司	20686568	262926	14363606	7490521	7490521	22500
55	海亮集团有限公司	20027392	82504	6677017	3231934	2091884	23854
56	广州医药集团有限公司	19651802	206420	7209340	3334385	1252246	34730
57	上海德龙钢铁集团有限公司	19572224	508187	12395905	4319517	2201790	46054
58	河北新华联合冶金控股集团有限公司	19039289	189782	12593385	6403097	1016978	20570
59	中天钢铁集团有限公司	19038174	306601	5323179	1771823	1615566	13307
60	珠海格力电器股份有限公司	18965403	2306373	31959818	10792545	10365165	81884
61	南京钢铁集团有限公司	18749509	380055	6897834	3336071	2006471	10324
62	河北津西钢铁集团股份有限公司	18725325	225421	7470092	2473895	2436152	8055
63	北京首农食品集团有限公司	18309244	272694	16485622	5771530	4264125	53472
64	广州工业投资控股集团有限公司	18209575	329434	16507092	5845141	3413723	83933
65	天能控股集团有限公司	17925186	135076	7363892	2162272	1235898	25618
66	万洲国际有限公司	17597435	688604	12375871	6176141	5577462	107000
67	洛阳栾川钼业集团股份有限公司	17386258	510601	13744977	4826421	3984528	11472
68	海信集团控股股份有限公司	16955274	321469	16823472	5175418	1945712	97839
69	中国重型汽车集团有限公司	16838201	253276	12740534	4730136	2110324	37115
70	中国国际海运集装箱（集团）股份有限公司	16369598	666532	15432250	5698009	4511863	51746
71	上海电气控股集团有限公司	16349526	-745084	38155572	10537250	2997118	67335
72	万向集团公司	16284367	182361	10908538	4413801	3106580	35978

续表

排名	企业名称	营业收入（万元）	归母净利润（万元）	资产总额（万元）	所有者权益（万元）	归母所有者权益（万元）	从业人员（人）
73	复星国际有限公司	16129120	1008990	80637210	20321390	13106991	96000
74	陕西有色金属控股集团有限责任公司	16116923	93175	14083995	4697169	3684237	42278
75	北京金隅集团股份有限公司	15590180	293302	28635681	9553381	6371749	46447
76	三一集团有限公司	15456008	509474	24473736	8784231	4499012	36954
77	立讯精密工业股份有限公司	15394610	707052	12057210	4578264	3528855	228152
78	四川长虹电子控股集团有限公司	15235605	10084	9366219	2299955	217949	63730
79	光明食品（集团）有限公司	15083030	123825	28330567	10075122	6908289	104259
80	冀南钢铁集团有限公司	14603294	1308451	4609750	4294045	4294045	20278
81	无锡产业发展集团有限公司	14577969	63893	12075743	4788017	1225153	28079
82	万华化学集团股份有限公司	14553782	2464875	19030958	7169567	6849853	19692
83	中国有色矿业集团有限公司	14446669	165185	11084521	11084521	1842948	43425
84	雅戈尔集团股份有限公司	14393756	519398	9397383	3533139	2979675	19591
85	四川省宜宾五粮液集团有限公司	14002354	651888	24519331	13372596	4471919	43506
86	长城汽车股份有限公司	13640466	672609	17540802	6212438	5734185	77934
87	辽宁方大集团实业有限公司	13370261	550082	15884140	6920013	3408952	59610
88	广西柳州钢铁集团有限公司	13253262	630151	12094540	4223121	3530654	33954
89	亨通集团有限公司	13100290	32424	8191155	2914446	794856	18592
90	宁德时代新能源科技股份有限公司	13035580	1593131	30766686	9262217	8451327	83601
91	协鑫集团有限公司	13000528	252211	16444557	6031909	4130294	26009
92	中国黄金集团有限公司	12996121	55238	11293988	4695078	1830093	40411
93	超威电源集团有限公司	12967239	79470	1874198	886365	780121	17000

续表

排名	企业名称	营业收入（万元）	归母净利润（万元）	资产总额（万元）	所有者权益（万元）	归母所有者权益（万元）	从业人员（人）
94	山东东明石化集团有限公司	12861179	237822	5142971	2558124	2277439	8393
95	包头钢铁（集团）有限责任公司	12603574	305127	20941671	7705112	3127459	40940
96	宁波金田投资控股有限公司	12285695	26258	2268213	781124	235930	8015
97	江苏永钢集团有限公司	12056078	520433	5235104	2724303	2724303	9275
98	酒泉钢铁（集团）有限责任公司	11693741	421600	11314757	3553425	2745589	34592
99	海澜集团有限公司	11685025	450947	11310337	8219571	8219571	16408
100	徐工集团工程机械有限公司	11679619	472712	16703220	5278549	2923144	27418
101	南山集团有限公司	11582816	407787	13537490	8215425	6797695	46582
102	中兴通讯股份有限公司	11452164	681294	16876343	5328766	5148209	72584
103	桐昆控股集团有限公司	11090509	196135	7962100	3906055	1076416	25111
104	内蒙古伊利实业集团股份有限公司	11014398	840439	10196233	4879102	4770831	61598
105	贵州茅台酒股份有限公司	10946428	5246014	25516820	19695751	18953937	30001
106	新余钢铁集团有限公司	10861089	227797	6632626	2896290	1458737	20444
107	通威集团有限公司	10827165	348967	10212639	4579606	2239957	33231
108	利华益集团股份有限公司	10806670	277023	4901485	2777143	2418785	6000
109	江苏新长江实业集团有限公司	10700190	121537	4911330	1538667	1538667	6923
110	正泰集团股份有限公司	10668987	212966	10752402	3899903	1980496	38065
111	万达控股集团有限公司	10616853	140671	5321341	2969197	1614649	13115
112	奇瑞控股集团有限公司	10611251	81458	21158194	4849753	1705757	33595
113	江铃汽车集团有限公司	10444263	40158	8088421	2035402	994783	35322
114	福建大东海实业集团有限公司	10123439	511597	6438813	4004681	4004681	20430
115	河北普阳钢铁有限公司	10045300	482694	4923745	2886578	2886578	8200

第七章　中国500强企业及《财富》世界500强企业数据

续表

排名	企业名称	营业收入（万元）	归母净利润（万元）	资产总额（万元）	所有者权益（万元）	归母所有者权益（万元）	从业人员（人）
116	晨鸣控股有限公司	9890022	32752	8489380	2109706	247696	12296
117	江苏悦达集团有限公司	9391858	65428	7303172	2665037	1098951	42551
118	天津荣程祥泰投资控股集团有限公司	9231865	167994	3320217	1477576	1477576	8956
119	玖龙纸业（控股）有限公司	8731040	587388	9639108	4763746	4715611	20000
120	中国铁塔股份有限公司	8658469	732937	32325987	18935645	18935656	23300
121	山西鹏飞集团有限公司	8619669	453505	9502448	5681598	5681598	13355
122	双胞胎（集团）股份有限公司	8606501	31240	3191090	1562354	1388851	18000
123	广东海大集团股份有限公司	8599855	159604	3564857	1593338	1446113	31535
124	永锋集团有限公司	8512520	294772	6518527	2639826	1533058	11803
125	华勤技术股份有限公司	8375852	189284	4523086	966004	956184	33141
126	牧原实业集团有限公司	8327574	35827	19151727	7443138	1120985	140517
127	重庆化医控股（集团）公司	8251818	-44588	9414523	1920078	450955	27260
128	云天化集团有限责任公司	8201422	143544	9393748	2107955	935546	22560
129	陕西汽车控股集团有限公司	8200301	17903	7314833	1400708	611575	28654
130	中天科技集团有限公司	8154688	96538	5360409	2862603	982288	15336
131	旭阳控股有限公司	8101247	282400	5604800	1947878	1712778	12052
132	隆基绿能科技股份有限公司	8093225	908588	9773488	4758687	4744775	49967
133	杭州锦江集团有限公司	8056432	169863	5726998	2079594	1217887	9938
134	武安市裕华钢铁有限公司	8007969	670498	4007477	3011916	3011916	11525
135	浙江富冶集团有限公司	7937051	89114	1520336	523343	426415	3200
136	荣耀终端有限公司	7936172	725439	8221762	3940885	3940885	14842
137	研祥高科技控股集团有限公司	7914163	422930	4952964	3525189	3144265	5190
138	日照钢铁控股集团有限公司	7914145	505440	13777181	5473331	4722902	15976

续表

排名	企业名称	营业收入（万元）	归母净利润（万元）	资产总额（万元）	所有者权益（万元）	归母所有者权益（万元）	从业人员（人）
139	泸州老窖集团有限责任公司	7901442	326743	32051614	6435556	1597463	14193
140	金鼎钢铁集团有限公司	7865285	217704	2647178	1228285	1228285	3838
141	歌尔股份有限公司	7822142	383242	6106657	2742181	2732774	95780
142	红豆集团有限公司	7695139	24252	5019330	1759313	1759313	21132
143	华泰集团有限公司	7683349	142076	3664748	3129799	1260996	8392
144	安阳钢铁集团有限责任公司	7630760	113041	6322761	1745245	975186	24754
145	新疆特变电工集团有限公司	7569536	847747	15762605	6994527	5702790	22732
146	新凤鸣控股集团有限公司	7498901	224089	3794716	1654241	1654241	12581
147	广西盛隆冶金有限公司	7487931	516429	6123604	2371260	2333129	13851
148	唐山港陆钢铁有限公司	7395652	101541	2165114	1200639	1200639	8464
149	蓝润集团有限公司	7336458	118076	9636408	4488407	3899805	20175
150	内蒙古鄂尔多斯投资控股集团有限公司	7276763	180139	5639904	1871897	690484	23883
151	四川省川威集团有限公司	7234391	132421	4536745	704053	704053	14206
152	白银有色集团股份有限公司	7227998	8174	4564961	1678496	1423237	14853
153	奥克斯集团有限公司	7200722	71053	6663887	1983186	1297733	30000
154	山东京博控股集团有限公司	7093386	127597	4685415	1013427	646224	12106
155	山东海科控股有限公司	7013162	146171	2540915	890279	890279	3917
156	三房巷集团有限公司	6875277	81339	2559887	1214089	1091854	6500
157	晶科能源控股有限公司	6861378	114141	7771858	2401301	2400340	31017
158	河北新金钢铁有限公司	6730180	105220	2253395	1208472	1208472	5558
159	中联重科股份有限公司	6713063	626977	12201816	5829717	5686785	26036
160	天津友发钢管集团股份有限公司	6686602	61409	1586851	724066	623033	14389

续表

排名	企业名称	营业收入（万元）	归母净利润（万元）	资产总额（万元）	所有者权益（万元）	归母所有者权益（万元）	从业人员（人）
161	河北新武安钢铁集团文安钢铁有限公司	6638938	183325	1430723	1308679	1308679	3300
162	德力西集团有限公司	6630622	126053	2438247	1052996	638721	19674
163	宁夏天元锰业集团有限公司	6627373	-111873	18974320	7247877	7131639	20312
164	云南锡业集团（控股）有限责任公司	6616607	17719	6042401	1537220	377400	18937
165	恒申控股集团有限公司	6592748	849396	5139727	2952070	2952070	8580
166	红狮控股集团有限公司	6553593	504130	6686805	3773061	2878086	17349
167	深圳海王集团股份有限公司	6553541	32822	6014785	1436079	1131856	30112
168	永荣控股集团有限公司	6505855	28855	3059267	1262771	1049852	4727
169	温氏食品集团股份有限公司	6496459	-1340436	9678837	3474912	3244768	43965
170	福建省能源石化集团有限责任公司	6472824	237477	14742231	5281621	2275521	19962
171	深圳市立业集团有限公司	6440882	234281	7522464	5249787	4997367	11412
172	福建省三钢（集团）有限责任公司	6419696	330647	5623259	2807379	1886185	16780
173	杉杉控股有限公司	6221670	53586	7399592	3127514	1817345	6551
174	湖南博长控股集团有限公司	6215798	21019	1220672	592935	406859	6857
175	河南豫光金铅集团有限责任公司	6203224	18889	2347301	520780	124006	6035
176	远景能源有限公司	6156902	1111978	9960145	3374479	3179382	2851
177	山东金诚石化集团有限公司	6118951	97703	1366306	984204	615114	2492
178	贵州磷化（集团）有限责任公司	6086689	124146	9118886	1730366	1271300	17634
179	山东如意时尚投资控股有限公司	6050769	262833	7102590	3911660	1867680	40576
180	山东太阳控股集团有限公司	6038744	409590	5220280	2507967	2243531	17227

续表

排名	企业名称	营业收入（万元）	归母净利润（万元）	资产总额（万元）	所有者权益（万元）	归母所有者权益（万元）	从业人员（人）
181	富通集团有限公司	6018029	166284	3455238	1468735	1303107	5116
182	心里程控股集团有限公司	6010437	241384	2460899	1808831	1565545	3190
183	兴华财富集团有限公司	5963044	323596	2066567	1633756	1633756	6683
184	新疆天业（集团）有限公司	5924896	102498	4476655	1556185	753767	15127
185	山东创新金属科技有限公司	5895479	112738	1554497	487332	487332	8857
186	老凤祥股份有限公司	5869077	187631	2227486	1085865	919114	3537
187	稻花香集团	5850313	32939	1667465	932780	360785	10013
188	富海集团新能源控股有限公司	5802489	178208	2300752	1184582	1063346	5870
189	上海华谊（集团）公司	5776529	199823	9597761	4256735	2330000	19346
190	天瑞集团股份有限公司	5769273	167770	7777171	4629115	3814256	13978
191	华峰集团有限公司	5751071	638961	6384669	3855036	2092981	14990
192	明阳新能源投资控股集团有限公司	5697358	495279	10303689	3364713	3197696	10089
193	鲁丽集团有限公司	5696215	119989	1632954	1151022	773457	7407
194	辽宁嘉晨控股集团有限公司	5691190	287959	5387625	4378238	4378238	11150
195	山东黄金集团有限公司	5633929	-87521	13198905	4588088	1076993	24664
196	福建省电子信息（集团）有限责任公司	5598398	-127651	10681415	3025361	475499	51901
197	中国信息通信科技集团有限公司	5580308	44112	10062007	4360659	2693874	38978
198	东方润安集团有限公司	5579145	108355	1284295	654520	654520	4545
199	天津渤海化工集团有限责任公司	5525046	47218	11828224	4836898	4450982	24517
200	新兴铸管股份有限公司	5330111	200670	5338074	2633895	2352797	15570
201	浙江卫星控股股份有限公司	5307401	238593	5142174	1966236	758303	4075

续表

排名	企业名称	营业收入（万元）	归母净利润（万元）	资产总额（万元）	所有者权益（万元）	归母所有者权益（万元）	从业人员（人）
202	闻泰科技股份有限公司	5272864	261154	7257588	3451601	3369871	31658
203	山东恒源石油化工股份有限公司	5221658	27746	1333223	677740	523705	1450
204	三河汇福粮油集团有限公司	5209218	51547	1520568	696198	608188	1626
205	浙江升华控股集团有限公司	5206469	52818	897809	465457	350003	3184
206	西部矿业集团有限公司	5182186	2738	6727680	1914121	463276	7695
207	六安钢铁控股集团有限公司	5181186	170169	2167531	816603	816603	5300
208	山西建邦集团有限公司	5158684	340753	1954902	1238687	1238687	3517
209	石横特钢集团有限公司	5143733	398490	3660504	2590826	2124758	11627
210	威高集团有限公司	5110981	439914	7214381	4290442	4290442	30989
211	创维集团有限公司	5092800	163400	6088100	2108600	1804500	34000
212	东营齐润化工有限公司	5088430	157478	2325630	1300163	1300163	1380
213	人民控股集团有限公司	5081712	197697	1406761	1173236	1095592	22050
214	山东泰山钢铁集团有限公司	5063679	89888	2252753	1273206	1273206	7757
215	山东齐成石油化工有限公司	5062223	18062	2526451	78150	78150	1011
216	新疆金风科技股份有限公司	5057072	345695	11936019	3642359	3554178	10781
217	山西晋南钢铁集团有限公司	5019198	54459	2711307	870697	870697	7298
218	山东九羊集团有限公司	5017646	98711	1824627	1401782	1401782	7377
219	宏旺控股集团有限公司	5008617	42249	1136264	504798	378517	2473
220	山东招金集团有限公司	4962691	-1966	6266183	1889989	401337	14415
221	深圳传音控股股份有限公司	4941190	390922	3145925	1406069	1402265	16095
222	中国东方电气集团有限公司	4926439	154827	10596279	3849470	1953282	18385
223	河北文丰钢铁有限公司	4917505	404735	2219554	2016688	2016688	4943
224	浙江元立金属制品集团有限公司	4903178	273016	3266274	928608	910294	12411

续表

排名	企业名称	营业收入（万元）	归母净利润（万元）	资产总额（万元）	所有者权益（万元）	归母所有者权益（万元）	从业人员（人）
225	重庆机电控股（集团）公司	4881225	91149	6237826	1842604	1399916	25678
226	福州中景石化集团有限公司	4832141	140809	3849477	2164118	2102087	3546
227	广西玉柴机器集团有限公司	4784480	53968	4293974	1411291	1320023	14179
228	江西正邦科技股份有限公司	4767022	-1881882	4656700	344556	203824	22088
229	远东控股集团有限公司	4766858	3206	2471774	582987	380187	8385
230	西王集团有限公司	4751260	-156666	5121906	1492765	756333	16000
231	山东渤海实业集团有限公司	4742756	52073	2104486	535359	535359	2571
232	四川德胜集团钒钛有限公司	4706501	231872	2799667	1333879	1024286	10018
233	中科电力装备集团有限公司	4695763	29167	1921096	975281	703761	3366
234	江苏三木集团有限公司	4651957	321769	1681721	1108115	1108115	7018
235	江苏大明工业科技集团有限公司	4633540	44944	1229569	404767	230156	6494
236	伊电控股集团有限公司	4631719	21464	8595182	1249803	1249803	6100
237	宜昌兴发集团有限责任公司	4596421	64637	5005304	1833202	505808	12993
238	华勤橡胶工业集团有限公司	4596324	93286	2158373	1270892	1036691	8500
239	双良集团有限公司	4594200	49902	3094647	848291	848291	8371
240	金澳科技（湖北）化工有限公司	4586743	55041	1145404	597265	597265	4689
241	沂州集团有限公司	4580892	110567	1826668	1284613	700012	3050
242	法尔胜泓昇集团有限公司	4580599	31374	1634895	477305	477305	8120
243	江苏华西集团有限公司	4578757	-42253	4259421	1628196	1350452	11187
244	振石控股集团有限公司	4578462	560352	3454541	1589944	1497577	7263
245	宁波均胜电子股份有限公司	4567003	-375329	5132668	1685472	1137327	43110
246	安踏体育用品集团有限公司	4559564	537454	3228995	1734121	1734121	13177
247	江苏华宏实业集团有限公司	4555556	20057	865737	48044	48044	2663

续表

排名	企业名称	营业收入（万元）	归母净利润（万元）	资产总额（万元）	所有者权益（万元）	归母所有者权益（万元）	从业人员（人）
248	山东汇丰石化集团有限公司	4533838	84906	1517413	237439	228172	2103
249	山东寿光鲁清石化有限公司	4531349	74892	2625198	980079	980079	2654
250	盛屯矿业集团股份有限公司	4523673	103145	2734576	1377292	1192986	6472
251	河北鑫海控股集团有限公司	4520731	59998	1446770	520549	307111	2200
252	江苏阳光集团有限公司	4516216	229181	2209057	1413971	1174475	12168
253	宁波富邦控股集团有限公司	4512756	68727	5282111	1809511	1133389	12007
254	山东金岭集团有限公司	4512214	1752931	2036687	1752931	1752931	4896
255	金龙精密铜管集团股份有限公司	4474123	17378	1556018	171217	146814	6329
256	济钢集团有限公司	4470999	30674	3565843	720391	609655	7482
257	天合光能股份有限公司	4448039	180423	6353988	1816360	1711193	17586
258	深圳市中金岭南有色金属股份有限公司	4444922	117169	2760413	1376380	1324959	9664
259	河北安丰钢铁有限公司	4443015	589394	2559772	2024699	2024699	7200
260	江苏扬子江船业集团	4432530	309871	13857802	5034978	3669052	29734
261	新华三信息技术有限公司	4397298	356234	3148879	143133	356234	10494
262	万基控股集团有限公司	4370043	94440	2514798	485459	330055	11419
263	山东清源集团有限公司	4356677	33371	2983202	1414631	1016606	4031
264	浙江东南网架集团有限公司	4345631	34844	3398139	1155450	608200	9372
265	金浦投资控股集团有限公司	4345099	45606	2430357	933719	695820	9450
266	江苏金峰水泥集团有限公司	4321168	244232	2569141	1497713	1497713	5200
267	卧龙控股集团有限公司	4304584	99065	3584933	1647926	1120680	18076
268	山东鲁花集团有限公司	4299033	283055	3843113	2094663	1624294	21276
269	河南中原黄金冶炼厂有限责任公司	4216952	52819	1833519	797424	797424	1565

排名	企业名称	营业收入（万元）	归母净利润（万元）	资产总额（万元）	所有者权益（万元）	归母所有者权益（万元）	从业人员（人）
270	森马集团有限公司	4216782	33483	3263308	2391043	1130617	4028
271	山西晋城钢铁控股集团有限公司	4206209	224977	3359664	1823727	1823727	9021
272	重庆市博赛矿业（集团）有限公司	4203879	198058	1599960	837544	837544	8450
273	四川科伦实业集团有限公司	4196763	110255	3690093	1424295	1385682	19604
274	中国一重集团有限公司	4185701	22068	5380425	2106235	1172316	14989
275	五得利面粉集团有限公司	4157239	227444	2065638	1493694	1491187	5900
276	石药控股集团有限公司	4139416	673111	5874388	3073089	3073089	25765
277	晶澳太阳能科技股份有限公司	4130175	203863	5696745	1671752	1649426	29638
278	广西南丹南方金属有限公司	4087530	93878	2163855	834980	834980	5066
279	河北新武安钢铁集团烘熔钢铁有限公司	4082879	121032	732532	587498	587498	2982
280	建华建材（中国）有限公司	4073487	114191	2681006	970836	905860	28730
281	郑州宇通企业集团	4063870	90625	10393147	3401221	2021002	31773
282	安徽江淮汽车集团控股有限公司	4031356	6145	4681797	1638766	481557	26531
283	得力集团有限公司	4028383	265053	3948788	1742463	1463681	17940
284	三宝集团股份有限公司	4024038	127883	1356317	634894	634894	4909
285	金发科技股份有限公司	4019862	166149	4830002	1671931	1498695	9728
286	三花控股集团有限公司	4017496	141766	3207330	1645373	1140110	23000
287	福建百宏聚纤科技实业有限公司	3998798	246909	6309450	1645298	1645298	11260
288	重庆小康控股有限公司	3996873	-129801	3607455	893116	383778	20037
289	重庆钢铁股份有限公司	3984941	227439	4299595	2237520	2237520	6734
290	华鲁控股集团有限公司	3954981	248848	5071262	3185323	1148943	18445

第七章 中国500强企业及《财富》世界500强企业数据

续表

排名	企业名称	营业收入（万元）	归母净利润（万元）	资产总额（万元）	所有者权益（万元）	归母所有者权益（万元）	从业人员（人）
291	天津亿联控股集团有限公司	3926125		10314248	4248946		13679
292	江苏沃得机电集团有限公司	3903607	354375	4918868	1142220	1142220	21254
293	山东垦利石化集团有限公司	3899385	113563	1807072	1089935	1085563	2559
294	江苏江润铜业有限公司	3869516	9525	397151	188410	188410	723
295	太平鸟集团有限公司	3856591	56586	1951642	601801	319241	12733
296	道恩集团有限公司	3850687	91253	1500466	327175	237586	3657
297	舜宇集团有限公司	3749685	498801	3877384	2089527	2058807	24664
298	浙江龙盛控股有限公司	3740550	360736	6940217	3504540	3193935	7801
299	欣旺达电子股份有限公司	3735872	91565	4262843	1374811	1303007	36127
300	安徽楚江科技新材料股份有限公司	3734960	56709	1326247	652224	616627	6426
301	常熟市龙腾特种钢有限公司	3722933	194295	3215565	934820	934820	5190
302	重庆轻纺控股（集团）公司	3719682	40903	2816733	974202	613706	24965
303	湖南五江控股集团有限公司	3698745	321984	6579947	4693239	4303159	28576
304	天津华北集团有限公司	3685794	22936	1483926	635444	635444	1130
305	河南豫联能源集团有限责任公司	3663388	94766	2189519	473955	-231103	7550
306	巨化集团有限公司	3628904	471098	4485916	2051383	1403389	11368
307	河南金利金铅集团有限公司	3627977	68974	802811	298742	298742	3114
308	利时集团股份有限公司	3622781	88542	1886729	997870	997870	6612
309	深圳市理士新能源发展有限公司	3581956	35210	3009589	972858	953271	15000
310	河南神火集团有限公司	3558638	104131	5854844	1344629	117622	25203
311	浙江华友钴业股份有限公司	3531654	389750	5798905	2390067	1938359	14643
312	波司登股份有限公司	3494721	560414	3897972	2361025	2361025	24009

续表

排名	企业名称	营业收入（万元）	归母净利润（万元）	资产总额（万元）	所有者权益（万元）	归母所有者权益（万元）	从业人员（人）
313	浙江省机电集团有限公司	3491870	27474	3162277	661855	412404	5375
314	淄博齐翔腾达化工股份有限公司	3489207	239264	2607051	1342032	1278977	3255
315	西子联合控股有限公司	3484743	282865	5216979	1992053	1504092	16873
316	河北天柱钢铁集团有限公司	3454496	93676	2040163	863971	863971	6085
317	花园集团有限公司	3427103	65352	2794983	1468515	1257672	14165
318	天津天士力大健康产业投资集团有限公司	3376987	121110	7841153	3762480	3761690	19349
319	山东中海化工集团有限公司	3352127	117301	1305519	923811	880424	2356
320	河北兴华钢铁有限公司	3335216	143478	946067	683430	683430	5637
321	鹏鼎控股（深圳）股份有限公司	3331485	331727	3554146	2381298	2155803	39387
322	广西贵港钢铁集团有限公司	3324459	45277	1087555	337255	286667	2970
323	万丰奥特控股集团有限公司	3310508	204881	2855718	1358802	594199	12339
324	山东东方华龙工贸集团有限公司	3309618	9888	1148102	546583	546351	1528
325	山鹰国际控股股份公司	3303280	151567	5199449	1829896	1651743	15109
326	浙江大华技术股份有限公司	3283548	337841	4405587	2417034	2361760	22864
327	万通海欣控股集团股份有限公司	3263679	153059	3661336	1791898	1791898	3500
328	邯郸正大制管集团股份有限公司	3250672	5208	493872	99631	99631	5966
329	华新水泥股份有限公司	3246408	536353	5254962	352723	352723	16283
330	青岛啤酒集团有限公司	3244830	112954	5362099	2495489	859503	34472
331	福建福海创石油化工有限公司	3217793	-166192	4134536	1378660	1349637	1502
332	华芳集团有限公司	3207857	33644	745725	481766	481766	6223

续表

排名	企业名称	营业收入（万元）	归母净利润（万元）	资产总额（万元）	所有者权益（万元）	归母所有者权益（万元）	从业人员（人）
333	中国联塑集团控股有限公司	3205758	304415	5448318	2180676	2077114	20400
334	香驰控股有限公司	3202221	88019	1668459	924844	882633	2152
335	北京顺鑫控股集团有限公司	3201898	531	3381893	863273	340037	7806
336	厦门钨业股份有限公司	3185220	118053	3242089	1272828	896094	14508
337	华立集团股份有限公司	3171703	37276	2555330	910902	283194	11496
338	浙江甬金金属科技股份有限公司	3136597	59109	986814	435154	374239	2590
339	桂林力源粮油食品集团有限公司	3125462	60912	1100610	495469	361201	13000
340	山西安泰控股集团有限公司	3124597	61338	1710894	425116	425116	6782
341	济源市万洋冶炼（集团）有限公司	3102041	40390	786364	289436	289436	3184
342	浙江富春江通信集团有限公司	3091784	42528	2168626	945436	517651	4270
343	重庆智飞生物制品股份有限公司	3065242	1020855	3004732	1765721	1765721	4800
344	久立集团股份有限公司	3057705	45791	1198166	620582	289146	4338
345	江苏长电科技股份有限公司	3050241	295871	3709861	2099971	2099113	23266
346	浙江协和集团有限公司	3032000	27559	782601	459933	213158	1426
347	中策橡胶集团股份有限公司	3028569	160380	3233050	1112505	1112505	22479
348	广东德赛集团有限公司	2984275	41653	2219024	947425	284986	18243
349	大亚科技集团有限公司	2983612	105247	1780771	759046	415739	13891
350	中建信控股集团有限公司	2982540	34970	3119043	1127477	292228	12263
351	天洁集团有限公司	2976362	159053	1636466	1130614	1029842	1343
352	农夫山泉股份有限公司	2969641	716179	3289620	2074163	2074163	22155
353	宁波博洋控股集团有限公司	2960734	50212	807050	213722	186703	7700

续表

排名	企业名称	营业收入（万元）	归母净利润（万元）	资产总额（万元）	所有者权益（万元）	归母所有者权益（万元）	从业人员（人）
354	兴惠化纤集团有限公司	2960233	37000	781010	495445	495445	2626
355	江苏上上电缆集团有限公司	2953127	62920	983509	725826	725826	5557
356	郑州煤矿机械集团股份有限公司	2929352	194778	3664800	1565097	1479549	16774
357	广西柳工集团有限公司	2891578	32433	4218915	1687974	474119	17581
358	广东格兰仕集团有限公司	2889700	32461	2716702	692832	692832	24423
359	江苏中超投资集团有限公司	2886250	5807	1395840	542000	250400	5470
360	胜达集团有限公司	2882662	100249	1464118	967286	967286	2879
361	淄博鑫泰石化有限公司	2873668	62651	2201293	268545	268545	1636
362	江苏中利控股集团有限公司	2873238	12006	3786024	1625984	1435598	6203
363	江苏新海石化有限公司	2867981	7477	668540	294569	294569	1411
364	兴达投资集团有限公司	2857844	72329	899337	701576	892194	926
365	江苏西城三联控股集团有限公司	2852191	12336	604424	-235956	-235956	2829
366	河南济源钢铁（集团）有限公司	2838426	147850	2211066	926576	885743	7369
367	金东纸业（江苏）股份有限公司	2829358	142298	7149003	2868281	2186654	5321
368	山东神驰控股有限公司	2808578	51758	1121267	534134	534134	1368
369	山东博汇集团有限公司	2800665	-52394	2724608	511594	2427	7096
370	陕西鼓风机（集团）有限公司	2778201	28087	4026800	1217841	774391	6543
371	洛阳炼化宏达实业有限责任公司	2759055	15382	675505	135865	119836	1519
372	安徽天大企业（集团）有限公司	2747690	32936	2115056	354605	304018	1757
373	山东永鑫能源集团有限公司	2715192	54270	1209626	48817	48817	1996

第七章 中国500强企业及《财富》世界500强企业数据

续表

排名	企业名称	营业收入（万元）	归母净利润（万元）	资产总额（万元）	所有者权益（万元）	归母所有者权益（万元）	从业人员（人）
374	雅迪科技集团有限公司	2705159	145275	1936964	448933	447710	9174
375	广州立白凯晟控股有限公司	2704185	67169	3096262	1364644	1359200	9061
376	成都蛟龙投资有限责任公司	2697738	183517	1078972	821576	821576	53978
377	东岳氟硅科技集团有限公司	2695773	241584	2127474	398	398	6513
378	连云港兴鑫钢铁有限公司	2680620	131404	821168	646892	646892	3305
379	精工控股集团有限公司	2655537	29517	2769659	957759	344387	12200
380	红太阳集团有限公司	2636022	29903	3239845	817685	810442	4601
381	苏州创元投资发展（集团）有限公司	2617127	56998	3765408	1135518	873036	13546
382	宗申产业集团有限公司	2605048	26668	2617814	921421	470095	16862
383	天津源泰德润钢管制造集团有限公司	2600892	30811	366427	251242	251242	1800
384	江苏恒瑞医药股份有限公司	2590553	453022	3926622	3557181	3500296	24491
385	纳爱斯集团有限公司	2565911	84706	2430058	2177676	2177676	11425
386	凌源钢铁集团有限责任公司	2563828	89403	2752674	985962	385559	9750
387	江苏洋河酒厂股份有限公司	2535018	750768	6779870	4248131	4248621	17956
388	奥康集团有限公司	2526971	157458	1629054	1008619	826080	9753
389	深圳市大疆创新科技有限公司	2522200	732398	3774274	2784279	2781041	11404
390	哈尔滨电气集团有限公司	2479802	−275953	6855289	1872004	1191922	14776
391	无锡新三洲特钢有限公司	2466131	9163	414863	128121	128121	2418
392	河南明泰铝业股份有限公司	2461262	185201	1892886	1106839	1067406	6063
393	**上海龙旗科技股份有限公司**	**2459677**	**55624**	**1491644**	**294612**	**294312**	**11487**
394	滨化集团	2436171	136797	2604276	1355460	1318452	4941
395	阳光电源股份有限公司	2413660	158271	4284013	1670368	1565506	6726
396	上海韦尔半导体股份有限公司	2410351	447619	3207993	1630437	1619831	4493

续表

排名	企业名称	营业收入（万元）	归母净利润（万元）	资产总额（万元）	所有者权益（万元）	归母所有者权益（万元）	从业人员（人）
397	宁波申洲针织有限公司	2384501	337170	4213191	2778306	2777058	95820
398	诸城外贸有限责任公司	2384007	76685	2261576	1112345	1112345	7346
399	山东寿光巨能控股集团有限公司	2372081	15663	1395474	740453	732833	8275
400	无棣鑫岳化工集团有限公司	2351410	125386	1545964	937253	937253	3880
401	回音必集团有限公司	2350653	67535	727412	501723	501723	2132
402	天津市宝来工贸有限公司	2325503	60168	322396	275905	275905	2230
403	顾家集团有限公司	2308775	-7660	2637416	1171031	632383	19669
404	欧菲光集团股份有限公司	2284394	-262497	2463718	968625	843353	17973
405	黑龙江飞鹤乳业有限公司	2277626	687104	3148142	2240337	2092130	7924
406	重庆万达薄板有限公司	2250079	44085	1405220	358339	358339	1675
407	潍坊特钢集团有限公司	2229621	27072	1052177	390803	390803	5852
408	鹰潭胜华金属有限责任公司	2216055	4928	95762	28938	28938	106
409	正大天晴药业集团股份有限公司	2183704	397924	2346076	1505321	1398652	14284
410	攀枝花钢城集团有限公司	2175599	7199	1057981	-67937	-80425	13066
411	唐人神集团股份有限公司	2174219	-114741	1454462	612660	551176	10963
412	腾龙芳烃（漳州）有限公司	2166324	-101885	2961556	300557	300557	641
413	人本集团有限公司	2157066	76082	1529123	430171	351459	23055
414	中哲控股集团有限公司	2154351	26718	542355	142160	116007	5216
415	上海华虹（集团）有限公司	2145194	-11307	11831983	6696269	3362700	11479
416	广州视源电子科技股份有限公司	2122571	169899	1550776	853008	835559	5422
417	广西汽车集团有限公司	2121435	9882	1973084	739914	632311	14474
418	重庆攀华板材有限公司	2115794	24279	372432	124025	124025	236

续表

排名	企业名称	营业收入（万元）	归母净利润（万元）	资产总额（万元）	所有者权益（万元）	归母所有者权益（万元）	从业人员（人）
419	广东小鹏汽车科技有限公司	2098813	-486310	6565130	4214658	4214658	15059
420	山东联盟化工集团有限公司	2074719	136229	1264483	803456	729761	6308
421	龙佰集团股份有限公司	2056578	467642	4533117	2078897	1891778	11520
422	长春一汽富维汽车零部件股份有限公司	2053740	65885	1949602	838892	678510	10293
423	上海源耀农业股份有限公司	2047892	12834	143914	62383	59017	774
424	冠捷电子科技（福建）有限公司	2047485	48821	1109865	413679	413679	8961
425	欧派家居集团股份有限公司	2044160	266558	2339273	1440895	1440895	24660
426	人福医药集团股份公司	2044104	138954	3450143	1564992	1314698	15746
427	利欧集团股份有限公司	2028091	-101212	1984495	1193872	1187156	5192
428	广西农垦集团有限责任公司	2023837	40838	9000618	5263983	5144750	45804
429	天津纺织集团（控股）有限公司	2022526	14421	2026648	468111	456344	2869
430	青岛澳柯玛控股集团有限公司	2017170	53141	2418763	496508	496508	7272
431	湖南黄金集团有限责任公司	2010631	6717	1146805	569695	167344	6518
432	中伟新材料股份有限公司	2007249	93895	2819976	1062256	983249	7127
433	山西杏花村汾酒集团有限责任公司	2001756	270519	3394053	1765902	1048315	15950
434	浙江天圣控股集团有限公司	1993436	430733	1416014	870660	870660	3652
435	玲珑集团有限公司	1979388	3005	4247121	1900440	960019	20652
436	吉林亚泰（集团）股份有限公司	1965321	-125422	5637663	1624202	1307836	18589
437	上海仪电（集团）有限公司	1960298	10169	9274546	2530626	1445922	13569
438	安徽鸿路钢结构（集团）股份有限公司	1951481	115011	1957616	727079	727079	19398

续表

排名	企业名称	营业收入（万元）	归母净利润（万元）	资产总额（万元）	所有者权益（万元）	归母所有者权益（万元）	从业人员（人）
439	格林美股份有限公司	1930102	92328	3438782	1581280	1422848	7011
440	江南集团有限公司	1917355	24569	1569070	590704	590704	3467
441	河南黄河实业集团股份有限公司	1907230	66140	2135405	638331	638331	10418
442	浙江新安化工集团股份有限公司	1897666	265448	1719934	983513	894345	5959
443	上海起帆电缆股份有限公司	1887754	68388	924092	372628	369014	3597
444	东方日升新能源股份有限公司	1883072	-4232	2956138	953832	847963	10760
445	杭州鼎胜实业集团有限公司	1874750	26372	1871406	442435	442435	1966
446	正和集团股份有限公司	1871612	-183840	613551	116037	116037	1330
447	福建福日电子股份有限公司	1863373	-23380	1225964	348762	291011	5538
448	山东临工工程机械有限公司	1842195	109026	1833921	701272	701272	3820
449	铜陵精达特种电磁线股份有限公司	1832978	54914	1013033	473209	446157	3450
450	泰开集团有限公司	1809596	80442	1622164	363271	361516	13330
451	福建傲农生物科技集团股份有限公司	1803816	-151987	1710053	219299	130347	12386
452	赛轮集团股份有限公司	1799843	131297	2617294	1113748	1073047	13723
453	秦皇岛宏兴钢铁有限公司	1795038	188036	1368916	1138988	1138988	4527
454	深圳市汇川技术股份有限公司	1794325	357340	2730271	1632965	1588326	16938
455	林州凤宝管业有限公司	1788477	28937	1270554	422035	422035	4201
456	金猴集团有限公司	1786189	38993	562900	376126	376126	2910
457	**瑞声科技（控股）有限公司**	**1766697**	**131628**	**4202207**	**2250200**	**2181067**	**37591**
458	上海晨光文具股份有限公司	1760740	151787	1142439	652329	619489	5527
459	山东电工电气集团有限公司	1760716	8159	2651713	828833	648400	8864

续表

排名	企业名称	营业收入（万元）	归母净利润（万元）	资产总额（万元）	所有者权益（万元）	归母所有者权益（万元）	从业人员（人）
460	宁波华翔电子股份有限公司	1758782	126457	2179557	1220279	1085637	17193
461	厦门合兴包装印刷股份有限公司	1754878	21835	957215	372487	340019	11215
462	迪尚集团有限公司	1750622	115915	1238399	609618	609618	25268
463	普联技术有限公司	1733951	326132	2137769	1933880	1933880	10974
464	三环集团有限公司	1726473	21900	2424631	884203	741680	14973
465	闽源钢铁集团有限公司	1724285	31150	652615	374738	374738	4986
466	致达控股集团有限公司	1715810	24738	2731593	834725	515770	5492
467	广博控股集团有限公司	1715619	21059	1756561	608931	390683	3500
468	青岛海湾集团有限公司	1714241	205892	2374009	1493784	1259825	3821
469	淮海控股集团有限公司	1713206	81839	1291016	1028752	1028752	8102
470	铜陵化学工业集团有限公司	1688248	68547	1520560	497774	306001	5454
471	宁波继峰汽车零部件股份有限公司	1683199	12637	1620914	499852	464482	17368
472	广东省永道生态集团有限公司	1670862	294762	1085230	400261	400261	820
473	安徽天康（集团）股份有限公司	1669253	37113	573527	426105	426105	4587
474	万向三农集团有限公司	1666916	162086	2626011	1003897	802101	2012
475	山东胜星化工有限公司	1666069	61228	2434463	360170	360170	1300
476	浙江中财管道科技股份有限公司	1648759	189131	1138259	858622	858622	6326
477	天津市新宇彩板有限公司	1638922	28006	564174	135778	135778	1890
478	卫华集团有限公司	1633448	46022	1140730	579553	459950	5980
479	河南心连心化学工业集团股份有限公司	1632456	156172	2414935	725746	694739	7878
480	英科医疗科技股份有限公司	1624009	743007	2062464	1612345	1587119	9115

续表

排名	企业名称	营业收入（万元）	归母净利润（万元）	资产总额（万元）	所有者权益（万元）	归母所有者权益（万元）	从业人员（人）
481	广西百色工业投资发展集团有限公司	1607194	9330	1175555	474648	431227	1557
482	健康元药业集团股份有限公司	1590369	132850	3110390	2017961	1182029	13234
483	通富微电子股份有限公司	1581223	95669	2710107	1102239	1044199	16737
484	无锡华东重机科技集团有限公司	1573963	-140764	620215	324822	241404	910
485	滁州惠科光电科技有限公司	1565980	400120	2756075	1483502	1483502	3022
486	广东兴发铝业有限公司	1557662	94989	1137100	459824	459850	9419
487	泰豪集团有限公司	1553103	46723	2479932	1014606	818797	7652
488	宁波方太厨具有限公司	1548640	182406	1735531	1021128	1021602	14692
489	上海爱旭新能源股份有限公司	1547050	-12555	1790024	558200	508169	6796
490	厦门金龙汽车集团股份有限公司	1541842	-59522	2608465	507271	405390	11477
491	爱玛科技集团股份有限公司	1539871	66399	1339694	497977	497482	7288
492	安徽叉车集团有限责任公司	1536494	30636	1440438	831346	354508	8675
493	天津市医药集团有限公司	1535031	50037	3639475	1525581	886751	8784
494	江阴江东集团公司	1523668	93267	600409	482674	482674	6525
495	浙江航民实业集团有限公司	1519666	37388	1122654	683838	301800	10025
496	翔鹭石化（漳州）有限公司	1518298	-5387	1696616	675250	675250	310
497	今飞控股集团有限公司	1512924	80932	778651	313123	143255	4250
498	景德镇黑猫集团有限责任公司	1507178	32798	2515028	654060	426567	9679
499	太原重型机械集团有限公司	1505271	-29653	6522198	1605410	655727	11055
500	青海盐湖工业股份有限公司	1477833	447839	2526736	1165030	933513	6157

第三节 2022中国服务业企业500强数据

名次	企业名称	营业收入（万元）	归母净利润（万元）	资产总额（万元）	所有者权益（万元）	归母所有者权益（万元）	从业人员（人）
1	国家电网有限公司	297113025	4604112	467152425	205608660	197069429	969289
2	中国工商银行股份有限公司	143000300	34833800	3517138300	325725800	325775500	434089
3	中国建设银行股份有限公司	123376500	30251300	3025397900	261412200	258823100	375531
4	中国平安保险（集团）股份有限公司	118044400	10161800	1014202600	107772300	81240500	355982
5	中国农业银行股份有限公司	116833400	24118300	2906915500	242135900	241460500	455174
6	中国中化控股有限责任公司	112020873	-128564	153562145	0	2383689	220760
7	中国人寿保险（集团）公司	101331534	1991337	573651627	41514558	26088699	182646
8	中国银行股份有限公司	98293200	21655900	2672240800	235055300	222515300	306322
9	京东集团股份有限公司	95159200	-356000	49650700	0	20891100	385357
10	中国移动通信集团有限公司	85088466	9436108	214651950	150407881	118216661	451331
11	阿里巴巴（中国）有限公司	83640500	5778200	176056700	0	97429900	70000
12	中国华润有限公司	77776660	2954963	202110927	0	28672427	362706
13	厦门建发集团有限公司	71957617	718654	65883882	17395929	6163193	36334
14	中国医药集团有限公司	70166212	7846699	56402153	26061075	15129832	196568
15	中国邮政集团有限公司	70095084	3859218	1316870009	84719730	47646084	748920
16	中国南方电网有限责任公司	67160048	841150	108223257	41952274	39910622	282440
17	中粮集团有限公司	66494705	966171	68601206	20311782	10379337	107829
18	中国中信集团有限公司	62004272	3154971	880968219	101779204	41823175	148108
19	厦门国贸控股集团有限公司	60498494	247215	24590672	7434871	2622762	31689
20	中国人民保险集团股份有限公司	59769100	2163800	137640200	29670500	21913200	669683
21	物产中大集团股份有限公司	56713118	401755	12944945	0	3037892	21012

续表

名次	企业名称	营业收入（万元）	归母净利润（万元）	资产总额（万元）	所有者权益（万元）	归母所有者权益（万元）	从业人员（人）
22	腾讯控股有限公司	56011800	22482200	161236400	87669300	80629900	112771
23	绿地控股集团股份有限公司	54428636	617903	146909791	16388289	8997250	79999
24	中国远洋海运集团有限公司	54266305	4141597	97615126	41649327	23637244	107551
25	中国电信集团有限公司	53922328	1248156	98976966	56423950	38211746	394600
26	碧桂园控股有限公司	52306400	2679700	194836500	30762700	19873600	100705
27	招商局集团有限公司	49517181	5499226	250876457	97457153	44146405	264161
28	交通银行股份有限公司	49005500	8758100	1166575700	97723600	96464700	90238
29	联想控股股份有限公司	48987168	575489	68068617	9281072	6126989	88000
30	厦门象屿集团有限公司	48438283	264136	20984014	6285300	1885602	14372
31	招商银行股份有限公司	46226100	11992200	924902100	86568100	85874500	103669
32	万科企业股份有限公司	45279778	2252403	193863813	0	23595313	139494
33	中国保利集团有限公司	44875187	1323230	174015716	0	11020766	110785
34	中国太平洋保险（集团）股份有限公司	44064337	2683445	194616377	23240548	22674120	114108
35	中国光大集团股份公司	39794328	2411442	652807985	0	26043102	95000
36	兴业银行股份有限公司	39560200	8268000	860302400	69429800	68411100	62540
37	上海浦东发展银行股份有限公司	36643000	5300300	813675700	67821800	67000700	63361
38	中国联合网络通信集团有限公司	32912229	318788	62701575	34584608	18461028	255413
39	中国民生银行股份有限公司	32627700	3438100	695278600	58653900	57428000	60232
40	浙江省交通投资集团有限公司	30161954	583449	74543672	0	12606441	40776
41	中国太平保险集团有限责任公司	26721347	307592	112866654	0	3814881	68441
42	泰康保险集团股份有限公司	26193348	2468118	132977846	12161249	12135133	58853

续表

名次	企业名称	营业收入（万元）	归母净利润（万元）	资产总额（万元）	所有者权益（万元）	归母所有者权益（万元）	从业人员（人）
43	中南控股集团有限公司	26025762	-208374	38899985	3840734	1020111	100000
44	深圳市投资控股有限公司	24252788	1063772	93477161	36743432	18968899	86030
45	龙湖集团控股有限公司	22337547	2385369	87565111	22187761	12494925	44065
46	中国航空油料集团有限公司	22262035	277580	6890977	4392875	2861756	14246
47	新华人寿保险股份有限公司	22238000	1495100	112772100	10851400	10851400	34434
48	顺丰控股股份有限公司	20718665	426910	20989998	9791525	8294323	177129
49	广西投资集团有限公司	20616624	50891	66904771	11601893	3201332	35369
50	云南省投资控股集团有限公司	20566014	177587	53729114	20803472	9814167	52077
51	新疆广汇实业投资（集团）有限责任公司	20322327	42222	27211903	9102869	3816131	73109
52	山东高速集团有限公司	20083604	442269	113918465	29284315	16498240	52407
53	国家开发投资集团有限公司	19445388	3412071	76637289	25120989	12635047	52810
54	中国物流集团有限公司	19435133	162568	11511062	4032302	1856602	22225
55	重庆市金科投资控股（集团）有限责任公司	18563651	123842	38090188	8634200	1982889	24806
56	杭州市实业投资集团有限公司	18105521	228951	7544066	2204715	1631436	4491
57	美团公司	17912800	-2353838	24065327	12555676	12561344	100033
58	华夏银行股份有限公司	17324200	2353500	367628700	30070200	29829200	39200
59	中国通用技术（集团）控股有限责任公司	17205778	-133201	24801692	8049075	4309593	70698
60	华侨城集团有限公司	16680925	159841	67982672	19481567	8713499	53127
61	中国再保险（集团）股份有限公司	16397362	636300	50043900	10290085	9311742	55407
62	甘肃省公路航空旅游投资集团有限公司	16365155	28364	68103091	23485417	21833651	55048

续表

名次	企业名称	营业收入（万元）	归母净利润（万元）	资产总额（万元）	所有者权益（万元）	归母所有者权益（万元）	从业人员（人）
63	西安迈科金属国际集团有限公司	15987799	37747	2447425	636902	572164	1195
64	浙江省兴合集团有限责任公司	14920459	67979	8069030	2044277	580696	18083
65	中国国际技术智力合作集团有限公司	14665554	93799	1879186	771410	724038	5185
66	传化集团有限公司	14444414	391115	7851269	2943518	1197310	12702
67	珠海华发集团有限公司	14194254	212286	57742333	15031821	6079291	51526
68	云南省能源投资集团有限公司	13999577	283722	23142724	8506207	6266440	28419
69	上海均和集团有限公司	13695715	32019	3469461	1510137	1358653	5000
70	浙江省能源集团有限公司	13686276	373897	29793982	13575958	8786238	23500
71	东岭集团股份有限公司	13276579	28705	4890515	1686310	1086217	10208
72	北京银行股份有限公司	12956100	2222600	305895900	29707800	29505400	16526
73	卓尔控股有限公司	12803758	116690	10091836	5287789	5052015	15891
74	百度网络技术有限公司	12449300	1022600	38003400	21145900	21145900	45500
75	江苏银行股份有限公司	12386344	1969437	261887426	19805575	19222708	15553
76	九州通医药集团股份有限公司	12240743	244833	8593587	2707268	2340861	29338
77	神州数码集团股份有限公司	12238487	23809	3895338	661641	608088	5210
78	北京外企人力资源服务有限公司	12055107	61502	1271011	353066	308940	4713
79	阳光保险集团股份有限公司	12006759	590513	44162388	5921768	5800821	60950
80	唯品会控股有限公司	11705968	468107	6228754	3382832	3263290	10675
81	新奥天然气股份有限公司	11591963	410165	12793392	4616554	1483322	39474
82	中基宁波集团股份有限公司	10954361	33928	1485861	203814	164963	2470
83	北京控股集团有限公司	10923283	164160	41074964	13094170	4283259	75416
84	上海银行股份有限公司	10880979	2204245	265319868	20576845	2052036	13661

续表

名次	企业名称	营业收入（万元）	归母净利润（万元）	资产总额（万元）	所有者权益（万元）	归母所有者权益（万元）	从业人员（人）
85	广东省广晟控股集团有限公司	10595462	200594	15512729	5578300	1543621	57490
86	广东鼎龙实业集团有限公司	10258384	24201	3371739	932720	904738	4205
87	中国南方航空集团有限公司	10248525	−623877	34864015	9901756	5614550	114779
88	广西北部湾国际港务集团有限公司	10045755	5326	14588285	3716850	2747133	31907
89	金地（集团）股份有限公司	9923222	940952	46280951	11020683	6298117	47985
90	兰州新区商贸物流投资集团有限公司	9766850	10623	1748997	775303	764174	2087
91	山东省国有资产投资控股有限公司	9653160	50288	18393326	4475450	1640599	39381
92	振烨国际产业控股集团（深圳）有限公司	9601924	771429	1807594	702908	702908	1966
93	东方国际（集团）有限公司	9571260	43589	6462775	2502851	1734244	71960
94	深圳市爱施德股份有限公司	9516565	92209	1533856	605848	578072	2949
95	内蒙古电力（集团）有限责任公司	9324739	36776	10704134	4932721	4850518	36087
96	永辉超市股份有限公司	9106189	−394387	7131164	1107740	1065879	123797
97	弘阳集团有限公司	8809122	194234	15456555	2993005	2596007	7906
98	北京能源集团有限责任公司	8798832	238560	40014870	14086749	8961183	33620
99	网易公司	8760603	1685684	15364392	0	9532808	32064
100	广州越秀集团股份有限公司	8716181	444580	78247953	14379023	5472077	37453
101	天津泰达投资控股有限公司	8594907	131417	43206447	14135410	10880478	22530
102	浙江省国际贸易集团有限公司	8426493	161565	14344221	4334884	1777162	21767
103	中国东方航空集团有限公司	8409619	−176219	36946557	11030457	7797234	99207
104	陕西投资集团有限公司	8407668	273119	24165771	7386243	4261765	24627
105	山东省港口集团有限公司	8398272	182475	23192871	10091080	6155245	56792

续表

名次	企业名称	营业收入（万元）	归母净利润（万元）	资产总额（万元）	所有者权益（万元）	归母所有者权益（万元）	从业人员（人）
106	厦门路桥工程物资有限公司	8342169	39941	2028658	257377	217394	562
107	广东省广新控股集团有限公司	8321410	205935	8568433	3326976	1613708	29623
108	重庆华宇集团有限公司	8165839	936320	14098553	5789317	5789317	5486
109	前海人寿保险股份有限公司	8099748	11558	37205569	2851439	2614256	2965
110	恒信汽车集团股份有限公司	8021367	257199	2313995	1321592	1320251	21987
111	绿城房地产集团有限公司	7947746	312531	52047285	10207507	4320008	8674
112	青岛海发国有资本投资运营集团有限公司	7920021	39558	12059311	3185397	1702856	5628
113	远大物产集团有限公司	7893602	27610	649824	237751	218903	421
114	南京银行股份有限公司	7848214	1585676	174894675	12256479	12135979	13592
115	北京首都开发控股（集团）有限公司	7717636	1805	35520003	7758182	1916450	14153
116	水发集团有限公司	7703756	23739	16798577	3825496	1841815	25610
117	中国国际航空股份有限公司	7453167	−1664231	29841515	6585607	6140252	88395
118	四川省能源投资集团有限责任公司	7420699	53799	19930501	6162468	3952745	20942
119	渤海银行股份有限公司	6818724	862972	158270760	10656408	10656408	11387
120	江苏国泰国际集团股份有限公司	6785254	123617	3457513	1333944	1050094	16082
121	大汉控股集团有限公司	6753204	86439	2428113	1149549	878131	6381
122	浙江前程投资股份有限公司	6707005	2937	615153	156497	101128	406
123	广东省广物控股集团有限公司	6691949	98427	5064053	1777777	1490383	11595
124	河北省物流产业集团有限公司	6595601	1069	2399058	302855	252232	2426
125	上海钢联电子商务股份有限公司	6577462	17798	1419430	370828	155441	4211
126	汇通达网络股份有限公司	6576317	32761	2436100	731000	595199	4545

续表

名次	企业名称	营业收入（万元）	归母净利润（万元）	资产总额（万元）	所有者权益（万元）	归母所有者权益（万元）	从业人员（人）
127	福建省港口集团有限责任公司	6504841	44594	9057002	3078310	2036040	32799
128	湖北联投集团有限公司	6470681	38466	28397388	5861591	1725291	20848
129	北京首都创业集团有限公司	6414277	62087	42347271	8845904	2467582	36650
130	重庆医药（集团）股份有限公司	6252045	92621	4846819	1055005	860937	13683
131	物美科技集团有限公司	6184575	269741	11383621	4224479	2659999	100000
132	广西交通投资集团有限公司	5925008	50217	53533965	18392620	14889511	15861
133	上海闽路润贸易有限公司	5873227	16157	1025108	43724	30279	145
134	中华联合保险集团股份有限公司	5677652	44272	9049341	1999771	1785309	42919
135	重庆农村商业银行股份有限公司	5653390	955971	126585107	10604402	10451265	14905
136	南昌市政公用集团有限公司	5630743	60269	15829405	4805771	3830159	32116
137	杭州市城市建设投资集团有限公司	5618319	154642	16727920	5921557	4871026	34328
138	申能（集团）有限公司	5588972	500870	21547735	12996550	10354595	18722
139	建业控股有限公司	5573276	117303	16702721	1981706	1530688	29352
140	南京新工投资集团有限责任公司	5493549	137185	8560316	3861990	2805045	35510
141	郑州瑞茂通供应链有限公司	5397086	35594	5223999	2701374	2389248	930
142	广东省交通集团有限公司	5394085	307919	44930543	13070757	10107464	55373
143	重庆中昂投资集团有限公司	5318296	666837	10352679	4355307	4355307	12003
144	中铁集装箱运输有限责任公司	5296277	178302	2892890	2223501	1678620	972
145	武汉金融控股（集团）有限公司	5267463	152329	16300318	3474967	1885667	17191
146	厦门港务控股集团有限公司	5260428	6477	4599493	1431800	774317	9700

续表

名次	企业名称	营业收入（万元）	归母净利润（万元）	资产总额（万元）	所有者权益（万元）	归母所有者权益（万元）	从业人员（人）
147	云账户技术（天津）有限公司	5252892	4125	200353	14370	14370	598
148	湖北交通投资集团有限公司	5222435	472745	55016591	16855393	16121236	22452
149	深圳金雅福控股集团有限公司	5152153	23739	229959	162634	158897	1933
150	荣盛控股股份有限公司	5128906	-330961	31416792	4839465	2074350	24551
151	帝海投资控股集团有限公司	5113496	4233	5389856	4231855	4231855	1200
152	奥园集团有限公司	5006709	-1002730	29092301	2184377	709456	18350
153	张家港市沃丰贸易有限公司	4974122	38683	1095043	1505	1505	20
154	恒丰银行股份有限公司	4952800	638100	121725900	21129500	11714500	11697
155	百联集团有限公司	4916028	74014	17202260	4543896	2494733	47945
156	广州产业投资控股集团有限公司	4908951	116834	13639329	5053317	2859919	21048
157	重庆新鸥鹏企业（集团）有限公司	4860485	282828	7589632	976014	—	8678
158	重庆千信集团有限公司	4823765	61260	1526181	532028	492341	526
159	四川省商业投资集团有限责任公司	4795431	10732	2617143	505444	166495	3663
160	深圳前海微众银行股份有限公司	4795005	688376	43874781	2772353	2772353	3262
161	深圳市中农网有限公司	4744903	1150	1447605	112040	86728	587
162	北京江南投资集团有限公司	4738720	671835	15073202	3617568	3002581	463
163	深圳市信利康供应链管理有限公司	4717206	9166	1154325	148980	148980	603
164	广州农村商业银行股份有限公司	4678330	317521	116162863	8688527	8002730	14168
165	上海农村商业银行股份有限公司	4613696	969787	115837626	9733144	9376810	7705

续表

名次	企业名称	营业收入（万元）	归母净利润（万元）	资产总额（万元）	所有者权益（万元）	归母所有者权益（万元）	从业人员（人）
166	昆明市交通投资有限责任公司	4561721	127046	17621256	7482931	6150573	3040
167	江苏汇鸿国际集团股份有限公司	4527842	24865	2500229	683333	556156	3612
168	通鼎集团有限公司	4525414	129508	2515227	1905273	694091	13857
169	安徽省交通控股集团有限公司	4512248	543148	30201836	10580364	9268926	25680
170	广东宏川集团有限公司	4492966	49496	1124678	337230	268566	1755
171	盛京银行股份有限公司	4462523	40196	100612625	8050294	7987940	8099
172	祥生地产集团有限公司	4371903	−21536	14574313	1695236	771771	2966
173	海通证券股份有限公司	4320547	1282652	74492515	17775479	16313796	11457
174	陕西交通控股集团有限公司	4234116	111467	54579176	16387565	16133421	33316
175	河北省国和投资集团有限公司	4184608	3714	605563	157220	131465	2378
176	步步高投资集团股份有限公司	4086796	10135	2518719	761943	726316	28615
177	江西省交通投资集团有限责任公司	4048122	186460	33921384	13636925	12640241	20402
178	上海中骏置业有限公司	4033480	332429	19872556	4480145	2388070	9770
179	厦门中骏集团有限公司	4033480	332429	19872556	4480145	2388070	9770
180	青岛城市建设投资（集团）有限责任公司	4024649	54539	44689665	16406069	13366134	21731
181	杭州东恒石油有限公司	4020492	43124	957829	466009	402731	533
182	源山投资控股有限公司	3996747	3157	705097	320857	315623	170
183	宝龙地产控股有限公司	3990246	599210	24505645	6240745	4069366	13212
184	华南物资集团有限公司	3977493	12923	532336	129066	84736	679
185	江阴长三角钢铁集团有限公司	3968749	1781	46682	12557	12557	331
186	新华锦集团	3951846	17310	1356288	477079	308901	9200
187	湖南省高速公路集团有限公司	3949046	85206	63621407	21285583	20203882	15236

续表

名次	企业名称	营业收入（万元）	归母净利润（万元）	资产总额（万元）	所有者权益（万元）	归母所有者权益（万元）	从业人员（人）
188	广东粤海控股集团有限公司	3939653	371489	20640158	8648122	4384419	19560
189	北京金融街投资（集团）有限公司	3814806	82646	26273865	6999981	3668043	12282
190	东浩兰生（集团）有限公司	3802800	70633	4276859	2141699	1722878	6075
191	杭州滨江房产集团股份有限公司	3797636	302733	21172580	3738693	2057930	1644
192	长沙银行股份有限公司	3787604	630438	79615032	5664596	5502197	7978
193	广州市城市建设投资集团有限公司	3682715	91914	33936468	15018822	14235815	31739
194	浙江永安资本管理有限公司	3579359	44690	930696	231692	231692	211
195	天津银行股份有限公司	3554260	319603	71990393	5754084	5670479	6589
196	福州城市建设投资集团有限公司	3525495	149637	20740610	8903116	8777646	8293
197	奥德集团有限公司	3519453	407237	5384402	3426011	3048522	14890
198	北京中能昊龙投资控股集团有限公司	3484627	388616	2796621	1997416	1997416	8600
199	武汉商贸集团有限公司	3463580	81721	9633070	3441393	1181147	39376
200	华东医药股份有限公司	3456330	230163	2699640	1694132	1657937	12427
201	漳州市九龙江集团有限公司	3447274	160915	10076772	3574638	2578409	6137
202	上海国际港务（集团）股份有限公司	3428870	1468205	17078748	10780563	9979080	13546
203	广发证券股份有限公司	3424999	1085412	53585532	11080134	10662451	13174
204	海南航空控股股份有限公司	3400202	472093	14325458	1096657	848982	36892
205	**上海均瑶（集团）有限公司**	**3380991**	**13082**	**10223125**	**2936235**	**1046275**	**19562**
206	金鹏控股集团有限公司	3365794	81787	3337894	778209	696793	6200
207	合肥维天运通信息科技股份有限公司	3363800	5298	225518	53730	53730	1100

续表

名次	企业名称	营业收入（万元）	归母净利润（万元）	资产总额（万元）	所有者权益（万元）	归母所有者权益（万元）	从业人员（人）
208	张家港保税区彬鹏贸易有限公司	3355652	92454	321233	312242	312242	20
209	江苏满运软件科技有限公司	3325607	5461	357451	−17209	−17209	877
210	文一投资控股有限公司	3308002	69634	5327812	2907918	2907918	22500
211	浙江省海港投资运营集团有限公司	3288687	316219	14725226	8605385	6727766	19754
212	青岛西海岸新区海洋控股集团有限公司	3249642	25135	13183313	4620527	2613044	8608
213	山东省商业集团有限公司	3199109	339	13430513	1918875	856371	36130
214	深圳华强集团有限公司	3147902	30944	7458816	2503729	1619012	26397
215	月星集团有限公司	3127700	277883	5958546	2404741	2404741	10911
216	青岛西海岸新区融合控股集团有限公司	3089412	13953	17192193	5608367	4140380	2347
217	武汉联杰能源有限公司	3085003	2887	391760	252725	188537	31
218	张家港保税区立信投资有限公司	3079310	23750	118266	85223	85223	20
219	厦门海沧投资集团有限公司	3076013	85748	3919951	812379	787144	6109
220	重庆银行股份有限公司	3046392	466374	61895362	4924670	4727319	4714
221	中通快递股份有限公司	3040584	475483	6277234	4892758	4863725	23865
222	青岛世纪瑞丰集团有限公司	3023553	2061	915818	62727	62727	97
223	江苏无锡朝阳集团股份有限公司	3005431	21284	212921	152485	152485	1472
224	广西现代物流集团有限公司	2986300	14186	2475733	790251	667896	3465
225	洛阳国宏投资控股集团有限公司	2958899	110772	3419300	1642084	1310870	4100
226	福建漳龙集团有限公司	2937123	41192	6439387	2000026	1666635	3072
227	西安高科集团有限公司	2918943	20843	18361131	2018728	1580360	14281

续表

名次	企业名称	营业收入（万元）	归母净利润（万元）	资产总额（万元）	所有者权益（万元）	归母所有者权益（万元）	从业人员（人）
228	利群集团股份有限公司	2875035	29237	2649564	692724	692724	9190
229	河南交通投资集团有限公司	2867493	163132	21493308	6706966	5171030	19176
230	庞大汽贸集团股份有限公司	2863304	89819	2309339	1180766	1171724	11414
231	郑州银行股份有限公司	2858395	322619	57497966	5941154	5776618	5526
232	浙江建华集团有限公司	2816509	9191	288533	127849	96654	3055
233	重庆高速公路集团有限公司	2788012	40518	21777636	6696878	5950227	12336
234	浙江宝利德股份有限公司	2753124	22437	705773	261854	261854	2532
235	苏州金螳螂企业（集团）有限公司	2730375	-135146	4470727	1230056	352883	15832
236	联发集团有限公司	2729983	85141	12964866	3181543	1250394	5262
237	张家港保税区昌荣贸易有限公司	2720199	7427	338502	48706	48706	59
238	无锡市不锈钢电子交易中心有限公司	2715163	3906	19218	18339	17423	98
239	优合集团有限公司	2711633	15816	335899	69075	68345	288
240	厦门禹洲集团股份有限公司	2707124	128299	17438091	4139464	4139464	7295
241	南京新华海科技产业集团有限公司	2676520	50784	1277287	599432	599432	1871
242	浙江英特药业有限责任公司	2672835	35899	1164505	288705	252987	3985
243	东华能源股份有限公司	2636707	113994	3594739	1254613	1084200	1985
244	大华（集团）有限公司	2615874	316512	20726882	4459862	3502658	3018
245	重庆对外经贸（集团）有限公司	2575704	6797	2127123	573720	566197	15666
246	利泰集团有限公司	2532785	13711	481066	169189	169189	10000
247	中国万向控股有限公司	2531768	43213	16238226	2044526	936736	16154

续表

名次	企业名称	营业收入（万元）	归母净利润（万元）	资产总额（万元）	所有者权益（万元）	归母所有者权益（万元）	从业人员（人）
248	张家港保税区旭江贸易有限公司	2528587		767418	289297		20
249	申通快递股份有限公司	2525477	-90933	1876691	787706	782796	9146
250	奥山集团有限公司	2524143	867503	2479049	1178599	1172549	1247
251	山西云时代技术有限公司	2519289	10489	1922875	693089	4775245	12710
252	江阴市金桥化工有限公司	2465531	1524	145312	28513	28513	90
253	上海协通（集团）有限公司	2442419	88747	734175	297955	282930	1977
254	兴业证券股份有限公司	2407294	474307	21746334	4535548	4118944	10200
255	贵州现代物流产业（集团）有限责任公司	2405717	9746	1688107	507678	385998	3251
256	武汉市城市建设投资开发集团有限公司	2390114	62783	36950935	11789394	10636071	14672
257	无锡市交通产业集团有限公司	2381138	8995	6758360	2352700	2098713	13580
258	广州金融控股集团有限公司	2370120	247300	80442230	6527427	2999491	8365
259	贵州银行股份有限公司	2350469	370570	50388016	3898782	3898782	5488
260	江苏华地国际控股集团有限公司	2325686	63193	1421453	585618	474123	6612
261	无锡市国联发展（集团）有限公司	2293211	120547	15969825	4998261	2815997	12730
262	中原出版传媒投资控股集团有限公司	2267558	72040	2204311	1248649	1026531	15079
263	河北高速公路集团有限公司	2263296	11596	28843282	9506147	9498544	25613
264	河北港口集团有限公司	2254281	70376	7583535	4046000	3199940	12546
265	重庆市能源投资集团有限公司	2248252	-2621007	4285191	-1152416	-1157331	20499
266	江西银行股份有限公司	2245959	207031	50855981	4163344	4091732	5708
267	深圳市宝德投资控股有限公司	2223667	-13579	1721653	684902	441203	3257

续表

名次	企业名称	营业收入（万元）	归母净利润（万元）	资产总额（万元）	所有者权益（万元）	归母所有者权益（万元）	从业人员（人）
268	青岛银行股份有限公司	2191956	292266	52224961	3332773	3263550	4451
269	山东远通汽车贸易集团有限公司	2186599	24852	657347	392738	392738	5261
270	江苏省粮食集团有限责任公司	2150293	10059	913457	288917	209269	1238
271	华融湘江银行股份有限公司	2149514	307552	42598368	3307529	3301652	4729
272	九江银行股份有限公司	2130656	172851	46150298	3541323	3468394	4624
273	瑞康医药集团股份有限公司	2105972	26130	2639697	969316	643593	8000
274	桂林银行股份有限公司	2094202	134147	44255790	2621127	2509262	7514
275	常州市化工轻工材料总公司	2093618	3483	295875	19440	19440	158
276	广州轻工工贸集团有限公司	2064149	89669	2075954	1121643	1022211	7054
277	重庆市迪马实业股份有限公司	2046321	-205361	8587334	1740729	861793	8304
278	青岛经济技术开发区投资控股集团有限公司	2020358	35552	7275391	2309472	2113343	1827
279	江苏省苏豪控股集团有限公司	2019002	49641	3233950	1295281	885120	7702
280	淄博商厦股份有限公司	2010827	15847	580149	282953	282953	9530
281	天津港（集团）有限公司	2003920	-73921	14351132	4569055	2627180	19617
282	携程计算机（上海）有限公司	2002900	-55000	19185900	11045600	10967700	33732
283	广微控股有限公司	1970043	39304	2432598	1410737	1180977	9210
284	中国江苏国际经济技术合作集团有限公司	1954557	21865	2745513	554323	519034	8537
285	四川航空股份有限公司	1948107	-244922	6285743	78178	32634	18237
286	张家港保税区日祥贸易有限公司	1944913	30579	267048	55860	55860	20
287	曹妃甸国控投资集团有限公司	1934524	143896	15367812	7721437	7258571	4506
288	安徽辉隆投资集团有限公司	1926794	18040	1202550	397378	123560	3659

续表

名次	企业名称	营业收入（万元）	归母净利润（万元）	资产总额（万元）	所有者权益（万元）	归母所有者权益（万元）	从业人员（人）
289	广州珠江实业集团有限公司	1922264	46185	14003110	3385844	1816359	24713
290	润华集团股份有限公司	1908924	48919	1515514	765372	760860	5690
291	青岛农村商业银行股份有限公司	1902779	306555	43043809	3505008	3416441	5125
292	马上消费金融股份有限公司	1890966	138216	6109087	830423	830423	2258
293	宁波君安控股有限公司	1889899	11834	351403	79678	79059	89
294	浙江中外运有限公司	1887103	19076	385462	106782	70785	2201
295	江苏大经供应链股份有限公司	1879463	2072	182567	32689	32689	470
296	砂之船商业管理集团有限公司	1861917	43859	1926211	1068900	850464	32148
297	天津现代集团有限公司	1796302	68257	2899321	1166336	1156635	465
298	广州华多网络科技有限公司	1790445	-53592	5814646	3588434	3524696	7000
299	天津城市基础设施建设投资集团有限公司	1787672	175927	87297864	29628204	26070507	13737
300	厦门翔业集团有限公司	1783558	29379	4296502	1696775	1295966	12505
301	上海塑来信息技术有限公司	1780280	643	66436	17356	17356	206
302	重庆交通运输控股（集团）有限公司	1767256	20432	2658779	1081863	964149	37815
303	信誉楼百货集团有限公司	1764906	91119	860404	339928	339928	32771
304	西安城市基础设施建设投资集团有限公司	1757056	20666	19431778	7560551	7373976	30246
305	鹭燕医药股份有限公司	1754540	30587	999270	256013	249166	5165
306	安徽出版集团有限责任公司	1750324	13522	2499071	1032022	801112	4337
307	西安曲江文化产业投资（集团）有限公司	1742424	33592	10101103	2141637	1331874	14489
308	河北省国有资产控股运营有限公司	1733906	842	2316496	823168	737741	3196

续表

名次	企业名称	营业收入（万元）	归母净利润（万元）	资产总额（万元）	所有者权益（万元）	归母所有者权益（万元）	从业人员（人）
309	广西北部湾银行股份有限公司	1733341	202055	36053184	2350810	2328819	4074
310	四川邦泰投资有限责任公司	1716251	144472	3125978	385587	290280	5800
311	湖南永通集团有限公司	1716001	23958	856384	402329	390259	4811
312	四川特驱农牧科技集团有限公司	1713946	21003	484415	198851	139531	2680
313	广西柳药集团股份有限公司	1713482	56382	1587475	580627	546009	4751
314	湖南博深实业集团有限公司	1692297	53636	825596	954896	614305	1133
315	厦门夏商集团有限公司	1685442	36830	1693541	478123	458174	5991
316	福建纵腾网络有限公司	1682561	34466	470728	227340	217042	4587
317	深圳市九立供应链股份有限公司	1682454	6021	416702	27482	27482	205
318	浙江省农村发展集团有限公司	1680896	18131	1802756	407992	190482	2360
319	大参林药业集团股份有限公司	1675933	85560	1733568	593588	547858	32337
320	软通动力信息技术（集团）股份有限公司	1662321	94478	1052312	502580	507841	90000
321	安徽新华发行（集团）控股有限公司	1649730	29096	3584585	1386204	942707	6561
322	日出实业集团有限公司	1641484	8792	273777	39896	39334	266
323	广州无线电集团有限公司	1639085	58379	4941584	2821264	1073869	51401
324	天津农村商业银行股份有限公司	1630512	253015	37275380	3012893	3012893	5633
325	三七互娱网络科技集团股份有限公司	1621649	287557	1443718	1085733	1077371	3996
326	现代投资股份有限公司	1609893	62405	5702939	1259743	1082102	3766
327	一柏集团有限公司	1595117	209	21243	20232	20232	32
328	深圳市华富洋供应链有限公司	1591335	14250	1405522	98305	98305	222

续表

名次	企业名称	营业收入（万元）	归母净利润（万元）	资产总额（万元）	所有者权益（万元）	归母所有者权益（万元）	从业人员（人）
329	吉旗物联科技（天津）有限公司	1580274	-7984	246471	-2920	-2920	56
330	武汉农村商业银行股份有限公司	1572035	106248	37275790	2505728	2325500	7727
331	老百姓大药房连锁股份有限公司	1569566	66924	1695809	477889	435758	29164
332	徐州东方物流集团有限公司	1568931	36371	389315	154515	154515	1178
333	内蒙古公路交通投资发展有限公司	1560215	-6746	22344820	7903349	7844246	9932
334	欧龙汽车贸易集团有限公司	1560052	60752	553158	304187	276088	3087
335	芒果超媒股份有限公司	1535586	211409	2611075	1699716	1696640	4010
336	益丰大药房连锁股份有限公司	1532631	88788	1705204	786455	748131	33749
337	苏州裕景泰控股有限公司	1523180	26943	316131	49567	49567	115
338	青岛军民融合发展集团有限公司	1521006	35473	6563162	2040102	1848869	1664
339	江苏省煤炭运销有限公司	1504439	3538	140542	38712	38712	45
340	深圳市博科供应链管理有限公司	1500527	140	141779	7262	7262	150
341	爱尔眼科医院集团股份有限公司	1500081	232334	2184901	1130974	1130974	26970
342	广东乐居商贸集团有限公司	1497243	8399	503130	18192	18192	162
343	山东新天保智慧供应链有限公司	1497054	-2179	119063	22307	22253	192
344	成都建国汽车贸易有限公司	1490147	46939	794483	311288	286955	8154
345	金帝联合控股集团有限公司	1479371	9568	1305786	396026	333901	652
346	黑龙江倍丰农业生产资料集团有限公司	1453244	4995	2116373	211713	197678	1520

续表

名次	企业名称	营业收入（万元）	归母净利润（万元）	资产总额（万元）	所有者权益（万元）	归母所有者权益（万元）	从业人员（人）
347	四川众心乐旅游资源开发有限公司	1444427	7484	763106	109729	106352	1738
348	广州酷狗计算机科技有限公司	1421191	12914	1162923	726479	726479	125
349	杭州联华华商集团有限公司	1408695	23113	1439364	59943	57635	12371
350	厦门恒兴集团有限公司	1402383	7972	1631557	848227	686435	2120
351	玖隆钢铁物流有限公司	1399587	8733	524572	159531	157083	280
352	四川华油集团有限责任公司	1396534	41052	1046601	523854	355093	3364
353	浙江世纪华通集团股份有限公司	1392901	232671	4064256	3215382	3108229	7330
354	万友汽车投资有限公司	1390580	2797	682563	121760	111908	6136
355	安徽华源医药集团股份有限公司	1384754	11344	1110413	326888	224953	9150
356	广东鸿粤汽车销售集团有限公司	1370882	26256	604637	100382	69062	2847
357	安徽灵通集团控股有限公司	1363132	4869	139468	52363	34922	181
358	佛燃能源集团股份有限公司	1353118	59474	1393699	559501	445961	2199
359	湖南兰天集团有限公司	1352616	5552	281187	89142	89142	3026
360	浙江出版联合集团有限公司	1352331	135235	2974878	2043833	1810474	7349
361	广州港集团有限公司	1348378	163496	5088898	2509718	1827529	12119
362	广州地铁集团有限公司	1345938	26529	52693511	26477590	26147401	29893
363	郑州公用事业投资发展集团有限公司	1341601	68984	7349442	1945250	1544659	7332
364	汇金钢铁（天津）集团有限公司	1338405	-13672	123874	22789	22789	230
365	中国（福建）对外贸易中心集团有限责任公司	1337471	5387	885315	392437	385741	780
366	邦芒服务外包有限公司	1332796	975	116214	6699	6118	1610

续表

名次	企业名称	营业收入（万元）	归母净利润（万元）	资产总额（万元）	所有者权益（万元）	归母所有者权益（万元）	从业人员（人）
367	杭州市商贸旅游集团有限公司	1329735	100241	3359948	1461028	1126146	17659
368	黑龙江省农业投资集团有限公司	1315732	4038	1698472	141457	98110	1550
369	中泰证券股份有限公司	1314967	320001	20468976	3715977	3578992	8059
370	东莞农村商业银行股份有限公司	1311769	558970	59336109	4998211	4737863	8014
371	东方财富信息股份有限公司	1309432	855293	18502025	4404024	4404024	5696
372	居然之家新零售集团股份有限公司	1307104	232504	5621038	2024244	1919798	11845
373	湖北港口集团有限公司	1297230	3963	4969029	1497406	1265131	9488
374	福建省旅游发展集团有限公司	1288613	6442	1067027	379962	315331	3177
375	深圳市英捷迅实业发展有限公司	1287238	4665	111586	26444	26444	139
376	广州元亨能源有限公司	1286128	3259	849205	210500	210500	29
377	天晖（河北）供应链管理集团有限公司	1284688	457	118539	8132	8132	275
378	广州岭南商旅投资集团有限公司	1268412	68858	3215489	1720872	1332818	15633
379	安克创新科技股份有限公司	1257420	98173	847423	614211	604942	3532
380	厦门市嘉晟对外贸易有限公司	1257006	2741	572125	71687	69111	180
381	绿城物业服务集团有限公司	1256613	84627	1437475	737026	701931	37639
382	甘肃国通大宗商品供应链管理股份有限公司	1252375	50	111886	17476	17476	80
383	上海环世物流（集团）有限公司	1244342	75676	380965	95197	94898	1200
384	中创物流股份有限公司	1241383	20789	389976	220380	208502	1402
385	安徽天星医药集团有限公司	1240010	19967	796536	92738	82284	1199

续表

名次	企业名称	营业收入（万元）	归母净利润（万元）	资产总额（万元）	所有者权益（万元）	归母所有者权益（万元）	从业人员（人）
386	宁波港东南物流集团有限公司	1237525	10095	163766	20149	18012	1100
387	海程邦达供应链管理股份有限公司	1191308	47898	429993	241186	211706	2411
388	无锡市市政公用产业集团有限公司	1189416	29204	4101843	1580573	1388144	10587
389	渤海人寿保险股份有限公司	1188510	-4955	5008207	875930	875930	346
390	上海临港经济发展（集团）有限公司	1185137	190717	15697422	5571745	2812254	3355
391	华茂集团股份有限公司	1184452	86000	1922229	1005872	984779	3070
392	上海春秋国际旅行社（集团）有限公司	1159514	-10042	3973011	1287512	665427	10788
393	绿滋肴控股集团有限公司	1159154	68003	577210	401946	327835	10312
394	重庆三峡银行股份有限公司	1158174	149735	24036550	2042529	2042529	2168
395	天津捷通达汽车投资集团有限公司	1157341	11329	437379	112014	78625	4712
396	宁波滕头集团有限公司	1156790	35498	568196	357255	138651	8920
397	广州交通投资集团有限公司	1153417	38016	13699035	4572363	3799051	7232
398	厦门鑫东森控股有限公司	1152518	3648	350604	76851	76840	3280
399	仕邦控股有限公司	1138125	576	57723	5910	2675	506
400	深圳乐信控股有限公司	1138052	233392	2102619	802761	806780	3896
401	广东澳康达二手车经销有限公司	1137958	98346	921881	424443	424443	1300
402	福建漳州城投集团有限公司	1136117	28558	4892489	1531691	1453620	19398
403	中南出版传媒集团股份有限公司	1133144	151539	2406156	1528578	1440049	12695
404	嘉悦物产集团有限公司	1133047	15853	174703	40931	39810	103

续表

名次	企业名称	营业收入（万元）	归母净利润（万元）	资产总额（万元）	所有者权益（万元）	归母所有者权益（万元）	从业人员（人）
405	四川新华出版发行集团有限公司	1121179	69416	2289001	1384779	891385	8640
406	福州锦泽石化有限公司	1108618	14130	219934	81870	81870	88
407	吉林银行股份有限公司	1108494	198099	48833473	3868171	3806371	9788
408	厦门火炬集团有限公司	1088554	30247	2388844	993345	991706	842
409	鑫荣懋果业科技集团股份有限公司	1083546	27842	509517	259155	249031	3900
410	广西自贸区钦州港片区开发投资集团有限责任公司	1075204	316	860259	260899	257231	523
411	湖北文化旅游集团有限公司	1066121	50857	6528770	2097074	1414477	8582
412	厦门市明穗粮油贸易有限公司	1062011	14252	402425	49272	49272	62
413	广州纺织工贸企业集团有限公司	1061986	5402	568372	273908	267435	1642
414	南京红太阳跨境供应链有限公司	1057436	-60	11997	3690	3690	12
415	厦门经济特区房地产开发集团有限公司	1056231	22862	3892953	808715	709712	10235
416	宁波海田控股集团有限公司	1042445	3619	416498	12181	12181	235
417	浙江凯喜雅国际股份有限公司	1042359	2624	623357	176725	91712	5600
418	国任财产保险股份有限公司	1037320	7485	1636907	439759	439759	2077
419	广西农村投资集团有限公司	1034402	-30912	3534059	556026	507058	13494
420	四川盛世元亨国际贸易有限公司	1033951	852	94789	3022	3022	23
421	青海省物产集团有限公司	1029500	8011	475960	162243	107877	1234
422	广东南海农村商业银行股份有限公司	1025980	304329	24857247	2331383	2331383	3469
423	安徽省众城集团	1023620	28754	895400	114579	91599	881

续表

名次	企业名称	营业收入（万元）	归母净利润（万元）	资产总额（万元）	所有者权益（万元）	归母所有者权益（万元）	从业人员（人）
424	广州市水务投资集团有限公司	1016566	16546	6384059	2799108	2797305	12970
425	无锡城建发展集团有限公司	1014217	70879	21543601	7813701	5389916	1167
426	深圳市深粮控股股份有限公司	1013956	42872	766962	469691	463029	1278
427	湖北银丰实业集团有限责任公司	1004560	4513	982324	271766	242553	1032
428	天津水务集团有限公司	1002536	-11543	5422720	1241851	1041332	6389
429	四川德康农牧食品集团股份有限公司	990433	21745	1637702	530280	518176	8127
430	湖南佳惠百货有限责任公司	983701	15059	275107	134601	134601	15780
431	江苏易汇聚软件科技有限公司	976611	1193	61098	1936	1665	71
432	福建省人力资源服务有限公司	964092	2190	78294	13019	12398	279
433	盐城市国有资产投资集团有限公司	962090	24479	6589559	2084597	1649550	3435
434	天津滨海农村商业银行股份有限公司	960978	36669	20887528	1243809	1243809	2499
435	河南中钢网科技集团股份有限公司	936987	1908	75887	16880	16880	371
436	浙江绍兴苏泊尔家居用品有限公司	934196	14319	282117	6849	6849	267
437	良品铺子股份有限公司	932361	28153	542979	215413	214565	12145
438	石家庄北国人百集团有限责任公司	929285	31664	1233618	398082	275190	15066
439	龙岩文旅汇金发展集团有限公司	928908	20401	2470278	1204351	1072350	953
440	广州南方投资集团有限公司	928438	44186	1277149	191922	128423	7181
441	卓正控股集团有限公司	927011	44596	853370	514433	445956	1650
442	厦门金圆投资集团有限公司	922931	103476	5951575	3192515	2835844	1215

续表

名次	企业名称	营业收入（万元）	归母净利润（万元）	资产总额（万元）	所有者权益（万元）	归母所有者权益（万元）	从业人员（人）
443	江苏嘉奕和铜业科技发展有限公司	920121	14	187807	-2532	-2532	13
444	河南蓝天集团股份有限公司	918968	29111	1121153	366065	228081	1923
445	山西美特好连锁超市股份有限公司	909771	119	471467	59915		4272
446	东营道阳石油贸易有限公司	907895	594	284608	3059	3059	7
447	东方明珠新媒体股份有限公司	906918	186031	4368082	3543221	3004756	7565
448	孩子王儿童用品股份有限公司	904888	20122	812626	284823	284823	13996
449	长江设计集团有限公司	890882	16996	769429	270734	235727	2978
450	福建省华荣建设集团有限公司	889594	12112	101867	75727	75727	1260
451	蓝池集团有限公司	883960	8376	461128	252567	252567	3768
452	南宁威宁投资集团有限责任公司	870617	8932	4570291	1850286	1730362	4529
453	浙江华瑞集团有限公司	868093	13618	625881	289623	289623	596
454	无锡农村商业银行股份有限公司	867178	158004	20176986	1592416	1579516	1612
455	方正证券股份有限公司	862120	182228	17261288	4214393	4135804	8115
456	福建三木集团股份有限公司	860048	2553	993167	194141	141950	570
457	无锡安井食品营销有限公司	859163	5114	264916	41176	41176	4047
458	柳州银行股份有限公司	857951	64635	17412814	1481718	1448205	3381
459	高金富恒集团有限公司	840408	40946	1232949	662890	188910	7184
460	长春欧亚集团股份有限公司	835200	2830	2202569	454512	259911	10842
461	上海天地汇供应链科技有限公司	830057	-16718	149019	-3483	-1366	745
462	山西大昌汽车集团有限公司	830007	7568	304613	216661	216661	3054
463	海越能源集团股份有限公司	828195	7651	424289	340297	321580	524

续表

名次	企业名称	营业收入（万元）	归母净利润（万元）	资产总额（万元）	所有者权益（万元）	归母所有者权益（万元）	从业人员（人）
464	江苏张家港农村商业银行股份有限公司	827527	130385	16457872	1456585	1441730	2282
465	新大陆科技集团有限公司	826479	28491	1276912	686476	216372	7311
466	广西云星集团有限公司	815075	52320	1933448	882924	882924	2760
467	广州开发区控股集团有限公司	811368	36474	12169255	4512261	2477630	4798
468	浙北大厦集团有限公司	807529	5536	595817	185400	184119	9335
469	无锡市宝金石油化工有限公司	802656	1728	150189	16212	15442	58
470	上海龙宇燃油股份有限公司	797576	-14910	425388	360015	355669	148
471	东莞市水务集团有限公司	795558	73807	5348939	1830356	1828426	3790
472	江阴达赛贸易有限公司	790682	-79	109579	449	449	17
473	江苏采木工业互联网科技有限公司	783854	2855	39716	5359	4830	255
474	欧菲斯集团股份有限公司	778968	15055	321741	76613	76613	2415
475	重庆国际信托股份有限公司	774165	205189	26788269	4361857	2829320	193
476	江苏新三中国际贸易有限公司	773393	6589	53763	53618	53618	4
477	唐山港口实业集团有限公司	772432	25576	4361702	2596644	1246620	5208
478	重庆百事达汽车有限公司	771820	3327	200818	55649	47290	1808
479	浙江东海长城石化股份有限公司	767156	6164	103549	54113	54113	105
480	万马联合控股集团有限公司	765317	14195	628823	193886	175844	387
481	新疆农资（集团）有限责任公司	764829	868	734855	152520	117638	873
482	绍兴银行股份有限公司	759522	118021	18480160	1177839	1171278	2500
483	江阴市凯竹贸易有限公司	758638	-112	178125	50	50	18
484	合肥城建发展股份有限公司	755730	87692	2255733	711006	615972	571

续表

名次	企业名称	营业收入（万元）	归母净利润（万元）	资产总额（万元）	所有者权益（万元）	归母所有者权益（万元）	从业人员（人）
485	广东省中山丝绸进出口集团有限公司	751898	3502	272362	51994	50926	257
486	中原大易科技有限公司	746561	504	145580	40764	40764	307
487	江阴宝靖有色金属材料有限公司	741747	20	80779	119	119	13
488	宝裕发展有限公司	737976	8118	323892	19431	19431	48
489	深圳市酷动数码有限公司	736443	9154	129340	33986	33986	1189
490	福建发展集团有限公司	732553	10381	54160	49368	49368	19947
491	张家港银贝贸易有限公司	731963	11620	73493	−5699	−5699	8
492	厦门安居控股集团有限公司	714437	65771	3874815	886271	780157	4131
493	天津拾起卖科技集团有限公司	707099	−13011	44834	8556	9001	364
494	青岛百洋医药股份有限公司	705157	42281	459803	217381	215634	2396
495	福建网龙计算机网络信息技术有限公司	703550	106206	1088484	707461	731440	4834
496	宁波宁兴控股股份有限公司	701077	1247	401903	37379	37379	2200
497	株洲市城市建设发展集团有限公司	699198	36168	13174099	4783266	3973806	1743
498	江苏锡鹿国际贸易有限公司	698209	229	3916	1474	1474	9
499	广州南菱汽车股份有限公司	693012	3939	293921	59729	60304	2768
500	齐商银行股份有限公司	690918	63856	19147418	1646065	1602402	3240

第四节　2022《财富》世界500强企业数据

排名	企业名称	国家/地区	营业收入（百万美元）	净利润（百万美元）
1	沃尔玛	美国	572754	13673
2	亚马逊	美国	469822	33364

续表

排名	企业名称	国家/地区	营业收入（百万美元）	净利润（百万美元）
3	国家电网有限公司	中国	460617	7138
4	中国石油天然气集团有限公司	中国	411693	9638
5	中国石油化工集团有限公司	中国	401314	8316
6	沙特阿美公司	沙特阿拉伯	400399	105369
7	苹果公司	美国	365817	94680
8	大众公司	德国	295820	18187
9	中国建筑集团有限公司	中国	293712	4444
10	CVS Health 公司	美国	292111	7910
11	联合健康集团	美国	287597	17285
12	埃克森美孚	美国	285640	23040
13	丰田汽车公司	日本	279338	25371
14	伯克希尔-哈撒韦公司	美国	276094	89795
15	壳牌公司	英国	272657	20101
16	麦克森公司	美国	263966	1114
17	Alphabet 公司	美国	257637	76033
18	三星电子	韩国	244335	34294
19	托克集团	新加坡	231308	3100
20	鸿海精密工业股份有限公司	中国台湾	214619	4988
21	美源伯根公司	美国	213989	1540
22	中国工商银行股份有限公司	中国	209000	54003
23	嘉能可	瑞士	203751	4974
24	中国建设银行股份有限公司	中国	200434	46899
25	中国平安保险	中国	199629	15754
26	开市客	美国	195929	5007

续表

排名	企业名称	国家/地区	营业收入（百万美元）	净利润（百万美元）
27	道达尔能源公司	法国	184634	16032
28	中国农业银行股份有限公司	中国	181412	37391
29	Stellantis 集团	荷兰	176663	16789
30	信诺	美国	174078	5365
31	中国中化控股有限责任公司	中国	172260	-198
32	美国电话电报公司	美国	168864	20081
33	微软	美国	168088	61271
34	中国铁路工程集团有限公司	中国	166452	1853
35	英国石油公司	英国	164195	7565
36	嘉德诺	美国	162467	611
37	雪佛龙	美国	162465	15625
38	梅赛德斯-奔驰集团	德国	158306	27201
39	中国铁道建筑集团有限公司	中国	158203	1704
40	中国人寿保险	中国	157095	3087
41	三菱商事株式会社	日本	153690	8346
42	中国银行股份有限公司	中国	152409	33573
43	家得宝	美国	151157	16433
44	中国宝武钢铁集团有限公司	中国	150730	2995
45	沃博联	美国	148579	2542
46	京东集团股份有限公司	中国	147526	-552
47	安联保险集团	德国	144517	7815
48	安盛	法国	144447	8624
49	马拉松原油公司	美国	141032	9738
50	Elevance Health 公司	美国	138639	6104

续表

排名	企业名称	国家/地区	营业收入（百万美元）	净利润（百万美元）
51	克罗格	美国	137888	1655
52	俄罗斯天然气工业股份公司	俄罗斯	137732	28405
53	福特汽车公司	美国	136341	17937
54	威瑞森电信	美国	133613	22065
55	阿里巴巴集团控股有限公司	中国	132936	9701
56	富腾公司	芬兰	132894	874
57	中国移动通信集团有限公司	中国	131913	14629
58	中国五矿集团有限公司	中国	131800	617
59	宝马集团	德国	131522	14640
60	中国交通建设集团有限公司	中国	130664	1397
61	本田汽车	日本	129547	6294
62	德国电信	德国	128631	4937
63	摩根大通公司	美国	127202	48334
64	通用汽车公司	美国	127004	10019
65	中国海洋石油集团有限公司	中国	126920	9183
66	Centene 公司	美国	125982	1347
67	卢克石油公司	俄罗斯	125135	10496
68	上海汽车集团股份有限公司	中国	120900	3803
69	山东能源集团有限公司	中国	120012	174
70	中国华润有限公司	中国	119601	4544
71	Meta Platforms 公司	美国	117929	39370
72	意大利忠利保险公司	意大利	117155	3366
73	美国康卡斯特电信公司	美国	116385	14159
74	Phillips 66 公司	美国	114852	1317

续表

排名	企业名称	国家/地区	营业收入（百万美元）	净利润（百万美元）
75	恒力集团有限公司	中国	113536	2375
76	正威国际集团有限公司	中国	112049	2011
77	厦门建发集团有限公司	中国	111557	1114
78	日本伊藤忠商事株式会社	日本	109434	7302
79	中国第一汽车集团有限公司	中国	109405	3600
80	中国医药集团有限公司	中国	108779	12165
81	中国邮政集团有限公司	中国	108669	5983
82	瓦莱罗能源公司	美国	108332	930
83	日本电报电话公司	日本	108216	10514
84	法国农业信贷银行	法国	107695	6910
85	国家能源投资集团有限责任公司	中国	107095	5452
86	戴尔科技公司	美国	106995	5563
87	塔吉特公司	美国	106005	6946
88	三井物产株式会社	日本	104665	8143
89	中国南方电网有限责任公司	中国	104119	1304
90	意大利国家电力公司	意大利	104052	3771
91	中粮集团有限公司	中国	103087	1498
92	现代汽车	韩国	102775	4319
93	房利美	美国	101543	22176
94	日本邮政控股公司	日本	100278	4466
95	法国电力公司	法国	99861	6045
96	华为投资控股有限公司	中国	98725	17623
97	联合包裹速递服务公司	美国	97287	12890
98	印度人寿保险公司	印度	97267	554

续表

排名	企业名称	国家/地区	营业收入（百万美元）	净利润（百万美元）
99	德国邮政敦豪集团	德国	96652	5974
100	中国电力建设集团有限公司	中国	96422	679
101	美国劳氏公司	美国	96250	8442
102	中国中信集团有限公司	中国	96126	4891
103	雀巢公司	瑞士	95293	18498
104	信实工业公司	印度	93982	8151
105	美国银行	美国	93851	31978
106	厦门国贸控股集团有限公司	中国	93791	383
107	强生	美国	93775	20878
108	博世集团	德国	93106	2382
109	巴斯夫公司	德国	92929	6530
110	中国人民保险集团股份有限公司	中国	92182	3329
111	埃尼石油公司	意大利	91951	6882
112	意昂集团	德国	91463	5546
113	日立	日本	91375	5194
114	Equinor 公司	挪威	90924	8563
115	皇家阿霍德德尔海兹集团	荷兰	89386	2656
116	索尼	日本	88321	7853
117	SK 集团	韩国	88081	1722
118	俄罗斯石油公司	俄罗斯	87832	11983
119	家乐福	法国	87831	1268
120	物产中大集团股份有限公司	中国	87211	618
121	腾讯控股有限公司	中国	86836	34854
122	东风汽车集团有限公司	中国	86122	1441

第七章 中国500强企业及《财富》世界500强企业数据

续表

排名	企业名称	国家/地区	营业收入（百万美元）	净利润（百万美元）
123	法国巴黎银行	法国	85301	11218
124	ADM 公司	美国	85249	2709
125	绿地控股集团股份有限公司	中国	84454	958
126	乐购	英国	84192	2032
127	中国远洋海运集团有限公司	中国	84130	6421
128	巴西国家石油公司	巴西	83966	19875
129	联邦快递	美国	83959	5231
130	Engie 集团	法国	83622	4329
131	中国电信集团有限公司	中国	83596	1935
132	哈门那公司	美国	83064	2933
133	慕尼黑再保险集团	德国	83052	3468
134	美国富国银行	美国	82407	21548
135	州立农业保险公司	美国	82225	1281
136	中国兵器工业集团有限公司	中国	81785	1742
137	辉瑞制药有限公司	美国	81288	21979
138	碧桂园控股有限公司	中国	81091	4154
139	中国铝业集团有限公司	中国	80407	1399
140	引能仕控股株式会社	日本	80133	4781
141	花旗集团	美国	79865	21952
142	印度石油公司	印度	79542	3370
143	百事公司	美国	79474	7618
144	中国航空工业集团有限公司	中国	79332	855
145	英特尔公司	美国	79024	19868
146	西班牙国家银行	西班牙	78689	9605

续表

排名	企业名称	国家/地区	营业收入（百万美元）	净利润（百万美元）
147	Seven & I 控股公司	日本	78458	1890
148	日本永旺集团	日本	78155	58
149	汇丰银行控股公司	英国	77330	13917
150	太平洋建设集团有限公司	中国	77073	5594
151	美国邮政	美国	77041	-4930
152	招商局集团有限公司	中国	76767	8526
153	安赛乐米塔尔	卢森堡	76571	14956
154	宝洁公司	美国	76118	14306
155	交通银行股份有限公司	中国	75986	13578
156	迪奥公司	法国	75924	5848
157	丸红株式会社	日本	75743	3777
158	布鲁克菲尔德资产管理公司	加拿大	75731	3966
159	西门子	德国	75516	7362
160	厦门象屿集团有限公司	中国	75094	410
161	日产汽车	日本	74995	1919
162	北京汽车集团有限公司	中国	74687	318
163	晋能控股集团有限公司	中国	74588	-341
164	日本生命保险公司	日本	74392	3087
165	通用电气公司	美国	74196	-6520
166	墨西哥石油公司	墨西哥	73761	-14526
167	第一生命控股有限公司	日本	73082	3644
168	国际商业机器公司	美国	72344	5743
169	瑞士罗氏公司	瑞士	72054	15242
170	艾伯森公司	美国	71887	1620

续表

排名	企业名称	国家/地区	营业收入（百万美元）	净利润（百万美元）
171	联想集团有限公司	中国	71618	2030
172	丰田通商公司	日本	71465	1978
173	大都会人寿	美国	71080	6554
174	招商银行股份有限公司	中国	71064	18592
175	保德信金融集团	美国	70934	7724
176	江西铜业集团有限公司	中国	70914	465
177	泰国国家石油有限公司	泰国	70652	3389
178	万科企业股份有限公司	中国	70198	3492
179	苏黎世保险集团	瑞士	69867	5202
180	浙江荣盛控股集团有限公司	中国	69503	1171
181	中国保利集团有限公司	中国	69007	2035
182	中国太平洋保险（集团	中国	68313	4160
183	华特迪士尼公司	美国	67418	1995
184	Energy Transfer 公司	美国	67417	5470
185	洛克希德-马丁	美国	67044	6315
186	广州汽车工业集团有限公司	中国	66955	607
187	LG 电子	韩国	66862	902
188	浦项制铁控股公司	韩国	66421	5773
189	河钢集团有限公司	中国	66150	220
190	印度石油天然气公司	印度	65962	6112
191	房地美	美国	65898	12109
192	丰益国际	新加坡	65794	1890
193	松下控股公司	日本	65774	2273
194	巴西 JBS 公司	巴西	65036	3799

续表

排名	企业名称	国家/地区	营业收入（百万美元）	净利润（百万美元）
195	高盛	美国	64989	21635
196	中国建材集团有限公司	中国	64417	604
197	雷神技术公司	美国	64388	3864
198	英杰华集团	英国	64240	2704
199	山东魏桥创业集团有限公司	中国	63739	1758
200	荷兰全球保险集团	荷兰	63663	2341
201	力拓集团	英国	63495	21094
202	惠普公司	美国	63487	6503
203	英国法通保险公司	英国	62505	2819
204	波音	美国	62286	−4202
205	联合利华	英国	62006	7152
206	马士基集团	丹麦	61787	17942
207	空中客车公司	荷兰	61658	4981
208	兴业银行股份有限公司	中国	61331	12818
209	陕西煤业化工集团有限责任公司	中国	61299	597
210	中国光大集团股份公司	中国	61194	3708
211	摩根士丹利	美国	61121	15034
212	起亚公司	韩国	61050	4160
213	必和必拓集团	澳大利亚	60817	11304
214	日本制铁集团公司	日本	60612	5673
215	中国华能集团有限公司	中国	60049	682
216	马来西亚国家石油公司	马来西亚	59874	10091
217	鞍钢集团有限公司	中国	59448	1141
218	万喜集团	法国	59389	3071

续表

排名	企业名称	国家/地区	营业收入（百万美元）	净利润（百万美元）
219	邦吉公司	美国	59152	2078
220	法国兴业银行	法国	59058	6670
221	HCA 医疗保健公司	美国	58752	6956
222	英国劳埃德银行集团	英国	58476	7954
223	印尼国家石油公司	印度尼西亚	57509	2046
224	中国机械工业集团有限公司	中国	57446	458
225	台积公司	中国台湾	56837	21209
226	上海浦东发展银行股份有限公司	中国	56795	8217
227	艾伯维	美国	56197	11542
228	法国达飞海运集团	法国	55976	17894
229	浙江吉利控股集团有限公司	中国	55860	1471
230	德国联邦铁路公司	德国	55658	-1088
231	巴西淡水河谷公司	巴西	55585	22445
232	加拿大鲍尔集团	加拿大	55489	2368
233	中国电子科技集团有限公司	中国	55457	2152
234	软银集团	日本	55384	-15205
235	陶氏公司	美国	54968	6311
236	印度国家银行	印度	54643	4750
237	雷诺	法国	54639	1050
238	青山控股集团有限公司	中国	54574	2386
239	百威英博	比利时	54304	4670
240	三菱日联金融集团	日本	54087	10067
241	盛虹控股集团有限公司	中国	53948	941
242	特斯拉	美国	53823	5519

续表

排名	企业名称	国家/地区	营业收入（百万美元）	净利润（百万美元）
243	中国船舶集团有限公司	中国	53671	2611
244	Talanx 公司	德国	53420	1195
245	美的集团股份有限公司	中国	53232	4430
246	好事达	美国	53228	1599
247	沃达丰集团	英国	52932	2425
248	诺华公司	瑞士	52877	24021
249	韩国电力公司	韩国	52356	-4645
250	日本出光兴产株式会社	日本	52336	2488
251	雷普索尔公司	西班牙	52335	2955
252	圣戈班集团	法国	52212	2981
253	东京海上日动火灾保险公司	日本	52199	3743
254	拜耳集团	德国	52118	1182
255	美国国际集团	美国	52057	9388
256	德国艾德卡公司	德国	51950	415
257	陕西延长石油	中国	51813	546
258	百思买	美国	51761	2454
259	特许通讯公司	美国	51682	4654
260	国家电力投资集团有限公司	中国	51518	-185
261	西斯科公司	美国	51298	524
262	默沙东	美国	51216	13049
263	美国纽约人寿保险公司	美国	51199	277
264	浙江恒逸集团有限公司	中国	50974	178
265	卡特彼勒	美国	50971	6489
266	小米集团	中国	50898	2998

续表

排名	企业名称	国家/地区	营业收入（百万美元）	净利润（百万美元）
267	中国联合网络通信股份有限公司	中国	50828	978
268	埃森哲	爱尔兰	50533	5907
269	中国能源建设集团有限公司	中国	50345	600
270	俄罗斯联邦储蓄银行	俄罗斯	50278	16973
271	Orange 公司	法国	50275	276
272	伍尔沃斯集团	澳大利亚	50211	1548
273	中国民生银行股份有限公司	中国	50079	5330
274	思科公司	美国	49818	10591
275	美洲电信	墨西哥	49702	9490
276	路易达孚集团	荷兰	49569	697
277	宏利金融	加拿大	49315	5668
278	电装公司	日本	49099	2349
279	住友商事	日本	48916	4128
280	TJX 公司	美国	48550	3283
281	日本 KDDI 电信公司	日本	48486	5986
282	法国 BPCE 银行集团	法国	48433	4733
283	大众超级市场公司	美国	48394	4412
284	康菲石油公司	美国	48349	8079
285	美国利宝互助保险集团	美国	48200	3068
286	前进保险公司	美国	47702	3351
287	英格卡集团	荷兰	47546	1887
288	友邦保险控股有限公司	中国香港	47525	7427
289	美国全国保险公司	美国	47376	1617
290	东京电力公司	日本	47269	50

续表

排名	企业名称	国家/地区	营业收入（百万美元）	净利润（百万美元）
291	江苏沙钢集团有限公司	中国	47072	2274
292	泰森食品	美国	47049	3047
293	EXOR 集团	荷兰	47011	2030
294	葛兰素史克集团	英国	46915	6030
295	巴拉特石油公司	印度	46867	1568
296	瑞士再保险股份有限公司	瑞士	46739	1437
297	中国中煤能源集团有限公司	中国	46665	691
298	意大利联合圣保罗银行	意大利	46584	4948
299	苏商建设集团有限公司	中国	46478	1654
300	西班牙电话公司	西班牙	46439	9621
301	百时美施贵宝公司	美国	46385	6994
302	浙江省交通投资集团有限公司	中国	46382	897
303	赛诺菲	法国	46318	7358
304	Iberdrola 公司	西班牙	46246	4593
305	利安德巴塞尔工业公司	荷兰	46173	5610
306	韩华集团	韩国	46171	787
307	加拿大皇家银行	加拿大	45981	12751
308	Alimentation Couche-Tard 公司	加拿大	45760	2706
309	MS&AD 保险集团控股有限公司	日本	45685	2339
310	采埃孚	德国	45299	780
311	和硕	中国台湾	45247	736
312	德国大陆集团	德国	45163	1720
313	耐克公司	美国	44538	5727
314	法国布伊格集团	法国	44508	1330

续表

排名	企业名称	国家/地区	营业收入（百万美元）	净利润（百万美元）
315	中国兵器装备集团公司	中国	44374	737
316	费森尤斯集团	德国	44361	2150
317	仁宝电脑	中国台湾	44243	452
318	迪尔公司	美国	44024	5963
319	乔治威斯顿公司	加拿大	43925	344
320	美国运通公司	美国	43663	8060
321	上海建工集团股份有限公司	中国	43572	584
322	中国航天科技集团有限公司	中国	43420	3099
323	沃尔沃集团	瑞典	43388	3822
324	中国电子信息产业集团有限公司	中国	43118	-158
325	雅培公司	美国	43075	7071
326	中国华电集团有限公司	中国	42855	374
327	StoneX 集团	美国	42534	116
328	首钢集团有限公司	中国	42090	211
329	Plains GP Holdings 公司	美国	42078	60
330	奥地利石油天然气集团	奥地利	42038	2586
331	英美资源集团	英国	41554	8562
332	山东钢铁集团有限公司	中国	41319	852
333	伊塔乌联合银行控股公司	巴西	41175	4963
334	中国太平保险集团有限责任公司	中国	41091	473
335	法国国营铁路集团	法国	41088	1052
336	杭州钢铁集团有限公司	中国	41009	350
337	德国中央合作银行	德国	41005	2360
338	安达保险公司	瑞士	40963	8539

续表

排名	企业名称	国家/地区	营业收入（百万美元）	净利润（百万美元）
339	金川集团股份有限公司	中国	40958	965
340	法国邮政	法国	40919	2446
341	中国航天科工集团有限公司	中国	40856	2108
342	森宝利公司	英国	40832	925
343	Enterprise Products Partners 公司	美国	40807	4638
344	蒂森克虏伯	德国	40648	-137
345	瑞银集团	瑞士	40638	7457
346	泰康保险集团股份有限公司	中国	40608	3826
347	美国教师退休基金会	美国	40526	4061
348	甲骨文公司	美国	40479	13746
349	广达电脑公司	中国台湾	40440	1205
350	德意志银行	德国	40188	2898
351	三菱电机股份有限公司	日本	39852	1811
352	西班牙对外银行	西班牙	39807	5501
353	安徽海螺集团有限责任公司	中国	39700	1922
354	大和房建	日本	39520	2005
355	赛默飞世尔科技公司	美国	39211	7725
356	新希望控股集团有限公司	中国	39169	336
357	KOC 集团	土耳其	39014	1710
358	日本钢铁工程控股公司	日本	38858	2564
359	可口可乐公司	美国	38655	9771
360	广州市建筑集团有限公司	中国	38624	145
361	通用动力	美国	38469	3257
362	CHS 公司	美国	38448	554

第七章 中国 500 强企业及《财富》世界 500 强企业数据

续表

排名	企业名称	国家/地区	营业收入（百万美元）	净利润（百万美元）
363	北京建龙重工集团有限公司	中国	38357	557
364	中国核工业集团有限公司	中国	38328	1186
365	西班牙 ACS 集团	西班牙	38317	3601
366	多伦多道明银行	加拿大	38275	11367
367	欧莱雅	法国	38175	5435
368	巴登-符腾堡州能源公司	德国	38010	429
369	LG 化学公司	韩国	37830	3207
370	印度塔塔汽车公司	印度	37797	-1536
371	ELO 集团	法国	37677	407
372	深圳市投资控股有限公司	中国	37599	1649
373	SK 海力士公司	韩国	37574	8391
374	巴克莱	英国	37562	9873
375	Enbridge 公司	加拿大	37549	4937
376	国泰金融控股股份有限公司	中国台湾	37534	4995
377	日本明治安田生命保险公司	日本	37516	1618
378	意大利邮政集团	意大利	37492	1866
379	联合服务汽车协会	美国	37470	3300
380	Finatis 公司	法国	37458	-196
381	阿斯利康	英国	37417	112
382	KB 金融集团	韩国	37197	3853
383	损保控股有限公司	日本	37099	2002
384	Cenovus Energy 公司	加拿大	36979	468
385	中国中车集团有限公司	中国	36964	889
386	敬业集团有限公司	中国	36882	891

续表

排名	企业名称	国家/地区	营业收入（百万美元）	净利润（百万美元）
387	西北互助人寿保险公司	美国	36751	978
388	日本三井住友金融集团	日本	36597	6290
389	纽柯	美国	36484	6828
390	现代摩比斯公司	韩国	36442	2056
391	Exelon 公司	美国	36347	1706
392	麦格纳国际	加拿大	36242	1514
393	长江和记实业有限公司	中国香港	36134	4308
394	菲尼克斯医药公司	德国	36107	208
395	万通互惠理财公司	美国	35900	319
396	德讯集团	瑞士	35891	2223
397	怡和集团	中国香港	35862	1881
398	Raízen 公司	巴西	35858	590
399	美国诺斯洛普格拉曼公司	美国	35667	7005
400	铜陵有色金属集团控股有限公司	中国	35511	50
401	三菱化学控股	日本	35403	1577
402	3M 公司	美国	35355	5921
403	英美烟草集团	英国	35322	9353
404	日本瑞穗金融集团	日本	35279	4722
405	海尔智家股份有限公司	中国	35278	2026
406	新加坡奥兰集团	新加坡	34987	511
407	紫金矿业集团股份有限公司	中国	34898	2430
408	贺利氏控股集团	德国	34886	427
409	爱信	日本	34873	1264
410	Travelers 公司	美国	34816	3662

续表

排名	企业名称	国家/地区	营业收入（百万美元）	净利润（百万美元）
411	中国大唐集团有限公司	中国	34700	-2904
412	龙湖集团控股有限公司	中国	34630	3698
413	蜀道投资集团有限责任公司	中国	34549	428
414	中国航空油料集团有限公司	中国	34519	430
415	艾睿电子	美国	34477	1108
416	新华人寿保险股份有限公司	中国	34476	2317
417	霍尼韦尔国际公司	美国	34392	5542
418	日本三菱重工业股份有限公司	日本	34364	1011
419	Dollar General 公司	美国	34220	2399
420	施耐德电气	法国	34175	3788
421	湖南钢铁集团有限公司	中国	34061	1269
422	潞安化工集团有限公司	中国	34043	-272
423	西门子能源	德国	34036	-541
424	波兰国营石油公司	波兰	34026	2881
425	荷兰国际集团	荷兰	33851	7036
426	菲尼克斯集团控股公司	英国	33750	-1151
427	法国威立雅环境集团	法国	33706	478
428	Coop 集团	瑞士	33649	612
429	高通	美国	33566	9043
430	上海医药集团股份有限公司	中国	33459	790
431	山西焦煤集团有限责任公司	中国	33380	-427
432	CarMax 公司	美国	33197	1151
433	SAP 公司	德国	32919	6214
434	新疆中泰	中国	32890	48

续表

排名	企业名称	国家/地区	营业收入（百万美元）	净利润（百万美元）
435	塔塔钢铁	印度	32861	5391
436	比亚迪股份有限公司	中国	32758	472
437	Rajesh Exports 公司	印度	32650	135
438	Inditex 公司	西班牙	32572	3811
439	巴西布拉德斯科银行	巴西	32556	4297
440	富邦金融控股股份有限公司	中国台湾	32223	5176
441	顺丰控股股份有限公司	中国	32120	662
442	住友生命保险公司	日本	32042	406
443	第一资本金融公司	美国	32033	12390
444	佳能	日本	32005	1956
445	广西投资集团有限公司	中国	31962	79
446	富士通	日本	31930	1626
447	云南省投资控股集团有限公司	中国	31884	275
448	武田药品公司	日本	31771	2048
449	铃木汽车	日本	31765	1427
450	Migros 集团	瑞士	31658	732
451	TD Synnex 公司	美国	31614	395
452	潍柴动力股份有限公司	中国	31556	1435
453	新疆广汇实业投资	中国	31506	66
454	菲利普-莫里斯国际公司	美国	31405	9109
455	全球燃料服务公司	美国	31337	74
456	加拿大丰业银行	加拿大	31226	7651
457	森科能源公司	加拿大	31191	3286
458	山东高速集团有限公司	中国	31136	686

续表

排名	企业名称	国家/地区	营业收入(百万美元)	净利润(百万美元)
459	海亮集团有限公司	中国	31049	128
460	CRH 公司	爱尔兰	30981	2565
461	Investor 公司	瑞典	30948	26585
462	纬创集团	中国台湾	30867	375
463	林德集团	英国	30798	3826
464	三星人寿保险	韩国	30654	1284
465	巴西银行	巴西	30602	3402
466	成都兴城投资集团有限公司	中国	30553	342
467	广州医药集团有限公司	中国	30466	320
468	Performance Food Group 公司	美国	30399	41
469	上海德龙钢铁集团有限公司	中国	30343	788
470	GS 加德士	韩国	30182	919
471	Mercadona 公司	西班牙	30170	804
472	CJ 集团	韩国	30134	240
473	美敦力公司	爱尔兰	30117	3606
474	三星 C&T 公司	韩国	30109	1429
475	台湾中油股份有限公司	中国台湾	30021	-1407
476	住友电工	日本	29980	857
477	X5 零售集团	荷兰	29922	580
478	达美航空	美国	29899	280
479	美国航空集团	美国	29882	-1993
480	东芝	日本	29705	1733
481	Netflix 公司	美国	29698	5116
482	麦德龙	德国	29594	-67

续表

排名	企业名称	国家/地区	营业收入（百万美元）	净利润（百万美元）
483	派拉蒙环球公司	美国	29579	4543
484	普利司通	日本	29570	3590
485	US Foods Holding 公司	美国	29487	164
486	丹纳赫公司	美国	29453	6433
487	珠海格力电器股份有限公司	中国	29402	3576
488	霍尔希姆公司	瑞士	29362	2515
489	Medipal 控股公司	日本	29296	262
490	捷普公司	美国	29285	696
491	任仕达公司	荷兰	29127	908
492	星巴克公司	美国	29061	4199
493	Coles 集团	澳大利亚	29056	750
494	瑞士信贷	瑞士	29044	−1806
495	莱茵集团	德国	28998	853
496	DSV 公司	丹麦	28988	1782
497	瑞士 ABB 集团	瑞士	28945	4546
498	亿滋国际	美国	28720	4300
499	达能	法国	28708	2275
500	优美科公司	比利时	28650	732

 # 湖南省企业和工业经济联合会简介

湖南省企业和工业经济联合会（以下简称本会）是为适应改革需要，根据现行社会组织管理有关规定，经湖南省民政厅批准，由湖南省工业经济联合会、湖南省企业联合会、湖南省企业家协会（以下简称省"三会"）整合更名后成立，延续了省"三会"的业务范围，是服务企业和企业家，促进我省经济社会发展不可或缺的社会组织。目前，本会是少数由省委组织部批准、省委管干部担任主要负责人的社会组织之一。

本会前身为1982年3月成立的湖南省企业管理协会（2009年4月更名为湖南省企业联合会），1992年7月与新成立的湖南省工业经济协会（2000年11月更名为湖南省工业经济联合会）合署办公，2006年9月与湖南省企业家协会（成立于1985年7月）合并，实行三块牌子（即湖南省工业经济联合会、湖南省企业管理协会、湖南省企业家协会）合署办公。2009年4月召开省"三会"会员代表大会，选举产生理事会，实行"三会"合一，三个名称、一个章程、一个理事会、一个法人代表、一个秘书处。2017年7月，经省民政厅批准，由省"三会"整合成本会，并于9月26日召开本会会员代表大会。本会是由湖南省境内具有一定影响力和代表性的企业、企业家（雇主）和企业团体自愿组成的非营利性的省级联合社团组织，行业主管部门是湖南省工业和信息化厅，登记机关是湖南省民政厅，是中国工业经济联合会、中国企业联合会、中国企业家协会的团体会员，并接受其业务指导，具有独立的法人资格。

本会经过40年的发展历程，不断成长壮大，已成为涵盖全省各行各业各种所有制企业、企业家、企业团体的联合社团组织。现有会员单位370家，其中中央企业46家，省属国有企业84家，民营企业217家，各市州企业联合会（企业家协会）和省直有关行业协会23家。

本会的主要业务范围：围绕服务、维权、自律及经济社会发展等方面开展工作。开展调查研究，向政府及有关部门反映行业、企业和企业家（雇主）诉求，提出行业、企业发展的意见和建议；参与制订行业标准和行业发展规划、行业准入条件，完善行业管理，促进工业经济持续健康发展；加强对企业管理创新的理论研究和经验推广，促进企业体制创新、管理创新、技术创新，提升企业核心竞争力；加强培训、咨询、信息、资质评价、企业文化交流等多项服务功能，宣传表彰优秀企业和优秀企业家（雇主）；推进品牌发展战略，开展湖南100强企业排序与分析，推荐中国500强企业，引导企业做优做大做强；协调企业与企业、企业与社会、经营者与劳动者的关系，维护企业家（雇主）的合法权益；

探讨企业履行社会责任，展示企业履行社会责任形象，充分发挥企业履行社会责任示范带动作用；围绕规范市场秩序，健全各项自律性管理制度，制定并组织实施行业职业道德准则，大力推动行业诚信建设，建立完善行业性管理约束机制，规范会员行为，协调会员关系，维护公平竞争的市场环境。

多年来，本会在省委、省政府及各级有关部门的高度重视和大力支持下，认真履行工作职责，充分发挥了参谋助手和桥梁纽带作用，在开展湖南100强企业排序发布、湖南省优秀企业家评选表彰、湖南省企业管理现代化创新成果评审发布、和谐劳动关系创建等品牌活动，以及维护企业合法权益，加强行业自律，服务经济发展等方面做出了卓有成效的工作，得到了省委、省政府及各级有关部门的肯定，赢得了会员单位的认可和拥护。本会先后荣获民政部"全国先进民间组织"、中企联"全国企联系统先进集体"、湖南省人民政府"非公有制经济服务先进单位"、省民政厅"先进社会团体"等称号，被省民政厅评为4A级民间组织。2021年，本会党支部荣获全省两新领域标杆党组织、全省两新领域先进基层党组织、省工信厅社会组织党建标杆等三项荣誉，本会获得了全省第二批"十百千"示范社会组织称号。

本会遵守宪法、法律、法规、政策和社会道德风尚，以为行业、企业、企业家（雇主）、政府服务为宗旨，是企业、企业家（雇主）与政府之间的桥梁和纽带，是政府的参谋和助手，是企业、企业家（雇主）之家。

本会秘书处下设办公室、会员联络与培训部、企业创新工作部、企业发展促进部、雇主工作部。

本会地址：湖南省长沙市天心区新韶东路467号，邮编：410004，电话/传真：0731-82212818，邮箱：hnsqx307@163.com。

湖南省企业和工业经济联合会

公众号

后 记

今年是湖南省企业和工业经济联合会（以下简称本会）连续第20年组织开展湖南企业100强、连续第14年组织开展湖南制造业企业100强及湖南服务业企业50强排序发布活动，并编辑出版《2022湖南100强企业发展报告》。本书涉及的国民经济行业分类，按照国家质量监督检验检疫总局、中国国家标准化管理委员会颁布的《国民经济行业分类》（GB/T 4754—2017）执行。

本书除特载文稿外，各章撰稿人为：龙漪（第一章），袁凌（第二章），尹向东（第三章），熊正德（第四章），黄永忠（第五章），向璐（第六章、第七章和企业风采）。全书由袁凌和熊正德统稿，杨月华终审。本书在编写过程中，得到湖南省工业和信息化厅、中国企业联合会、《财富》杂志社、湖南大学、湖南省社科院、各市州企业联合会及相关企业的支持和帮助，谨向他们表示诚挚谢意。

本书为本会年度重点研究成果。凡引用本书研究成果及湖南企业100强、湖南制造业企业100强、湖南服务业企业50强及湖南企业200家排序数据资料，应注明"引自湖南省企业和工业经济联合会"字样，未经授权不得转载本书资料及企业排行榜名单。

2023年，本会将继续组织开展湖南100强企业的申报、排序、发布及分析研究工作，编辑出版《2023湖南100强企业发展报告》。凡自愿申报2023湖南企业100强、湖南制造业企业100强、湖南服务业企业50强的单位，请在2023年6月底以前与湖南省企业和工业经济联合会企业发展促进部联系。联系人：向璐。电话：0731-82214830（兼传真）。

本书编辑过程中如有疏漏和不尽如人意之处，恳请读者提出宝贵意见，以利今后改进。

《2022湖南100强企业发展报告》编辑部
2022年10月

企业风采

湖南省高速公路集团有限公司

中铁城建集团有限公司

湖南湘江新区发展集团有限公司

中国航发南方工业有限公司

湖南乔口建设有限公司

湖南对外建设集团有限公司

太平人寿保险有限公司湖南分公司

株洲冶炼集团股份有限公司

湖南湘威新材料科技有限公司

湖南金弘再生资源集团有限公司

楚天科技股份有限公司

湖南省高速公路集团有限公司

湖南省高速公路集团有限公司（简称湖南高速集团）是2018年9月经湖南省人民政府批复由原湖南省高速公路建设开发总公司（湖南省高速公路管理局）改制成立的省属国企，注册资本300亿元。主营业务包含高速公路投资、建设、运营、管理和高速公路沿线资源经营开发及相关服务。目前，集团总部设12个部室，下辖1个上市公司（现代投资）、1个路网中心（联网公司）、14个市州运营分公司、19个项目公司、16个产业公司，同时管理长益、岳望、德安3个运营合作公司，参股醴潭、东常2个运营公司。现有正式员工1.7万余人。

截至2022年10月，集团公司已建成投入运营高速公路70条，经营管理里程

5906公里，占全省已通车高速公路7083公里的83.4%；在建高速公路19条，总里程1451公里，总投资2186亿元；资产总额突破6300亿元，是湖南省资产规模最大的非金融类国有企业，国内信用评级始终保持AAA级。

在省委、省政府和省国资委党委的坚强领导下，集团公司勇当现代化新湖南建设的开路先锋，全面落实"三高四新"战略定位和使命任务，按照"稳进高新"工作方针，争当交通强省建设先行者，勇担"三高四新"战略主力军，正高速协同运转投资、建设、运营、产业经营"四轮驱动"，快速平稳搭建核心业务、融资平台、全产业链集聚的"三大支撑"，立足高速公路综合服务商定位，以服务区、广告文旅、工程实业、物流商贸、数字科技、资产经营服务等六大路域产业为经营格局，努力打造国内一流现代化交通综合产业集团。

为全面建设社会主义现代化新湖南贡献中铁城建力量

中铁城建集团有限公司助力湖南高质量发展纪实

中铁城建集团有限公司（以下简称"中铁城建"）是湖南省委、省政府重点引进的一家大型建筑企业集团，是全球百强企业——中国铁建股份有限公司旗下的城市建设主力军，2014年3月18日正式落户湖南长沙。集团拥有房建工程总承包特级资质和铁路、市政等各类资质60余项，现有员工6000余人，总资产300余亿元，年施工能力400亿元以上。

中铁城建集团有限公司党委书记、董事长 申景涛

落户长沙以来，中铁城建传承"逢山凿路、遇水架桥"的铁道兵精神，践行"赶超、务实、创新"的企业文化，在超高层、大体量、铁路站房、市政轨道、大型场馆、城市综合体以及综合管廊、装配式建筑等领域成绩卓著、信誉优良，在建工程遍布全国31个省市自治区和柬埔寨、科特迪瓦、塞内加尔等海外市场，逐步发展成为一家集投资、设计、施工、开发、运营等于一体的城市综合建设投资商、建造商、供应商、运营商和服务商。企业每年均超额完成上级下达的各项考核指标，主要经济技术指标年均增长率均保持在两位数，员工收入稳步增长，企业核心竞争力和品牌信誉度不断提升。

中铁城建坚持"品质建造"理念，把工匠精神融入到每一项工程建设中，先后荣获省部级以上优质工程奖200多项，国家级科技奖20余项，集团本级和旗下5家工程公司均被认定为国家高新技术企业和省级企业技术中心。尤其在湖南，中铁城建践行"强属地"战略，主动参与长沙磁浮快线、黔张常铁路、张吉怀铁路、湖南省检验检测特色产业园、湘西州文化体育会展中心、长沙圭赤河流域环境整治等多项省内重大工程和重点民生工程建设，深化全生命周期服务能力，全力分担政府与城市发展的责任，持续为区域经济发展注入强劲的内生动力。集团承建的长沙高端地下装备制造基地获鲁班奖，长沙磁浮快线榔梨站获国家优质工程奖，湘西州文化体育会展中心获中国钢结构金奖，黔张常铁路龙山北站获湖南省建设工程芙蓉奖，湖南省检验检测特色产业园、中国铁建·洋湖壹品等多项工程获湖南省优质工程奖。企业多次荣获湖南省建设行业科技创新型企业、湖南省守合同重信用企业以及全国优秀施工企业、全国用户满意施工企业等称号。

中铁城建立足湖湘大地，肩负央企责任，做尽职尽责的企业公民。集团圆满完成对口扶贫点——湖南麻阳岩落寨村的脱贫攻坚任务，主动担当湖南永州江华县的乡村振兴工作；在湘西、常德、永州等地开展"爱心细流"志愿助学活动，荣获全国志愿服务三等奖；举办铁道兵精神与"湖湘文化"融合发展论坛；积极支援长沙抗洪抢险、抗击冰雪灾害等。未来，中铁城建将深入学习贯彻党的二十大精神，围绕"打造国际一流、国内领先、基业长青的行业标杆"的战略目标，主动融入湖南"三高四新"战略定位和使命任务以及高质量发展大局，推动企业不断做强做优做大，为全面建设社会主义现代化新湖南贡献中铁城建力量。

中铁城建总部大楼

▲ 中铁城建承建的长沙高端地下装备制造基地项目获鲁班奖

▲ 中铁城建承建的长沙磁浮快线㮾梨站获国家优质工程奖

▲ 中铁城建承建的黔张常铁路龙山北站获湖南省建设工程芙蓉奖

▲ 中铁城建承建的湖南省检验检测特色产业园获湖南省优质工程奖

▲ 中铁城建承建的湘西州文化体育会展中心获中国钢结构金奖

▲ 中铁城建承建的中国铁建·洋湖壹品获湖南省优质工程奖

湘江集团党委书记、董事长　张利刚

湖南湘江新区发展集团有限公司（简称湘江集团）成立于2016年6月，公司定位为大型投资类国有企业，是湖南湘江新区基础设施建设、片区开发、现代产业体系构建、生态环境开发和治理、两型社会建设的重要载体。公司注册资本360亿元人民币，总资产超1000亿元，累计完成总投资1800余亿元，现有11个中心、12家全资一级子公司、2家控股一级子公司。

公司制定实施了以"千（亿资产）百（亿营收）十（亿净利润）"为引领的第一个五年规划，明确了第二个五年发展目标"五年倍增"计划，坚持"两型四化"长期发展战略（创新型、开放型，市场化、多元化、专业化、智能化），推动集团不断做优做强做大。2021年实现营收100亿元、利润总额9.5亿元，均实现了"五年五倍"增长，实缴财税金额8.8亿元，入围"湖南省企业税收贡献百强榜"。

近年来，湘江集团全面落实"三高四新"战略定位和使命任务以及"强省会"战略，投资额度不断迈上新台阶，营收利润不断取得新突破，实现了高质量高效益发展，在推动新区高质量发展、助力现代化新长沙建设中展现了国企担当。**一是打造产城融合新典范**。围绕"产、城、人"融合，高品质开发建设了梅溪湖国际新城、大王山旅游度假区、岳麓山国家大学科技城三大片区，积极拓展湘阴、九华新片区。梅溪湖国际新城荣膺联合国"全球人居环境奖"、首批"国家绿色生态示范城区"，梅溪湖国际文化艺术中心已成为湖南省规模最大、功能最全、国际一流、全国领先的高端文化艺术平台；大王山片区以文化旅游和科技创新为"双引擎"，实现老工业基地"华丽转身"，湘江欢乐城是国内生态修复典型案例，作为湖南首个世界级特大旅游综合体，将助推长沙打造世界级旅游目的地。**二是打造国企改革新样本**。聚焦"投资类"企业定位和国企改革要求，不遗余力推进市场化转型，重点布局了城市运营、地产、文旅、科创、金融、医疗、通航、商管等市场化业务，获得了湖南省第二块地方资产管理公司金融牌照，市场化、多元化布局基本完成。集团拥有惠誉授予的"BBB"、穆迪授予的"Baa2"国际信用评级以及中诚信国际授予的国内最高信用等级"AAA"级，国际、国内评级均为省内企业最高。**三是打造产业集聚新高地**。集团主导开发建设的湘江智能网联产业园，助力长沙成为国内唯一获得4块国家级智能网联牌照的城市。重点打造的湘江数字健康产业园已初具雏形，定位为长沙生物医药产业链"一核"，将打造健康医疗大数据融合创新高地。全力建设湘

梅溪湖国际文化艺术中心

湘江欢乐城

湘江科创基地

江科创基地，采用"基金+基地+科技成果转化"的孵化模式布局科创产业，打造一流科创服务平台。

当前，湘江集团正全力实施"五年倍增"计划，力争到2025年，资产、营业收入和净利润在现有基础上再翻一番以上，当好"三高四新"战略定位和使命任务的先行者、"强省会"战略的排头兵、湘江新区挺进"第一方阵"的主力军。

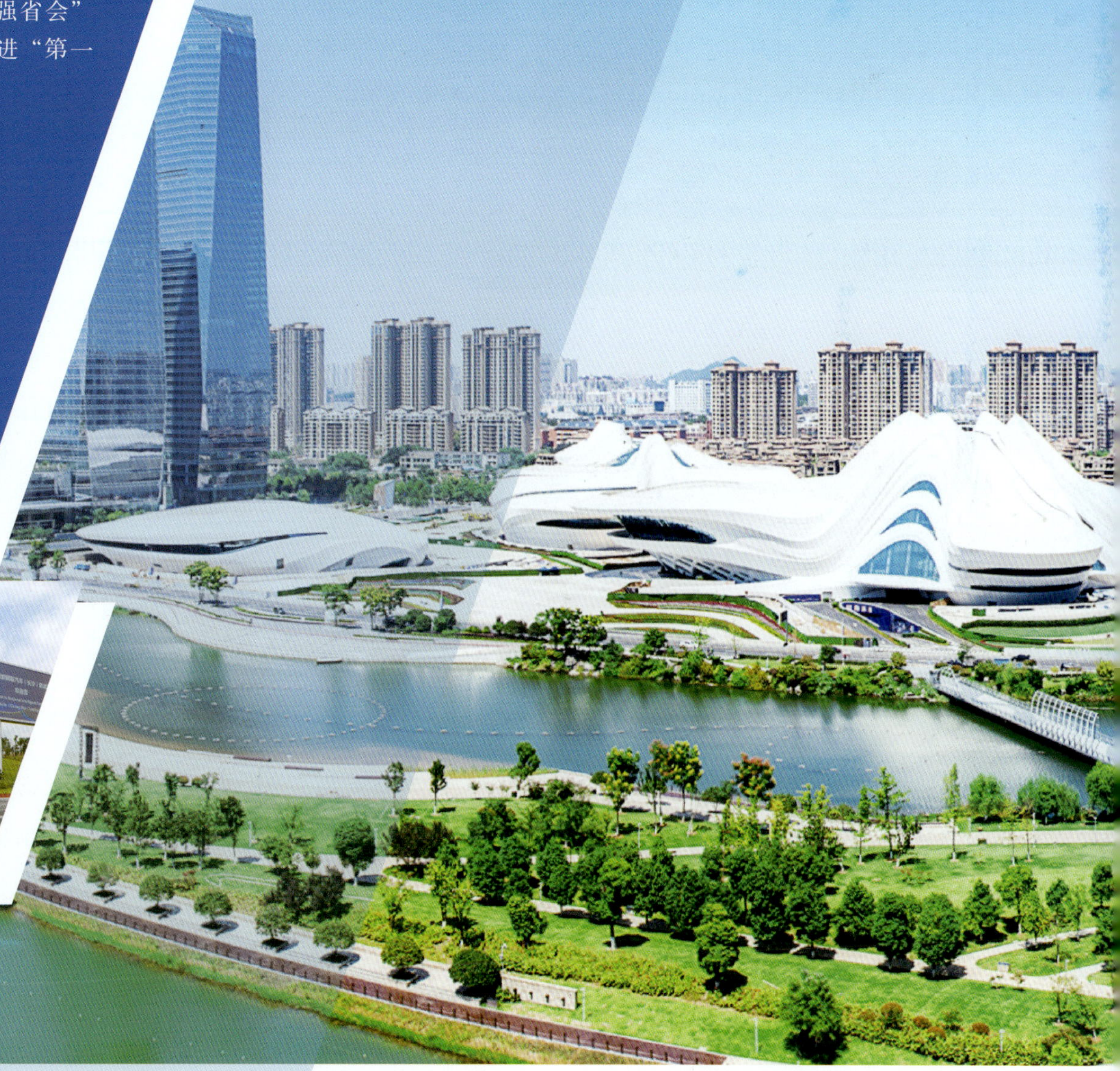

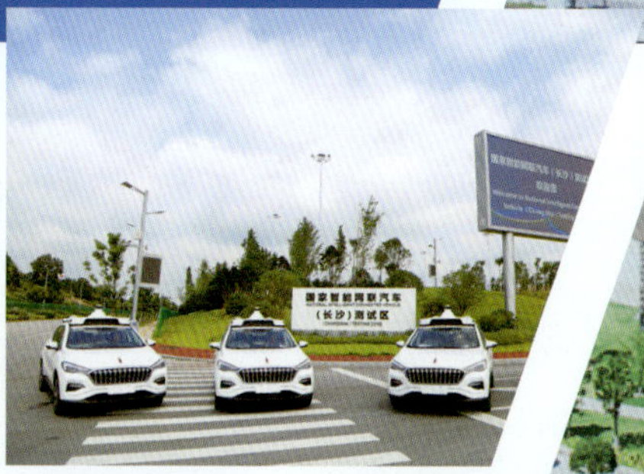

国家智能网联汽车（长沙）测试区

杨先锋　执行董事、党委书记

中国航发南方工业有限公司（简称：中国航发南方，英文全称：Aecc South Industry Company Limited，英文简称：AECC SI）成立于1951年，是国家"一五"期间156个重点建设项目之一、国家首批试点的57家企业集团之一和新中国早期六大航空企业之一，主要从事军民用航空发动机、辅助动力、燃气轮机、光机电产品的研制、生产、维修和服务。1954年8月，公司试制成功新中国第一台航空发动机，毛主席为此亲笔签署嘉勉信。此后，公司相继成功研制出我国第一枚空空导弹、第一台重型摩托车发动机、第一台地面燃气轮机、第一台涡桨发动机等产品，创造了10多个国内第一的辉煌业绩。经过70余年的发展，公司研制的活塞、涡喷、涡桨、涡轴、涡扇和辅助动力装置产品，广泛配装于各类军民用飞机、直升机、中小型发电机组等，为我国国防武器装备建设和国民经济发展作出了突出贡献。

进入新时代，公司深入贯彻落实习近平总书记对航空发动机事业的重要指示批示精神，秉持"动力强军、科技报国"的使命，坚持聚焦主业，坚持强军首责，努力做航空动力的保障者、制造强国的建设者和创新驱动发展的践行者。公司坚定不移走自主发展的产业化、市场化、国际化道路，全力发展领先的核心技术体系，致力成为世界一流的中小航空发动机供应商。

"中国的保尔"、公司第一代厂长：吴运铎像

公司办公大楼

公司正门

新区厂房

湖南乔口建设有限公司
HUNAN QIAOKOU CONSTRUCTION CO.,LTD.

- 鲁班奖　高科·总部壹号一期
- 国优奖　湘府文化公园后续建设工程
- 国优奖　长沙市望城区湘江西岸防洪保安工程潇湘北路堤防三期（杨峰路—星月路）
- 金杯奖　长沙市文源路、望府路拓改工程
- 全国安全生产标化工地　湖南大数据交易中心大楼建设工程

湖南乔口建设有限公司
HUNAN QIAOKOU CONSTRUCTION CO.,LTD.

何开宇 湖南乔口建设有限公司董事长

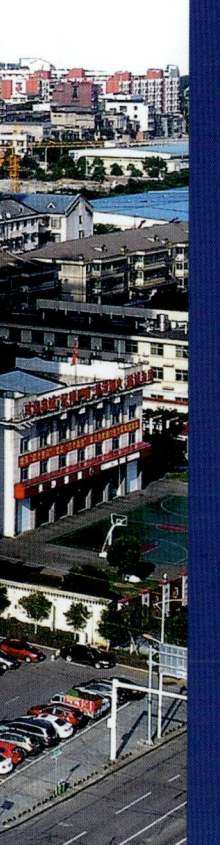

一、注册资质

湖南乔口建设有限公司始创于1965年，原为"乔口建筑公司"，2009年经改制转让，正式更名为"湖南乔口建设有限公司"，注册资金1.4亿元。匠心数载，砥砺奋进，公司现今拥有建筑工程施工总承包、市政公用工程施工总承包、建筑装修装饰工程、地基基础工程、建筑幕墙工程、古建筑工程六项壹级施工资质及水利水电工程施工、公路工程施工、机电工程施工、环保工程四项贰级资质。

二、技术力量

惟楚有才，于斯为盛。公司共有工程管理人员500余人，高级经济师20余人，一、二级建造师200余人，工程师、造价师等专业人才400余人。强大的精英团队为每个项目的质量和效果提供专业人才保证。

三、创优获奖

公司布局于房屋建筑、市政道路、水利水电、公路工程等施工领域，凭借在建筑施工领域的领先技术和雄厚经济实力，为社会打造了高科·总部壹号、东方红·麓谷星辰、湘府文化公园、湖南大数据交易中心大楼、长沙市第四医院滨水新城院区、丽景名苑、荣盛·岳麓峰景、长沙市文源路&望府路、长沙市望城区行政中心主办公楼、时代阳光大道东延线、金星大道、潇湘北路北延线、浮梁县凤凰大桥等多项优质精品工程。近六年来，荣获鲁班奖3项，国家优质工程奖5项，金杯奖1项，全国建设工程项目施工安全生产标准化工地4项，省级芙蓉奖14项，省优质工程34项。

四、企业文化

公司始终坚持"忠诚、激情、专业、创新"的企业精神，艰苦奋斗、从严治企，在社会各界赢得较高的信誉和知名度。围绕"信守承诺、优质服务、精益求精"的企业宗旨，按照市场经济发展的要求，不断对企业结构、管理体制及运行方式等进行富有成效的改革。在激烈的市场竞争中树立良好的企业形象，为企业的进一步发展奠定基础。

五、社会责任

滴水之恩，涌泉相报！公司紧紧围绕以党治企的发展目标，创新企业治理模式，以高质量党建引领企业高质量发展，积极践行企业责任，踊跃参与社会公益活动，为社会累计捐赠公益善款超2100万元。

"天行健，君子以自强不息。"乔口建设未来将继续践行"以质量求生存、以管理求效益、以信誉求发展"的发展理念，在"十四五"规划的关键之年和中共二十大召开的新历史起点上，坚定不移地朝着打造具有全国竞争力的综合性建设企业砥砺前行！

湖南对外建设集团有限公司
HUNAN FOREIGN CONSTRUCTION GROUP CO.,LTD

"投资、建设、运营"
为一体的大型建筑综合服务商

湖南对外建设集团有限公司（原湖南省建设厅直属湖南对外建设总公司）始建于1992年，系湖南省建委国有独资企业。2002年国有企业混合改制，并更名为湖南对外建设有限公司。改制后的湖南对外建设有限公司遵循市场经济规律，解放思想，实事求是，大胆进行企业制度创新、公司治理结构创新，使企业在改革浪潮中蓬勃发展，并于2012年组建企业集团，公司名称变更为湖南对外建设集团有限公司，注册资本为壹亿元整，是一家历经30年风雨，集"投资、建设、运营"为一体的大型建筑综合服务商。

连云港徐圩新区第二水厂及配套管网二期工程厂区施工总承包项目
荣获"连云港市2021年度下半年建筑施工标准化文明示范工地"称号

湖南对外建设集团有限公司下辖多个子公司，拥有建筑工程施工、公路工程施工、市政公用工程施工总承包壹级资质，建筑机电安装二级资质、建筑幕墙二级资质、古建筑二级资质，同时还兼有钢结构工程、特种工程（结构补强）、城市及道路照明工程等资质，并通过质量管理体系、环境管理体系、职业健康安全管理体系认证。拥有常年平均从业人员近万余人，其中各类专业技术人员500多人，中、高级职称300余人，全国注册建造师80多人，施工项目经理90多人。

杭绍台高速镜湖互通连接线工程项目
杭州亚运会配套项目，为长三角城市群连起通途

近年来，公司承建的代表性房屋建筑工程项目有湘潭市三和医药商业广场、永州电信综合楼项目；市政公用工程项目有连云港徐圩新区第二水厂及配套管网二期工程厂区施工总承包项目、重庆海尔路改扩建工程、杭绍台高速镜湖互通连接线工程项目；公路桥梁工程项目有张家界至花垣高速公路、汕头市濠江区濠江一桥；园林绿化工程项目有湖南省新省政府机关大院园林绿化工程、张家界紫舞公园；园林古建筑工程项目有惠州市合江楼建设工程、明中都皇故城遗址公园；装饰工程项目有广州番禺宾馆、上海国际保龄球馆。所承建项目一次性竣工验收合格率均为100%，从未发生任何重大质量安全事故，且施工合同履约率一直保持100%。荣获"湖南省建筑工程芙蓉奖""芙蓉区产业发展台阶奖""市政金杯示范工程""湖南省建筑行业20强企业""长沙市建筑施工企业AAA信用评价""湖南省守合同重信用企业""上海市建设工程白玉兰奖"及广东省建筑业最高奖项"金匠奖"等荣誉。

明中都皇故城遗址公园

汕头市濠江区濠江一桥

重庆海尔路改扩建工程

公司以"创一流企业，造精品工程"为企业宗旨，以"专业、诚信、协作、创新"为企业精神奋力前行，立足开展高精尖特新工程"产学研"攻关，朝着实现"百亿外建，百年企业"的宏伟目标迈进，为建设现代化新湖南、实现中国梦作出新的更大贡献！

太平人寿保险有限公司湖南分公司

至臻定制，品鉴尊贵
太平1929家族办公室

中国太平于1929年在上海创立，是我国历史上持续经营最为悠久的民族保险品牌，已连续五年入选《财富》世界500强。太平人寿保险有限公司湖南分公司是湖南省中大型寿险企业之一，自2007年6月成立以来，先后获得保险业"优质服务窗口"、"湖南100强企业"、"湖南金融科技力量"等荣誉，获得外部单位及客户的一致好评。

太平人寿顺应时代发展趋势，发挥中国太平国际化和全牌照优势，于2021年推出"太平1929家族办公室"，通过整合跨境资源，为高端客户提供覆盖资产管理、养老服务、医疗健康的一揽子方案，为高净值家庭提供专属化、定制化、管家式服务，致力于成为客户美好生活的守护者。

太平1929家族办公室在VIP客户基础增值服务的基础上，搭建财富传承、精致生活、精英教育、家族家风四大支撑体系，获得了市场和客户的高度认可。2022年10月，经由惠裕全球家族智库"家族办公室服务能力六大标准"认定，荣获"中国家族办公室（保险业）2022年度创新金奖"，成为保险业家族办公室行业标杆。

株洲冶炼集团股份有限公司

有色锌航母
扬帆再启航

株洲冶炼集团股份有限公司主要生产锌及其合金，综合回收银、铟等稀贵金属和硫酸；锌产品年产能68万吨，综合回收硫酸60万吨、铟60吨。公司"火炬"牌锌锭在伦敦金属交易所和上海期货交易所认证注册，"火炬"牌商标为"中国驰名商标"，多次荣获"全国用户满意企业"称号。

公司深入践行习近平生态文明思想，积极响应国家老工业基地搬迁改造号召，在"十三五"期间全面完成"转移转型，绿色升级"，在湖南衡阳常宁市完成30万吨锌产能转移项目建设，与中国五矿铜铅锌产业基地项目融为一体。公司转移转型项目建设和达产达标创造多项新纪录，先后被新华社、中央电视台焦点访谈誉为"央企绿色发展的典范"。

公司30万吨锌冶炼项目瞄准"绿色智能高效"的目标，按照国内最严格的环保标准进行设计，采用世界最大的152平方米焙烧炉、世界最大的单系列30万吨浸出和OTC溶液深度净化系统、行业最大的富氧挥发回转窑等一系列新技术。锌加工成本等关键经济技术指标处于行业领先水平，并致力于打造成为"中国第一，世界一流"锌行业标杆。当前公司拥有湖南株冶有色金属有限公司、湖南株冶火炬新材料有限公司、深圳锂科合金有限公司、天津金火炬合金材料制造有限公司四大生产基地。2021年，公司完成锌产品产销量67.88万吨，营业收入164.21亿元，利润完成目标，创近十余年最好业绩。公司凭借单位产品能耗893.61千克标准煤/吨入选工信部重点用能行业能效"领跑者"。

株冶集团总部大楼

株冶有色152平方米焙烧炉

株冶有色厂区俯视

株冶有色生产主控室

湖南湘威新材料科技有限公司

AMER 正威
——世界 500 强——

湖南郴州正威新材料科技城项目全景

湘威工厂外貌

湖南湘威新材料科技有限公司成立于 2019 年 12 月 13 日，注册资金 20 亿元，是世界 500 强正威国际集团(2022 年以 7500 亿元营收排名第 76 位)在湖南铜材市场的重要布局。主要从事新材料技术推广服务；金属新材料、非金属新材料的研发、生产加工及销售；各类电线电缆生产加工及销售等。公司通过了 ISO 质量管理体系认证和环境管理体系认证，正威铜基新材料项目列入湖南省十大产业项目，2019—2022 年连续被评为省、市重点建设项目，2021 年被评为郴州市"双优项目"。现为湖南省制造强省支持项目、"三高四新"战略产业项目、郴州市建设国家可持续发展创新议程示范区重点项目。

湖南郴州正威新材料科技城项目总投资 106 亿元，占地约 1000 亩。主要建设年产 25 万吨低氧光亮铜杆、10 万吨精密铜线、电力装备系列产品、柔性覆铜板、电子铜箔、特种线缆、高导新材料、正威新材料绿色创新研究院、铜新材料智慧园区等项目。项目全部建成达产后，预计每年可实现年销售收入 500 亿元，并带动相关配套产业的发展，进一步壮大湖南新材料产业和现代服务业，推动郴州乃至全省产业优化升级，构建新型可持续发展生态体系。一期主要是电力装备基础材料，即年产 25 万吨低氧光亮铜杆、10 万吨精密铜线、精密控制线缆、电线电缆等；二期主要是电力装备产品，即高导新材、特种电缆、军用电线电缆、智能配电柜、智能变压器等电子装备全系列产品、太阳能组件、正威新材料绿色创新研究院等；三期主要是电力装备产品精密元器件，即高精密电子铜箔、覆铜板、精密连接器、高性能合金铜、高分子改性材料、5G 通信基站连接器等。

精密铜线产品

生产设备

湖南金弘再生资源集团有限公司 简介

集团董事长、总裁 李铁祥先生

冷水江金大路环保科技有限公司

怀化金弘再生资源有限公司

湘潭金弘再生资源有限公司

娄底金弘再生资源有限公司

韶山金弘再生资源有限公司

　　湖南金弘再生资源集团有限公司（以下简称金弘集团）是湖南海弘物流集团有限公司（以下简称海弘集团）的全资子公司，主营废钢回收、加工、配送业务，目前在湘潭、娄底、怀化共有6家废钢铁加工配送基地。

　　2021年，金弘集团实现营业收入63亿元，纳税6.05亿元，是湖南省首家税收过5亿元的金属资源综合循环利用企业，营业收入和税收均居全省同行业第一。金弘集团在2022湖南企业100强排行榜中位列第82位，以其为主要税收贡献来源的母公司海弘集团在2021年度湖南省企业税收贡献百强榜单中位列第54位，金弘集团下属两家子公司被列入湖南省上市后备企业资源库名单。金弘集团同时也是全国目前唯一拥有6块国家工信部废钢铁加工行业准入资质的民营企业。

坚持绿色低碳发展：
　　金弘集团以资源的高效利用和循环利用为核心，以"低消耗、低排放、高效率"为基本特征，坚持可持续发展理念的经济增长模式，大力发展循环经济，促进资源永续利用。
　　金弘集团目前年供180万吨废钢，每年可为国家节约标准煤57.393万吨，减少二氧化碳排放149.2218万吨，为我国节能减碳，实现碳达峰、碳中和作出了巨大贡献。

坚持创新创造发展：
　　金弘集团坚持科技创新。不断应用新设备，探索新技术，在全国率先探索出一整套废钢铁生产技术规范和行业标准。
　　坚持管理创新。旗下6家企业均获得ISO三标体系认证，集团被评为"2021年湖南省高新技术企业"。

坚持安全协调发展：
　　安全是企业持续、快速、协调发展的关键因素，金弘集团坚持"安全是企业发展的永恒主题"，筑牢安全基础，实现协调发展。

楚天科技股份有限公司

楚天科技总部园区 TOP 车间

楚天科技总部园区第二研发楼

楚天科技总部园区航拍

楚天科技总部园区唐岳劳模创新工作室

楚天科技总部园区制造交付中心

楚天科技总部园区智能后包车间

简 介

楚天科技股份有限公司成立于2000年，现已成为世界医药装备行业的主要企业之一，主营业务系医药装备及其整体技术解决方案，并率先推动智慧医药工厂的研究与开发。公司系中国A股上市公司，旗下拥有德国ROMACO集团、楚天华通、四川医药设计院、楚天飞云、楚天源创、楚天华兴、楚天智能机器人等多家全资或控股子公司，全球员工总数6500人，总资产近百亿元。

公司已有长沙和德国两大运营总部，建有长沙中央技术研究院、欧洲技术研究院、四川医药设计研究院、苏州技术研究院四大研发机构，设有国家级企业技术中心、国家级创新基地、博士后科研工作站、院士专家工作站等多个技术与创新平台。截至2022年8月31日，共提出4342项中国专利申请、2684项有效专利，另提出40件PCT国际专利申请，在美国、俄罗斯、印度、韩国、德国、印尼、欧洲等多国获得20项专利授权，牵头制订了本系统国家行业产品技术标准17项。楚天本部产品已出口到亚洲、欧洲、南美洲等40多个国家和地区，国际市场占有率正逐年快速提升。

公司在坚持既定业务领域的同时，还将进入高端医疗设备及医疗机器人领域，推动医药装备和医疗器械两翼发展，布局大健康。公司坚持"做受尊敬的人、造受尊敬的产品、办受尊敬的企业"的核心价值观，弘扬"因为执着，所以卓越"的精神，落实"以客户为中心、以奋斗者为本、以目标责任结果为导向"的经营宗旨，履行让世界制药工业插上智慧的翅膀之使命，争取在2030年前后将楚天打造成为全球医药装备行业领军企业之一。

HEIEF

湖南省企业和工业经济联合会

HUNAN PROVINCE ENTERPRISES AND INDUSTRIAL ECONOMICS FEDERATION